Wolfgang Gaida · Helmut Grothe

Vom Kaisergarten zum Revierpark

*Ein Streifzug
durch historische Gärten
und Parks
im Ruhrgebiet*

*Mit einer
gartengeschichtlichen Einführung
von Thomas A. Winter*

Kommunalverband
Ruhrgebiet

Die Deutsche Bibliothek · CIP-Einheitsaufnahme

Gaida, Wolfgang:
Vom Kaisergarten zum Revierpark: Ein Streifzug durch historische
Gärten und Parks im Ruhrgebiet / Wolfgang Gaida; Helmut Grothe.
[Hrsg.: Kommunalverband Ruhrgebiet, der Verbandsdirektor,
Abteilung Öffentlichkeitsarbeit, Region, Kultur und Sport]. –
Bottrop · Essen: Pomp, 1997
ISBN 3-89355-162-X

Herausgeber:
Kommunalverband Ruhrgebiet
Der Verbandsdirektor
Abteilung Öffentlichkeitsarbeit,
Region, Kultur und Sport
Kronprinzenstraße 35
45128 Essen

Text:
Wolfgang Gaida,
Helmut Grothe

Redaktion:
Imma Schmidt, Kempen

Grafik-Design:
Wolfgang Fischbach

Technische Realisation:
Gerd Breitenstein,
Jutta Duwe

Texterfassung:
Michaela Neumann

Titelgestaltung:
Miriam Willnat, Bad Wildungen

Titelfotos:
Historische Postkarte „Stadtgarten Hagen", Botanischer Garten in Duisburg-Hamborn,
Heckengarten am Schloß Styrum in Mülheim, Blumenrabatte in der Gruga in Essen

Foto Rückseite:
Historische Aufnahme
„Planschbeckenanlage in Gelsenkirchen-Buer"

Herstellung:
Druckerei und Verlag Peter Pomp GmbH, Bottrop

Kartengrundlage:
Stadtplanwerk Ruhrgebiet

ÖPNV:
Die Angaben zur Nahverkehrsanbindung wurden
vom Verkehrsverbund Rhein-Ruhr übernommen
(Stand Februar 1997)

© Kommunalverband Ruhrgebiet und Verlag Peter Pomp, Bottrop · Essen 1997
ISBN 3-89355-162-X

Teil B
Parks und Gärten, teilweise öffentlich nicht zugänglich . . . 206

Teil C

Erstaunlicher Reichtum

Eine Vorbemerkung der Autoren

Historische Gärten und Parks im Ruhrgebiet? Wo? Kaum zu glauben! Gibt es so etwas hier? Hier zwischen Autobahnen, Zechen oder Zechenbrachen, Stahlwerken und Halden? Diese Fragen kommen häufig von Besuchern des Ruhrgebietes, durchaus aber auch von Menschen, die seit Jahrzehnten hier leben. Nun, manch einem fällt dann Schloß Berge ein oder Schloß Borbeck, vielleicht noch der Kaisergarten in Oberhausen. Dabei ist die Palette der Garten-und Parkanlagen dieser Region außerordentlich facettenreich und enthält nicht nur wenige Vorzeigeparks, wie die Essener Gruga, den Westfalenpark oder Schloß Cappenberg.

Die Ursprünge der Gärten und Parks des Ruhrgebietes reichen bis weit in die vorindustrielle Zeit dieser Region zurück. Das Ruhrgebiet hat – das muß man einfach ab und zu betonen – eine Geschichte vor der Montanisierung. Die Freiräume des Ruhrgebietes zeugen von dieser Geschichte, die tatsächlich auch eine gartenkünstlerische Geschichte zwischen Ruhr und Lippe ist. Sie reicht von den Wasserburgen an der Emscher über die barocken Schlösser und Gärten der feudalen Herrscher, bis zu den Volks- und Landschaftsparks der Jahrhundertwende.

Kurz vor der Jahrhundertwende bis zum Ende der zwanziger Jahre legten nahezu alle der vielen selbständigen Städte des Rheinisch-Westfälischen Industriegebietes aus sozialpolitischen oder aus Repräsentationsgründen Stadt- und Volksgärten an. Diese Parkanlagen bilden heute das Rückgrat des innerstädtischen Grünflächensystems der Region. Zum industriekulturellen Erbe gehören also nicht nur gigantische Industrie- und Baudenkmäler oder Zechensiedlungen, sondern auch die Gärten, Parks, Friedhöfe, Stadtplätze und Ausflugslokale.

Der Kommunalverband Ruhrgebiet erkannte die Bedeutung der gartendenkmalpflegerisch interessanten und wertvollen Gärten und Parks in seinem Verbandsgebiet bereits in den frühen achtziger Jahren unseres Jahrhunderts. Seither wurden nach und nach – je nachdem, wie die Mittel und personellen Ressourcen es zuließen –, die Bestände historisch wertvoller Garten- und Parkanlagen systematisch erfaßt. Die Auswertung des umfangreichen Erhebungsmaterials ergab, daß die

Region ungeahnte Gartenschätze birgt, die nur darauf warten gehoben zu werden.

Der hier vorliegende Band beschreibt, nach einer Einführung von Thomas A. Winter in die gartengeschichtliche Entwicklung, im ersten Teil (A) ausführlich 55 ausgewählte, öffentlich zugängliche Gärten und Parks. Neben ihrer Entstehungsgeschichte, der Stilbeschreibung und der Ikonographie (wissenschaftliche Bestimmung/ Strukturbeschreibung) befassen wir uns auch mit Aspekten der historischen Pflanzenverwendung und den Problemen der aktuellen Gartendenkmalpflege. Eine Auswahl historischer und aktueller Plan- und Bilddokumente rundet die Einzelbeschreibungen ab.

Der zweite Teil dieses Buches (B) befaßt sich mit Anlagen, die in privatem Besitz, nicht öffentlich zugänglich oder deren Strukturen im Gelände nicht mehr deutlich zu erkennen sind. Ein tabellarischer Anhang (Teil C) komplettiert die Arbeit. In ihm sind jene Parkanlagen aufgelistet, deren gartenhistorische

Strukturen aufgrund mangelnder oder unterlassener Pflege kaum noch erkennbar sind oder die heute anders und neu genutzt werden.

Unser Ziel und das Anliegen dieses Buches ist, die grüne Seite des Ruhrgebietes noch plastischer und bekannter zu machen. Dabei soll sich der Blick auf die zahlreichen gartenkünstlerischen 'Bonbons' der Region richten, nicht nur auf wenige populäre Highlights. Die beschriebenen Gärten und Parks sind Teil der Kultur-, Sozial- und Siedlungsgeschichte des Ruhrgebietes. Die Fülle des auf diese Weise zugänglich gewordenen Materials dürfte Fachleute interessieren, aber auch Laien begeistern. So richtet sich dieser Band ausdrücklich nicht ausschließlich an das Fachpublikum, sondern darf getrost als Schatzkarte verstanden werden: Entdecken Sie die Gartenkunst des Ruhrgebietes und lernen Sie neben dem Reiz der Fördertürme und Industrieschlote die Schönheit seiner Gärten kennen!

Wolfgang Gaida, Helmut Grothe

Thomas A. Winter

Vom Paradies zum Revierpark

Paradies – Ideal und Verpflichtung

Das Bild des Paradieses steht für Urformen von Garten- und Lebensvorstellungen: Unbeschwertes, heiteres, friedliches und behütetes Dasein im Garten Eden. Die biblische Schöpfungsgeschichte zeigt das von Gott geschaffene Menschenpaar Adam und Eva in einer Lebensumwelt, die umfriedeter Raum, Gartenwelt und Wohnstätte zugleich war. Sie lebten im Paradies, ohne den Zwang, den Boden und Pflanzen kultivieren und Tiere domestizieren zu müssen, um sich ernähren zu können. Mag sein, daß wir von diesem Ort Utopien einer heilen Welt beziehen.

Der historische Wortbegriff vom Paradies verbindet sich mit der Vorstellung von Blütengärten und Baumhainen als Oasen in der Wüste und mit den umhegten Wildparkanlagen von Persiens Königen. Unsere heutigen Parkanlagen bilden diese Vorstellungen ab - sie sind Oasen in oft unwirtlichem Umfeld. Damit werden sie zu Projektionsflächen menschlicher Sehnsüchte nach beschützter Freiheit, Frieden, Harmonie und Schönheit.

Planer und Politiker sprechen in ihrer Fachsprache demgegenüber von Freiraumfunktion und -bedarf. Treffen aber Wortgebilde wie 'Erholungseignung', 'Erlebnisqualität', 'Freizeitinfrastruktur', 'Klima- oder Biotopfunktion' den Kern? Sehnen wir uns nicht noch immer nach dem Geschenk eines Paradiesgartens, nach einem lustvollen Zustand ohne Endlichkeit? Eine Sehnsucht, für die Gärten und Parks durch die Jahrhunderte in Malerei, Literatur und auch in der realen Welt Symbol und Zeugnis blieben?

Das Paradies in Gärten und Parks wiederzufinden – ist das angesichts heutiger Umweltprobleme noch ein vertretbares Ziel? Schließlich haben wir in unserer rationalen Welt schon sehr lange vom Baum der Erkenntnis genossen und uns so immer weiter vom Paradies entfernt. In Gärten und Parks suchen und finden die Menschen ihn jedoch noch immer, den Abglanz vom Garten Eden.

Naturräume - Lebensräume

Boden, Wasser, Klima und Luft, Tier- und Pflanzenwelt sind Faktoren des Naturhaushaltes, die vielfältig zueinander in Beziehung stehen. Fachleute nennen das ein ökologisches System. Diese Faktoren bilden die Lebensgrundlage des Menschen und seiner Mitgeschöpfe. Der Begriff der Landschaft deutet von der Wortbildung her auf die jeweilige Beschaffenheit (Mittelhochdeutsch „-schaft": Geschöpf, Gestalt, Eigenschaft) des Raumes. Menschen nut-

Paradiesbaum im 17. Jahrhundert

zen und verändern den Naturraum, in dem sie leben. Daraus entstehen landschaftliche Erscheinungsformen – Landschaftsbilder – unterschiedlichster Art. Oft ist dann das, was uns heute besonders natürlich vorkommt, das Ergebnis historischer Formen der Landnutzung, also Kulturlandschaft.

Heute sind im Ruhrgebiet nur noch an wenigen Stellen die Reste historischer Landschaftsbilder zu erkennen. Im 19. Jahrhundert begann ein rasanter Prozeß der Industrialisierung, die dörflichen und städtischen Strukturen wuchsen ineinander und überformten die vordem bäuerliche Kulturlandschaft. Die Gegensätze Stadt und Land verbanden sich zur Stadtlandschaft.

Die kultivierte Landschaft des Ruhrgebietes ist in maßstäblichen Karten etwa aus der Mitte des vorigen Jahrhunderts solide dokumentiert: Ackerflächen und Grünland, Hecken, Feldgehölze, Waldstücke, Hoflagen und Dörfer. Erkennbar sind zahlreiche Herrenhäuser mit Gärten und Parks in der Landschaft, außerdem „Gartenringe" im Weichbild der Städte. In den Randzonen des Reviers kann man das noch heute gut ablesen. Aber es gab auch Bereiche, die kaum genutzt waren, wie die Weiden der Wildpferde und die Wälder des Emscherbruches. Mäandrierende Bäche, Heiden und Ödländer (Brachen) waren damals noch vorhanden.

Die physischen Grenzen menschlicher und tierischer Arbeitskraft und die verfügbaren natürlichen Ressourcen prägten bis in die Mitte unseres Jahrhunderts die Landschaft in typischer Weise. Die Landschaft ist zudem Gegenstand des Bedürfnisses der Menschen, ihren Lebensraum und ihre Wohnorte zu verschönern. Bereits im 17. Jahrhundert finden sich in den sogenannten Hausväterbüchern, die sich mit dem bäuerlichen und gutsherrlichen Wesen und Anwesen befassen, zahlreiche Hinweise über Lage und Zuordnung, Nutzen und Gestaltung von Nutz- und Lustgärten. Ähnlich wie bei der späteren Bewegung der Landesverschönerung am Beginn des 19. Jahrhunderts wird dort angeregt, Baumreihen, Alleen und Obstwiesen zu pflanzen. In dieser Bewegung war es Ziel, landwirtschaftlichen Nutzen mit landschaftlicher Schönheit zu verbinden.

Infolge kleinteiliger Bewirtschaftungsformen und damaliger Besitz- und Rechtsverhältnisse (Waldweide, Allmende und Hutungen) entstand seit dem späten Mittelalter eine reichhaltige, parkartige Kulturlandschaft. Aus ihr entwickelten sich die Vorbilder des Landschaftsparkes, der dann im 18. Jahrhundert zur ideell und ästhetisch überhöhten Kunstform wurde. In der heutigen Stadtlandschaft des Ruhrgebietes liegen die historischen Gärten und Parks verstreut als Relikte der historischen Landschaftsgestalt. Sie sind die wenigen verbliebenen Zeugen der jeweils zeitgenössischen Gartenkunst.

Die heutige landschaftliche und städtebauliche Situation bietet den Rahmen und das Umfeld für eine solche historische Anlage oder sie „verweigert" ihn. Wird der landschaftliche Zusammenhang gestört, kann auch die Kernanlage empfindlich beeinträchtigt sein. Um eine verträgliche stadtlandschaftliche Entwicklung sicherzustellen ist es notwendig, den „Atemraum" einer historischen Garten- oder Parkanlage zu erhalten. Diese Forderung hat nichts mit romantisch verklärendem Historismus zu tun, sondern resultiert aus bewußtem Umgang mit dem besonderen kulturellen und gartenarchitektonischen Erbe, seinen Gestaltqualitäten auf der Basis der natürlichen Gegebenheiten.

Der derzeit wachsende Emscher Landschaftspark von Duisburg bis Bergkamen, folgt dem Ziel, den Lebensraum einer industriell geprägten Kulturlandschaft neu zu gestalten. Er gilt als umfassendstes Gegenwartsprojekt der Internationalen Bauausstellung im Ruhrgebiet von 1989 bis 1999. Mit dem Emscher Landschaftspark versucht man, für die Region Ruhrgebiet das Alte und Bewahrenswerte zu sichern und neue dauerhafte Strukturen zu schaffen.

Äcker und Gärten

„Im Schweiße deines Angesichtes sollst du dein Brot essen", dies galt dem paradiesvertriebenen Adam, der als erster Bauer den Boden beackern mußte. Eine lange Geschichte mühseliger Landbewirtschaftung folgt, von der Arbeit mit Hacke und Hakenpflug bis zu den modernen Erntegroßmaschinen. Die Maschinen scheinen endlich die Feldfron Adams zu überwinden. Sie sind das Symbol der industrialisierten Agrarproduktion, die die bäuerlich geprägte Kulturlandschaft überformte. Die Industrialisierung der Landwirtschaft ist übrigens ebenso für den Verlust von Arten und Biotopen verantwortlich wie Siedlungswachstum

oder die industrielle Produktion. Die Produktion, das Erzeugen von Nahrungsmitteln, ist eine der frühesten Aufgaben des Gartens. Im Garten kultivierten die Menschen all' jene Pflanzenarten, die seltener und anspruchsvoller als Getreide und Hackfrüchte sind. Gartenarbeit war der Hauswirtschaft, also der Tätigkeit der Frauen, zuzuordnen.

Die Wortbedeutung von Garten wird auf das indogermanische „ghortos" zurückgeführt, was Flechtwerk, Zaun, Hürde, Umzäunung oder Eingehegtes bedeutet. Gärten waren geschützte Räume, zugänglich nur durch Tore. Die Dimension der Gärten und ihrer Einteilung ist eine andere als die des Ackers, den man in Morgen oder Tagewerk maß. Spaten und Rechen sind die markanten Gartengeräte und kennzeichnen den Gärtner. Die Geometrie von Beet und Weg schafft die Grundstruktur, die an menschliche Maße gebunden ist: Abstände und Ausdehnungen ergeben sich daraus, daß der Gärtner zwischen den Pflanzenbetten hindurchgehen und sich zu Pflege und Ernte bequem über sie beugen können muß.

Einhegung im 18. Jahrhundert

Solche Grundmaße haben sich bis heute erhalten. Beet und Pflanzreihe sind rationale Strukturen, Zeichen für das 'in Kultur nehmen' des natürlichen Pflanzenwachstums. Daraus ergaben sich wiederum weitere Gestaltungsmerkmale und Funktionen. Die Randeinfassung von Nutzpflanzenbeeten durch Blumen und Kräuter entwickelte sich zu schmuckvollen Rabatten, die Staffelung von Gemüse-, Blumen- und Baumgärten oder Gartenteilen erzeugte Muster der Gartenplanung. Auch technisch-pragmatische Anforderungen wie beispielsweise jene nach einem Brunnen oder einem Ruheplatz sind von alters her Bestandteil des Kulturraumes Garten. Sie werden dann als künstlerische Motive überhöht.

Einhegung oder -friedung, also Hecke, Zaun und Mauer, trennen Acker und Garten. Der Gartenraum wird als privat und mit eigener Rechtsetzung als Schutzraum gekennzeichnet. Aus der produktiven Inkulturnahme entwickelt sich zunehmend eine auch geistige, kunstvolle Gartenkultur. Sie greift das Bild vom geborgen Paradiesischen auf und stellt es in bewußten Gegensatz zur Fron der Feldarbeit. Der Garten ist Hort der Lebensfreude und des Wohlergehens. Diese archetypischen Bedeutungen des Gartens lassen sich von der Frühzeit durch alle Epochen bis heute nachzeichnen und finden sich in unterschiedlichsten Kulturräumen und Ländern. Bereits frühe Hochkulturen mit ihren verfeinerten Lebensansprüchen zeichneten sich durch Gartenkultur und -kunst aus.

Mechanisierung hat heute die Feldfron weitgehend abgelöst, aufwendige Handarbeit gibt es nur noch in Spezialkulturen. Gartennutzung und -arbeit bleiben jedoch beliebt. Der Gartenmarkt boomt. Und das trotz des industriellen Obst- und Gemüseanbaus und der Möglichkeit, das früher aus dem häuslichen Garten bezogene Obst und Gemüse auf dem Wochen- oder im Supermarkt zu kaufen. Denn: In seinem Garten war und ist der Mensch sowohl Gartenbauer als auch Gartengenießer. Dort sucht er körperliche Entlastung und geistige und seelische Erholung.

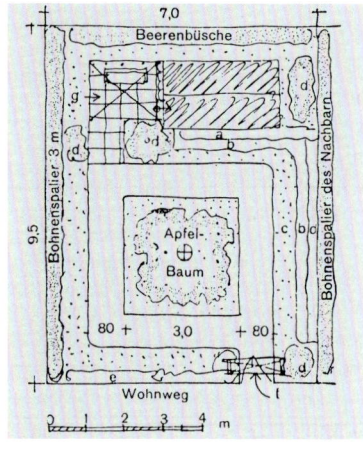

Kleines Gartenparadies

Die Facetten der Gartentypen zwischen Kleingarten und Park sind zahlreich. Gartenkultur beginnt mit der Landnahme auf Grabeland, reicht über Kleingärten, Bauerngärten, Wohngärten bis zu Villenparks und umfaßt auch Stadtgärten und öffentliche Parks, ganz gleich, ob sie architektonisch oder eher in organischen Formen, landschaftlich-bewegt gestaltet sind.

Lebensraum Grün

Als literarisches Motiv findet sich der Garten religiös oder philosophisch motiviert umschrieben als „Garten der Gesundheit", als Ort von Erlösung und innerer Einkehr. Die Mythologie der Blumen führte zu Zuordnungen von Bedeutungen, Blumen galten beispielsweise als Symbol bestimmter Tugenden. Diese

Bedeutungen sind heute kaum mehr bekannt. Die Rose beispielsweise gilt als Symbol göttlicher Liebe, die Lilie als Zeichen von Reinheit und Unschuld und das Veilchen als Blume der Demut.

Heute sind gesunde Nahrung, ein möglichst ungestörtes Umfeld, Bewegungs- und Spielraum und geistige Entspannung Hauptforderungen an Gärten und Parks. Vor diesem Hintergrund sind sie auch ein Gegenstand der aktuellen Umweltdiskussion. Es ist wichtig einzuschätzen, welche Bedürfnisse in Gärten heute tatsächlich abzudecken sind. Ein Schlaglicht auf die heutige Situation: Der individuelle Garten wird für viele ein Traum bleiben. Der Kleingartenbedarf wird nicht gedeckt. Das Wohnumfeld im Geschoßwohnungsbau läßt als Abstandsgrün Privatheit oft nicht zu.

Die Gesichtslosigkeit mancher Städte spiegelt sich in gesichtslosen Grünanlagen wider. Öffentliche Armut verdrängt gewachsene Gartenkultur, die sich, anders als bei Bauwerken, immer wieder erneuern muß und ständiger Pflege bedarf. Die bauliche Entwicklung vollzieht sich überwiegend auf Kosten der Freiräume. Der Optimierung auf der einen steht der Verlust auf der anderen Seite gegenüber: Freiräume als dekorative Restfläche. Große städtebauliche und grünplanerische Konzepte sind selten geworden.

Dort, wo Gärten und Parks jedoch ihre traditionellen Aufgaben und Qualitäten bewahrt haben, sind sie Räume mit einer Nutzungsskala, die von intimer Privatheit eines Hausgartens über vertraute Öffentlichkeit eines Stadtteilparks bis zu großstädtischem Flair eines Boulevards reicht. Gärten und Parks bieten dann Gelegenheit zu stiller Erholung ebenso wie zu informellen Kontakten und zu Spiel und Sport. Infolge zunehmender Individualisierung der Ansprüche und gewachsener Mobilität verändert sich jedoch auch der Stellenwert von Parks und Gärten im öffentlichen Ansehen. Einige populäre Highlights wie die Essener Gruga oder der neue Landschaftspark Duisburg-Nord sind gut besucht. Sie stehen oft unter dem Zwang, durch immer neue Angebote und Attraktionen Besucher zu locken. Kommerzielle Freizeitparks konkurrieren mit ihnen um die Gunst des Publikums.

Wohngebietsnahe, jedoch weniger gepflegte oder ausgestattete Grünflächen werden zu Randerscheinungen im Interesse der Konsumbürger. In diesen Grünräumen treffen sich dann vielleicht auch eher die an den gesellschaftlichen Rand gedrängten Gruppen. Es entstehen soziale und räumliche Unsicherheiten und Problemfelder.

Mit diesen Entwicklungen wie auch mit den durch Multimedia veränderten Wahrnehmungsweisen müssen sich die Planer klassischer Grünkonzepte auseinandersetzen, um auch in Zukunft konkurrenzfähige Angebote zu schaffen. Das Erlebnis der Landschaft und die Regeneration seiner Arbeitskraft sucht der Mensch eben nicht nur in Tivolis, Centerparcs, Einkaufs- oder sonstigen „Parks", wenn ihm attraktive Alternativen zur Verfügung stehen. Für ein Angebot an verfügbaren Alltagsgrünräumen für Muße und individuelle wie gruppenorientierte, informelle Tätigkeiten, wie man es beispielsweise in den Revierparks findet, ist also auch zukünftig Sorge zu tragen. Für die in diesem Band in den Blick genommenen historischen Anlagen ist die manchmal schleichende Umwandlung der Gärten problematisch. Gutgemeinte, aber fachlich fehlerhafte Planungen führen zu Substanzverlusten und schaden so dem Erscheinungsbild.

Man darf den Eindruck haben, daß es in der hiesigen Bevölkerung eine große Sympathie für die Gärten und Parks der Region gibt. Diese Sympathie ist ein wichtiges Kapital für den Erhalt der historischen Parks und Gärten. Die großen Parklandschaften des Westfalenparks, die Gruga, die Landesgartenschauen, die namhaften botanischen Gärten und zahlreichen Gärten und Parks an Herrenhäusern, Villen und Schlössern sowie Kuranlagen, Revierparks, Stadtgärten und Grünplätze formen gemeinsam ein Mosaik vielfältiger Angebote. Es bietet für die Bewohner des Ruhrgebietes und über die Grenzen der Region hinaus vielseitige Potentiale für Nutzung und Erleben. Die historisch-kulturellen Qualitäten der Freiräume des Ruhrgebietes bewußt zu machen, ist eines der Ziele dieser Veröffentlichung und ein wichtiger Schritt, um die historischen Gartenanlagen langfristig zu sichern.

Das Ruhrgebiet

... vielfältige Landschaften

Die Ruhr begrenzt die Region zwischen Ruhr und Lippe am südlichen Rand des alten Kohlenreviers und gab ihr den Namen. Ebenfalls von Ost nach West 'fließt' die kanalisierte Emscher, deren ökologischer Umbau bereits begonnen hat. Im Norden – dort, wohin sich die Kohlegewinnung verlagert hat – grenzt der Einzugsbereich der Lippe an. Während die Strukturen der Flußlandschaften von Ruhr und Lippe noch erkennbar sind, wurde die Emscherniederung von der Großindustrie und expandierenden Stadtentwicklungen aufgesogen.

Die sieben großen, von Norden nach Süden gerichteten „Regionalen Grünzüge" strukturieren die industriell überformte Stadtlandschaft nur bedingt. Vom einstigen Siedlungsverband Ruhrkohlenbezirk in den zwanziger Jahren dieses Jahrhunderts konzipiert und vom heutigen Kommunalverband Ruhrgebiet betreut, waren und sind sie das wertvolle Rückgrat des regionalen Freiraumsystems. Neu hinzugekommen ist der Ost-West-Grünzug des Emscher Landschaftsparks. Er dient dem Ziel, die Landschaft ehemaliger Industriestandorte für eine Freiraumnutzung zurückzugewinnen.

Das Bergische Land mit Ruhrtal und Ruhrhöhen und dem Ardeygebirge zeigt im Süden ein ausgeprägtes Relief. Die Ruhr fließt mit vielen Windungen durch ihre Aue, unterbrochen von einer Kette von Stauseen, die zu Magneten der Freizeit- und Erholungsnutzung wurden. Die einst ackerbaulich geprägte Hellwegbörde ist nur noch fragmentarisch in den städtegliedernden Grünzügen erkennbar. Die Emscherzone veränderte sich infolge der Kanalisierung der Emscherzuflüsse, durch Bergsenkungen, Grundwasserabsenkungen in Poldergebieten und durch großflächige Bebauung in ihren landschaftlichen Strukturen erheblich.

Der zum Kommunalverband Ruhrgebiet gehörende Bereich des Niederrheins ist teilweise ebenfalls Bergbaugebiet. Auskiesungen, zunehmender Siedlungsdruck und die Bedeutung als Freizeit- und Erholungslandschaft kennzeichnen die Situation. Vergleichbares läßt sich auch für die Lippezone sagen, die in die westfälisch-münsterländische Landschaft übergeht.

Großflächige Waldgebiete und landwirtschaftliche Räume umgeben die Stadtlandschaft des Ballungskernes. Silhouetten von Kraftwerken, Zechen, Bergehalden und der

Schwerindustrie, von Kirchtürmen und Hochhausgruppen stehen in – manchmal reizvollem – Kontrast zu den landschaftlichen Horizonten. So erhält das Landschaftsbild seinen besonderen Charakter aus den Brüchen und Gegensätzen. Dieses unverwechselbare landschaftliche Gesicht spiegelt Geschichte wie Erneuerungskraft.

Das Ruhrgebiet ist also keine einheitliche Landschaft, seine Stärke liegt in der Vielfalt der Erscheinungsformen und Nutzungen. Durch die Art, wie unterschiedliche Nutzungen die Landschaft in Besitz nahmen und sie überformten, entstand der stadtlandschaftliche Charakter der Region. Es ergeben sich so Wahlmöglichkeiten, die vom Erleben des großstädtischen Ambientes, der beeindruckenden Fossilien der Schwerindustrie, der städtebaulich und architektonisch beispielhaften Stadtquartiere bis zu großräumigem Landschaftserleben reichen. Einmalige Blickperspektiven und Nischen in Vorortsiedlungen, Dörfern, Tälchen und Parkanlagen korrigieren leicht das Klischee vom „finsteren Kohlenpott".

... seine Geschichte

So vielschichtig wie die Landschaft sich präsentiert, ist auch die Geschichte der Region. Zusammengesetzt aus einem Puzzle kleiner und kleinster Herrschaftsbereiche geistlicher und weltlicher Machthaber (Äbte und Fürstäbtissin, Freiherrn und Grafen) und ummauerter Städte vollzieht sich die geschichtliche Entwicklung unter dem Druck übermächtiger Nachbarn wie Kurköln und Preußen. Zu Kurköln gehörte damals auch bis zur Säkularisation am beginnenden 19. Jahrhundert das Herzogtum Westfalen. Das Geflecht politischer Kleingebilde geht nach den napoleonischen Kriegen im Königreich Preußen auf, geteilt in die Rheinprovinz und die Provinz Westfalen. Das Rheinisch-Westfälische Industrierevier ist danach als „Schmiede des Reiches" mit seiner Montanindustrie dem fernen Herrschaftszentrum in Berlin dienstbar.

Krupp, Thyssen und andere Fabrikherren drücken der Region ihren Stempel auf und die kleinen, ehemaligen Ackerbürgerstädtchen wachsen in kurzer Frist zu Großstädten heran. Als Reaktion auf diese Entwicklungen und aufgrund der Einsicht notwendigen gemeinsamen Handelns schlossen sich die Kommunen des Reviers 1920 zum Siedlungsverband Ruhrkohlenbezirk zusammen, dem Vorgänger des heutigen Kommunalverbandes Ruhrgebiet (KVR). Damals wie heute sind Freiflächensicherung und Umweltvorsorge sehr wichtige Bereiche seiner Arbeit.

Nach dem 2. Weltkrieg geht das Rheinisch-Westfälische Industriegebiet im neuen Bundesland Nordrhein-Westfalen auf, aufgeteilt in die drei Regierungsbezirke Münster, Arnsberg und Düsseldorf. Nach der ersten Kohlekrise in den sechziger Jahren und weiteren wirtschaftlichen und städtebaulichen Umstrukturierungen befindet sich das Revier nun im Wandel zur Dienstleistungsregion. Das alte Bild vom „schwarzen Kohlenpott" ist längst von neuen Entwicklungen widerlegt. Dazu trugen auch die Grünflächen und Parkanlagen, Revierparks, Sportanlagen und Erholungsgebiete des Reviers bei.

Das Ruhrgebiet kann durchaus auf eigenständige, bedeutende kulturgeschichtliche Wurzeln zurückblicken, wovon beispielsweise das kaiserliche Stift Essen und die Reichsabtei Werden, die alte Reichsstadt Dortmund, die Hansestädte Wesel und Duisburg, die Klöster Kamp und Cappenberg zeugen. Auch die jüngeren kulturellen Zeugnisse sind beachtlich, die „Industriekathedrale" Zeche Zollverein und das Aalto-Theater in Essen deuten die Bandbreite architektonischer Glanzlichter lediglich an. Kirchtürme, Fördergerüste und Schornsteine formen, neben den „Landmarken" des Gasometers Oberhausen oder des Tetraeders auf der Bergehalde Beckstraße in Bottrop, eine immer noch unverwechselbare Silhouette des Reviers.

Die kulturelle Szene des Ruhrgebietes präsentiert sich zunehmend auch nach außen. Eine der kulturell bedeutsamen Aufgaben ist es, die Schätze der Gartenkunst im Ruhrgebiet zu heben, bekannt zu machen und sie als Teil der kulturellen Leistung und Geschichte der Region zu präsentieren. Die Konzepte der Revierparks beispielsweise stehen als wegweisender Beitrag zur Freiraumentwicklung neben den historischen Parkschöpfungen. Diese Grünräume für eine aktive Freiraumnutzung und Freizeitgestaltung der Menschen des Reviers entstanden als Antwort auf die industrielle und städtebauliche Ballung.

... eine Heimat

Einige namhafte Familien des im Ruhrgebiet ansässigen Adels und der Industriepioniere und -barone lassen sich wohl noch bis ins Mittelalter zurückverfolgen. Was diese Region jedoch kennzeichnet, ist die Mischung von Menschen aus verschiedenen Regionen und Ländern, aus vielfältigen Traditionen, Kulturen und Sprachherkünften. Viele Menschen kamen zunächst vor allem im Zuge der Industrialisierung auf der Suche nach Arbeit und Lohn. Der Weg von der früheren Industrie- zur modernen Dienstleistungsgesellschaft hinterläßt Spuren, auch in Freiräumen und Gärten. Durch zunehmende Freizeit und gewachsenen Wohlstand wandelt sich das Verhältnis der Menschen zur Umwelt. Der Typus des Arbeitergartens mit Gemüsebeeten, Ziegenstall und Taubenschlag hinter dem Haus weicht Rasengrün und Rhododendren im Hausgarten von Eigenheimsiedlungen. Wanderungsbewegungen an die Siedlungsränder – Stichwort Wohnen im Grünen – oder die Anlage von Golfplätzen sind Streiflichter der jüngeren Entwicklung im Revier.

Parks und mehr noch die Gärten waren immer auch erweiterter Wohnraum. Sie sind Refugien, Wissensquellen und Kristallisationspunkte von Erinnerungen und Wohlbehagen für junge und alte Besucher. Im jahreszeitlichen Rhythmus vermitteln sie den Kontakt zu natürlichen Abläufen und Lebensvorgängen. Von Kindesbeinen an bekannte Zielorte, sind diese Freiräume Teil persönlicher und sozialer Entwicklungen und Bindungen. So besteht das Strukturmosaik aus Altem und Neuem, Kleinteiligem und Monumentalem, Dichte und Offenheit, landschaftlichem und städtischem Charakter; es entwickelt sich durch Umbau und Sanierung, Renaturierung oder Bebauung ständig weiter. Das Ruhrgebiet ist als „Gesamtstadt" mit seinem grünen Umland ein menschliches Habitat von außerordentlicher Vielfalt und Eigenart.

Die politischen Grenzen sind bei ineinanderwachsender Besiedlung kaum wahrnehmbar. Lokale Traditionen werden hochgehalten, landsmannschaftliche Bezüge und die industrielle Prägung bleiben identitätsstiftend. Als moderne Informations-, Kultur- und Freizeitgesellschaft bietet das Ruhrgebiet vielfältige Ansätze für kreatives Gestalten und Erleben. Ein Beispiel jüngster moderner und überregional bedeutsamer Landschaftsarchitektur ist die Bundesgartenschau „BUGA 97" in Gelsenkirchen. Zwischen den Stadtteilen Horst und Heßler entsteht ein

Landschaftspark, der die früher durch die Zeche, den Rhein-Herne-Kanal und die Emscher getrennten Stadtteile über Brücken und Freiraum miteinander verbindet. Außerdem schafft der Umbau des Zechengeländes neuen Raum für Wohnen und Gewerbe.

Parallel zu den Veränderungen im Städtebau seit dem Beginn des 20. Jahrhunderts wurden aus repräsentativen, aber vereinzelten Grünflächen oder Parkanlagen für die karge Sonntagsfreizeit Grünsysteme und Flächen mit multifunktionaler Nutzung. Nicht nur ein hochwertiges Wohnumfeld und die optimale Grünversorgung als weicher Standortfaktor bestimmen jedoch die Wertschätzung einer Region. In zunehmendem Maße gewinnen dann auch gartendenkmalpflegerische Aspekte an Bedeutung. Bekannte Werbezeichen wie die Grugatulpe verbinden sich mit der Idee eines Gartenreiches für alle – gleich, ob Anwohner oder Parkbesucher von außerhalb. Ein besonderes Ambiente aus industrie- und gartengeschichtlicher Kultur, ergänzt von Kunstereignissen und Spiel- und Freizeitangeboten hoher gestalterischer Qualität lockt Besucher von weither in das nun bunte Revier.

Gartenkunst

Nutzen und Form

Garten und Haus sind nicht immer symbiotisch aufeinander bezogen. Zunächst ist der Garten als begrenzter, eingefaßter Raum eigenständig. Gärten am Haus sind auch erweiterter, privater Wohnraum im Freien. Es entstehen Verbindungen zwischen dem Drinnen und Draußen, dem privaten und dem allgemeinen und dem öffentlichen Raum und im weitesten Sinne zwischen Stadt und Landschaft. Gärten und Parks unterscheiden sich vor allem durch verschiedene Grade von Privatheit und Öffentlichkeit. Tendenziell bietet ein Garten eher Intimität und Raum für individuelles Verhalten, der Park öffnet sich als Ort gesellschaftlicher Kommunikation.

Das Ordnungssystem des Gartens resultiert aus der 'cultura' des Gartenbaus, dem Spannungsfeld zwischen der zweckmäßigen, geometrischen Form und der Entfaltung ungehinderten Pflanzenwachstums. Der moderne Ziergarten entspricht demgegenüber zumeist dem – stark reduzierten – Muster eines Landschaftsparkes mit Gestaltungselementen wie freier Rasenfläche, Rahmen- und Kulissenpflanzung und Gartenteich.

Gemeinschaften mit besonderen Lebensformen stellen spezielle Anforderungen an den Freiraum und schaffen Gartentypologien: Kreuzgänge und der Gottesacker als klösterlicher Baumgarten beispielsweise erzeugen introvertierte Gartenformen, die auf Besinnung und innere Einkehr gerichtet sind. Blumen- und Schmuckgärten sind dagegen eher Nischen fast familiärer Privatheit. Rasenflächen und Parterres, Baumhaine, Platzflächen und Alleepromenaden sind als Freiräume für Geselligkeiten und Feste geeignet und charakteristisch für das höfische Treiben im Barockgarten. Aber auch als Treffpunkte im bürgerlichen Park behalten solche Strukturen in abgewandelter Form ihre Bedeutung, oft in Verbindung mit einem zugehörigen Restaurationsgebäude als „Parkhaus" und Versammlungsort. Landschaftliche Anlagen mit gestaffelten Wegenetzen, wechselnden Raumkulissen und Blickpunkten erschließen sich dem Besucher im Durchwandern, quasi im Vorübergehen und ermöglichen so ein hohes Maß an ruhiger, individueller Wahrnehmung und Erholung.

Die Anlagen, die sportlichen und sozialen Belangen dienen, wie Volksparks und Sport- und Freizeitstätten beispielsweise, erfordern nutz- und bespielbare Flächen und Einrichtungen. Oft führen spezielle Anforderungen dann dazu, daß sich die Nutzung verselbständigt. Skaten im Park reicht für die „Profis" nicht mehr, eine Skating-Bahn muß her... Manchmal bleibt von der Integration der Spiel- und Sportwiesen in Parks oder in den Grüngürtel dann nur noch eine Rahmenpflanzung, ein grüner Saum um Funktionsflächen mit hoher Nutzungsintensität.

Nutzungsanforderungen und Bedarf beeinflußten durch die Kulturgeschichte der Freiräume hindurch stets die Gestalt von Gärten und Parks. Die pflanzlichen Strukturen – Gras und Kraut bis zum Großgehölz – stehen dafür als Ausgangsmaterial zur Verfügung. Die Bandbreite an Ausdrucksformen erscheint fast unerschöpflich. Dennoch tauchen immer wieder Grundformen oder Ordnungssysteme auf. Beispielsweise sind dies Wegekreuze und Achsen, Pergolen, Lauben, Treppen oder Teppichbeete, Hecken und Alleen.

Kunst und Form

Als es nicht mehr lebensnotwenig war im Garten Gemüse und Obst anzubauen, erweiterte sich – unabhängig vom architektonischen oder landschaftlichen Stil – der gestalterische Anspruch des Gartennutzers. Künstlerisch gestaltete Erlebniswelten wurden nun erzeugt. Das bewußte und gezielte Spiel mit Formen und Farben, Flächen, Raumkörpern und (pflanzlichen) Gliederungselementen macht die Planung von Gärten und Parks zu einer der Musik, Malerei oder Baukunst ebenbürtigen Kunstform. Der Mensch schafft sich mit den Elementen aus Natur und Landschaft eine künstliche und künstlerische Umwelt für ein verfeinertes, lustvolles Lebensgefühl. Die Nutzung dieses Freiraumes setzt immer freie Zeit und Muße voraus. Ein Erholungsanspruch, der legitim als Gegenpol zur Arbeitszeit zu verstehen ist.

Die Anwendung bestimmter Gestaltungsmuster als Flächendekors oder gestaffelt gepflanzte szenische Kulissen verdichten sich zu einer bewußt erzeugten Mitteilung an den Betrachter. Gezielte Raumbildungen und athmosphärische Botschaften lassen die Kunstformen Garten und Park als bewußte Darstellung unterschiedlicher Erlebniswelten erscheinen, die man wahlweise aufsucht. Eine nach innen gewandte, zentrierte Gestaltung beispielsweise vermittelt Ruhe und Ausgewogenheit. Kreuzgänge und Gartenhöfe wie am Essener Münster oder bei Kloster Saarn in Mülheim an der Ruhr sind dafür ein Beispiel. Eine offene, weite (Wiesen-)Fläche befreit von Ungeordnetem, läßt aufatmen, die Blicke schweifen, reizt zur Besitznahme. Sie löst Enge auf, ist ein Symbol für Nutzungsfreiheit.

Erst nachdem der Mensch die „feindliche Natur" bezwungen hatte, tauchen Wildnis und Einsamkeit als Gegenpol und Kulisse zum angenehmen Leben als Thema in der Gartenkunst wieder auf. Heute wird Natürlichkeit in Form von Klein- und Kleinstbiotopen inszeniert, eine Reaktion auf die substantiellen Naturverluste in Landschaft und Stadt. Natürlichkeit der Lebensumwelt wird reduziert auf optische Qualität und abgeleitet aus bloßen Vorstellungen von Naturnähe, aus Bildern im Kopf.

Sinnvolle Proportionen und behagliche menschliche Maße in der Raumbildung schaffen Klarheit.

Mit raumwirksamen Elementen wie Bäumen, einzeln oder in Reihen und Gruppen gesetzt, gestaffelten Gehölzpflanzungen und im Kontrast mit baulichen Elementen lassen sich überschaubare Räume erzeugen. Offene Bereiche wie Blumenparterres und Rasenflächen finden ihr Gegenstück in Innenräumen, wie dem Waldinnern, Lichtungen, Heckengärten und Laubengängen.

Die Vielzahl gartenkünstlerischer Ausdrucksmittel ermöglicht ein fast unendliches Spiel mit Farben, Formen, Räumen und Bildern. Dieses Spiel beherrschten die großen Gartenkünstler und Parkgestalter in virtuoser Weise. Beispielhaft genannt sei Nicolas de Pigage für das 18. Jahrhundert, der in Düsseldorf-Benrath und in Schwetzingen wirkte. Für die Gartenkunst des 19. Jahrhunderts steht der königlich preußische Gartendirektor Peter Joseph Lenné, der Schöpfer zahlreicher Landschaftsparks.

Garten und Park als Kunstformen sind geeignete Räume für Inszenierungen von Skulpturen, Bauformen und für Theater- und Musikveranstaltungen. Sie sind selber Kunstwerke, aber auch wertvolle Kunst"behältnisse". So setzte Kunst Akzente beispielsweise im wiederhergestellten Garten von Kloster Kamp oder in der Gruga Essen.

Stile und Philosophien

Gartengeschichte ist vielschichtig. Aus einem einzigen Blickwinkel läßt sie sich nicht erfassen und beschreiben. Der Gartenhistoriker Clemens Alexander Wimmer bringt das in seinem Buch „Geschichte der Gartentheorie" (Darmstadt, 1989) auf den Punkt:

„Der Garten war nachweislich zu bestimmten Zeiten göttliches Gleichnis, sittenverbessernd gedacht, repräsentativ feudal, pittoresk, kapi-

talistisch, landschaftlich, ökologisch, geometrisch, nationalistisch oder sinnlich, er war aber nie ausschließlich dies oder das. Auf den einzelnen Gebieten der Gartengeschichte sind teils Wellenbewegungen zwischen zwei Polen, teils steile Entwicklungen in eine Richtung zu beobachten."

Es lassen sich aber – mit aller Vorsicht – Zuordnungen vornehmen, ohne die niemand auskommt, der sich in der Vielfalt der Epochen, Stile und Gestaltungsansätze orientieren will. Dies soll hier im folgenden versucht werden. Trotzdem muß im Rahmen dieser kleinen Einführung manches unvollständig bleiben. Dem interessierten Leser sei daher empfohlen, sich der Gartengeschichte umfassender über ein- und weiterführende Literatur (Anhang) zu nähern.

Vom Mittelalter zur Neuzeit

Von den Gärten des Mittelalters wissen wir aus Buchillustrationen, Tafelbildern und Berichten. Gärten sind Symbole der Geborgenheit und der Lustbarkeit. Zaun und Rosenhag sind nicht nur Gestaltungselemente, die Rose symbolisiert zugleich das Vertrauliche, Verschwiegene „sub rosam" – ein liebliches Gartengeheimnis. Blumen, Gras und Kräuter sind ausgebreitet wie ein Teppich. Einzelne, wie Rose und Lilie rühren als Zeichen edler Tugenden Herz und Sinne an. Der Baumgarten ist der fruchtbare Hain, im übertragenen und wörtlichen Sinne. Dagegen steht der freie Rasenplatz oder die feingeschorene Rasenbank für Aufenthalt und Geselligkeit an Luft und Sonne zur Verfügung. Brunnen oder Bach beleben die Szenerie als Treffpunkt und Wasserquelle des Gartens. Ob kleines Burggärtlein, ummauerter Klostergarten oder umgerteter Wiesenplan mit Baum und Brunnen vor der Stadt, alle Gärten sind Fluchtorte aus den engen, düsteren, kalten Gebäuden. Im Zyklus der Jahreszeiten und Festtage findet das Gartenleben statt. Tändeln und Schmausen, Ausruhen und Spiel, fröhliche Begegnung und Erholung für jung und alt, so zeigt es sich, das zeitweilige irdische Paradies.

Gartenelemente im Mittelalter

Die Renaissance entdeckt eine neue Geometrie, erinnert sich an die Bauregeln der Antike, ergänzt um wilde und dekorativ-groteske Strukturen. Die Gärten dieser Zeit schmücken sich zwischen der strengen Geometrie ihrer Grundrisse, den Quadraten ihrer Parterres und den Koordinaten ihrer Wegekreuze mit einer Fülle an Schnittmustern geometrischer Spielereien und grotesker Formen aus Pflanzen und Steinen. Haus und Garten liegen oft noch getrennt voneinander. Neben fehlender Fläche liegt dies auch in den unruhigen Zeiten begründet – der Sicherheitsbedarf durch Ummauerung oder Gräben ist groß.

Renaissancegärten sind Herrschaftsgärten. Im Detail beginnen sich Strukturen zu entwickeln, die sich dann im Barock vollenden. Die Entdeckung von perspektivischen Konstruktionsprinzipien und Raumkörpern, das Spiel mit Flächen und Wänden, das Hinaustreten in künstliche Ebenen oder Terrassen wie auch das Wandeln in langen Laubengängen und der Aufenthalt in Gartenhäusern und Pavillons weisen auf eine repräsentative Besitzfreude und Sinnenlust der wohlhabenden und gebildeten städtischen Patrizier bis hinauf zu den Fürstenhöfen hin. Daneben beginnt man auch, naturwissenschaftlich orientiert zu sammeln und natürliche Zusammenhänge zu erforschen. Es entwickeln sich erste medizinisch-botanische Gärten. Der Terrassengarten des Heidelberger Schlosses ist ein berühmtes deutsches Beispiel eines Renaissancegartens, einige bauliche und bildhauerische Relikte erinnern dort an diese Gartenära.

Barocke Dominanz

Strenge der Formen, symmetrische Gliederung und gestaffelte Raumfolgen in zentraler Zuordnung zu Wohngebäude oder Schloß mit achsial gerichteten Perspektiven gehören zum Ordnungs- und Gestaltungsprinzip von Barockgärten. Dazu kommt eine verfeinerte Ornamentik. Architektur, das Gebaute, besiegt die wilde, die ungezügelte Natur. Der durchdachte, geordnete Entwurf gilt als schön. So ist es folgerichtig, daß sich auch die Pflanze durch exakte Pflanzlinien und Raster, durch Schnitt und Formbildung in grüne Architektur verwandelt.

Ein solcher Garten bietet seiner Herrschaft einen großartigen Rahmen zur Repräsentation bei festlichen Ereignissen. Der barocke Garten ist vor allem ein Garten zum Lustwandeln und Anschauen, für Gesellschaftsspiele und organisierte Feste. Er lebt und schmückt sich mit den Menschen, die sich zwischen seinen Parterres und auf den Wegen bewegen und begegnen.

Fürstengärten, die sich am Vorbild von Versailles, dem Schloß und Garten des Sonnenkönigs Louis XIV. orientieren, beeinflussen die Gestaltung der Gärten des niederen Adels und der reichen Bürger. Das Haus steht im Mittelpunkt, der Garten breitet sich wie ein gestickter Teppich mit seinem Parterre vor ihm aus. Grüne Wände aus Hecken und geschnittenen Baumreihen verbergen eigene Kompartimente mit kleineren Parterrebeeten, Wasserspielen, Skulpturen und Pavillons.

stalteten Anlagen auffindbar sind. Zentrale Achsenkreuze mit Platz, Statue, Rondell oder Brunnen im Schnittpunkt und straffe geometrische Begrenzungen des Ganzen wie seiner Teile werden so zu praktikablen, zeitlosen Grundplänen. Im Barock entstand eine reichhaltige

Barockgarten

Vor dem Haus liegt ein Vorhof, ein „Ehrenhof" als Zufahrt. Bei ländlichen Besitztümern flankieren ihn häufig Wirtschafts- und Nebengebäude. Aus dem Garten zielt die zentrale Blickachse in die Weite der Landschaft oder auf einen besonderen Blickpunkt. Blumenrabatten und Einfassungen, Lauben, Fontänen und Wasserbecken, mythologische Götter- und Heldenfiguren (oder auch Putten und Zwerge), Sitzbänke, Grotten und Pflanzenhäuser (Orangerien) ergänzen das reichhaltige Repertoire der Gartenmotive.

Neben dem Zier- und Lustgarten gibt es umfangreiche Gemüsegärten für den Küchenbedarf. Auch hier entwickelten sich schmückende und gliedernde Strukturen und Elemente, die in die Gartenkultur Eingang fanden und bis heute in Bauerngärten oder architektonisch ge-

Gartenliteratur, die detaillierte Muster und Beispielanlagen schildert und eine Fülle von Gartenpflanzen – Blumen, Kräuter, Gemüse, Sträucher und Bäume – und deren Anbau beschreibt.

Große fürstliche Barockgärten, wie beispielsweise Schloß und Garten Augustusburg des Kölner Kurfürsten in Brühl oder das „westfälische Versailles" in Nordkirchen, gibt es im Ruhrgebiet nicht. Barocke Gartenstrukturen finden sich dennoch bei Schlössern, Herrensitzen und Klöstern. Originale sind wie fast überall in Deutschland nicht erhalten. Die heute existierenden Anlagen sind Rekonstruktionen oder Nachschöpfungen, die sich an der örtlichen Situation sowie erhaltenen Resten orientieren und sich überlieferter Muster bedienen. Sie vermitteln durchaus das Gartengefühl jener Epoche und zeigen eindrucksvoll das Bild einer vergangenen ar-

21

chitektonischen Gartenkunst. Im Ruhrgebiet sind der Schloßpark Herten, die Anlagen um Haus Berge oder Schloß Horst in Gelsenkirchen zu nennen.

Später, gegen Mitte des 18. Jahrhunderts wird der etwas gravitätische, prächtige Barockgarten in seiner protokollarischen Strenge aufgelöst. Seine Weiterentwicklung führt zum Rokokogarten, in dem durch kleinteiligere, intimere Raumbildungen und geschwungene Dekors dem individuelleren, kultivierten Lebensgefühl, dem Wunsch nach mehr Privatheit und Verfeinerung entsprochen wird. In den Bosketts, den Zierwäldchen entstehen aus achsialen Wegen Schlängelwege, zunächst noch sehr gezirkelt. Die Neugier wird zunehmend über gestalterische Mittel herausgefordert, Übersicht und starre Ordnung sind nicht mehr das erste Gebot der Raumbildung. Der Schloßpark von Schwetzingen ist ein repräsentatives Beispiel für den Umbruch vom formalen Barock in das spielerische Rokoko bis hin zum Landschaftspark.

Landschaftsgärten

Mit dem Zeitalter der Aufklärung, den politischen Umbrüchen und der Rückbesinnung auf die Klassik zu Beginn des 19. Jahrhundert beginnt in der Gartenkunst ein durchgreifender Wandel, der zuerst in England einsetzte. Der architektonische Garten galt als „französisch", von einer „englischen" Anlage spricht, wer den Landschaftspark meint.

Die Entstehung des Landschaftsparks in Deutschland fällt in das Zeitalter der Aufklärung. Der berühmte Aufklärer, Philosoph, Musiker und Idealist Jean Jaques Rousseau prägte sein „Zurück zur Natur", Isaac Newton entwarf seine Himmelsmechanik. Immanuel Kant verfaßte die „Kritik der praktischen

Vernunft", in deren Schlußwort es heißt: „Zwei Dinge erfüllen das Gemüt mit immer neuer und immer zunehmenderer Bewunderung und Ehrfurcht,(...): der bestirnte Himmel über mir und das moralische Gesetz in mir." Das neue Zeitgefühl ist literarisch bis sentimental geprägt, barocker Pomp wich klassizistischer Eleganz. Der Hang zur Individuali-

Szenerie im Schloßgarten zu Schönbrunn

sierung und gebildeten Privatheit geht einher mit einer veränderten Einstellung zur Natur. Sie wird nun nicht mehr als feindlich, sondern als „Mutter der Dinge" wahrgenommen.

Damit war die geistige Voraussetzung für die Entstehung des Landschaftsgartens gegeben. Den barocken Garten gestaltete der Mensch als Gegenpart zur freien Landschaft und als Zeichen der Herrschaft über die Gesetze der

Natur. Im Landschaftsgarten lernte er die Komplexität und das Gesamtgefüge einer Landschaft zu begreifen und abzubilden. Er inszenierte Natur, überhöhte sie. Die Grenze zwischen der Schönheit der Natur und jener der Kunst wurde neu definiert. Selbstverständlich war auch der Landschaftsgarten ein gestalteter Garten.

Bäume und Sträucher pflanzte man in natürlich wirkenden Gruppen oder als gestaffelte Kulisse. Die umgrenzende Landschaft wird über Sichtachsen in den Park einbezogen.

Die ästhetischen Qualitäten der damaligen Natur- und Kulturlandschaft werden als „landschaftliche Raumbilder" entdeckt und nach-

Nicht mehr der formale Grundriß ist nun maßgeblich, sondern das im Durchwandeln der landschaftlichen Szenerien wahrgenommene „Bild der Natur". Elemente des Malerischen finden sich in den Grundrißlinien der neuen Parks wie in der Raumbildung. Wie man den Boden vorfindet, so wird er modelliert: In weichen Schwüngen mit Erhebungen und Senken und schwingenden Kurven. In scheinbar natürlicher Lebendigkeit sind Wasserläufe konzipiert. Sichtbeziehungen folgen nicht automatisch dem Wegeverlauf, großzügige Wiesenflächen schaffen Weite.

empfunden. Vor allem aber bietet ein reiches, geschwungenes Wegenetz die Möglichkeit, den Park allein oder in Gruppen zu durchwandern und sich an den durch Landschaftskunst geschaffenen Parkbildern zu erfreuen. Das Wohnhaus oder Schloß wird malerisch eingebunden, in Gebäudenähe finden sich ein blumengeschmückter „Pleasureground" oder Gartenteile mit architektonischer Gestaltung und spezieller Ausstattung. Die eigentlichen Nutzgärten liegen abseits bei den Wirtschaftsgebäuden oder am Rande des Grundstückes.

Je nach gerade herrschender Mode sind die Parks mit zahlreichen Accessoires und Staffagen ausgestattet. Chinesische, türkische, antike oder gotische Gartenhäuser, Pavillons, Tempel, Brücken, Pergolen und Aussichtsplätze, Vasen, Statuen, Büsten, Einsiedeleien, Kapellen und künstliche Ruinenbauten sollen die Sehnsucht nach unerreichbaren Fernen und fremden Kulturen wecken und stillen: Ein Spiel mit Stimmungen und Gefühlen der Betrachter. Es gibt Beispiele hervorragender, feinfühliger Anordnungen der Beigaben wie auch plumpe Überfrachtung und schnell vergänglichen Kitsch.

Die Idee des Landschaftsparkes wirkt bis in die Gegenwart hinein. Aus dem künstlerischen Zusammenspiel von Mensch und Landschaft im Landschaftsgarten lassen sich die Wurzeln der sogenannten Landesverschönerung ableiten, mit der der Weg bis zur heutigen Landschaftsplanung beschritten wurde. Historische Landschaftsparks haben sich in der Region des Ruhrgebietes, wenn auch mit Veränderungen, bis heute erhalten. Beispiele sind der Schloßpark von Herten und von Essen-Borbeck.

Bürgerparks

Das Grundmuster des Landschaftsparkes hat sich bis in unsere Zeit erhalten. Lediglich seine gestalterische Qualität veränderte sich mit gewandelten Nutzungsansprüchen. So ahmen bürgerliche Stadtparks und private Villengärten Elemente des Landschaftsparkes nach. Aus Mangel an Platz kommt es jedoch fast zwangsläufig zu starken Verdichtungen: „Brezelwege", Tuffsteinfelsen, Miniaturteiche, botanische Sammelsurien und indifferente, überladene Pflanzungen karikieren oftmals die klassischen Muster des Landschaftsgartens. Die Lust am Sammeln zahl-

reicher dekorativer Pflanzenarten und Ausstattungselemente – wie Palmengärten und Arboreten – erscheinen manchmal wesentlicher als die gestalterisch-künstlerische Auseinandersetzung mit Form und Aussage. Der Stil des verbindlich „Landschaftlichen" erstarrt.

Die überladene Formensprache des Historismus in der zweiten Hälfte des 19. Jahrhunderts schlägt sich auch in der Gartenkunst nieder. Dort, wo architektonische Formmuster herangezogen werden, beispielsweise bei Grünplätzen vor Gebäuden, bei Sondergärten oder zur Dekoration in Parkanlagen wird auf historische Stilvorlagen Bezug genommen. Die bunten Teppichbeete ähneln in der Pflanzenauswahl kleinen botanischen Gärten und wirken oft überladen.

Stadtgärten und Parkanlagen sind Schmuckstücke der Bürgerschaft. Es wird gesittetes Benehmen erwartet. Spaziergänge auf verschlungenen Wegen zeigen künstliche Landschaften als Ersatznatur. Repräsentativer Blumenflor, Parkteich mit Schwänen und Fontäne, Musikpavillon, Parkgasthaus und vaterländische Denkmäler zeugen von bürgerlichem Standesbewußtsein. So entsteht aus landschaftskünstlerischer Gestaltung gutbürgerliche Zweckform. Außerhalb der knapp bemessenen Mußestunden des arrivierten Bürgertums finden sich im Stadtpark Rentner und Kinder mit ihren Kindermädchen ein.

Die Einlösung einer sozialen Verantwortung auch im Freiraum ist eher in der Schrebergartenbewegung angesiedelt, die sich seit der Mitte des Jahrhunderts entwickelt. Die Turnbewegung schafft sich einfache Spiel- und Sportplätze, während in Parks beispielsweise Lawn-Tennis gespielt wird. Der Arbeitergarten am Zechenhaus oder in der Fabriksiedlung zeugt von patriarchalischer Fürsorge der Fabrikherren.

Das Bedürfnis nach dem Erleben „freier" Landschaft nimmt angesichts wachsender und dichter werdender Städte zu. Die Tätigkeit von Heimat- und Verschönerungsvereinen richtet sich darauf, landschaftliche Schönheiten zu erschließen und zu betonen. Erholungsziele und Ausflugsorte werden oft parkartig ausgestaltet. In diesem Zusammenhang sind auch die in die Landschaft gesetzten vaterländischen Türme und Denkmale zu erwähnen, die, wie am Bismarckturm auf dem Mechtenberg bei Essen-Kray, mit Grünanlagen umgeben wurden.

Stadtgarten, Volks- oder Gemeindepark sind zunächst vor allem Schauobjekt mit sich oft schablonenhaft wiederholenden Gestaltungsmustern. Die sinnliche Wahrneh-

Bürgerliche Parkgestaltung um 1860

mung der romantischen Parkbilder verbindet sich mit Stolz auf das bürgerliche Besitztum. Nationales Pathos schlägt sich auch in Parks um die Jahrhundertwende in der Namensgebung, in der Gestalt der Denkmäler und Gedenkstätten nieder. Kennzeichnend sind dafür unter anderem der Kaiser-Wilhelm-Park in Altenessen oder der Volkspark Wanne mit dem Kaiserbrunnen. Zunehmend werden außer der repräsentativen Funktion städtischen Grüns die stadthygienischen, sozialen und städtebaulich-grünordnerischen Aufgaben und Wirkungen wichtiger.

Grünräume

Mit dem Jugendstil an der Wende vom 19. zum 20. Jahrhundert gewinnt wieder eine klarere, architektonisch orientierte Gestaltung an Boden. Sie grenzt sich deutlich von den bisherigen landschaftskünstlerischen Stilformen ab und bedient sich einfacherer geometrischer Formen und Raumbildungen. Kontraste zwischenräumlicher Strenge und expressiven Farb- und Formspielen in der Pflanzenverwendung erzielen neuartige optische Effekte. Neobarocker Formschnitt von Hecken und Bäumen und die Verwendung von Gehölzen in straffen Pflanzrastern gehen damit einher.

Dies führte zu teilweise erbitterten Auseinandersetzungen zwischen den Verfechtern der deutschen landschaftlichen Gartenkunst und denjenigen Architekten, die im Sinne eines Gesamtkunstwerkes eine neue Einheit von Haus und Garten forderten. Die Renaissance barocker Gliederungselemente schien ein Ausweg. Jugendstilornamentik, Art deco, Konstruktivismus sowie regionaltypische Traditionen des landschaftsverbundenen Bauens finden Eingang in Grundrisse und Ausstat-

tungen von Gärten und Parks. Die Anlage der Villa Hohenhof in Hagen ist ein Dokument dieser Zeit.

Der konservativere „Gartenkünstler" wandelt sich schließlich zum „Gartenarchitekten", der das funktional-konstruktive seiner planerischen Tätigkeit hervorhebt und die Pflanze als Material zum Aufbau definierter Flächenbezüge und Raumwirkungen in Verbindung mit architektonischen Mitteln gestalterisch einsetzt. Gartenhöfe, Heckengärten, Laubengänge, Pergolen, Terrassen, Blumenparterres, Baumreihen, Baumhaine in Rasterstellung und weite Rasenflächen werden charakteristisch. Die neuen Gestaltungsprinzipien setzen sich vom intimen Hausgarten bis zur öffentlichen Parkanlage durch.

Die zeitgenössische Diskussion zu Beginn des 20. Jahrhunderts bewirkte einen Wandel auch bei den landschaftlichen Gestaltungsversionen. Großzügigere Massenverteilung des Grüns, klare Raumbildungen und Blicköffnungen geben den Parks innere Weite und verstärken den Eindruck des grünen Freiraumes als Gegenpart zu den engen, versteinerten Mietshausquartieren.

Damit kommen die Gartenarchitekten gewandelten Freiraumansprüchen entgegen, die aus veränderten sozialen und gesundheitlichen Bedingungen resultieren. So werden Rasenflächen für Spiel und Sport bereitgestellt, Aktivbereiche wie Spielplätze, Sportanlagen, Luft- und Schwimmbäder ein- oder angebunden. Auch die Ästhetik spielt, da man eine vollkommene Erholung von Körper und Geist anstrebt, eine wichtige Rolle. Gärten und Parks als Medien der umfassenden Gesundheitsvorsorge im Privatgarten wie im öffentlichen Grün, so lautete nun die Devise. Grünplanung war für den Einzelnen wie für die Gesamtbevölkerung plötzlich als Teil städtischer

Lebensqualität wichtig geworden. Als Reaktion auf die soziale und städtebauliche Entwicklung entsteht so zu Beginn dieses Jahrhunderts der neue Typ des Volksparkes. Er sollte nicht nur zum Anschauen dienen, sondern zur aktiven Betätigung, zur Gesundheitsvorsorge und Erholung breiter Volksschichten beitragen. Spiel und Sport in der Gemeinschaft bedeuten neue Anforderungen an die Gestaltung. Mit zunehmender Spezialisierung entwickeln sich nach amerikanischem und britischem Vorbild funktionsorientiert spezielle Sportparks und Sportanlagen.

Über neue, kleinere Grünräume und größere Grünzüge entsteht ein System von Freiräumen, das Wohnquartiere und Parkanlagen miteinander verbindet. So werden Grünflächensysteme als Elemente gesamtstädtischer Entwicklung zunehmend prägend. Je nach Lage und Topographie favorisieren die Verantwortlichen ringförmige oder konzentrische und radiale Systeme oder deren Verknüpfungen. Noch vor dem 1. Weltkrieg entsteht so eine intensive Diskussion über geeignete städtebauliche Planungsmodelle. Bis heute schlagen sich die Ergebnisse dieses

Gartenarchitektur am Beginn des 20. Jahrhunderts

Disputs in der Stadtentwicklungsplanung nieder.

Der Großgrünflächenplan von Essen aus dem Jahre 1929 zum Beispiel bezieht als städtebauliches Integrationsmodell landschaftliche Rahmenbedingungen ein. Die rasante industrielle Entwicklung und das nahezu ungeregelte Wachstum der Stadt waren die Auslöser. Die Idee einer durchgrünten Stadt bezieht sich sowohl auf ökologische Anforderungen (Lufthygiene, Erhalt und Neuanlage von Gewässern, Wäldern und Parks) wie auf soziale Ansprüche (Förderung der Volksgesundheit durch Spiel und Sport und Bewegung an frischer Luft) und gestalterische Belange (Wohnumfeld, landschaftliche Erschließung, Stadtgestaltung). Parks und Gärten werden zunehmend als Teil eines Systems begriffen.

Eine weiterer Anstoß für die Grün- und Stadtplanung kommt wieder aus England: Die Gartenstadtbewegung. Der bekannteste und namensgebende Vertreter dieser Idee war Ebenezer Howard, der sein Buch „Garden Cities of To-morrow" 1898 veröffentlichte (in erster Auflage noch unter einem anderen Titel). Howard schwebte vor, mit seinem Stadtmodell die Vorzüge des Landlebens und die des Urbanen zu vereinigen. Die Siedlung Margarethenhöhe in Essen ist wohl das bekannteste Beispiel einer Gartenstadtsiedlung im Ruhrgebiet.

Die Konkurrenz der Stilrichtungen wirkt befruchtend und integrierend. Es entstehen landschaftliche Garten- und Parkbilder, die sich auf die klassischen Linien besinnen, wie auch architektonische Gestaltungen, die mit den ästhetischen Wirkungen von Pflanzen spielen. Rosen-, Stauden-, Wasser- und Steingärten als Sondergärten in Ausstellungen und Stadtparks sind anschauliche Vorbilder, die im privaten Garten Nachahmer finden.

Kleinteilige, pflanzenbestimmte Gartenbilder mit architektonischen Akzenten spiegeln die Gartenkultur in der zweiten Hälfte des 20. Jahrhunderts: Rasen mit Stauden- oder Rosenbeet, Randpflanzungen aus Sträuchern und Baumgruppen unter Berücksichtigung von Blüten- und Blattfärbung zu den unterschiedlichen Jahreszeiten, Verwendung von immergrünen Gehölzen, Wasserbecken, Sitzterrasse, Pergola und Skulpturen.

Die streng architektonische Großform und teilweise stark vereinfachte Raumstruktur von Entwürfen größerer Parkanlagen in den ersten Jahrzehnten dieses Jahrhunderts wird durch weichere Grundstrukturen abgelöst. Dies geschieht im Zuge zunehmend differenzierter Nutzungen durch das Herauslösen spezialisierter Angebote (beispielsweise Sportanlagen). Bauliche Elemente, die in architektonischen Rastern angelegt sind, werden durch landschaftliche geschwungene Formen ergänzt. Die Gehölze formieren sich wieder zu freieren Bildkulissen und die Rasenflächen werden als flexible Bewegungs- und Aufenthaltsflächen vom Publikum genutzt.

Die Liberalisierung der Lebensformen und die veränderten Freizeitgewohnheiten in den siebziger Jahren schlagen sich im zwangsloseren Umgang mit Park- und Grünanlagen nieder: Rasenflächen dürfen betreten werden. Zu herkömmlichen Rosen-, Stein- oder Wassergärten kommen Grillplätze, Freizeitsportanlagen für jung und alt, modernisierte Spielplätze für Kinder und Jugendliche, aber auch Gärten für Behinderte hinzu.

In den achtziger Jahren rücken Naturschutz und Umweltbelange verstärkt in das öffentliche Bewußtsein. Im Zuge der nachfolgenden Diskussionen um Umwelt und Mitwelt, Ökologie und globale Umweltprobleme gewinnen naturnähere Parkplanungen und Gartenideen an Sympathie. Natürlicher Aufwuchs von Gehölzen erzeugt eine „Ästhetik des Naturnahen". Aber auch vor dem Hintergrund gestiegener Pflege- und Unterhaltungskosten favorisieren Planer, Grünflächenämter und Landschaftsbehörden die sogenannte extensive Pflege städtischer Gärten und Parks. Der menschliche Gestaltungswille drückt sich nun als „Steuerung der Biotopentwicklung" aus.

Freizeitparks

Von der Volksparkbewegung zu Beginn dieses Jahrhunderts bis zu den Freizeitanlagen und Revierparks der jüngeren Zeit läßt sich eine Entwicklungslinie zeichnen. Die rasante Entwicklung der Klein- und Mittelstädte des Ruhrgebietes zu Großstädten mit industriell geprägter, inhomogener, dichter Bebauung und der damit einhergehende Verlust von Landschaft sowie die Umweltbelastungen durch die Schwerindustrie begründeten den Bedarf an nutzbaren Grünflächen. Volksparks entstanden als bemerkenswerte Gemeinschaftsleistungen, da die Kommunen ihre soziale und gesundheitspolitische Verpflichtung erkannten. Finanziert über Notstandsprogramme bot der Bau der Parkanlagen in den zwanziger und dreißiger Jahren manchem sonst Arbeitslosen Lohn und Brot.

Das Potential dieser Parkanlagen wurde später genutzt, um die modernen Konzepte der Freizeitparks im Ruhrgebiet, der Revierparks verwirklichen zu können. Die Volksparkbewegung, von amerikanischen Vorbildern beeinflußt, wurde aus den großen Städten des deutschen Reiches ins Ruhrgebiet getragen. Der 1920 gegründete Siedlungsverband Ruhrkohlenbezirk griff das Konzept eines Parkes für alle Schichten und jedes Alter auf. Der Schutz und die Entwicklung von Freiflächen gehörte zu seinen wichtigsten Aufgaben.

Nach der Wiederaufbauphase der fünfziger und sechziger Jahre arbeiteten der Siedlungsverband Ruhrkohlenbezirk wie dessen 1979 gegründeter Nachfolger, der Kommunalverband Ruhrgebiet (KVR), an einheitlichen thematischen Planungsgrundsätzen für die angehörigen Kreise, Städte und Gemeinden. Zu seiner Arbeit gehörte es, attraktive Freizeit- und Erholungsangebote im wohnungsnahen Bereich zu schaffen. Damit reagierte er auf die wachsenden Bedürfnisse der Bevölkerung des Ruhrgebietes nach Freiflächen in erreichbarer Nähe zur Wohnung, liebevoll 'Pantoffelgrün' genannt.

Vom regional bedeutsamen Freizeit- und Erholungsschwerpunkt über die dem Ballungskern zugeordneten Revierparks bis hin zu den lokalen Freizeitstätten reichten die neuen Konzepte. Während Freizeit- und Erholungsschwerpunkte durch die Lage in den landschaftlichen Randzonen, Bindung an größere Wasserflächen und großflächigere Freizeitangebote (Badestrände, Sportanlagen, Camping) charakterisiert sind, verfügen die Revierparks über eine standardisierte bauliche Infrastruktur (Freizeithaus, Hallenbad) sowie Spiel- und Sportanlagen mit Freibädern.

Das funktionale Konzept erhält in jedem Revierpark sein unverwechselbares Gepräge durch die individuelle Gestaltung der Parklandschaft. Im Zusammenhang mit den kleineren Freizeitstätten, die Spiel und Sport im Grünen anbieten, entstand ein Versorgungsnetz mit vielfältigen Erlebnismöglichkeiten. Die Volksparkidee und die Grünsystemkonzepte vom Anfang des Jahrhunderts wurden sinnvoll an veränderte gesellschaftliche und städtebauliche Rahmenbedingungen angepaßt, moderne Parkversionen sind entstanden.

Gartenkultur heute

Die bisher schlaglichtartig darge-stellten Epochen und Beispiele der Gartenkunst belegen: Körper, Seele und Geist sind umfassend angespro-chen, will man die verschiedenen Ebenen der Gestalt und des Wesens von Parks und Gärten erleben und sich aneignen. Wir verfügen heute über einen großen Fundus an histo-rischem, botanischem und techni-schem Wissen sowie über eine Fülle beispielhafter Parklösungen.

Zudem zeigen sich gegenwärtig auf dem Büchermarkt Interesse und Anschauungsbedarf eines breiten Publikums an einer schier unüber-sehbaren Menge von ansprechend präsentierter, fachbezogener Garten-literatur für Liebhaber und Praktiker. Auch die Verbreitung von Garten-centern und die breitgefächerte Wer-bung für Gartenzubehör deutet auf einen großen (und wachsenden) Markt von privaten Gartenbesitzern. Zu „Ambiente, Wellness und Life-style" gehört heute vielfach ein klei-ner oder großer Garten dazu – je nach Geschmack und Geldbeutel. Der Garten wird Konsumobjekt. Vielfach finden sich stilistische An-leihen bei der historischen Garten-kunst. Zäune und Pergolen, Gar-tenfiguren und Pflanzengefäße, be-schnittene Buchsbäumchen oder Kugelbäume haben Konjunktur.

Anders im öffentlichen Grün. Die Kommunen verarmen, die öf-fentlichen Grünanlagen in ihrer Ob-hut ebenfalls. Blumenschmuckbeete werden aus Kostengründen redu-ziert, die Pflege der Grünanlagen auf das Minimum beschränkt. Unsau-berkeit oder gar Vandalismus sind oft die Folge. Büßen öffentliche Gär-ten und Parks angesichts dieser Trends in der Allgemeinheit an Wert-schätzung ein? Identifizieren sich Bürger und Entscheidungsträger noch mit dem öffentlichen Kulturgut

Garten und Park? Vielleicht ist das Angebot an anderen Reizen und Erlebniswelten zu groß und breitge-fächert? Wir lassen an dieser Stelle das Fragezeichen einfach stehen.

In den Rahmen der Diskussion um die Wertschätzung öffentlichen Grüns gehört die regelmäßig wieder-kehrende ideologische Diskussion um Landes- und Bundesgarten-schauen. Längst haben sie sich kon-zeptionell von der gärtnerischen Leistungsschau zu einer ganzheitli-chen, städtebaulich, grünordnerisch und landschaftsplanerisch orientier-ten Parkplanung gewandelt. Nach-haltige und dauerhafte Freiflächen-entwicklung – beispielsweise in Ver-bindung mit der Sanierung brachge-fallener Industrieareale – ist das aktuelle Ziel von Gartenschauen. Bei der Diskussion der Kosten für diese Großereignisse „in Grün" ist zu be-denken, daß zahlreiche Maßnahmen im Rahmen der Stadtentwicklung ohne eine derartige Bündelung von Arbeitskraft und Geld nicht realisiert worden wären.

Auch noch nach dem jeweiligen Ausstellungsjahr sind die neuge-schaffenen oder erneuerten Park-anlagen wichtige Vermittler von Gartenkunst, Gartenkultur und öko-logischem Denken. Es finden sich dort Gärten für Behinderte, Repliken des Bauerngartens, Kräutergärten und vielseitige Präsentationen neu-er oder historischer Pflanzenarten und Sorten, um nur einige wenige Beispiele zu nennen.

Damit steht das Stichwort „Gar-tenschauen" für moderne Garten-kunst in allen denkbaren Facetten und mit hohem didaktischem wie kulturellem Anspruch. Davon zeu-gen die großen früheren Garten-schauen im Revier, ob Gruga Essen, Westfalenpark Dortmund oder Maximilianpark Hamm, die ständig Besucher anziehen und kultureller Mittelpunkt für Feste, Konzerte und zahlreiche weitere Veranstaltungen sind. Dazu kommen die jüngst geschaffenen Parks wie die Landesgartenschau Lünen und die BUGA '97 in Gelsenkirchen.

Auch außerhalb von Gartenschauen setzen sich Planer und politisch Verantwortliche mit der Ästhetik des Freiraumes wieder auseinander. Neue Ansätze und Ausdrucksformen über Skulpturen, Theater, Musik, Animation beispielsweise sind gefordert. So wird der bizarre Reiz von Industriebrachen genutzt, um Skulpturen oder Lichtinstallationen zu präsentieren wie im Landschaftspark Duisburg-Nord oder im Gewerbe- und Landschaftspark Hattingen-Henrichshütte. Moderne Architektur, Kunstwerk und Freiraum gehen subtile Verbindungen ein, wie in der innerstädtischen Kunst-Landschaft am Aalto-Theater in Essen. Vieles ist möglich, manches noch nicht ausgelotet. Die Verbindung von Kunst mit Gärten und Parks steht in der Tradition des Landschaftsparkes.

Parks und Gärten im Ruhrgebiet

Herrensitze und Klöster

Es ist relativ wenig bekannt, daß es im Gebiet des Kommunalverbandes Ruhrgebiet zahlreiche historische Herrensitze, Schlösser und Klöster gibt. Das Spektrum reicht von meist (nur noch ruinenhaften) Höhenburgen auf den Ruhrhöhen wie der Isenburg oder Burg Blankenstein bei Hattingen über Wasserschlösser wie Schloß Lembeck in Dorsten, Schloß

Westerholt in Herten oder Schloß Strünkede in Herne, Gräftenhöfe in Flußauen und Niederungen bis zu den Villen der Großindustriellen wie der Villa Hügel in Essen. Gerade die Industriellen übernahmen häufiger alte Herrensitze und bauten sie aus, so zum Beispiel das Thyssenschloß Landsberg. Einige Klöster und Stifte hinterließen ebenfalls ein bauliches und gartengeschichtliches Erbe.

Von der ursprünglichen Substanz der feudalen Gärten und Parks blieb infolge von Zerstörungen oder Überalterung wenig erhalten. Oft ist eine genaue Spurensuche erforderlich, um anhand von Einzelgebäuden, Mauerrelikten, Steinhaufen und des alten Baumbestandes die Originalstrukturen zu entdecken. Augenfälliger sind demgegenüber die wiederhergerichteten Anlagen, die rekonstruiert oder als „geistesverwandte" Nachschöpfung das frühere Gartenerlebnis abbilden.

In diesem Zusammenhang ist die Gartenanlage von Kloster Kamp bei Kamp-Lintfort vorrangig zu nennen. Erst vor wenigen Jahren konnte nach eingehenden archäologischen und denkmalpflegerischen Untersuchungen der Terrassengarten aus dem 18. Jahrhunderts in seiner Struktur wieder sichtbar gemacht werden. Kloster Kamp ist ein topographischer wie gartenkünstlerischer Sonderfall am Niederrhein. Bei diesem Klosterhügel lassen sich Ideenverbindungen bis nach Sanssouci in Potsdam herstellen. Auch die Anlagen um Schloß Berge in Gelsenkirchen sind Rekonstruktionen. Sie vermitteln anschaulich das barocke Gartenmuster eines ländlichen Herrensitzes. Die Verluste von historischen Herrenhäusern und ihren Gärten und Parkanlagen sind leider gravierend, vorhandene Relikte verfallen weiter. So ist es nicht so lange her, daß die Anlagen um Haus Grimberg in Gelsenkirchen verlorengingen.

Die Landschaftsparks sind relativ gut dokumentiert. Beispielhaft lassen sich der Park um das mittelalterliche Wasserschloß Herten mit Teilen der barocken Ausstattung und der Schloßpark Borbeck als ehemaliger Sitz der Fürstäbtissin von Essen nennen. Auch diese Anlagen zeigen lediglich Abbilder eines Landschaftsparkes, da sich in den Parks selbst und in ihrem Umfeld städtebaulich gravierende Veränderungen vollzogen haben. Das wirkt sich unter anderem im Verlust korrespondierender landschaftlicher Bezüge aus. Lärm, Abgase und visuelle Störungen beeinträchtigen heute häufig Blickbezüge und vor allem die Funktion der Anlagen als Ruhezo-

nen. Die erforderliche „Ausatmungsfläche" für den Park, die besonderen Blickbezüge und Mußebereiche wurden und werden oft nicht in der erforderlich sensiblen Form berücksichtigt. Auch bei Pflege und Renovierungen wurde das kulturelle Erbe der Parks nicht immer sachgemäß behandelt, sei es aus mangelnder Information, aus Kostengesichtspunkten oder wegen gestalterischer Modernismen und wesensfremder Nutzungen.

Einige historische Anlagen stehen zwar immer noch in „grünen Zusammenhängen", lassen aber nur sehr bedingt die ehemalige Gartenpracht oder das Original-Parkensemble ahnen. Das vorhandene

Garten der Villa Hügel – Postkarte von 1920

Potential der Gärten und Parks im und um das Revier ist es wert, gartendenkmalpflegerisch analysiert, gesichert und entwickelt zu werden. Wo es möglich ist, sollte die geschichtliche Gestaltqualität durch behutsame Planung und Rekonstruktion erneuert oder mindestens textlich und zeichnerisch dokumentiert werden.

Im Krupp'schen Hügelpark gab es beispielsweise in den sechziger Jahren gravierende Verluste: Die Anlagen wurden aus damaliger Sicht landschaftsplanerisch „geglättet". Ihr heutiges Erscheinungsbild läßt

kaum noch die historischen Funktionszusammenhänge mit dem beachtlichen Wirtschaftsbetrieb der Villa (Gärtnerei, Stallungen und Nebengebäude) erkennen. Auch die Raumbilder der einst privaten Gartennutzung (Verlust von Pergolen und Pavillons, skulpturengeschmückte Gartenparterres, Weihern) sind kaum noch ablesbar.

Diese Vereinfachung in der hier falsch verstandenen Tradition des englischen Landschaftsparkes kostete wesentliche Strukturen des Parkoriginals, seiner Ausstattung und der Vegetation. Andererseits ist heute für den Parkbesucher neben der Villa selbst sicherlich der Eindruck des alten Baumbestandes und die beachtliche Größe und Ruhe des Parks subjektiv bestimmend. Daß der Park sich früher mit dem angrenzenden Kruppwald über ein gestaltetes Wegenetz und Ziergehölzgruppen verband, wird nur dem Wanderer jenseits der Einzäunung noch stellenweise sichtbar.

Ein Beispiel für den Umgang mit historischen Anlagen in jüngerer Zeit ist Haus Opherdicke bei Unna. Hier hat der Kreis Unna, nachdem er die Gutsanlage übernommen hatte, die bauliche Substanz gesichert und für Kultur- und Freizeitzwecke nutzbar gemacht. In landschaftlich hervorragender Lage und in enger Verbindung mit dem noch durch Fachwerkhäuser geprägten Dorf lassen sich die kulturlandschaftlichen Zusammenhänge wahrnehmen. Einige Relikte wie alte Baumgruppen, die Gartenmauer mit barockem Pavillon, der zur Ruine wurde, sind vorhanden. Neben alten Karten ermöglichen es erste Luftaufnahmen aus den zwanziger Jahren, den früheren Gartenbereich zu erkennen. Architektonische Grundstruktur und landschaftliche Partien sind charakteristisch. Ein gemeinsames Konzept des Kommunalverbandes Ruhrgebiet und des Kreises Unna soll die gartenhistorischen Aspekte mit den Belangen von Naturschutz und Landschaftspflege verbinden.

Volksgärten - Revierparks

Auch die öffentlichen Anlagen des 19. Jahrhunderts mußten teilweise starke Substanzverluste oder Veränderungen hinnehmen. Dies betrifft vornehmlich aber Einzelelemente und zeitgenössische Ausschmückungen. Die Grundstruktur dieser Stadt- und Volksgärten und Gemeindeparks läßt sich jedoch noch gut ablesen: Teiche mit buchtigen Rändern, Wiesenflächen und Baumhaine, durchzogen von dichten, geschwungenen Wegenetzen. Restaurant, Saalbau, Kultureinrichtungen, Kleinarchitekturen (Pergola, Kiosk, Musikpavillon) und Denkmäler setzen bauliche Akzente.

Diese Stadtgärten liegen zumeist inselartig im städtebaulichen Umfeld. Oft sind sie über große Alleen angebunden oder von Villengebieten mit parkartigen Gärten flankiert. Auch beim Stadtgarten Bochum beispielsweise zeugt dies vom Bedürfnis des Bürgertums zu repräsentieren. Heute sehen wir darin das reizvolle Ambiente des Wohnens am Park mit einer hohen Wohnumfeldqualität.

Die meisten dieser Anlagen dokumentieren den bürgerlichen Besitzstolz der damals noch kleineren Städte und Gemeinden. Sie waren als Parks zum Spazierengehen, zur sonntäglichen Begegnung und Erholung konzipiert. Als Erholungsraum sind sie auch heute geeignet, als Raum zum Aufatmen und zur Muße, als Treffpunkt und zum Spielen und Verweilen. Ein Besuch im Stadtpark von Wanne zeigt die Rentnerin auf dem Weg zum Einkaufen oder zum angrenzenden Friedhof und den Spaziergänger mit seinem Hund. Jugendliche treffen

sich am Teichufer unterhalb des Kaiserbrunnens, dessen vaterländische Intention heute auf einer Tafel erklärt und relativiert wird. Das Parkhaus im Jugendstil ist Kulturtreff, Theater und Restaurant.

In Gelsenkirchen-Buer finden wir eine Parklandschaft, die historisches Grün, Wald und Friedhof sowie Spiel- und Sportflächen im sogenannten Buer'schen Grüngürtel vereint. Eine solche städtebaulich prägende Funktion von Gärten und Parks findet sich beispielsweise auch in Castrop-Rauxel. Dort bilden die Anlagen um das historische Haus Goldschmieding, das ehemalige Rennbahngelände und der angrenzende Wald einen grünen Schwerpunkt, der über Wege und Grünverbindungen Kontakt zur Landschaft hält. Neuere Grünbereiche entwickelten sich im Verbund, wie zum Beispiel das parkartig gestaltete und künstlerisch akzentuierte Landschaftsbauwerk der Halde Schwerin.

Kleinere Volksparke zeigen – so in Bochum-Hiltrop – sanfte Übergänge zur Landschaft. Oft beziehen sie örtliche Sportstätten oder Schwimmbäder in das Parkkonzept ein und sind durch ruhige Spazierwege erschlossen. Die Übergänge zum Waldpark oder Stadtwald sind fließend, wie das Beispiel von Schillerwiese und Stadtwald Essen zeigen oder auch des Volksparkes um Haus Wittringen in Gladbeck. Dort verknüpft sich die herkömmliche Parkanlage räumlich mit den Sportstätten der historischen Vestischen Kampfbahn und einem nach ästhetischen Kriterien erschlossenen Waldbereich. In diesem Zusammenhang ist auch der Fredenbaumpark in Dortmund erwähnenswert.

Die Revierparks lehnen sich ebenfalls bevorzugt an vorhandene Grünanlagen oder Wälder an oder werden dort integriert. Beispielhaft sind die Revierparks Gysenberg in

Herne, Mattlerbusch in Duisburg oder Vonderort in Bottrop/Oberhausen zu nennen. Die vorgesehene intensivere Freizeitnutzung bedarf der Aufsicht und setzt ein qualifiziertes Management voraus. Sie wird ergänzt durch Ruhe- und Erholungsbereiche, die ihre Fortsetzung im Wald und in den Grünzügen finden.

Eine ehemalige Ziegelgrube war der Ausgangspunkt für den Gruga-Park Essen, ein Zechengelände verwandelte sich mit der BUGA '97 in Gelsenkirchen in einen großen Stadtpark. Die moderneren, neuen großen Anlagen abseits der Stadtzentren wurden genutzt, um neue 'Gartenreiche', moderne Paradiese für die Stadtbevölkerung zu schaffen.

Perspektiven

Der Bogen spannt sich von den herausragenden, künstlerisch wie historisch bedeutsamen Anlagen zur Garten'basis'. Künstler und Garten- und Landschaftsarchitekten planten jene, Bürger und Arbeiter nutzten diese. Sind (historische) Gärten und Parks künstliche (museale) Produkte ohne Leben oder befruchtet ihr (heute noch) lebendiges Beispiel? Akzeptanz und Wertschätzung für die öffentlichen Gärten und Parks benötigen eine breite Basis. Wie beim Sport kann die Spitze nicht ohne Basisarbeit auskommen. Das kann die private Lust am Garten und am gärtnernden Gestalten ebenso sein wie die individuelle und gemeinschaftliche Aneignung öffentlicher Freiräume.

So steht gleichberechtigt neben den hier dokumentierten, historisch bedeutsamen Gärten und Parks die im Revier überaus lebendige Tradition der Arbeitergärten, der Kleingärten, der türkischen Grabelandgärten, der vielen Eigenheim- und Mietergärten. Alle verkörpern die Freude am Garten – Gartenlust – und an der Gartenarbeit in sehr vielfältiger und individueller Form. Die Liebe zum Gartenleben zeigt sich auch in den zahlreichen Einsendungen zum Wettbewerb „Schönster Garten des Ruhrgebiets", der erstmalig im Sommer 1996 in der regionalen Presse ausgeschrieben wurde. Gartenkultur und -kunst zu stärken, das gelingt nur in einem Gartenland. Das Ruhrgebiet hat die Voraussetzungen dafür.

Das kulturelle Erbe hat viele Gesichter. Unstreitig gehören historische Gartenanlagen, Parks und historische Kulturlandschaftselemente dazu. Die Originale sind nicht immer zu bewahren, zumal sich die Pflanze als lebender Baustoff ohnehin leichter verändern oder zerstören läßt als Gemauertes. Alte Parks und Gärten leben aus ihrer Vergangenheit, als Zeugen vergangener Epochen haben sie einen kulturgeschichtlichen Eigenwert. Wichtig ist aber auch ihr örtlicher oder regionaler Bezug und daß sich die Menschen mit ihnen identifizieren können.

Grünflächenpolitik muß oft hinter „härteren" Nutzungsansprüchen wie Straßenbau, baulichen Großvorhaben, Wohn- oder Gewerbebau zurückstehen. Das hat ökonomische Gründe, denn Grünflächen kosten Geld – sie bringen keines, jedenfalls nicht auf den ersten Blick. Daß Grün ein Lagevorteil, ein „weicher" Standortfaktor zumindest für Wohnbebauung des gehobenen Standards und modernes Dienstleistungsgewerbe ist, hat sich zwischenzeitlich herumgesprochen. Leider schützt diese Erkenntnis nicht vor Begehrlichkeiten, die das Grün und den „genius loci" eines Parks zwar gerne vermarkten wollen, dafür aber vorher ein Filetstücklein für eine bauliche Nutzung, vielleicht ein Kongreßzentrum, herauslösen möchten oder ihm durch Randbebauung die Luft abschnüren. Der Park wird zur

Kulisse, zum Dekorationsgrün herabgewürdigt.

Ein Park wird akzeptiert, wenn sich die Bevölkerung von seiner räumlichen Qualität angesprochen fühlt und das Nutzungsangebot stimmt. Das hat auch etwas mit sozialer Kontrolle zu tun – funktionierende, gut gepflegte Parks mit einer qualitätvollen soliden Ausstattung werden lieber aufgesucht. Mangelnde Pflege kann oft schon zu einem Verlust an Erlebnisqualität und Akzeptanz führen. Bei historischen Anlagen hat auch manch gutgemeinte, „naturnähere" Gestaltung diesen bedauerlichen Effekt.

Akzeptanz bedeutet auch, die Geschichte und Eigenart der historischen Anlagen so zu erfassen, daß fast jedermann einen Sinn darin sieht, sie zu bewahren und zu pflegen. Das ist bei Grünflächen sicher schwieriger als bei Bauwerken, die unveränderlicher erscheinen und eher museal zu konservieren sind. Es leuchtet ein, daß natürliche Dynamik eine gartenhistorische Substanz relativ schnell verändert, wenn die ordnende und pflegende Hand fehlt. Zudem treten auch dann wieder Akzeptanzprobleme auf: Wer kennt nicht die medienwirksam geführten Debatten um den Erhalt lieb gewordener, alter Bäume, die – natürlich gealtert – aus fachlicher Sicht nicht mehr zu erhalten sind? Der optische und ökologische Bruch zur Neuanpflanzung ist oft für den Laien nur schwer zu verstehen und tatsächlich sehr groß.

Bei verschollenen Strukturen hilft manchmal die Gartenarchäologie, das Ausgraben alter Wegprofile oder Grundmauern, um die genaue Lage und Verläufe, die nicht immer aus den alten Planunterlagen exakt ersichtlich sind, zu rekonstruieren. Ein rein museales Bewahren kann es mit lebendigen Dingen nicht geben, deshalb ist immer wieder die Ent-

scheidung gefordert, wie werkgetreu anhand der alten Unterlagen und örtlichen Befunde sich eine Gartenanlage wiederherstellen oder renovieren läßt. Denn neben dem Spaten bedarf es auch der ‚silbernen Axt', um diejenigen Bilder wieder zu beleben, die der Gartenkünstler oder -architekt seinem Werk einst zugrunde legte.

Einzelne Gärten und Parks lassen sich oft recht gut erneuern. Vielfach sind es die Randentwicklungen, die problematisch sind: Das moderne Hochhaus als falschen „point de vue". Der Verkehrslärm, der ungehemmt in den ruhigen Park eindringt, weil die Richtlinien keinen Lärmschutz vorsehen. Die dicht herangerückte Randbebauung, die Aussichten und Blickachsen stört. Das Entfernen einer Rahmenpflanzung, weil Parkplätze gefordert sind. Moderne Zweckeinbauten, die Stilbrüche und Verfremdungen erzeugen.

Eine sorgfältige Analyse vorhandener Substanz sowie die Abwägung ihrer Bedeutung ist notwendig. Für jeden Park oder Garten sind tragfähige, die historische und gestalterische Situation würdigende Entwicklungskonzepte zu erarbeiten. Da ist die Balance zwischen werkgetreuem Sichern und Entwickeln, zwischen exakter Rekonstruktion oder Wiederherstellung (Restaurierung) oder sinngemäßem Neubau mit historischen Stilmitteln und moderner Ergänzung gefordert. In den letzten Jahren kam es auch zwischen Naturschutz und denkmalpflegerischen Belangen zu Konflikten, wenn in die Tier- und Pflanzenwelt eingegriffen werden mußte, um die gartenhistorische Substanz zu erhalten. Auch hier sind die Belange gegeneinander abzuwägen.

Neben das historische Erbe und seine Bestandspflege ist unser zeitgenössischer Umgang mit Gartenkunst und -kultur zu stellen. Was aus der jüngeren Vergangenheit und unserer eigenen heutigen Zeit ist es wert, unserer Nachwelt überliefert zu werden? Bemerkenswerte Ansätze finden sich in der aktuellen Diskussion über die Verwandlung von Industriebrachen, die einhergeht mit einer neuen Naturästhetik und die – kein neues Thema in der Gartengeschichte – einer Faszination durch Ruinenromantik unterliegt. Es gilt, jene Strukturen im Gesicht der neuen Landschaftsparks zu erhalten und zu gestalten, die Geschichte und Wurzeln der Region verkörpern.

Hier setzt der Landschaftspark Duisburg-Nord sicher Maßstäbe. Dort ragen die alten Stahlöfen als Eisengiganten aus einer jungen Vegetation auf, ein pittoreskes Bild der Gegensätze. Kunst im Park, auch dies ein Thema klassischer Gartenkunst, wird heute im Kunstwald Herten oder auf Zollverein umgesetzt. Die landschaftsparkartige Raumkonzeption der Halde Schwerin wird betont durch den Kreisring einer überdimensionalen Sonnenuhr auf der Gipfelkuppe und einen Wassertempel als Quellstandort am Haldenfuß. Als Monopteros aus Stahlröhren stellt er mit klassischem Ausdruck Technik des Reviers dar.

Die Projekte im Rahmen der Internationalen Bauausstellung Emscherpark werden als aktuelle Zeitzeichen in speziellen Dokumentationen publiziert. Ein neuer Themenpark von André Heller erdacht, gesponsert als Jubiläumsgabe eines Energiekonzerns, entsteht als „Energiepark" auf jetzt ungenutztem Betriebsgelände in Essen. Auch für Bochum ersinnt der professionelle Träumer Heller gegenwärtig einen neuen Park der Poesie – „Anima".

Die wirkliche Welt, wie sie uns auch in den differenzierten Bildern von Parks und Gärten entgegentritt, werden wir auch zukünftig brauchen, als Gegenwelt zur Welt der Computer, Multimedia und gigantomanischen Freizeitangeboten der modernen 'Event'-Gesellschaft. Mag die Konkurrenz kommerzieller Angebote mit action, stunts und Illusionen groß sein, mag in Zukunft auch die virtuelle Welt sich Gartenszenerien aneignen, sie werden jene Gartenlust nicht ersetzen können, die mit allen Sinnen begreifbar, erfahrbar, wahr ist.

Der Erhalt und die künftige Entwicklung unserer Gärten und Parks hängen auch davon ab, ob wir sie als beliebige, austauschbare Aufenthaltsorte konsumieren, ob wir nur noch die Highlights touristisch abhaken oder ob wir imstande sind, uns ihrem Wesen aufmerksam zu nähern, sie in Muße kennenzulernen und uns, in dem wir sie erleben, ein Stückchen vom Paradies wachzurufen.

Die historischen und heutigen Anlagen im Mosaik des Ruhrgebietes mit all ihren landschaftlichen und strukturellen Facetten sind Potential und Verpflichtung. Noch zehren wir von dem Erbe, das uns der Weitblick der Vorgenerationen vorsorgend hinterließ. Es gibt zahlreiche Ansätze, dieses Erbe zu erneuern, es weiter zu entwickeln und der industriell geprägten Stadt-Landschaft Ruhrgebiet Parks und Gärten in gesicherten Grünsystemen hinzuzufügen.

Das Revier zeigt eine große, vielfältige, eigenartige und schöne Garten- und Parkwelt. Es verfügt über eine breite, gewachsene Basis individueller Gartenkultur und eine große Zuneigung seiner Bewohner für ihre Parkanlagen. Ihre Geschichte zu entdecken, die kulturell eigenständige Leistung zu erkennen und sie in der Fürsorge für kommende Generationen als Lebensraum zu bewahren und weiterzuentwickeln, ist Aufgabe und Chance zugleich.

TEIL A

Ausgewählte, öffentlich zugängliche Parks und Gärten

Botanischer Garten an der Ruhr-Universität

Im Jahre 1965 wurde – kurz nach Aufnahme des Lehrbetriebes der Universität – mit dem Aufbau des Botanischen Gartens begonnen.

Bei der Planung der Ruhr-Universität Bochum entstand die Idee, den Südhang vor der Gebäudekulisse der Universität zu terrassieren und dort einen Botanischen Garten anzulegen. So konnte ein fließender Übergang von den zweckbezogenen Betonbauten der Universität zum Naherholungsgebiet des Ruhrtales entstehen. Kurz nach Aufnahme des Lehrbetriebes im Jahre 1965 begann der Aufbau des Botanischen Gartens. Seine ersten Freilandanlagen waren im Jahre 1971 der Öffentlichkeit zugänglich. 1973 wurden die übrigen Freilandanlagen, 1976 das große Tropenhaus und 1978 das Demonstrationshaus für Pflanzen arider Klimate (Sukkulenten) fertiggestellt. Ein „chinesischer Garten" im südchinesischen Stil rundete 1990 das Informationsangebot ab.

Die geographisch-ökologische Gliederung der Gartenanlage ermöglicht, sowohl Lebensgemeinschaften darzustellen, als auch die Anforderungen der Pflanzen an Wuchsbedingungen (Temperatur, Feuchtigkeit und Bodensubstrat) zu erfüllen. Die Abteilung Morphologie zeigt die unterschiedliche Gestalt der Pflanzen. Pflanzen, die entweder als Nahrung für Mensch und Tier oder für Handel und Gewerbe von Bedeutung sind, sind in der Abteilung Nutzpflanzen zu sehen.

Chinesischer Garten

Im Gartenteil „Inhaltsstoffe" wird demonstriert, welche Pflanzen trotz der Fortschritte der Chemie in der Heilkunde noch heute in der Medizin eingesetzt werden. Das Alpinum mit den Pflanzen der Felsfluren und Steppen ist besonders im Frühling sehr schön, wenn die zahlreichen Primelarten, Enziane, Krokusse und Alpenrosen blühen. Der Gartenbereich „Systematik" zeichnet die Abstammung der Blütenpflanzen nach. Der südliche Teil des Botanischen Gartens bis hin zum Lottental stellt vergleichbare Vegetationsbilder und Biotope aus Europa, Asien und Amerika vor – Wälder, Wiesen, Heiden, Moore und Steppen.

Der Botanische Garten in Bochum ist Forschungs- wie Lehrgarten. Die Fülle der Informationen und Pflanzen stößt auf großes Interesse bei seinen Besuchern. Die präsentierten Themen zeigen sowohl die Vielfalt der Pflanzenwelt als auch die Beziehungen der Pflanzen zu ihrer Umwelt.

Zur umfangreichen Information über den Garten ist die Lektüre des Gartenführers für den Botanischen Garten der Ruhr-Universität Bochum zu empfehlen.

☞ **Adresse:**
Universitätsstraße; 44801 Bochum

☞ **Öffnungszeiten:**
Täglich: 1. April bis 30. Sept. von 9 bis 18 Uhr und 1. Okt. bis 31. März von 9 bis 16 Uhr

☞ **Anreise mit Bus oder Bahn:**
Ab Bochum Hbf. mit Bus 349 in Richtung Haarstraße bis Haltestelle Querenburger Straße.
Ab Bochum Hbf. mit Bus 356 in Richtung Hattingen-Mitte S bis Haltestelle Querenburger Straße.

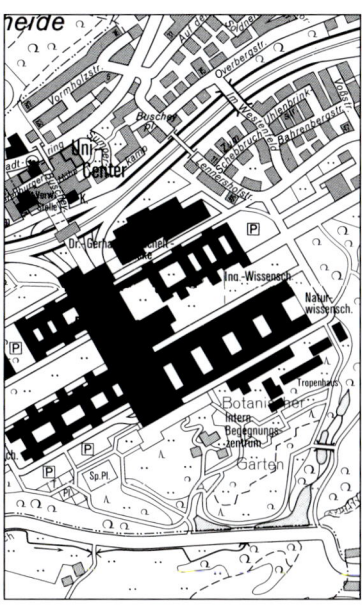

Stadtpark Bochum

Dem Zeitgeist folgend, wurden gut 700 verschiedene, zum Teil fremdländische Gehölzarten gepflanzt. Durch ihren bizarren Wuchs, ihre auffallende Belaubung und ihre kontrastreiche, leuchtende Herbstfärbung entstanden unter Ausnutzung des bewegten Geländes reizvolle Landschaftsbilder.

Der Rat der Stadt Bochum faßte 1869 den Grundsatzbeschluß, einen öffentlichen Park anzulegen. Dies sollte auf einem Teil des Geländes geschehen, das die Stadt als Abfindung für ihre Nutzungsrechte an landwirtschaftlichen Flächen erhalten sollte. Ein Jahr später konnte die Allmendeteilung vollzogen werden. Der Weidebetrieb wurde auf diesen Flächen eingestellt. Die von der Stadt eingesetzte Parkkommission wählte einen im nordöstlichen Stadtgebiet liegenden Teil der Allmende als zukünftigen Parkstandort aus.

Die Stadt verhandelte zunächst über die Planung eines Stadtgartens auf dem ausgewählten Grundstück mit Gartendirektor Weyhe aus Düsseldorf. Der Ausbruch des deutsch-französischen Krieges im Juli 1870 unterbrach die Verhandlungen, der Tod Weyhes im April 1871 beendete sie. Daraufhin zog man den Landschaftsgärtner Anton Strauss zu Rate. Strauss war seit 1853 Stadtgärtner in Köln und im Entwurf, Bau und Pflege von öffentlichen Gärten sehr erfahren. Ende des Jahres 1871 legte er dem Stadtrat sein Stadtparkkonzept vor. Es stieß auf Zustimmung und sollte ausgeführt werden. Erst 1876 jedoch, nach Abschluß eines jahrelangen Rechtsstreites um die Aufhebung der Gemeindeweide, konnten die Ausbauarbeiten beginnen und zwei Jahre später beendet werden. Hinzu kam, daß finanzielle Bedenken der Stadtverordneten gegen das Projekt zu überwinden waren.

Die Stadt Bochum besaß nun den ersten, von der öffentlichen Hand in Auftrag gegebenen und finanzierten Stadtpark im Ruhrgebiet. Er umfaßte ein gut 13 Hektar großes Grundstück in einem in Ost-West-Richtung verlaufenden Talzug, das nach Norden anstieg. In der Senke entstanden zwei Teiche. Restaurationsgebäude und Terrassen fügten sich so in den Hang, daß die Aussicht auf die Stadt Bochum möglich war. Denkmale (Kaiser-Wilhelm- und Turnvater-Jahn-Denkmal), eine Wetterwarte und bergbaulich interessante Meßgeräte gehörten zu seiner Ausstattung. In der Nordostecke des Parkes befand sich die Parkgärtnerei mit einem Milch- und Mineralwasserausschank.

Im Jahre 1893 wurde der Stadtpark waldartig erweitert und um einen rechteckigen Rasenplatz ergänzt, auf dem die Schulen seit 1894 Turnspiele durchführen konnten. Dem damaligen Zeitgeist folgend, pflanzte man gut 700 verschiedene, zum Teil fremdländische Gehölzarten. Ihr bizarrer Wuchs, ihre auffallende Belaubung und ihre kontrastreiche, leuchtende Herbstfärbung erzeugte im bewegten Gelände – wie Zeitzeugen berichteten – „Landschaftsbilder von mannigfachen Reizen".

Erst die letzte große Erweiterung (1903 - 1905) aber vollendete die Gesamtanlage: Noch ehe Bochum 1904 durch Eingemeindung von vier Nachbardörfern zur Großstadt wurde, hatte die Kommune im nördlichen Nachbarort Grumme ungefähr elf Hektar Land gekauft, um den

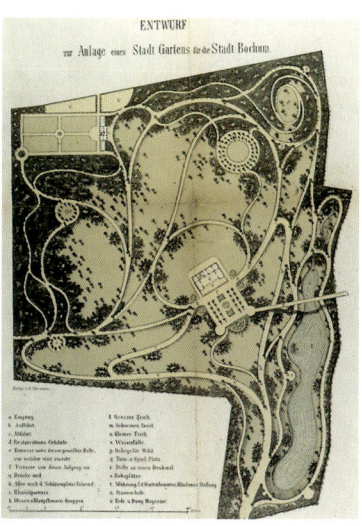

Historischer Entwurf des Stadtparks von Anton Strauss

Stadtpark zu erweitern. Mit dem Entwurf wurde Ernst Finken beauftragt, der einige Jahre lang Direktor der Kölner „Flora" und seit 1896 als freischaffender Gartenkünstler tätig war. Nach dem Entwurf von Finken wird der neue Stadtpark, wie der alte Parkteil, von einem sich nach Westen erweiternden Talzug durchquert. Finken folgte den gleichen Prinzipien der Raumbildung und Linienführung wie Anton Strauss um 1870 und schuf aus beiden Parkteilen und den bewaldeten Flächen dazwischen eine Einheit. Er verdoppelte sozusagen den alten Stadtpark. Diese Erweiterung zog sich bis 1908 hin.

Im Laufe der folgenden Jahre kamen verschiedene Einrichtungen hinzu. 1909 wurde auf der höchsten Stelle des Parks der Bismarckturm gebaut. 1913 entstand nach den Plänen von Prof. Elkart ein Parkhaus, das durch seine gepflegte Gastlichkeit weit über die Grenzen Bochums bekannt war. Auf dem Gelände östlich des Bismarckturms schuf der Verein Bochumer Tierparkfreunde e. V. in den Jahren 1933 bis 1939 einen Tierpark für heimische Arten sowie ein Aquarium.

Frühling im Stadtpark

In den Kriegs- und Nachkriegsjahren litt der Park durch unmittelbare Kriegseinwirkungen und die sich anschließende völlige Vernachlässigung. Während die Stadt Bochum diese Schäden beseitigte, gestaltete sie gleichzeitig Bereiche neu. Die Bürger nutzten den Park immer mehr, darum waren Maßnahmen erforderlich.

Es entstand so ein Stadtpark im Stile eines „englischen Landschaftsgartens". Der Rosen- und der Dahliengarten wurden erweitert und umgestaltet, ein Rhododendron-, ein Stauden- und ein Sommerblumengarten wurden angelegt. Die Teichanlagen erhielten Fontänen und Wasserspiele. Dem Zeitgeist der siebziger Jahre folgend, kamen in diesen Jahren eine Freischach- und eine Minigolfanlage hinzu. Dem Besucher des Stadtparkes wird heute auffallen, daß im Park kaum Nadelgehölze zu finden sind. Exotische Laubgehölze, wie Götterbaum *(Ailanthus altissima)*, Tulpenbaum *(Liriodendron tulipifera)*, Trompetenbaum *(Catalpa)*, Schnurbaum *(Sophora)* oder Amberbaum *(Liquidambar)* geben den Ton an.

☞ **Adresse:**
Bergstraße; 44791 Bochum
☞ **Öffnungszeiten:**
Täglich: ganztägig
☞ **Anreise mit Bus oder Bahn:**
Ab Bochum Hbf. mit Bus 336 in Richtung Dortmund-Lütgendortmund S bis Haltestelle Gudrunstraße.
Ab Bochum Hbf. mit Bus 353 in Richtung Castrop / Münsterplatz bis Haltestelle Gudrunstraße.

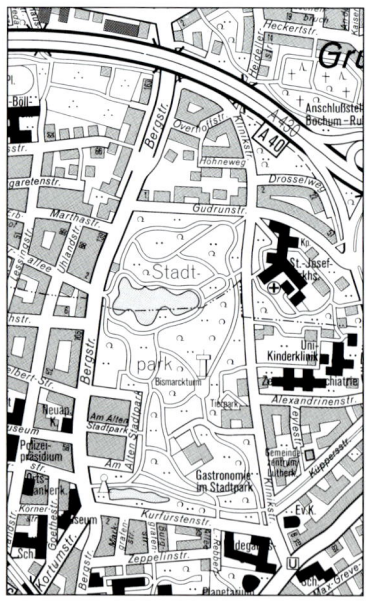

Stadtgarten Wattenscheid

„Anpflanzungen, Rosen- und Blumenbeete entwickeln sich prächtig und bilden in ihrer Gesamtheit einen anmutigen und gesunden Aufenthalt für die Einwohner".

Die Entstehung des Wattenscheider Stadtparkes geht
auf einen Kreistagsbeschluß
aus dem Jahre 1898 zurück. Er legte
den Gemeinden des damaligen
Landkreises Gelsenkirchen, zu dem
auch die ehemalige Stadt Wattenscheid gehörte, nahe, die „Beschaffung, Bepflanzung und Einrichtung
großer freier Plätze oder Volksgärten" zu betreiben. Entsprechende finanzielle Hilfe für diese Maßnahmen
stellte eine Kreisanleihe in Höhe von
400.000 Mark sicher.
Wattenscheid kaufte daraufhin 1899
ein Gelände von rund viereinhalb
Hektar zu einem Preis von 65.000
Mark. Angelehnt an Entwürfe des

Gartenarchitekten R. Hoemann legte die Stadt den Park bis 1900 an. Der
Zustand der Parkanlage im Jahre
1901 geht recht detailliert aus einem
Verwaltungsbericht (vom 1. April
1901 bis 31. März 1902) hervor:
„Die Stadtgartenanlage hat sich im
Berichtsjahr den Erwartungen entsprechend entfaltet. Anpflanzungen,
Rosen- und Blumenbeete entwickelten sich prächtig und bilden in ihrer
Gesamtheit einen anmutigen und gesunden Aufenthalt für die Einwohner. Der im Garten eingerichtete
Spielplatz mit Spielgeräten wird von
den Kindern in den Sommermonaten recht fleißig genutzt. Für den
Stadtgartenteich sind Schwäne, Gän-

se und Enten beschafft worden, die das Bild der Anlage beleben und den Besuchern zur Freude dienen sollen."

Im Jahre 1913 erhielt der Park eine neue Gewächshausanlage einschließlich heizbarer Treibgärten außerhalb des Glashauses. Neben den Pflanzen in den Kalthäusern konnte der Stadtgarten Wattenscheid den Besuchern nun in der Warmhausanlage exotische Blatt- und Blütenpflanzen zeigen. Wattenscheid erweiterte seinen Park das erste Mal um zweieinhalb Hektar im Jahre 1919, gleichzeitig wurde auch ein Sportplatz angelegt.

Nach einer Ruhephase wurde im Park erst wieder im Jahre 1925 unter Zuhilfenahme von Notstandsprogrammen weitergebaut. Es entstand ein großer Gondelteich mit einem Erfrischungshäuschen. Bereits 1926 hatte der Park eine Gesamtgröße von 11,8 Hektar. Auf Drängen der Bevölkerung kam noch ein botanischer Schulgarten dazu. Der Bau des bereits geplanten Restaurationsgebäudes scheiterte jedoch an der Finanznot der Stadt.

1932 begann Wattenscheid unter Leitung des Stadtbaurates Schumacher, auf dem westlichen Eckgrundstück des inzwischen auf 20 Hektar vergrößerten Stadtgartens eine Freilichtbühne anzulegen. Die Arbeiten wurden im Rahmen der Erwerbslosenhilfe durch Notstandsarbeiter in den folgenden vier Jahren durchgeführt. 1937 konnte schließlich eine der größten Freilichtbühnen im Ruhrgebiet eingeweiht werden.

In den Jahren bis zum Beginn des 2. Weltkrieges veränderte der Park sich nicht mehr. Während der Kriegsjahre wurden jedoch weite Teile der Anlage zerstört, auch der große Gondelteich. Er fiel trocken, so daß er nach dem Kriege durch Einbau von Trümmerschutt auf ein Viertel verkleinert werden mußte und Zierwasserbecken und Fontänen erhielt. Den Tierbestand im vorhandenen Tiergehege erweiterte man um heimische Tierarten.

In den folgenden Jahren erhielt das Gehege ein neues Haus für exotische Vögel und ein Aquarium. Der Teich wurde umgestaltet und ein neuer Rosengarten angelegt; Freiluftspiele wie Schach, Mühle und Dame sind ebenfalls hinzugekommen. Zahlreiche aus den Anfängen der Stadtgartengeschichte stammende Gestaltungselemente wie Baumgruppen, Einzelgehölze, Spiel- und Liegewiesen, die geschwungene Wegeführung und die Freilichtbühne sind auch heute noch für den Besucher des Stadtparks erkennbar.

☞ **Adresse:**
Stadtgartenring; 44866 Bochum
☞ **Öffnungszeiten:**
Täglich: ganztägig
☞ **Anreise mit Bus oder Bahn:**
Ab Bochum Hbf. mit Straßenbahn 302 in Richtung Gelsenkirchen-Buer/Rathaus bis Haltestelle August-Bebel-Platz; dann umsteigen und weiter mit Bus 363 in Richtung Bochum/Roonstraße bis Haltestelle Stadtgartenring.

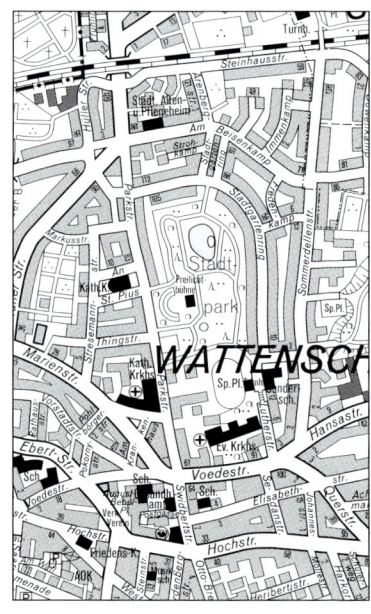

Stadtgarten Bottrop

Der Erste Weltkrieg unterbrach die Ausführungsarbeiten und das Gelände wurde von der Bevölkerung vorübergehend zum Gemüseanbau für die Eigenversorgung genutzt.

Seit etwa 1905 bemühte man sich auch in der Gemeinde Bottrop, einen Volkspark anzulegen, in dem sich die arbeitende Bevölkerung erholen konnte. Die Arenberg AG stellte 1913 der Gemeindeverwaltung ein etwa sieben Hektar großes Gelände zwischen der ehemaligen Fernewaldstraße (heute: Parkstraße), der Randebrockstraße und der früheren Overbeckstraße (heute „Im Stadtgarten") für die Anlage eines solchen Parks zur Verfügung.

Der Düsseldorfer Gartenarchitekt Buerbaum plante zwischen den Jahren 1913 und 1914 die damals „Kaiser-Wilhelm-Park" genannte Anlage.

Die Parkgebäude entwarf der Architekt Becker aus Essen in den Jahren 1914 bis 1915. Der 1. Weltkrieg unterbrach die Ausführungsarbeiten und die Bevölkerung nutzte das Gelände vorübergehend zum Gemüseanbau.

Im Jahre 1919 beschloß die Stadtverwaltung, den ersten Parkentwurf zu überarbeiten. Die weitere Ausführung der Anlage wurde der neu eingerichteten städtischen Gartenverwaltung übertragen. Der neue Volkspark konnte 1921 fertiggestellt und der Öffentlichkeit übergeben werden. Bis 1934 blieb er in seiner Grundstruktur unverändert erhalten. Der zentrale Teil des Parks orientierte sich nun nahezu symmetrisch zu einer schräg vom Torhaus an der Parkstraße bis zur Straße „Im Stadtgarten" verlaufenden Mittelachse. Sie war ursprünglich als Wegeachse ausgebildet und führte vom Torhaus zu einem großen Ruderteich. Eine schungslinie im Gelände nachvollziehen. Die drei Tennisplätze, die gleichzeitig mit dem Stadtgarten entstanden sind, wurden mehrfach umgebaut und erweitert. Östlich des symmetrisch gegliederten Mittelteiles der Parkanlage schließt sich heu-

Blick auf den „Overbeckshof"

Pappelallee *(Populus)* säumte den zentralen Weg noch in den späten dreißiger Jahren. Beidseitig an der vorderen Mittelachse befanden sich gleichförmige Rasenflächen. Nach dem 2. Weltkrieg war es möglich, sie zu einer hufeisenförmigen Fläche zu vergrößern, da der Weg aufgehoben war. Eine umlaufende Lindenallee *(Tilia)* grenzte dies Hufeisen räumlich vom übrigen Parkbereich ab. Ein kleiner, halbkreisförmiger Eingangsplatz am Torhaus und ein Schmuckbeet am südlichen Ende sowie zwei alte Pappeln am nordöstlichen Ende der Rasenfläche akzentuieren die Mittelachse noch heute.
Auch die Form des ehemaligen Ruderteiches läßt sich noch heute durch eine äußere und eine innere Bö-

te ein von großzügigen Rasenflächen geprägtes Areal an. Es reicht bis an die angrenzenden Gartengrundstücke heran. Seine gestalterische Grundstruktur blieb seit 1921 unverändert. Es ist von Busch- und Baumgruppen locker bestanden und wird von leicht geschwungenen Wegen durchzogen. Nordwestlich des Mittelteiles liegt ein mehr waldartiger Bereich, dessen ebenfalls leicht geschwungenen Wege zu einer birnenförmigen Lichtung mit einem Spielplatz führen.
Eine 1922 bereits geplante großzügige Parkerweiterung war erst 1935 umsetzbar, da die dafür vorgesehenen Flächen der Stadt Bottrop erst 1935 zur Verfügung standen. Die Erweiterung orientierte sich gestalterisch vollkommen auf den Bereich des „Overbeckshofes" (Restaurant).

Eine Birkenallee führt von der Hans-Böckler-Straße axial auf die Gebäude des Overbeckshofes zu, vor denen sie sich zu einem vertieften, rechteckigen Rasenparterre weitet. Das zentrale Rasenfeld wird durch einen umlaufenden Weg begrenzt. Die Al-

lee, das Parterre und die Gebäude des Overbeckshofes liegen in einer Achse mit dem nördlichen Parkeingang an der Randebrockstraße und dem Fassadenmittelpunkt des Marienhospitales, das sich nördlich außerhalb des Stadtgartens befindet.

Eine unregelmäßig geformte, platzartige Wegeerweiterung schließt sich unmittelbar vor der Blumenterrasse des Overbeckshofes an. Sie ragt mit einer halbrunden, von einer Sandsteinmauer eingefaßten, bastionartigen Plattform in die Teichanlage hinein, die sich in der Hauptachse anschließt. Nach Norden folgt die ehemalige Festwiese, durchzogen von einem unregelmäßig geschwungenen Rundwegenetz. Kulissenartig schieben sich Baum- und Strauchgruppen von den Seiten in die große Wiesenfläche hinein, wobei die

Hauptblickachse als breite, zentrale Schneise offen bleibt.

Die großzügige, aus mehreren Einzelbauten bestehende Museumsanlage „Quadrat" mit ihren neugestalteten Außenanlagen entstand auf dem Areal des ehemaligen Gartens der Bürgermeistervilla sowie der sich nördlich anschließenden Parkteile. In diesen Parkbereichen befand sich der ehemalige Rosen- und Dahliengarten mit einem Wasserspiel. Die Flächen an der Bürgermeistervilla an der Straße „Im Stadtgarten" waren in einen Bauerngarten umgestaltet und dann dem Park zugeschlagen worden.

☛ **Adresse:**
Im Stadtgarten; 46236 Bottrop
☛ **Öffnungszeiten:**
Täglich: ganztägig
☛ **Anreise mit Bus oder Bahn:**
Ab Bottrop Hbf. mit Bus 166 in Richtung ZOB Berliner Platz; dann umsteigen und weiter mit Bus 262 in Richtung Grafenwald Kirche bis Haltestelle Im Stadtgarten.
Ab Bottrop Hbf. mit Bus 166 in Richtung ZOB Berliner Platz; dann umsteigen und weiter mit CE 50 in Richtung ZOB Dorsten bis Haltestelle Im Stadtgarten.

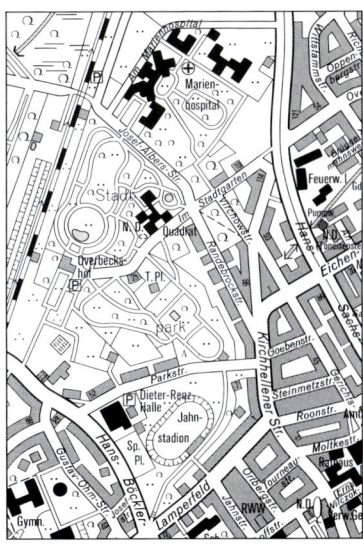

Fredenbaum-Park

Anläßlich der „Gartenbau-Ausstellung für Westfalen und die Fürstentümer Lippe" im Jahre 1899 wurde ein Entwurfswettbewerb für den „Stadtwald Westerholz" ausgeschrieben, um ihn in einen Stadtpark umwandeln zu können.

G egen Ende des 19. Jahrhunderts war es nicht überall im Ruhrgebiet notwendig, Erholungsanlagen neu zu schaffen. Bereits vorhandener Waldbesitz konnte bis ins Zeitalter der Industrialisierung durch Allmendeteilung bewahrt werden, so beispielsweise auch in Dortmund. Der 75 Hektar große städtische Wald im Westerholz in Dortmund-Huckarde ist der größte zusammenhängende Waldkomplex der Stadt. Er war bereits um 1860 mit Spazierwegen durchzogen und diente als Erholungsgebiet. In den siebziger Jahren des 19. Jahrhunderts feierten die Dortmunder Schützen-

vereine auf der dortigen Schützenwiese ihre Schützenfeste.

Im Westerholz befanden sich auch die Gaststätte „Zum Fredenbaum" und ein „Musiktempel", der zu Konzert und Tanz einlud. 1888 ging die Gaststätte in den Besitz der Dortmunder Klosterbrauerei über. Die baute hier in den folgenden Jahren einen Saalbau mit Restaurationsbetrieb, großem Festsaal und Sälen für kleinere Veranstaltungen. Alle größeren Dortmunder Gewerbeausstellungen und Messen fanden nun hier statt.

Für die „Gartenbau-Ausstellung für Westfalen und die Fürstentümer Lippe" im Jahre 1899 wurde ein Entwurfswettbewerb zum „Stadtwald Westerholz" ausgeschrieben. Der Stadtwald sollte ein Stadtpark werden. Ernst Finken aus Köln, der später auch die Erweiterung des Bochumer Stadtgartens plante, gewann den 1. Preis. Sein Entwurf sah weit hinziehende, geschlossene Folgen symmetrischer Lichtungen und Schneisen vor, überlagert durch malerische Wiesenzüge, Haine und geschwungene Wege.

Die Zufahrtsstraßen und die von Reit- und Radwegen begleitete „Rundfahrt für Luxusfuhrwerke" verband ein gestalteter Sternplatz. Zusätzlich zu den Reit- und Radwegen waren den Reitern ein Rasenrund im westlichen Parkteil und den Radfahrern bequeme Waldwege im nordwestlichen Parkteil zugedacht. Ein hippodromartig angeordneter Platz diente dem Radsport, war aber auch für Veranstaltungen von Schulen und Vereinen nutzbar. Im Bereich des großen Teiches waren eine Meierei und ein Kaffeehaus vorgesehen. Ein kleines Gewässer am westlich gelegenen Spiel- und Tummelplatz diente im Winter zum Schlittschuhlaufen.

Ob Finkens Konzeption den 1904 begonnenen Ausbauarbeiten im Detail zugrundelag, ist nicht sicher. Neben seinem Entwurf zeichnete die Jury drei weitere aus. Allen vier Entwürfen war jedoch gemeinsam, daß ihre Gestaltungsvorschläge nicht hinreichend auf die örtlichen Gegebenheiten des Geländes im Stadtwald Westerholz abgestimmt waren. Viel eher waren sie Leitpläne für damals typische Stadtparks.

Im Jahre 1912 wandelte sich der Stadtpark Westerholz völlig. Als Vergnügungspark bot er bis in die zwanziger Jahre unseres Jahrhunderts regelmäßige Kirmesveranstaltungen. Die Attraktionen: Ein großer Saal für Konzert und Tanz, ein feststehendes Restaurationsgebäude, eine Rodelbahn, eine Mühle, ein Teich und eine Springbrunnenanlage mit Café und Wasserrutschbahn, verschiedene Schießstände, ein Milchpavillon, ein Tanzzelt, eine Berg- und Talbahn sowie eine oberbayrische Bierhalle. 1923 schließlich vervollkommneten eine künstliche Burg und eine neue Gebirgsbahn den Park. 1940 werden sämtliche Einrichtungen des Parks abgerissen. Das Vergnügungslokal „Fredenbaum" wurde im 2. Weltkrieg zerstört.

Der Waldpark selbst blieb größtenteils erhalten, obwohl sich die Ansprüche an sein Nutzungsangebot sehr verändert hatten. Als „Freizeitpark Fredenbaum" erlaubt das 68 Hektar große Areal heute vielfältige Formen der Freizeitgestaltung. Die gartendenkmalpflegerische Bedeutung dieser Anlage besteht in den noch vorhandenen Gestaltungselemente aus den Anfängen, den Sichtachsen, dem zentralen Teich, rechteckigen Lichtungen, durch Alleen gerahmten architektonischen Parkräumen und dem Waldlokal.

☛ **Adresse:**
Lindenhorsterstraße; 44147 Dortmund
☛ **Öffnungszeiten:**
Täglich: ganztägig
☛ **Anreise mit Bus oder Bahn:**
Ab DO Hbf. mit U-Bahn U 45 in Richtung Dortmund-Brechten Zentrum bis Haltestelle Fredenbaum.

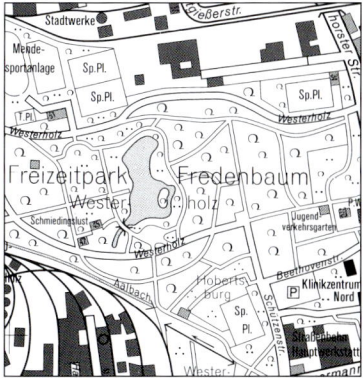

Volksgarten Mengede

Bereits 1912 war die erste Maßnahme der Parkgestaltung, Waldwege anzulegen.

Die Gemeindevertretung von Mengede beschloß im Februar 1912, Grünflächen für einen Volksgarten anzukaufen - also erst, nachdem sich die Volksgartenidee mit dem Bau entsprechender Parks und Gärten in anderen Städten und Gemeinden des Ruhrgebietes längst durchgesetzt hatte. Die Gemeinde erwarb im Nordosten ihrer Grenzen von der Deutsch-Luxemburgischen Bergwerks- und Hüttenaktiengesellschaft und dem Grafen Vischering-Barfeld zunächst acht Hektar Land, 4,7 Hektar Wald und 3,3 Hektar Wiesen.

1912 war die erste Maßnahme der Parkgestaltung, Waldwege anzulegen. Das angrenzende Wiesenareal wurde bis 1914 erschlossen und sofort als Spielwiese genutzt. Vor Beginn des Krieges 1914 wurden vermutlich auch die bereits 1912 geplanten Maßnahmen, ein Springbrunnen in der Nähe des Gemüsegartens und ein Schießstand im hinteren Wiesenbereich, ausgeführt. Im Frühjahr 1914 konnte die Gastwirtschaft am Volksgarten ihren Betrieb aufnehmen. Während des 1. Weltkrieges wurde der Park nicht weiter ausgebaut.

In der Nachkriegszeit erlebte der Breitensport einen Aufschwung. Die bisher für sportliche Aktivitäten genutzte und mit provisorischer Laufbahn und Sprunggrube ausgestattete Spielwiese im Volksgarten Mengede reichte nicht mehr aus. Lange hatten die Mengeder Sportvereine schon neue Sportplätze beantragt, die ihren Anforderungen entsprachen. Da die finanziellen Mittel der Gemeinde nicht gleichzeitig für den Kauf des Grundstücks und für die Gestaltung der Sportanlagen reichten, wurde mit dem Besitzer Graf Droste zu Vischering 1926 ein Pachtvertrag mit Vorkaufsrecht geschlossen. 1927 konnte dann auf dem Grünland zwischen dem vorhandenen Volksgartengelände und dem Herrentheyer Bach mit dem Bau der beiden Sportplätze begonnen werden. An der Emscher entstand ein einfacher Bolzplatz. Nördlich davon wurde das Stadion mit Laufbahn und Sprunggruben gebaut und 1930 eröffnet. Hier finden bis heute neben Fußballspielen die meisten Vereins- und Schulwettkämpfe statt. Das Vorkaufsrecht von 1926 wurde erst 1946, dann von der Stadt Dortmund, wahrgenommen. Damit erweiterte sich die Gesamtfläche des Volksgartens Mengede auf insgesamt 16 Hektar. Er blieb in seinen Grundstrukturen bis heute erhalten. Wegesystem und Waldbereiche einschließlich der Sportanlagen werden unverändert genutzt. Die große Spielwiese steht heute wie damals für Spiele, Zeltlager und Volksfeste zur Verfügung. Der Ruhebereich befindet sich noch am ursprünglichen Ort: am Haupteingang.

In den über achtzig Jahren seines Bestehens veränderte sich dieser Park nur geringfügig: So mußte der Gemüsegarten am alten Haus Eckey, dem heutigen Vereinshaus des Tennisclubs, den Tennisplätzen weichen. Der Schießstand wurde vermutlich nach 1945 abgebrochen, und auch der Springbrunnen ist nicht mehr vorhanden. Lediglich im Bereich der Spielwiese verschob man den südlichen Weg entlang der Wiesenfläche etwas nach Norden, da die Vorbehaltsflächen an der Emscher ausge-

weitet wurden. Der heute nördlich vorbeiführende Weg ersetzt den Weg, der früher durch einen Waldbereich führte.

Über die Anpflanzungen im Volksgarten Mengede ist nur wenig zu erfahren. Im Herbst 1912 wurde eine Aufforstung mit drei- bis viertausend drei- bis vierjährigen Bäumen beschlossen. Neun Jahre später, im Frühjahr 1921, wurden 80 Bäume und 50 Sträucher beschafft. Mehr Aufschluß über den Gehölzbestand des Volksgartens ergibt das Luftbild

Volksgartenrestaurant

von 1926. Besonders gut sind die beiden raumbildenden Alleen zwischen der Spielwiese und dem Ruhebereich sowie zwischen Spielwiese und Emscher zu erkennen. Erstere, eine Ahornallee *(Acer)*, existiert lückenhaft noch heute. Von der zweiten sind nur noch ein kleiner Lindenbestand in Höhe des Spielplatzes sowie vereinzelte Exemplare entlang der Emscher vorhanden. Erwähnenswert sind zudem zwei baumbestandene Plätze am Gasthaus und am Spielplatz, ihr Bestand ist heute jedoch nicht mehr vollständig. Die Bäume, die die Spielwiese früher gegen den Wald abgrenzten, sind heute Bestandteil des sich anschließenden Waldbereiches.

Vorbild

Die Gestaltung des Mengeder Volksgartens orientierte sich am Vorbild Lütgendortmund. Nachdem dort der

Volksgarten bei der Bevölkerung großen Anklang fand, sollte der bekannte Dortmunder Gartenarchitekt Peters vom Büro Coers & Söhne auch die Planung des Volksgartens Mengede übernehmen. Peters versuchte in seinen Entwürfen, sich an die Konzepte von F. L. Sckell und C. C. L. Hirschfeld, Mitbegründer der Volksgartenidee, anzulehnen.

So verfügen die Volksgärten Lütgendortmund und Mengede über Waldgebiete, Spiel- und Sportflächen sowie Wasserspiele oder Teichanlagen und Ruhezonen. Unterschiede ergaben sich allerdings durch die topographische Ausgangslage: Das hügelige Gelände in Lütgendortmund forderte geradezu dazu heraus, einen Wasserlauf und einen Teich anzulegen, was im ebenen Mengeder Gelände nicht zu verwirklichen war. Stattdessen bekam Mengede einen Springbrunnen, an seiner Stelle befindet sich heute ein Wasserspiel in der Nähe des Spielplatzes.

Vergleicht man in beiden Anlagen die Flächen für Spiel- und Ruhebereiche, so fällt auf, daß sie in Lütgendortmund deutlicher getrennt sind. Zwar befindet sich die Ruhezone in Lütgendortmund wie in Mengede unmittelbar hinter dem Haupteingang, der Spielbereich liegt jedoch in Lütgendortmund durch ein Waldstück getrennt hinter der Ruhezone. Nur hier stand eine relativ ebene Ackerfläche für die Anlage dieses Bereiches zur Verfügung. In Mengede bot sich die Möglichkeit, die Gesamtfläche zu erweitern, so daß hier später eigenständige Sportanlagen geschaffen werden konnten, während in Lütgendortmund eine kombinierte Spiel- und Sportwiese ausreichen mußte.

Gemeinsam ist beiden Parkanlagen der Bau von je einem Gasthaus, jeweils in den Haupteingangsbereichen gelegen, sowie von Tennisplätzen. Das Wegenetz erinnert an das Prinzip der Wegeführung in Land-

schaftsgärten. Im Haupteingangsbereich fällt die relativ geometrische Wegführung auf; ihre ursprüngliche Gestaltung ist im Volksgarten Mengede noch gut zu erkennen, im Volksgarten Lütgendortmund hingegen kaum noch. Ursprünglich befanden sich auch dort geometrisch angelegte Beete und Wege in unmittelbarer Umgebung der Gastwirtschaft. Die Waldwege ließ Peters in beiden Volksgärten recht zahlreich anlegen, um das eigentlich in wenigen Minuten zu durchquerende Parkgelände größer erscheinen zu lassen.

☞ **Adresse:**
Altmengeder Straße;
44359 Dortmund
☞ **Öffnungszeiten:**
Täglich: ganztägig
☞ **Anreise mit Bus oder Bahn:**
Ab Dortmund Hbf. mit SE 3210 in Richtung Mönchengladbach Hbf. bis Dortmund-Mengede Bf.; dann umsteigen und weiter mit Bus 478 in Richtung Dortmund-Fredenbaum bis Haltestelle Schaarstraße.
Ab Dortmund Hbf. mit U-Bahn U 45 in Richtung Dortmund-Brechten Zentrum bis Haltestelle Fredenbaum; umsteigen und dann weiter mit Bus 478 in Richtung Dortmund-Mengede Bf. bis Haltestelle Schaarstraße.

Haus Brünninghausen und der Rombergpark

Im Frühjahr 1818 traf Gisbert von Romberg mit Maximilian Friedrich Weyhe zusammen und bat ihn, seine Gartenanlagen in Brünninghausen umzugestalten.

Die Geschichte des ehemaligen Hauses Brünninghausen läßt sich bis ins 14. Jahrhundert zurückverfolgen. 1350 gründete Dietrich von Vittinghof, genannt Nortkerke, ein Nachfahre der Familie von Brünninghausen, eine Wasserburg, das Nortkerkenhaus. Seit dem 16. Jahrhundert war es im Besitz der Familie von Romberg, die die verfallene Burg nach Plänen von E. G. Neumann herrichten ließ. Sie bestand aus der Hauptburginsel mit zweigeschossigem Herrenhaus und Eckturm und einer Vorburginsel mit den Wirtschaftsgebäuden – die typisch westfälische Zweiinsellage.

Ein Jahrhundert später wurde die Anlage unter Conrad Philip von Romberg um ein Torhaus im barocken Stil erweitert. Wahrscheinlich gab es auch schon zu dieser Zeit eine repräsentative Gartenanlage, da die Familie von Romberg eine einflußreiche und vermögende Adelsfamilie in Westfalen war. Planunterlagen und Beschreibungen sind jedoch nicht mehr vorhanden. Gisbert Christian Friedrich von Romberg erweitert Anfang des 19. Jahrhunderts im Zuge des Schloßneubaus nach Plänen von August Reinking auch die Parkfläche im Stil englischer Landschaftsgärten. Reinking hat vermutlich nicht nur das Herrenhaus und einige Gartengebäude entworfen, sondern auch eine neue Gartenanlage geplant.

Nach Reinkings frühem Tod führte der ebenfalls aus Münster stammende Architekt Adolf von Vagedes den Schloßneubau nach eigenen Entwürfen fort. Er entwarf weitere Gartengebäude und empfahl wohl den

Haus Brünninghausen 1997

Königlichen Hofgartendirektor von Düsseldorf, Maximilian Friedrich Weyhe, an Gisbert von Romberg. Im Frühjahr 1818 traf der dann mit Weyhe zusammen und lud ihn ein, die Gartenanlagen in Brünninghausen umzugestalten. Weyhe schickte zunächst seinen „Planeur" Jacob Greis nach Brünninghausen, um die Gartenpartien aufzunehmen, die neu gestaltet werden sollten. Die Arbeiten gingen zügig voran, denn im Februar 1819 schrieb von Romberg an Weyhe, daß man jetzt mit der Bepflanzung beginnen könne.

Wehye jedoch war sehr durch Arbeiten im Botanischen Garten der Universität Bonn beschäftigt. Daher ließ er nur einen Lageplan für Brünninghausen anfertigen, in dem die neue Wegeführung und Uferkontur

ablesbar waren. Ein Bepflanzungsplan von Wehye, der die Gehölzverwendung und -gruppierung darstellt, ist leider nicht vorhanden. Die vorgesehenen Bäume und Sträucher, soweit man sie nicht in Dortmund selbst bekommen konnte, sollten aus der Königlichen Landesbaumschule Düsseldorf oder aus anderen Baumschulen in Koblenz, Bonn, Brühl, Wickrath und Herten bezogen werden. Die für die neuanzulegende Allee benötigten 70 Linden *(Tilia)* stammten sogar aus Holland und wurden per Schiff und Fuhrwerk nach Brünninghausen gebracht. Nach Pflanzung der Linden im Mai 1822 war der Park so gut wie vollendet.

Weitere Auskunft zur Parkgestaltung gibt das Urmeßtischblatt (Witten) von 1840. Die Parkdarstellung stammt vermutlich aus einer früheren Aufnahme, denn die gepflanzte Allee ist noch nicht eingezeichnet. Südwestlich des Schlosses sind im waldartigen Gelände Wege dargestellt, die sternförmig auf einen Ringweg zulaufen, ähnlich dem „Etoile" in barocken Anlagen. Diese Darstellung läßt aber auch vermuten, daß Weyhes Vorschläge zur neuen Wegeführung vielleicht nur bedingt realisiert wurden. Bis heute fehlen leider Pläne und Unterlagen, die genaue Auskunft über den Umfang der Tätigkeit Weyhes in Brünninghausen geben können.

Der botanische Garten und das Arboretum

1927 verkaufte die Familie von Romberg das Haus samt Park an die Stadt Dortmund, seither ist der Park öffentlich zugänglich. Richard Nose, erster Garten- und Friedhofsdirektor in Dortmund, plant, den Park um den Botanischen Garten und das Arboretum zu erweitern. Nose begann seine Arbeit am Botanischen Garten 1928 mit der Planung eines neuen, regelmäßig gestalteten Schulgartens westlich des historischen Parkes. Schon bald nach der Fertigstellung des botanischen Schulgartens dachte Nose an eine Erweiterung der Anlage. Südlich eines kleinen Waldstückes, das durch Wege bereits erschlossen war, sollte eine Gehölzsammlung entstehen.

ders geeignet sind. Darüber hinaus wollte Nose prüfen, welche einheimischen und fremdländischen Bäume und Sträucher industriefest sind.

Entwurf zur Umgestaltung des Rombergparks von M. F. Weyhe, ca. 1818

Als eigenständige, in sich geschlossene Anlage wurde von 1930 bis 1933 auf einem Geländerücken westlich der Großen Talwiese das etwa drei Hektar große, formal gegliederte Arboretum angelegt. Die neuen Pflanzungen sollten den Besuchern zeigen, wie vielfältig die Gehölzwelt ist und welche Gehölze für die Verwendung in Garten- und Parkanlagen beson-

Der 2. Weltkrieg unterbrach die weitere Entwicklung des Botanischen Gartens. Noch gegen Ende des Krieges wurde der Rombergpark durch Beschuß und Bombenabwurf stark beschädigt. Ein in der nahegelegenen Bittermark im Jahr 1960 errichtetes Mahnmal sowie eine 1989 von der Stadt Dortmund am Haupteingang des Rombergparkes aufgestellte Mahntafel erinnern an ein bedrückendes Kapitel in der Geschichte des Rombergparkes: In den letzten Monaten des 2. Weltkrieges wurden in abgelegenen Waldtälern des Rombergparkes und der Bittermark 300 Widerstandskämpfer von Nationalsozialisten umgebracht.

Bis zur Währungsreform im Jahre 1948 überließ die Stadt der Bevölkerung große Teile des Botanischen Gartens als Grabeland, um die schwierige Lebensmittelversorgung zu überbrücken. Nicht nur der Rombergpark wurde durch den Krieg in Mitleidenschaft gezogen, sondern auch die Gebäude von Haus Brünninghausen. Das Schloß wurde völlig zerstört, die Ruine 1957 abgebrochen und damit Teile der Gräfte verfüllt. Seit 1958 steht an der Stelle des ehemaligen Herrenhauses das „Hotel Rombergpark", ein Jahr später kam die Hotelfachschule hinzu.

Als nach dem 2. Weltkrieg in der Bundesrepublik eine Zentralstelle für Gehölzsichtung gesucht wurde, gewann der Rombergpark an Bedeutung. Richard Nose konnte den hervorragenden Dendrologen Gerd Krüßmann für diese Aufgabe gewinnen, der das Dortmunder Arboretum von 1950 bis 1974 leitete. Der „Botanische Garten Rombergpark" gehört seitdem zu den bedeutendsten Anlagen Europas. Die Gestaltung der Neuanlage südlich des alten Arboretums übernahm dabei einige Elemente des Entwurfes von Nose, legte aber eine andere Konzeption zugrunde. Während Nose die Gehölze orientiert an ihrer wissenschaftlich belegten Verwandtschaft gepflanzt hatte, wollte Krüßmann ästhetische Gesichtspunkte – gerade in einem öffentlichen Park – nicht vernachlässigen.

Bis heute werden die Bestände von Rombergpark und Arboretum ständig erweitert. Stellvertretend für die umfangreichen Ergänzungen seien hier die Pflanzung ausgedehnter Heilkrautsortimente im Jahr 1973, die Anlage eines Clematis-Gartens im Jahr 1979 und eines etwa 6.000 Quadratmeter großen Heide- und Moorbiotops im Jahr 1988/89 genannt.

Der heutige Botanische Garten Rombergpark setzt sich aus dem früheren Schloßpark, dem botanisch dendrologischen Parkteil, dem Waldbestand und den Bachtälern des Schondelle- und Pferdebaches zusammen. Die gestalterische Idee eines Landschaftsparkes ist auch gegenwärtig noch gut ablesbar. Aus der Entstehungszeit der Anlage sind zahlreiche Gehölze erhalten, unter anderem eine Platane *(Platanus acerifolia,* gepflanzt 1822*)*, Blutbuchen *(Fagus sylvatica „Atropunicea")* an der Bastei und die Weyhe-Allee aus holländischen Linden *(Tilia)*. Noch heute sind 65 alte Linden vom Beginn des 19. Jahrhunderts vorhanden.

☞ **Adresse:**
Am Rombergpark, 44225 Dortmund
☞ **Öffnungszeiten:**
Täglich: ganztägig
☞ **Anreise mit Bus oder Bahn:**
Ab Dortmund Hbf. mit U-Bahn U 49 in Richtung Dortmund-Hacheney bis Haltestelle Rombergpark.

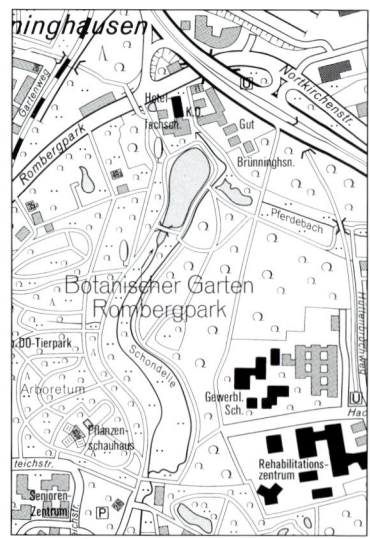

Westfalenpark Dortmund

Zur Linderung der Hungersnot und um die Nahrungsmittelknappheit in den Nachkriegsjahren zu überbrücken wurden
einige geeignete Rasen- und Wiesenflächen der Parkanlage
vorübergehend zu Gemüsefeldern umfunktioniert. Sogar auf
dem schlickreichen und fruchtbaren Grund des trockengefallenen Kaiserhainteiches gediehen Kohl, Bohnen und anderes
Gemüse prächtig.

Den meisten Besuchern des heutigen Westfalenparkes ist sicherlich nicht bekannt, wie interessant seine Entstehungsgeschichte ist. In früheren Zeiten war es das Vorrecht der Könige, Landes- und Kirchenfürsten, große Parks und Gärten anzulegen. Sie waren jedoch dem „gemeinen Volke" zumeist nicht zugänglich. Das änderte sich erst gegen Ende des 19. Jahrhunderts in Deutschland, als wohlhabende Bürger die Initiative ergriffen, um für jedermann zugängliche Bürger- und

Stadtgärten anlegen zu lassen. Die finanziellen Mittel für derart kostspielige Anlagen wurden durch Mitgliedsbeiträge oder Spenden aufgebracht.

So auch 1889 in Dortmund: Es entstand ein von Bürgern initiierter „Verein zur Gründung eines Kaiser-Wilhelm-Haines". Nach einer erfolgreich durchgeführten Spendenaktion erwarb der Verein weitab vom damaligen Stadtzentrum ein Gelände, um dort den Park zu bauen. Der Wunsch der Initiative, Gestaltungsvorstellungen zu entwickeln, mündetet 1890 in einen Entwurfswettbewerb. Die Siegerentwürfe von Karl Coers, Dortmund, und Edvard Glaesel, Kopenhagen, wurden ausgeführt.

Eine rund elf Hektar große Grünanlage entstand. Um eine großzügige, von Baumreihen gerahmte Bassin-

Historischer Entwurf des Kaiser-Wilhelm-Hains

Besitz der Stadt Dortmund über. Die lautete, daß sie „für ewige Zeiten als öffentlicher Stadtpark unter dem Namen 'Kaiser-Wilhelm-Hain' dem Wohle der Stadt zu dienen hat". Im Zuge der Industrialisierung Anfang des 20. Jahrhunderts stieg auch in Dortmund die Bevölkerung sprunghaft an. Die recht kleine Parkanlage konnte die Bedürfnisse der Bürger nicht mehr befriedigen. Daher suchte man nach Wegen für eine Parkerweiterung.

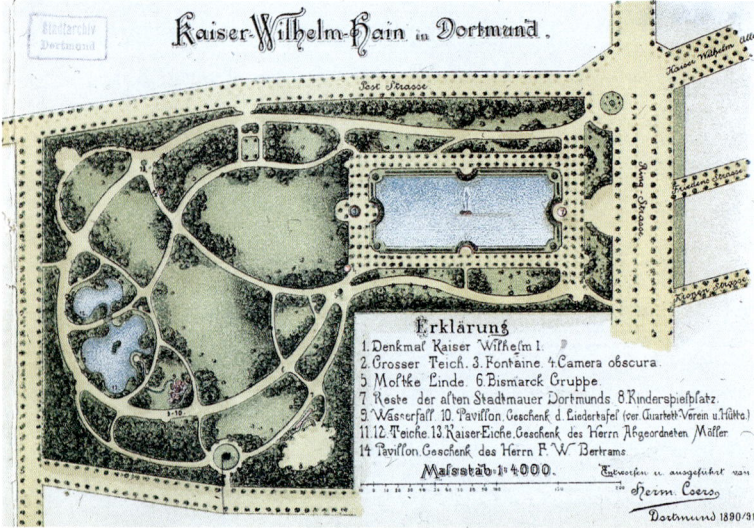

anlage waren Denkmale von den Kaisern Wilhelm und Friedrich und Königin Luise von Preußen sowie ein Obelisk zur Erinnerung an die Parkstiftung gruppiert. Malerische Gehölzkulissen vermittelten zwischen der regelmäßig gestalteten Kernanlage und dem im landschaftlichen Stil gehaltenen Bereich zum Spazierengehen. Ein kleiner, mit Bäumen umstandener Kinderspielplatz in der dem Parkeingang nächstgelegenen Grundstücksecke war hinter dichten Pflanzungen und Bruchstücken der Dortmunder Stadtmauer verborgen. Die Reste der Stadtmauer wurden als Staffage im Park aufgebaut.

Die 1892 fertiggestellte Anlage ging 1894 unter einer Bedingung in den

Auch diesmal waren es wieder wohlhabende Bürger, die die Erweiterung der Parkanlage ermöglichten. Eine Dortmunder Brauerei schenkte der Stadt südlich des „Kaiserhaines" ein Gelände und baute hier das damals sehr bekannte Ausflugslokal „Buschmühle" mit seinen Garten- und Teichanlagen. Mit dem Gelände „Brunnenkamp" wurde der Park in den folgenden Jahren erweitert. Bis 1911 entstand so zwischen dem südlichen Wohngebiet Dortmunds und dem Hörder Industriegebiet eine rund 20 Hektar große Parkanlage mit prächtigen Bäumen, ausgedehnten Wiesenflächen, Blumenrabatten und Ausflugslokalen.

Dem Zeitgeist folgend, war diese Anlage noch zusätzlich mit, der Natur nachempfundenen, Elementen wie einer Felsengrotte mit Wasserfall versehen. Ein Musik- und ein Aussichtspavillon rundeten das Ausstattungsangebot ab. Durch die Ansammlung der zahlreichen Denkmale, die auch Beutekanonen aus den Kriegen von 1866, 1870/71 und 1914/18 enthielten, entwickelte sich der Park zu einem Ort nationalistischer Verehrung der „Helden des Vaterlandes". Aus diesem Grunde sollte der „Kaiserhain" 1926 in „Volkshain" umbenannt werden. Das wurde jedoch nicht durchgesetzt. Im Zuge des 2. Weltkrieges wurde der „Kaiserhain" stark beschädigt.

Um die Hungersnot zu lindern und Nahrungsmittelknappheit in den Nachkriegsjahren zu überbrücken, entstanden auf geeigneten Rasen- und Wiesenflächen vorübergehend Gemüsefelder. Sogar auf dem schlickreichen und fruchtbaren Grund des trockengefallenen Kaiserhainteiches gediehen Kohl, Bohnen und anderes Gemüse prächtig. Bereits 1950/51 waren dann aber der Kaiserhainteich und der Buschmühlenteich wieder instand gesetzt. Die restlichen Parkflächen waren bis 1956 wieder so weit hergerichtet, daß die Bevölkerung sie zur Erholung nutzen konnte.

Bundesgartenschau 1959

Die Instandsetzung leistete die ersten Vorarbeiten für die dann 1959 durchgeführte Bundesgartenschau. Der gesamte Kaiserhain mußte dafür umgestaltet werden. Aus einer Trümmerlandschaft des 2. Weltkrieges entstand mit Hilfe der Gartenschau eine für die Bevölkerung dauerhaft nutzbare Grün- und Parkanlage von über 100 Hektar. Die Bundesgartenschau bezog zudem das rund 100 Hektar große, ebenfalls durch den Krieg verwüstete Gelände zwischen der Westfalenhalle, dem Rheinlanddamm und der Straße „Am Kaiserhain" in die Planung ein.

Bauliche Attraktion der Bundesgartenschau 1959 war der Fernmelde- und Aussichtsturm, den die Dortmunder liebevoll „Florian" nennen. Sommerblumen in Hülle und Fülle, faszinierende Wasserspiele, technische Neuheiten wie Kleinbahn und Sesselbahn, Blumenschauen in den Westfalenhallen und Industrieausstellungen lockten Besucher in das

Tulpenblüte im Westfalenpark

Gelände des neuen Parks. Das Parkcafé im Osten, die Wasserspiele im Rosengarten und die Gartengestaltung am Seerosenteich sind auch heute noch im Stil der fünfziger Jahre erhalten. Nach Abschluß der Bundesgartenschau wurde das Gelände in „Westfalenpark" umbenannt.

Der Erfolg der Bundesgartenschau 1959 veranlaßte die Verantwortlichen, zehn Jahre später auch die „Euroflor", das internationale Gartenbauereignis im Jahre 1969, ebenfalls in den Westfalenpark zu holen. Zehn Hektar Erweiterungsfläche kamen Richtung Westen dazu. Zeitgemäße Gartenthemen wie Hausgartengestaltung, Balkonbegrünung und Kübelbepflanzung standen im Mittelpunkt der „Euroflor". Gleichzeitig legten intensive Rosenpflanzungen den Grundstock für das 1971 gemeinsam vom Verein der Deutschen Rosenfreunde und der Stadt Dortmund gegründete „Deutsche

Der Florian –
Wahrzeichen des Westfalenparks

Glas gehaltenen Eingangsbereiche und Kioske neu errichtet. Die wichtigste Veränderung war jedoch der Rückbau der breiten Promenaden zu schmaleren Wegen, die den Besucher auch in die malerischen und romantischen Parkbereiche führen sollten. Heute gilt der Westfalenpark als einer der schönsten Parks des Ruhrgebietes. Eine Parkanlage, die zur Jahrhundertwende hauptsächlich den Wunsch der Besucher nach Repräsentation durch „Sehen und Gesehenwerden" erfüllte, entwickelte sich aufgrund des geänderten Freizeitverhaltens der Bevölkerung zu einer „grünen Oase" und zugleich zu einem attraktiven Freizeitpark mit Raum für die unterschiedlichsten Aktivitäten.

☛ **Adresse:**
Ruhrallee; 44139 Dortmund
☛ **Öffnungszeiten:**
Täglich: 9 bis 21 Uhr gegen Entgelt; Änderungen vorbehalten
☛ **Anreise mit Bus oder Bahn:**
Ab Dortmund Hbf. mit U-Bahn U 45 in Richtung Westfalenstadion bis Haltestelle Westfalenpark.
Ab Dortmund Hbf. mit U-Bahn U 49 in Richtung Dortmund-Hacheney bis Haltestelle Westfalenpark.

Rosarium VDR". Weil das ursprüngliche Kernstück des Deutschen Rosariums unter den schwierigen Standortbedingungen litt, wurde 1987 der Rosengarten im Kaiserhain neu angelegt. Nun konnten die Rosen gestalterisch nach Wuchsform und Blütenfarbe angeordnet und in prachtvoller Kombination mit Stauden gezeigt werden. Dieser Rosengarten hat sich zum Herzstück des Deutschen Rosariums entwickelt und besticht in den Sommermonaten mit einzigartiger Farbenpracht und Blütenfülle.

Ein weiteres gärtnerisches Großereignis folgte für den Westfalenpark mit der Bundesgartenschau 1991. Vier Themengärten zwischen romantischem Garten und Rosenhang zeigten beispielsweise, wie Rosen in unterschiedlichen Epochen der Gartenarchitektur verwendet wurden: Der abgesenkte Bürgergarten, das Rund des Mittelalterlichen Gartens, der Jugendstilgarten und ein moderner Rosengarten. Für die Gartenschau wurden nicht nur Gartenanlagen, sondern auch wichtige Gebäude des Parks, wie die in Stahl und

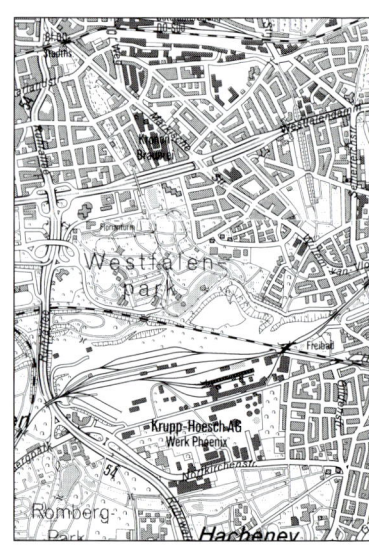

Revierpark Wischlingen 9

Ein geschichtlich herausragendes Ereignis ist, daß 1759 im Siebenjährigen Krieg die Franzosen unter dem Prinzen Soubise ihr Hauptquartier auf dem Gut Haus Wischlingen aufschlugen.

Der Revierpark Wischlingen liegt, wie die anderen Revierparks des Ruhrgebietes auch, in einer Grünzone des Reviers. Einen besonderen Stellenwert innerhalb dieses Parks haben Haus Wischlingen und die in direkter Nachbarschaft stehende Kapelle.

Urkundlich erstmalig im Jahre 1284 erwähnt, ist belegt, daß Haus Wischlingen Rittersitz des Adelsgeschlechtes der de Wischele (van Wischelinck - von Wyschelinck) war. Für ganze 18 dortmundische Mark veräußerte im Jahr 1362 ein Johann Wyschelinck dem Wilhelm Vrydach sein „Gut zu rehedem" (Gut zu Rahm)

unter Rückkaufsrecht. Im Laufe der Jahrhunderte tauchten Namen von Adelshäusern auf, die einen festen Platz in der geschichtsträchtigen Vergangenheit Dortmunds haben. Über Vererbung oder Verkauf kam Ende des 15. Jahrhunderts das geteilte Rittergut Haus Wischlingen an die Häuser Vridachs (Frydag) Berthold von Plettenberg und Jürgen von Syberg. Als weitere Besitzer werden im 17. Jahrhundert Johann von Overlacker und Georg von Syberg genannt.

Geschichtlich herausragend war, daß die Franzosen im Jahre 1759 im Siebenjährigen Krieg unter dem

Prinzen Soubise ihr Hauptquartier auf dem Gut Haus Wischlingen aufschlugen. Ein Georg von Syberg gehörte zu Martin Luthers Tischgenossen. Es ist überliefert, daß Syberg einen lutherischen Prediger von Wittenberg nach Wischlingen mitgebracht hat, der die erste evangelische Predigt in dieser Gegend gehalten haben soll. Um das Jahr 1739 hatte Wischlingen nochmals einen eigenen Hausprediger: Johann Friedrich Fley, den späteren Feldprediger Friedrichs des Großen in Halle.

Die Kapelle diente der jeweiligen Besitzerfamilie auch als Begräbnisstätte. Letzer Namensträger des Hauses von Syberg war Friedrich Konrad Gisbert Christian von Syberg. Kurz vor der Jahrhundertwende, um 1899, erwarb die Gelsenkirchener Bergwerke AG das etwa 200 Morgen (50 Hektar) große Rittergut Wischlingen vom Freiherrn Konrad von Sydow auf Westhusen für 418.000 Mark. Ein Teil dieses Grundstückes wurde dann 1902 an die Harpener Bergbau AG verkauft.

Nach einem Brand verfiel der übriggebliebene Hausflügel und wurde 1903 wegen Baufälligkeit abgerissen. In der Zeit danach diente die zum

Fachwerkkapelle von 1783

Wohnhaus umgebaute Wassermühle den Bergwerksdirektoren der Harpener Bergbau AG als Domizil. Als die Stadt Dortmund dann im Jahre 1971 die Ländereien zu Wischlingen von der Harpener Bergbau AG übernahm, war es möglich, in Wischlingen einen Revierpark anzulegen. Er entstand auf früher landwirtschaftlich genutzter Fläche, in direkter Nachbarschaft zum Natur- und Vogelschutzgebiet Hallerey.

Planerische Vorgabe war, den etwa 4,5 Hektar umfassenden alten Waldbestand auf dem Gelände der ehemaligen Wasserburg Wischlingen in den Park zu integrieren. Der Revierpark entstand nach Entwürfen des Büros der Architekten Aickele, Fiedler, Heller, Weinmann aus Stuttgart und des Landschaftsarchitekten Heinz Eckebrecht, Kelkheim. Die Freizeitanlage bietet reichlich Abwechslung. Vom Bootfahren auf dem See über Minigolf und Tennis reicht die sportliche Palette. Auf gepflegten Spazier- und Wanderwegen, vorbei an schilfbewachsenen Seeufern und an bizarren, fast versunkenen Baumresten des Naturschutzgebietes läßt sich das Gelände erwandern. Ausgedehnte Rasenflächen zum Spielen und Lagern sind über das gesamte Areal verteilt.

Bereits vor der Eröffnung des Freizeithauses und des Aktivariums konnten die vorher vollendeten Teilbereiche, wie der Bootssee 1976, die Spiel- und Sportanlagen 1977 und 1978 das Freibad der Bevölkerung übergeben werden. Im zweiten Bauabschnitt wurde 1982 die Eislaufhalle in Betrieb genommen. Mit Solarräumen, einem Krafttrainingsraum und dem Saunagarten wurde das Aktivarium bis 1988 erweitert. Das Solebad ging im November 1992 in Betrieb, damit waren die größeren Investitionsmaßnahmen vorläufig abgeschlossen. Zwei Jahre später wurden eine Spielstraße entlang des Hauptweges, der Solegarten und die Erweiterung des Saunagartens fertiggestellt.

Anreize, die Freizeit aktiv und sportlich zu gestalten, bietet der Revierpark in der Sportzone um den „Stern Hallerey". Ein Fußballplatz, Mehrzweckspielfelder für Handball und Basketball und Tischtennisplatten stehen den Freizeitsportlern kostenlos zur Verfügung. Acht kostenpflichtige Tennisplätze vervollständigen das Angebot.

Nicht ehrenamtliche, unbesoldete Magistratsmitglieder, wie im vorigen Jahrhundert üblich, sondern eine 1974 gegründete Freizeitgesellschaft, die Revierpark Wischlingen GmbH, schuf zwischen Huckarde, Dorstfeld und Marten ein 39 Hektar großes Gelände, das den steigenden Freizeitbedürfnissen der Bevölkerung einer Revier-Großstadt Rechnung trägt.

☛ **Adresse:**
Höfkerstraße; 44149 Dortmund
☛ **Öffnungszeiten:**
Täglich: ganztägig
☛ **Anreise mit Bus oder Bahn:**
Ab Dortmund Hbf. mit S-Bahn S 2 in Richtung Duisburg Hbf. bis Dortmund-Wischlingen S.

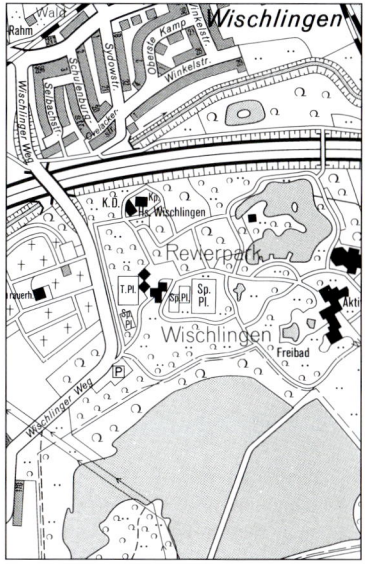

Botanischer Garten in Hamborn

10

Bereits in den zwanziger Jahren gehörten zum Botanischen Garten neben Vogelschauhäusern und unterschiedlichen botanischen Abteilungen auch verschiedene Gewächs- und Schauhäuser, Wasserbassins und ein beheizbares Wasserbecken für tropische Seerosen.

In unmittelbarer Nähe zum Hamborner Stadtwald, nur durch die Hamborner Straße von ihm getrennt, liegt der Botanische Garten Hamborn. Er wurde im Jahre 1905 eröffnet, als Hamborn noch selbständige Stadt war. Bereits in den zwanziger Jahren dieses Jahrhunderts gehörten zum Botanischen Garten neben Vogelschauhäusern und unterschiedlichen botanischen Abteilungen auch verschiedene Gewächs- und Schauhäuser, Wasserbassins und ein beheizbares Wasserbecken für tropische Seerosen.

Trotz mehrfach veränderter Gestalt verlor der Botanische Garten seine Attraktivität in pflanzenkundlicher Hinsicht nicht. Hauptanziehungspunkt der 2,6 Hektar großen Gesamtfläche sind auch heute noch die Pflanzenschauhäuser mit den Pflanzen aus tropischen und subtropischen Klimazonen. Das beheizbare Seerosenbecken, das mit imposanten Wasserpflanzen beeindruckte, gibt es leider nicht mehr.

Es beherbergte unter anderem die Königlichen Seerose (Victoria regia), die zu Ehren der Königin Victoria von England diesen Namen erhielt.

Im Alpinum

Diese Seerose stammt vom Amazonas und erreicht riesige Ausmaße. Die runden, auf der Wasseroberfläche schwimmenden Blätter erreichen einen Durchmesser von bis zu zwei Metern und können sogar das Gewicht eines mittelgroßen Menschen tragen. Im Jahre 1801 wurde diese Art in Südamerika entdeckt und 1849 nach England eingeführt, wo sie dann 1896 zum ersten Mal blühte.

Im Freiland bietet der Botanische Garten dem Betrachter Pflanzen unterschiedlicher Lebensgemeinschaften, beispielsweise aus den Bergen, Mooren, Heiden oder Verlandungszonen. Ein Sortiment von Stauden, einjährigen Sommerblumen, Bäumen und Sträuchern aus Asien und Nordamerika sowie der „offizinellen" Pflanzen, der Gewürz-, Heil- und Giftpflanzen, rundet das Angebot des Botanischen Gartens Hamborn ab. Für die Hamborner Bevölkerung gehörte und gehört der Botanische Garten zu den traditionellen Ausflugszielen. Schulklassen können dort den Biologie- und Umweltkundeunterricht im Freien durchführen.

Die enge Zusammenarbeit mit der Universität Duisburg und der Austausch mit anderen bekannten Botanischen Gärten – gemeinsam mit dem Botanischen Garten an der Schweizer Straße in Duisburg-Duissern – belegen zudem seine wissenschaftliche Bedeutung.

☞ **Adresse:**
Fürst-Pückler-Straße;
47166 Duisburg

☞ **Öffnungszeiten:**
Täglich: 1. Nov. bis Ende Februar von 7 bis 16 Uhr, Sa., So. und feiertags von 10 bis 16 Uhr und
1. März bis 31. Okt. von 7 bis 18 Uhr; Sa., So. und feiertags von 10 bis 18 Uhr

☞ **Anreise mit Bus oder Bahn:**
Ab Duisburg Hbf. mit Straßenbahn 901 in Richtung Duisburg/Hermannstraße bis Haltestelle Matenastraße; dann umsteigen und weiter mit Bus 908 in Richtung Duisburg/Buschhauser Straße bis Haltestelle St. Johannes-Hospital.
Ab Duisburg Hbf. mit Bus 939 in Richtung Oberhausen/Marina bis Haltestelle Kaiser-Wilhelm KKH; dann umsteigen und weiter mit Bus 910 in Richtung Duisburg/Am Zuschlag bis Haltestelle St. Johannes-Hospital.

Duisburg Partie im botanischen Garten

11 Botanischer Garten an der Schweizer Straße

In einem Artikel aus „Der neue Tag" vom 20. Mai 1941 heißt es: „Von weitem sieht man schon das Alpinum , das nicht weniger als 8.000 Pflanzenarten hat. Vorherrschend sind natürlich die verschiedenen Sorten von Edelweiß, Enzian, Saxifraga und Aubretia."

Auf einer Fläche von rund zwei Hektar legte der Duissernsche Verschönerungsverein 1890 einen Botanischen Garten als Naturkundepark an. Nach zeitgenössischen Beschreibungen war der Garten sehr zweckmäßig angelegt und diente nicht nur der Belehrung, sondern auch der Erholung. Besonders umfassend beschreibt ihn ein Artikel aus „Der neue Tag" vom 29. Mai 1941:

„Nicht weniger als 20.000 - 25.000 Pflanzenarten birgt er, von denen etwa ein Viertel Jährlinge sind, die also in jedem Jahr neu gesät werden müssen. Meistens handelt es sich um deutsche Pflanzenarten, die der Botanische Garten enthält, aber es sind auch Pflanzen der ganzen Erde darunter. Je nach der Pflanze muß der Boden sein, muß der entsprechende Dünger verwandt werden, so daß alle die Menschen, die hier arbeiten, Fachleute auf dem Gebiet des pflanzlichen Lebens sein müssen. Durch die vor einigen Jahren vorgenommene Erweiterung des Botanischen Gartens ist eine Ausdehnung der Pflanzenkulturen möglich gewesen. Man beschränkt sich nicht mehr darauf, von der einen oder anderen Pflanzenart nur ein oder zwei Ableger zu ziehen, sondern es ist immer eine gewisse Anzahl von jeder Pflanzenart vorhanden. Der Botaniker unterscheidet nun bei der Zusammenstellung zwei Arten von Beeten, die systematische Ordnung, daß heißt nach Familien. Solche Familien sind z. B. die Rosen, die Kreuzblütler, die Doldengewächse, die Schmetterlingsblütler. Andere Teile sind wieder biologisch geordnet, d. h. sie sind nach Lebensgemeinschaften wie z. B. das Alpinum und das Moorstück zusammengestellt, wie sie draußen in der Natur vorkommen und auch zusammenleben. Beide Arten sind im Botanischen Garten Duisburg vertreten. (...) Ganz prächtig wirkt der Eingang mit seiner Tulpenpracht, von beiden Seiten flankiert durch Buchenpyramiden. Von weitem sieht man schon das Alpinum, das nicht weniger als 6.000 Pflanzenarten hat. Vorherrschend sind natürlich die verschiedenen Sorten von Edelweiß, Enzian, Saxifraga und Aubretia. Prachtvoll in Blüte sind in diesem Teil auch die mehr zur Zierde errichteten Tulpenbeete, während die Rosenbeete erst in mehreren Wochen soweit sein werden. Nicht weit vom Alpinum ist das Sumpfgebiet, das alles das enthält, was der Sumpf hervorbringt. In den beiden großen Seerosen-Becken ist in einem das Wasser immer 28-30°C warm. In ihm gedeihen die tropischen Seerosen, während das andere, das nicht geheizt wird, dem Besucher die Pracht der einheimischen Seerosen zeigen wird. Sogar einen Klostergarten hat der Botanische Garten. Bekanntlich wurden in früherer Zeit die offizinellen Pflanzen, die zu Heilzwecken verwandt werden, in Klostergärten erzeugt. Alle Arten dieser Heilpflanzen sind in diesem Klostergarten vertreten. Nicht unerwähnt bleiben soll der in schöner weißer Blüte stehende Kirschapfelbaum, der aber nicht Selbstzweck ist, sondern eine „Wirts-

pflanze", auf der der Parasit, die Mistel, ihr Dasein findet, weil sie ohne diese „Wirtspflanze" nicht leben könnte. Jede dieser vielen Pflanzenarten ist mit einem kleinen Schild versehen, so daß sich jeder bei der Vielfalt der Blumenpracht über die jeweilige Pflanze unterrichten kann."

Soweit die Beschreibungen des Gartens und seiner Attraktionen aus der Sicht eines Journalisten im Jahr 1941. Die herausragende Bedeutung dieses Botanischen Gartens zeigt sich auch daran, daß er bereits 1893 Samen und Pflanzenteile mit anderen Botanischen Gärten tauschte und jährlich ein Samenverzeichnis herausgab. Noch heute steht er, zusammen mit dem Botanischen Garten in Hamborn, in engem wissenschaftlichen Austausch mit anderen vergleichbaren Gärten. Nachdem seine Flächen 1945 vorübergehend als Grabeland genutzt wurden, damit sich die hungernde Bevölkerung Gemüse ziehen konnte, steht er heute wieder als kleine Grünanlage mit einem Botanischen Lehrgarten den interessierten Besuchern zur Verfügung.

☛ **Adresse:**
Schweizer Straße; 47053 Duisburg
☛ **Öffnungszeiten:**
Täglich: ab 8 Uhr bis zum Einbruch der Dunkelheit, jedoch nicht später als 21 Uhr.
☛ **Anreise mit Bus oder Bahn:**
Ab Duisburg Hbf. mit Bus 937 in Richtung Duisburg/Schnabelhuck bis Haltestelle Tonstraße.

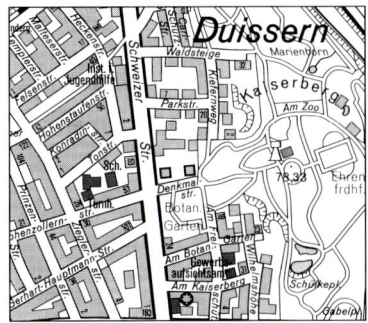

Böninger Park

„Da kaufte die Stadt für wenig Geld von der Familie Böninger das kleine Schloß und den Park. Das war im Jahre 1921".

Die Vorgeschichte des Böninger Parkes läßt sich bis ins 13. Jahrhundert zurückverfolgen. An seiner Stelle befand sich im Jahre 1271 die Böninger Mühle, eine vom Dickelsbach angetriebene Getreidemühle. Sie gehörte unter dem Namen „Unserer-Lieben-Frauen-Mühle" jahrhundertelang der Liebfrauengilde. Zu Zeiten des Preußenkönigs Friedrich Wilhelm I. wurde dann verfügt, daß Korn nur in staatlichen Mühlen gemahlen werden dürfte. Die Mühle der Liebfrauengilde verlor so ihre Existenzgrundlage, bis Böninger, ein Tabakfabrikant, sie erwarb. Von da an mahlte sie Schnupftabak.

Gegen Ende des 18. Jahrhunderts ließ die Familie Böninger die Mühle abreißen und ein neues Wohnhaus, Schlößchen genannt, erbauen. Zu diesem Gebäude gehörte auch ein Park, der zu Anfang dieses Jahrhunderts als Zierde der Stadt Duisburg galt. Das Parkgelände, durchflossen vom Dickelsbach, der sich am Wohnhaus zu einem birnenförmigen Teich erweiterte, wurde nur von den Bewohnern privat genutzt.

Erst gegen Ende des 19. Jahrhunderts öffnete der damalige Eigentümer, Kommerzienrat Dr. W. Böninger, den Park schrittweise für die Öffentlichkeit. Zunächst stellte er einzelnen Personen für das Betreten

Böninger Park – heute –

des Parks Erlaubnisscheine aus. 1912 gestattete er schließlich die Nutzung seines Parks durch die anwohnenden Bürger der Stadt. Zur damaligen Zeit wurde jedoch Erholung besonders stark mit Ruhe gleichgesetzt und so das Mitbringen von Kinderwagen in den Park untersagt.

Im Jahr 1921 kaufte die Stadt Duisburg den westlichen Teil des Parks. Ein Text aus dem Jahre 1936 beschreibt ihn so:

„Da kaufte die Stadt für wenig Geld von der Familie Böninger das kleine Schloß und den Park. Das war im Jahre 1921. Also genau vor 15 Jahren. Dann wurde darin Luft geschaffen. Die alten Bäume wurden abgehauen. Große Rasenflächen wurden eingesät, Blumenbeete angelegt und überall Bänke aufgestellt. Der Teich vor dem Schlößchen ist ausgemauert und das Wasser immer klar und frisch. Auch Schwäne und Enten sind noch da. So ist der Böninger Park entstanden. Daß es notwendig war, kann man wohl sehen. Denn den ganzen Sommer hindurch sind die Bänke immer besetzt. Meistens sind es alte Leute, Kinder und Mütter mit ihren Kleinen, die in den Park kommen".

1937 konnte nach dem Tod der Witwe des Kommerziensrates auch der östliche Parkteil hinzugenommen und als Parkanlage ausgebaut werden. Im 2. Weltkrieg wurde der Park stark verwüstet und in den Nachkriegsjahren vorübergehend als Kleingartenanlage genutzt.

Die Um- und Neubauarbeiten im zerstörten Park begannen 1950 und wurden erst 1971 abgeschlossen. Der westliche Parkteil ermöglicht aktive Erholung. Er bietet einen Spielbereich mit Spielwiesen, Spielplatz und Planschbecken sowie überdachte Tischtennisplätze und Schachspielfelder. Dagegen dient der östliche Teil mit Zierrasen, Wasserspielen, Skatecke, Rosen- und Staudengärten und zahlreichen Sitzgelegenheiten mehr der Ruhe und Entspannung. Da in unmittelbarer Nähe des Parks zwei Altenwohnheime errichtet wurden, suchen ihn besonders gerne ältere Mitbürger auf.

☛ **Adresse:**
Karl-Jarres-Straße;
47053 Duisburg
☛ **Öffnungszeiten:**
Täglich: ganztägig
☛ **Anreise mit Bus oder Bahn:**
Ab Duisburg Hbf. mit Bus 921 in Richtung Moers/Königlicher Hof bis Haltestelle Heerstraße.
Ab Duisburg Hbf. mit Bus 944 in Richtung Duisburg/Wolfsee bis Haltestelle Heerstraße.

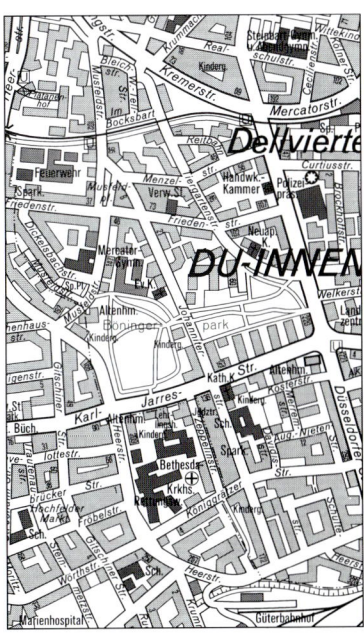

13 Jubiläumshain in Hamborn

„In einem Horst mit alten, wetterfesten Eichen soll nun künftig hin ein Rosenwald erwachsen."

Im Jahre 1909 wurde ein Waldbestand im Norden Hamborns der Bevölkerung als Park übergeben. Aus Anlaß des 25-jährigen Regierungsjubiläums von Kaiser Wilhelm II. erhielt dieser Park im Jahr 1913 offiziell den Namen Jubiläumshain. Entwürfe des Düsseldorfer Gartenarchitekten M. Reinhardt waren Grundlage seiner Gestaltung. Reinhardt entwarf einen Park mit – für damalige Zeit – üppigster Ausstattung. Zudem versuchte er, Szenen aus dem Nibelungenlied gestalterisch umzusetzen. Neben den gestalteten und ebenso aufwendig bepflanzten Bereichen gab es im Jubiläumshain aber auch natürlich belassene oder naturnah begrünte Areale.

Ein Tennisplatz sowie Spiel- und Sportwiesen wurden ebenso angelegt wie ein in vergleichbaren Parkanlagen vorhandenes Restaurationsgebäude. Im Erläuterungsbericht zum Entwurf vom 8. Juli 1907 wird die enge Verbundenheit des Gartenarchitekten zur deutschen Sagenwelt deutlich:

„(...) In einem Horst mit alten, wetterfesten Eichen soll nun künftig hin ein Rosenwald erwachsen. Hier sollen zur Sommerzeit zahllose Rosen rot und weiß entbrennen und erblühen und durch ihren Duft und ihre Pracht den Wanderer entzücken, wie auch zum Frühjahr und zu den anderen Jahreszeiten Alpenrosen und Heidekraut. Hier sollen ungezählte wilde Rosen sich wirr und wonnig runzeln und sich ranken an alten Eichen, Stein und Stamm."

Den Entwurf erklärt Reinhardt nüchterner, obwohl auch dort Parallelen zum Nibelungenlied anklingen:

„Aus dem Nivellementplan geht hervor, welche Wege als Hauptwege auszubauen sind, und zwar ist ihre Führung so gewählt, daß sie alle Teile der Anlage zweckdienlich und harmonisch verbinden, während die Waldwege als lauschige Pfade sich durch das Gelände ziehen. Der botanische Garten (gemeint war ein Schulgarten, Anm. d. Verf.) in der Nähe der Spielwiese ist ansteigend angelegt. Da derselbe zur Demonstration für die Schulkinder dienen soll, muß der Anschaulichkeit wegen eine derartige Anlage unbedingt steigend eingerichtet werden. Die Teichanlage ist ohne Rücksicht auf die Grundwasserverhältnisse als künstlicher Teich ausgearbeitet. Durch seine langgezogene Form bekommt derselbe eine scheinbar viel bedeutendere Größe, als wirklich Flächenraum angenommen wird und sind die Blicke in den Längsachsen vorgesehen. Die Spielwiese gliedert sich dem Gedanken des Rosenhofes in ungezwungener Weise an, da schon im Nibelungenlied das Turnier und der Turnierplatz am Rosenhof unbedingtes Erfordernis war, da auf ihm die Kämpfe um Kriemhilde stattfinden. Hier könnten zum Fest der Rosenblüte große Kinder- und Blumenspiele stattfinden, die zur engen Verknüpfung der Bevölkerung zu ihrem Jubiläumshain führen wird".

Reinhardt vertrat die Auffassung, daß möglichst nur heimische und vor allem industriefeste Gehölze zu pflanzen seien. Ausgesprochene Ziergehölze schlug er nur für seine aufwendig gestalteten Parkbereiche vor. Im Erläuterungsbericht heißt es hierzu im Kapitel „Bepflanzung":

„Ich möchte nur ganz besonders davor warnen, auf Grund meiner langjährigen Erfahrung, Nadelhölzer zu verwenden, da fast 9/10 sämtlicher Arten die Niederschläge des Industriegebiets nicht vertragen, sondern sehr schnell eingehen. Es haben sich nur bewährt Krüppelkiefer, Österreichische Schwarzkiefer, Blaufichte, Eibe und blaue Wacholder. Diese Fremdlinge in den deutschen Wald einzuführen, halte ich mit den dadurch entstehenden Unkosten für gar nicht wünschenswert, höchstens wäre die Eibe und die Österreichische

Historische Postkarte

Schwarzkiefer zu verwenden. Ich denke mir hingegen, den Wald in seiner Form zu belassen mit Brombeerbüschen und Rosengestrüpp von Baum zu Baum schlingend mit blumigem Waldrasen-Teppich. Das Gehölz des Randstreifens wird am besten durch Zurücksetzen auf Stockausschlag zu einem dichten Gestrüpp gebracht. Allerlei Waldhölzer wie Holunder, Liguster, Hainbuchen werden an die freien Stellen gepflanzt. Für den Rosenhof sollen vorzugsweise Strauchrosen zur Verwendung kommen, duftende Zentifolien-, Damaszener-, Kapuziner-, Moos- und Monatsrosen; die verschiedenen Arten Hybriden und Varietäten von Wildrosen mögen zur Bildung von Hecken und Gebüschen dienen oder sich als Vorpflanzung an die vorhandenen Baum- und Strauchgruppen anschließen, während Kletterrosen die Bäume usw. beranken; auch die Gartenvarietäten der Heckenrose, die rankenden Teerosen und stark wachsenden Büsche von Edelrosen sollen nicht fehlen. Die Edelrosen in Hochstammform sind in der eigentlichen Anlage zu vermeiden und evtl. auf einen geeigneten Platz in der Nähe des Restaurants zu beschränken".

Bis heute konnte der Jubiläumshain seine gestalterischen Grundstrukturen bewahren. Behutsame Ausbaumaßnahmen wie beispielsweise die Anlage eines Staudengartens in den sechziger Jahren unseres Jahrhunderts optimierten die Anlage. So konnte sie sich zu einem Schmuckstück des Duisburger Nordens mit eindrucksvollem Pflanzenbestand entwickeln. Zusammen mit dem Revierpark Mattlerbusch steht den Bürgern hier heute ein sowohl großes wie auch abwechslungsreich gestaltetes Erholungsgebiet zur Verfügung. Das Angebot reicht von der beschaulichen Parkgestaltung des Jubiläumshaines über weitläufige innerstädtische Grünverbindungen mit

Historische Ansicht des Seerosenbeckens im Jubiläumshain

Spiel- und Liegewiesen bis hin zur reichhaltigen Ausstattung mit Freizeiteinrichtungen im Revierpark Mattlerbusch.

☛ **Adresse:**
Ziegelhorststraße; 47169 Duisburg
☛ **Öffnungszeiten:**
Täglich:
1. Nov. - 14. Febr. von 8 bis 17 Uhr
15. Febr. - 14. März von 8 bis 18.30 Uhr
15. März - 30. April von 7 bis 20 Uhr
1. Mai - 31. Aug. von 7 bis 22 Uhr
1. Sept. - 31. Okt. von 7 bis 22 Uhr
☛ **Anreise mit Bus oder Bahn:**
Ab Duisburg Hbf mit Straßenbahn 903 in Richtung Duisburg/Watereck bis Haltestelle Marxloh/Pollmann; dann umsteigen und weiter mit Bus 905 in Richtung Duisburg-Walsum Rathaus bis Haltestelle Jubiläumshain.

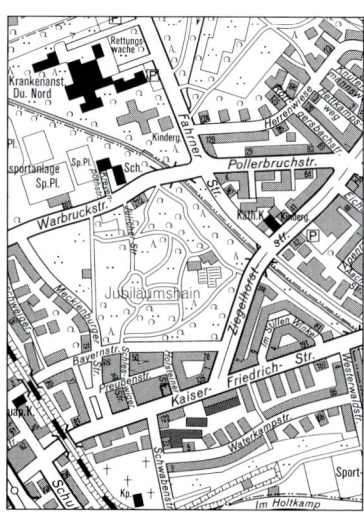

Revierpark Mattlerbusch 14

Zusammen mit dem Hamborner Jubiläumshain bildet der Revierpark Mattlerbusch ein großes und abwechslungsreich gestaltetes Erholungsgebiet im Duisburger Norden.

Als letzter in der Kette der Revierparks im Ruhrgebiet öffnete 1979 der Revierpark Mattlerbusch in Duisburg-Hamborn seine Pforten. Seinen Namen erhielt er von dem im Park gelegenen „Mattlerhof" und dem angrenzenden Waldbereich „Mattlerbusch". Der Name dieser ehemaligen Hofanlage ist aus den Wortstämmen „mede" oder „made" gebildet, was „sumpfiges Weideland" sowie „Lare" im Sinne von Einöde bedeutet. Der Hof ist vermutlich fränkischen Ursprungs und stammt aus aus dem 13. Jahrhundert. Im 13. und 14. Jahrhundert war er Sitz des angesehenen Geschlechtes Mathelare.

Der Mattlerbusch ist ein Rest des alten Hamborner oder auch Hammer Holzes. Es war Teil eines sogenannten Allmendebesitzes – dem der allgemeinen Nutzung zugänglichen Teil des Gemeindegebietes – und erstreckte sich als Bruch von der Bauernschaft Marxloh hinüber bis zum Hammer Holz. Hier wurden unter anderem Weiderechte genutzt und Schweinemast, Holznutzung und Plaggenstechen betrieben. Das ungefähr 450 Hektar große Gelände wurde im Jahre 1867 unter den Nutzungsberechtigten aufgeteilt. Mattlerbusch, Jubiläumshain und Stadtwald an der Hamborner Straße in Hamborn

Ruhige Erholungslandschaft

sind die Reste der aus Allmende-
besitz stammenden Wald- und Parkflächen.

**Revierpark auf
historischem Gelände**

Nach Entwürfen der Landschaftsarchitekten Bödeker, Boyer, Wagenfeld
und Partner und der Architektenge-
meinschaft Behrendt und Reig entstand am Mattlerbusch ein 45 Hektar großes, abwechslungsreich gestaltetes Erholungsgebiet. Seine Angebote für die Freizeitnutzung sind in
drei Bereiche gegliedert: Die weiträumige Parklandschaft, die historische
Hoflage Mattlerhof und das Bade-
zentrum.
Die weiträumige Parklandschaft bietet neben kilometerlangen Wanderwegen auch Sport- und Spielflächen
mit Rasen- und Hartplätzen und
einen Rodelhügel sowie ausgedehnte
Rasenflächen zum Spielen und Lagern. Wissenswertes über seine Umwelt erfährt der Besucher auf dem
geologischen Lehrpfad und durch
ein naturnah gestaltetes Feuchtbio-

top. Im angrenzenden Mattlerbusch
animiert Trimm-Inventar zu körper-
licher Betätigung.
Ob der Mattlerhof tatsächlich erhal-
tenswürdig ist, war im Rahmen des
Revierparkumbaus wegen seines
außerordentlich schlechten baulich-
en Zustandes und den damit verbundenen hohen Wiederherstellungs-
kosten lange umstritten. Schließlich
führten überzeugende planerische
und heimatgeschichtliche Überlegungen dazu, die Hofanlage zu erhalten, baulich wieder instandzu-
setzen und sie im Rahmen des Re-
vierparkangebotes zu nutzen. Heute
beherbergt das restaurierte Gebäude einen Gastronomiebetrieb. In
den ehemaligen Stallungen können
heimische Haustiere besichtigt werden. Ein Reiterhof nutzt die ländlich-
bäuerliche Atmosphäre.
Als 1979 der Revierparks eröffnet
wurde, konnte der Bevölkerung auch
ein Aktivarium mit kombinierten
Anlagen zur Gesundheitsvorsorge
und Freizeitbetätigung übergeben
werden. Neben einem Freibad und
einem Hallenwellenbad bietet es
Gelegenheit zum Saunabesuch und
Sonnenbaden sowie zu Kommuni-

dunstet langsam auf seinem Weg durch das Labyrinth der feinen Äste, den Rest besorgt der Wind. Ganz natürlich entsteht so ein Inhalatorium mit einem wohltuenden Reizklima für die Atemwege.

Gemeinsam mit dem Hamborner Jubiläumshain ist der Revierpark Mattlerbusch ein großes und abwechslungsreich gestaltetes Erholungsgebiet im Duisburger Norden. Das Angebot für den Besucher reicht von einer landschaftlichen Parkgestaltung im Jubiläumshain über weitläufige Grünanlagen mit Spiel- und Liegewiesen zwischen Fahrner- und Wehoferstraße bis hin zu den vielfältigen Angeboten von Freizeiteinrichtungen im Revierpark Mattlerbusch.

kation und Geselligkeit. Das Bedürfnis der Besucher, wetterunabhängig Badevergnügen zu erleben, führte zu einer ersten Modernisierungsphase: In den Jahren 1984 und 85 verwandelte sich das Hallenwellenbad in eine künstliche, anspruchsvoll ausgestattete „karibische Badewelt".

Vom Freizeitpark
zum Gesundbrunnen

Die „Spaßbad-Welle" wurde Ende der achtziger Jahre durch die „Gesundheitswelle" abgelöst und machte auch vor dem Revierpark Mattlerbusch nicht halt. Im Oktober 1987 fand der erste Spatenstich zum Bau der Niederrhein-Therme statt. Neben dem Karibik-Wellenbad, das weiterhin als kinder- und familienfreundliches Erlebnisbad genutzt wird, entstand eine moderne Thermal-, Sole- und Saunabadeanlage mit Solewasserfall und Fitnesstreff. Die im Jahre 1995 neu hinzugekommene Saline rundet das Angebotpaket „Gesundheit und Fitness" des Revierparks Mattlerbusch ab. Salzhaltiges Wasser rieselt hier durch eine acht Meter hohe Wand aus Zweigen und ver-

☛ **Adresse:**
Wehofer Straße; 47169 Duisburg
☛ **Öffnungszeiten:**
Täglich: ganztägig
☛ **Anreise mit Bus oder Bahn:**
Ab Duisburg Hbf. mit Straßenbahn 903 in Richtung Dinslaken Bf. bis Haltestelle Duisburg-Walsum/Rathaus; dann umsteigen und weiter mit Bus 905 in Richtung Duisburg/Godesberger Straße bis Haltestelle GHH-Brücke.

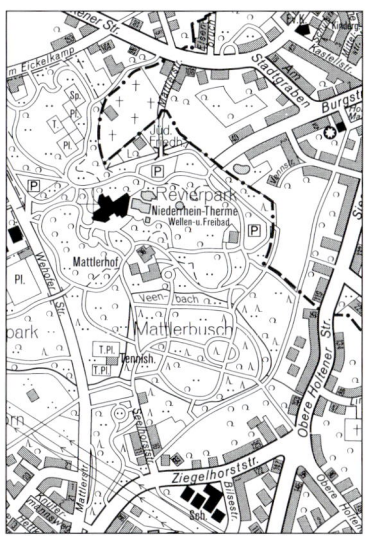

15 Stadtpark Meiderich

„Die Arbeiten des Stadtparkes wurden nicht an Firmen vergeben, damit Geld gespart wird. Sie sollen in eigener Regie unter Aufsicht des zuständigen Gärtners durchgeführt werden, (...)"

Bereits von 1896 bis 1905 be-
schäftigte sich die damals eigenständige Stadt Meiderich
damit, einen Erholungspark zu bau-
en. 1898 begann der Ankauf der für
diesen Park erforderlichen Grundstücke, und am 10. März 1899 ver-
abschiedete die Stadtverordnetenversammlung Meiderichs sogar einen Bebauungsplan für dieses Gebiet. Der Bebauungsplan sah für den
zukünftigen Stadtpark eine Fläche
des von 60 Morgen (15 Hektar) vor.
Der erste Schritt war damit getan.
Bereits ein halbes Jahr später wurden
zwei Entwürfe des Düsseldorfer Gartenarchitekten Fritz Gude beraten,
ohne daß sich die Stadtverordneten

jedoch auf einen der beiden Pläne
festlegten. Ein Restaurant und die
Badeanstalt sollten vorerst nicht gebaut werden, denn der Park war vorrangig für die ruhige Erholung gedacht. Als die Gelegenheit bestand,
von der Stadt Uerdingen besonders
preisgünstige Gehölze zu erwerben,
wurden die ersten Gehölze in Meiderich schon im Herbst des Jahres
1900 gepflanzt (Tannen *[Abies]*,
Birken *[Betula]*, Eichen *[Quercus]*,
Eschen *[Fraxinus]*, Ahorn *[Acer]*).
Die Idee des Meidericher Stadtparks
wurde auch nach dem Zusammenschluß der Städte Duisburg, Meiderich und Ruhrort im Jahre 1905 wei-
terverfolgt, die konkrete Umsetzung

konnte jedoch erst nach Klärung strittiger Grundstücksfragen im Jahr 1910 wiederaufgenommen werden. Am 08. Juli 1910 tagte die – eigens gegründete – Stadtparkkommission. Sie beriet nun mit mit dem nun für die Gestaltung zuständigen Garteninspektor Jensen aus Oberhausen das weitere Vorgehen. In der Niederschrift dieser Sitzung ist zu lesen: „Mit dem anwesenden Garteninspektor Jensen wurde die Einrichtung des künftigen Parks besprochen und als vorläufiges Programm anerkannt, daß ein Teich (mit kleiner Brücke) ungefähr 5 Morgen, 2 Spielwiesen ungefähr 8 Morgen, Terrasse und Restauration ungefähr 4 Morgen, ein Kinderspielplatz ungefähr 1 Morgen erfordern werden sowie für die Badeanstalt ungefähr 1 Morgen Fläche vorzusehen sind. Das übrige Gelände soll für Spazierwege mit Rasenflächen und Bepflanzung benutzt werden. Herr Jensen wird hiernach mehrere Entwürfe in Skizzenform mit Kostenüberschlägen vorlegen (...)"

Im November 1910 legte Jensen der Kommission die geforderten vier Entwürfe vor. Sie unterschieden sich hauptsächlich in finanzieller und nicht so sehr in gestalterischer Hinsicht voneinander. Alle Entwürfe enthielten – jeweils in unterschiedlichem Ausmaß – die für einen Stadtpark damals typischen Gestaltungselemente: Ein geschwungenes Wegenetz, Pflanzungen, Solitärbäume, Restaurationsgebäude, Teichanlage, Spielbereiche, Rasen- und Wiesenfreiflächen, Gärtnerei. Die Kommission entschied sich für eine Variante, die eine große zusammenhängende Teichanlage von 12.000 Quadratmetern, ein Restaurant und einen großen Spielplatz vorsah.

Nachdem im Frühjahr 1911 alle erforderlichen Grundstücke in städtischem Besitz waren, legte die Stadtparkkommission die weiteren Ausbauschritte für den Stadtgarten fest:

„Der Park wird in 2 Abschnitten errichtet. Der östliche Teil mit den Rasenflächen, dem Spielplatz und den Promenadenwegen wird sofort in Angriff genommen und fertiggestellt, ehe man mit den Arbeiten im westlichen Teil – und da besonders dem Teich – beginnt. Gegen das Wohngelände (hier ist die Gabelsberger Straße gemeint; Anm. d. Verf) wird der Park durch hochwachsende Bäume mit großer Kronenbildung und einer lebenden Hecke abgegrenzt. Von einer Einzäunung zur Südstraße hin wird vorerst abgesehen. Die Anlieger des Stadtparks sollen zur Bewachung des Stadtgarten angehalten werden. Die Arbeiten des Stadtparks werden nicht an Firmen vergeben, damit Geld gespart wird. Sie sollen in eigener Regie unter Aufsicht des zuständigen Gärtners ausgeführt werden, wobei Herr Jensen die Oberaufsicht hat."

Bis Ende 1912 war mehr als die Hälfte des Parks fertig. Für 1913 war geplant, den gesamten Park fertigzustellen, jedoch ohne die Teichanlage. Für die Teiche war die richtige Abdichtungsmasse nicht gefunden oder der Preis dafür war zu hoch.

Notstandsarbeiten

Während des 1. Weltkrieges und in den darauffolgenden Jahren bis 1923 wurden der Park nicht verändert. Um ihn zu erhalten, wurden lediglich sogenannte „Notstandsarbeiten" durchgeführt sowie die während des Krieges zum Gemüse- und Kartoffelanbau genutzten Freiflächen wieder in Rasenflächen umgewandelt. Die erste bauliche Maßnahme nach dieser Zeit war die Anlage eines 160 Quadratmeter großen, beheizbaren Wasserbeckens für tropische Seerosen. Ein Rosen- und ein Staudengarten folgten 1924 als besondere Attraktionen. Das gesamte Wegenetz wurde wieder in Ordnung gebracht. Zur 1000-Jahresfeier des

Rheinlands, die 1925 stattfand, wurden diese Einrichtungen alle, einschließlich einer Unterhaltungs- und Erfrischungshalle, offiziell eröffnet. Bis 1927 folgte erneut eine Phase ohne nennenswerte Veränderungen. Danach kamen ein großer Konzertplatz, ein Sportplatz und große Wiesenflächen dazu, neun Hektar mehr Fläche für den Park Richtung Westen. Anstelle des immer noch nicht realisierten Teiches entstand auf einer Teilfläche ein Sandbereich mit zwei Planschbecken für Kinder; die übrigen tieferliegenden Flächen wurden zu einem Spielplatz ausgebaut. Die wirtschaftlich schwierige Lage in den Folgejahren bis zum Ausbruch des 2. Weltkrieges trug nicht zur Verbesserung der Situation im Stadtpark bei. Frühzeitige Bombenangriffe auf die bereits 1940 am und im Park errichteten Flak-Stellungen führten zu Zerstörungen im Gelände, die gegen Ende des 2. Weltkrieg sehr große Ausmaße annahmen. Nach dem Krieg bauten die Bürger im Stadtpark Gemüse an, damit sie zu essen hatten. Blumenbeete durften auf Anordnung der Militärregierung nicht angelegt werden, sie mußten sogar dort, wo sie noch vorhanden waren, in Gemüseanbauflächen umgewandelt werden. Erst 1948, nach der Währungsreform, begann man den Park wiederherzustellen: Die Promenadenwege wurden neu gebaut, Bänke aufgestellt und Rasenflächen neu eingesät. Im Jahr 1951 wurden im Rahmen dieser Arbeiten auch 60.000 Gehölze und Pflanzen neu gesetzt. Die im Jahre 1963 fertiggestellte Brücke der Autobahn A 59 („Berliner Brücke") beeinträchtigt allerdings den Stadtpark am meisten. Für sie mußte der Staudengarten weichen, und rund 150 Großbäume wurden gefällt. Die ehemaligen Planschbecken wurden 1970 abgerissen, an ihrer Stelle wurde ein Wasserspielplatz errichtet. Weitere Spielbereiche sowie im nord-westlichen Parkteil eine Minigolfanlage kamen hinzu. Der Zustand des kurz nach der Jahrhundertwende angelegten Stadtparks veränderte sich also ständig. Neben größeren Erweiterungen und Umgestaltungen mußte er vor allem die Zerschneidung durch die Autobahnbrücke überstehen. Heute präsentiert er sich dem Besucher als städtischer Park mit umfassendem Wegenetz, einem Rosengarten, attraktiven Spielbereichen und einem schönen, alten Baumbestand.

☛ **Adresse:**
Bürgermeister-Pütz-Straße;
47137 Duisburg

☛ **Öffnungszeiten:**
Täglich: ganztägig

☛ **Anreise mit Bus oder Bahn:**
Ab Duisburg Hbf. mit Straßenbahn 903 in Richtung Duisburg-Watereck bis Haltestelle Duisburg-Meiderich-Süd Bf., dann umsteigen und weiter mit Bus 907 in Richtung Duisburg-Godesberger Straße bis Haltestelle Salmstraße.
Ab Duisburg Hbf. mit Straßenbahn 901 in Richtung Duisburg/Hermannstraße bis Haltestelle Friedrichsplatz; dann umsteigen und weiter mit Bus 907 in Richtung Duisburg-Meiderich Süd Bf. bis Haltestelle Salmstraße.

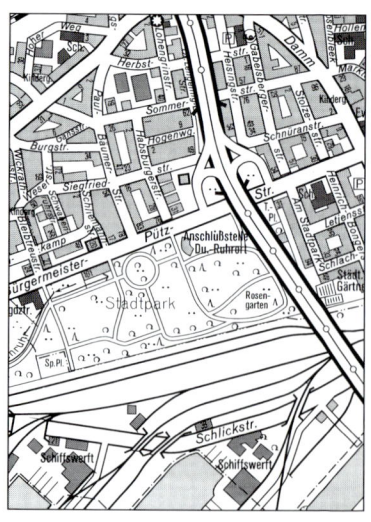

Schloßpark Borbeck

Nach Entwürfen des Brabanter Architekten F. J. Dukers wurde der Park im „englisch-chinesischen" Stil ausgeführt. Laut einer zeitgenösisschen Beschreibung befanden sich im Park „... die neuangelegten Spaziergänge und mehrere das Gemüt sowohl als die Augen belustigenden Gegenstände."

Im Westen von Essen erstreckt sich auf einem etwa 42 Hektar großen Gelände der Park von Schloß Borbeck. Heute liegt er inmitten geschlossener Bebauung im gleichnamigen Essener Stadtteil. Der strukturelle Aufbau des Parkes wird durch drei, von einer größeren ebenen Fläche auseinander strebenden und nach Süden leicht ansteigenden Tälern bestimmt. Von der Schloßanlage selbst sind heute im weitläufigen Landschaftspark nur noch das wasserumgebene Herrenhaus und ein Trakt des ehemaligen Wirtschaftshofes erhalten. Alle anderen Bauten,

einschließlich der kleineren Gebäude im Park, wurden spätestens in den fünfziger Jahren des 20. Jahrhunderts abgebrochen.

Erstmals sind „Gärten, Plantagen und Alleen" im Zusammenhang mit dem Neubau des Schlosses zwischen 1640 und 1655 erwähnt. Vermutlich befanden sich diese Gartenanlagen westlich des Schlosses (Bereich der heutigen Realschule mit südlich angrenzender Rasenfläche). Es ist jedoch fraglich, ob bereits zu diesem frühen Zeitpunkt der Park mit „Tempelchen, Grotten und einer künstlichen Ruine" ausgestattet war.

Wahrscheinlicher ist, daß derartige Elemente erst nach 1783 dazukamen, als unter Fürstäbtissin Maria Kunigunde, Prinzessin von Sachsen, die Parkanlagen umgestaltet wurden. Der Brabanter Architekt F. J. Dukers entwarf einen Park in englisch-chinesischem Stil. Nach einer zeitgenössischen Beschreibung befanden sich im Park „.... die neuangelegten Spaziergänge und mehrere das Gemüt sowohl als die Augen belustigenden Gegenstände."

Die älteste vorliegende bildliche Darstellung der Parkanlage findet sich auf einem Plan der zum Schloß Borbeck gehörenden Besitzungen aus dem Jahre 1800. Deutlich sind die verschiedenen Parkbereiche erkennbar, wie Weide- und Wiesenflächen mit kleinen, durch Gräben verbundenen Wasserflächen in der Nähe des Schlosses. Im nordöstlichen Teil des Parks befanden sich eine in regelmäßige Kompartimente unterteilte, als „Hofgarten" bezeichnete Fläche ohne axialen Bezug zum Schloß und ein angrenzendes „Bauernstück", vermutlich der Obstgarten des Schlosses. Am Nordrand dieses Parksegmentes stand das sogenannte Gartenhaus.

Nach Südwesten erstreckte sich das Haupttal mit einer Ruine am südwestlichen Ende. Ablesbar ist auch eine Quelleinfassung und ein linearer Wasserkanal (Kaskaden), der in einen Teich mit begehbarer Insel mündet. Parallel zum Kanal verliefen an beiden Seiten Alleen. Dazu kamen in einem westlichen Seitental ein „Tombeau" als „Point de vue" (Aussichtspunkt) und seitlich liegende „Wirtshäusgen" und Eiskeller. In einem südliches Seitental bildeten von einem umlaufenden Weg gesäumte Wiesen-, Weide- und Ackerflächen eine langgestreckte Sichtachse. Am Ostrand dieses Seitentales befand sich ein „Bauernhäusgen".

Nach der Säkularisation im Jahre 1803 kamen Schloß und Park über

Frühling im Schloßpark

verschiedene Eigentümer (1827 und 1836) in den Besitz der Familie von Fürstenberg. 1864 wurde entlang der Straße nördlich des Schlosses eine Mauer errichtet. Den Durchgang bildete ein vom Schloß Hugenpoet stammendes, schmiedeeisernes Tor, das sich heute weiter südlich am Parkeingang an der Schloßstraße befindet. 1920 wurde der Park erstmals der Öffentlichkeit zugänglich. Die Stadt Essen kaufte ihn 1941 einschließlich der Gebäude.

Spuren

Große Rasenflächen prägen heute die nähere Umgebung des Schlosses, südlich vom Schloß befindet sich ein Spielplatz. Frühere Parkstrukturen sind nur noch in Spuren vorhanden. An der Stelle des bis in die fünfziger Jahre unseres Jahrhunderts in seiner Struktur noch erkennbaren Hofgartens befinden sich heute Gebäude und Außenanlagen der Realschule Borbeck. Eine mit Gehölzen umsäumte Rasenfläche hat den Platz des Baumgartens eingenommen. An zentraler Stelle des Parks befindet sich noch immer ein vom Schloßbach gespeister Teich. Die Insel ist jedoch nicht mehr begehbar. Den südlichen Abschluß des Haupttales bildet ein an der Frintroper Straße gelegener zweiter Spielplatz.

Eine Tafel mit der Aufschrift „MCMXXVIII" (1928) und dem Wappen derer von Fürstenberg, die am oberen Becken der Quellfassung angebracht ist, läßt auf Baumaßnahmen schließen, die in den zwanziger Jahren durchgeführt wurden. Die Quellfassung besteht aus zwei kreisrunden, durch einen Kanal miteinander verbundenen Wasserbecken. Seitlich liegende, mit unbearbeiteten Steinen gefaßte Hangschichtquellen speisen die Becken. Nördlich der Quellfassung ist das Wasser durch eine Mauer zu einem Teich aufgestaut. Der Rest der ehemals gradlinig verlaufenen Kaskadenanlage ist mit Erdreich verfüllt und nur stellenweise durch feuchte Senken und älteren, linear verlaufenden Baumbestand zu erahnen.

Der Schloßbach schlängelt sich heute neben seinem früheren Bett am Grunde des Tales entlang. Die ehemaligen, beiderseits der früheren Kaskaden verlaufenden Wege sind nur teilweise in das heutige Wegenetz einbezogen. Auf nun ungenutzten Wegeflächen wachsen inzwischen Gehölze, sie sind jedoch als Einschnitte oder Stufen im Gelände noch gut zu erkennen.

Der obere Teil des westlichen Seitentales ist natürlich bewaldet mit beiderseits an den Hängen verlaufenden Wegen. Ein Laubmischwald wächst im Haupt- und im westlichen Seitental und wird forstlich gepflegt. Eine neu errichtete Kleingartenanlage im schloßfernen Bereich verkürzt optisch das südliche, unbewaldete Seitental. Der Verlauf der ehemaligen Sichtachse mit umlaufendem Weg läßt sich jedoch noch immer erkennen. Im nördlichen Teil des Seitentales zeugt ein Feuchtbiotop vom stark verlandeten Rest eines in den zwanziger Jahren dort existierenden Teiches.

Der Park von Schloß Borbeck ist ein Beispiel für eine frühe Form des Landschaftsgartens, in seinem englisch-chinesischen Stil mit einer Vielzahl von Elementen wie kleinen Gebäuden (Ruine oder Inselpavillon) oder Wasseranlagen ausgestattet.

Flächenverlust durch die Kleingartenanlage oder den Bau der Realschule beispielsweise, aber auch der Verlust von historischer Bausubstanz haben die historischen Parkstrukturen stark verändert. Hinzu kamen die vorrangig an den Erholungsfunktionen und forstlichem Nutzen orientierten Pflegemaßnahmen.

Aufgrund der Größe der Anlage und ihrer hohen Strukturvielfalt (Gewässer, Waldflächen, Rasen- und Wiesenflächen) ist der Park aber gerade in der dicht bebauten Umgebung ökologisch bedeutend. Darüber hinaus ist er wichtig für die erholungsuchende Bevölkerung im Essener Norden. Erholungsnutzung und Biotoppflege sowie forstliche Pflege weiterer Flächen differenzieren und prägen daher die derzeitige Struktur des Schloßparkes.

☛ **Adresse:**
Schloßstraße; 45355 Essen-Borbeck
☛ **Öffnungszeiten:**
Täglich: ganztägig
☛ **Anreise mit Bus oder Bahn:**
Ab Essen Hbf. mit RB 9 in Richtung Bottrop oder Haltern bis Bahnhof Essen-Borbeck; dann umsteigen und weiter mit Straßenbahn 103 bis Haltestelle Schloß Borbeck.

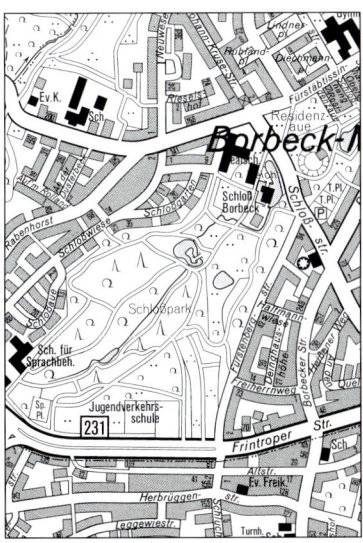

17 Gruga-Park

Auch damals schon machte die Gruga den Besucher auf ruhrgebietsspezifische Probleme aufmerksam: In Einzelgärten waren rauchempfindliche und rauchunempfindliche Pflanzen ausgestellt.

ie „Große Ruhrländische Gartenbau-Ausstellung", genannt Gruga, entstand in den Jahren 1927 bis 1929 nach Plänen des Gartenarchitekten Johann Gabriel auf dem Gelände der ehemaligen „Gewerbeschau Essen". Im Rahmen der „produktiven Erwerbslosenfürsorge"– ein in den zwanziger Jahren erprobtes Instrument, um die Arbeitslosigkeit zu bekämpfen – begannen 1927 Notstandsarbeiter mit den Ausbauarbeiten. Die Arbeiten waren trotz zahlreicher Schwierigkeiten (starker Frost, Streik der Arbeiter) pünktlich zur Eröffnung der Ausstellung im Juni 1929 beendet.

Den Entwurf Johann Gabriels kennzeichnete ein Dreiachsensystem. Mit Sommerblumenterrassen und dem Hauptzugangsweg betonte er die Ost-West-Richtung. Vor der Gruga-Terrassen-Gaststätte bog eine Nord-Süd-Achse im rechten Winkel ab, die den Blick zu den Wasserterrassen, dem Pergolagarten und dem Rosencafé freigab. Das auffälligste Gestaltungselement der Gruga war jedoch eine weitere Ost-West-Achse, mit dem von Paul Portten entworfenen Radioturm – er gilt heute noch als Wahrzeichen der Gruga – dem Pergolagarten und der Dahlienarena als Bezugspunkten. Auch den schon

1927 gebauten Botanischen Garten bezog man in das Ausstellungsgelände ein.

Als besonderes Kennzeichen der Gruga von 1929 galten die thematisch eigenständigen Gartenbereiche. Durch lange Pappelreihen, Hecken, Mauern, Treppen und Pergolen waren sie voneinander abgegrenzt. Große Terrassenanlagen ermöglichten den Besuchern weite Ausblicke über das Ausstellungsgelände. Auch damals schon machte die Gruga den Besucher auf spezielle Ruhrgebietsprobleme aufmerksam: In Einzelgärten waren unter anderem rauchempfindliche und rauchunempfindliche Pflanzen ausgestellt. Auch Kleingartenbau und Kleintierzucht (Kaninchen, Hühner, Schafe) wurden gezeigt. In den Jahren 1927 bis 1929 arbeiteten bis zu 1.000 Erwerbslose daran, das Brachland in eine Gartenlandschaft zu verwandeln. Nach dem Ende der Ausstellung blieb die Gruga als öffentlicher Park bestehen, und selbst die Sondergärten existierten weiter.

Von Gartenschau zu Gartenschau

Überlegungen zur Erweiterung des Gruga-Geländes scheiterten Anfang der dreißiger Jahre zunächst an der sich verschlechternden wirtschaftlichen Situation. Die „2. Reichsausstellung des deutschen Gartenbaus" im Jahre 1938 verhalf dann zur Umsetzung der Erweiterungspläne. Bei dieser Ausstellung blieben Gruga-Gelände und Botanischer Garten nahezu unverändert. Lediglich der „Keramikhof" und der „Große Blumenhof" kamen durch Abbruch von Polizeiunterkünften und einer Ausstellungshalle hinzu. Neue Attraktionen waren die dampfbetriebene Liliputbahn, ein Kinderzoo und der tägliche Frühsport um sieben Uhr. Im 2. Weltkrieg wurde das „Blumenwunder an der Ruhr" in eine

Trümmerlandschaft verwandelt. Die nahen Städtischen Krankenanstalten nutzten das Gelände bis zur Währungsreform für den Anbau von Gemüse und Kartoffeln, um ihre Patienten verpflegen zu können. 1951 beschloß die Stadt Essen dann, die Gruga so schnell wie möglich wieder aufzubauen. Wieder war es eine Gartenbauausstellung, die es erlaubte, dieses Ziel zu erreichen.

In knapper Vorbereitungszeit und bei fehlenden finanziellen Mitteln entstand im Jahr 1952 eine neue „Große Ruhrländische Gartenbau-Ausstellung", die nur dem Namen nach ihrer Vorgängerin glich. Anstelle streng geometrischer Formen der Anlagen von 1929 und 1938 entstand auf dem Gelände nun eine Landschaft mit sanft geschwungenen Rasenflächen und großzügigen Überblicken.

Im Laufe der Zeit wurde der Gruga-Park jedoch zu klein, auch schien das Konzept veraltet. Die Gruga sollte neben der beschaulichen Naturbetrachtung nun zusätzlich aktive Erholung ermöglichen. Wieder verwandelte eine Gartenausstellung die Gruga und erweiterte sie durch neue Sport- und Freizeitbereiche auf 70 Hektar Gesamtfläche. Für die Bundesgartenschau 1965 wurden der

Blick auf das Alpinum

*Reichsgartenschau –
Luftbild aus dem Jahre 1938*

Musikpavillon, das Alexander von Humboldt-Haus und ein Bienenlehrstand gebaut. Eine Spiel- und Liegewiese und der Lesepavillon kamen hinzu und auch der Botanische Garten wurde Teil dieser Gartenschau.
Mit der Gartenschau von 1965 erreichte die Gruga ihre heutige Größe und Gestalt. Mit baulichen wie inhaltlichen Veränderungen paßte die Gruga sich den veränderten Nutzungsformen an, für die ein Park der Gegenwart Angebote machen muß. Dazu gehören Grillplätze ebenso wie ein Spiel- und Partyhaus für Kinder in der ehemaligen Milchgaststätte und ein Kleintiergarten.
Heute bietet der Gruga-Park seinen Besuchern neben ruhiger Entspannung im Grünen und einem attraktiven Freizeitangebot für die ganze Familie auch die Möglichkeit, sich durch Demonstrationsgärten und Gewächshäuser zu informieren und weiterzubilden.

☛ **Adresse:**
Norbertstraße; 45131 Essen
☛ **Öffnungszeiten:**
Täglich: ab 9 Uhr bis zum Einbruch der Dunkelheit gegen Entgelt.
☛ **Anreise mit Bus oder Bahn:**
Ab Essen Hbf. mit U-Bahn 11 in Richtung Essen/Messe Süd/Grugastadion bis Haltestelle Messe Ost/Gruga/Grugahalle.

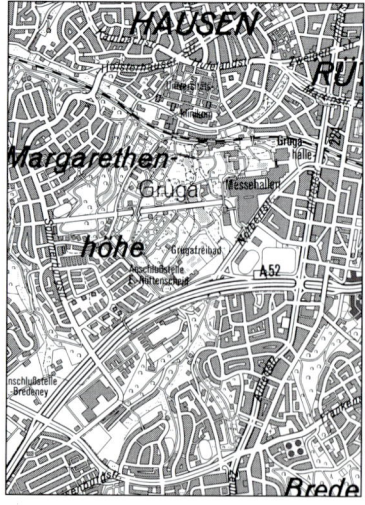

Kaiser-Wilhelm Park

Am 21. März 1897 wurde im Rahmen einer Feierstunde der erste Spatenstich für den „Kaiser-Wilhelm-Park" getan und zur Erinnerung an den 100. Geburtstag von Kaiser Wilhelm I. am Eingang eine „Kaisereiche" gepflanzt.

18

Am 27. Januar 1897 beschloß der Gemeinderat von Altenessen, zum Andenken an Kaiser Wilhelm I. einen Volksgarten anzulegen. Ein vier Hektar großes Gelände nördlich der Bahnstrecke Essen/Gelsenkirchen erschien für das Vorhaben geeignet. Die Gemeinde erwarb es für 58.000 Mark. Der Düsseldorfer Gartenarchitekt Fritz Gude wurde beauftragt, einen Gestaltungsplan zu erarbeiten. Der Gemeinderat genehmigte seinen Entwurf und die damit verbundenen Ausbaukosten in Höhe von 28.750 Mark.

Im Rahmen einer Feierstunde wurden am 21. März 1897 der erste Spatenstich für den „Kaiser-Wilhelm-Park" getan und zur Erinnerung an den 100. Geburtstag von Kaiser Wilhelm I. am Eingang eine „Kaisereiche" gepflanzt. Nur wenige Monate später, im Herbst 1897, war der Park fertiggestellt. Ein großer, mit Kies bedeckter Kinderspielplatz, ein Teich mit Springbrunnen, zwei Fußgängerbrücken über den Zu- und Abflußgraben und ein Geflügelhaus war die für derartige Grünanlagen damals übliche Ausstattung. Ziersträucher, Baumgruppen und Blumenrabatten lockerten die von breiten Wegen durchzogenen Rasenflächen auf. Bänke luden zum Ausruhen ein.

Im Rosengarten um 1930

Eine Gärtnerei mit Gewächshaus siedelte sich im westlichen Teil des Parkes an, und für die sachkundige Pflege des Parkes wurde vom Gemeindetiefbauamt extra ein Gemeindegärtner abgestellt.

Ein Kaiserdenkmal

1904 wurde der Park nach Osten bis an die Bahnstrecke Essen/Katernberg vergrößert. Nach Plänen des Gemeindetiefbauamtes entstand ein weiterer Teich mit einer Insel, die als Tennisplatz gestaltet war. Auf dem Teich standen den Besuchern Ruderboote zur Verfügung. Am 25. September 1904 ging ein lange gehegter Wunsch des national und kaisertreu eingestellten Bürgertums in Erfüllung, dem Mann ein Denkmal zu setzen, dessen Name der Park schon trug. Das Denkmal, das der Berliner Bildhauer Emil Cauer entwarf, besteht aus einem Brunnenbecken mit einem Felsen, an dem ein Bronzerelief des Kaisers angebracht ist. Auf den Steinen stehen ein Bergmann und ein

Schmied als Verkörperung der beiden wichtigsten Industriezweige Altenessens, Kohle und Stahl. Aus Spenden, Einnahmen aus öffentlichen Veranstaltungen, verfallenden Kautionen und Zuwendungen aus öffentlichen Haushalten stammten die für den Bau des Denkmals benötigten Gelder.

In den Jahren 1906/07 wurde der Kaiser-Wilhelm-Park noch einmal, nun auf 8,12 Hektar, vergrößert. 1909 entstand in der Nähe des Restaurationsgebäudes ein Musikpavillon für Parkkonzerte. Der Kaiser-Wilhelm-Park war damals eine beliebte Erholungsstätte, – gerade für die Bevölkerung inmitten eines Gebietes, das bereits von der Schwerindustrie stark beeinträchtigt war. Die nächsten 20 Jahre brachten keine nennenswerten Veränderungen für den Park. Erst 1927 wurde aus dem Inseltennisplatz ein Rosengarten: Trockenmauern faßten ihn und die unterschiedlichen Beetebenen wurden durch Steinstufen miteinander verbunden.

Im 2. Weltkrieg wurden große Teile der Parkanlage zerstört, und in der unmittelbaren Nachkriegszeit nutz-

wurde an die Fuß- und Radwege des Grünflächensystems im Altenessener Norden angeschlossen und mit einem neugeschaffenen Radweg durch den Park ergänzt. Ein „Schmetterlingspfad" mit Pflanzen für diese Insekten und ein „Ginkgohain" rundeten das Ausstattungsangebot ab. Der vorhandene Teich wurde nach ökologischen Gesichtspunkten umgestaltet, und es wurden Schutzzonen für Wasservögel angelegt.

Im Jahre 1997 feiert der Kaiser-Wilhelm-Park seinen 100-jährigen Geburtstag. Die Stadt Essen beabsichtigt, im Park nach und nach einige der historischen Strukturen, beispielsweise die Eingangsachse, den Rosengarten und die Lindenallee, wiederherzustellen, um den Besuchern die verschiedenen Epochen der Parkgestaltung und -nutzung nahezubringen.

ten auch die Altenessener Bürger Parkflächen für den Anbau von Gemüse und Kartoffeln. Ab etwa 1949 setzten die Instandsetzungsarbeiten ein, die 1954 abgeschlossen waren. Dabei wurde aus dem ehemaligen Ruderteich eine Rasenfläche. Anstelle der im Krieg zerstörten Gaststätte entstand, dem Zeitgeist entsprechend, eine Rollschuhbahn. 1956 wurde der Kaiser-Wilhelm-Park ein weiteres Mal erweitert. Diesmal kam das ehemalige Spindelmannsche Gelände bis zur Straße „Palmbuschweg" hinzu, damit Platz für einen zweiten Kinderspielplatz war.

Weitaus gravierender griff man in den siebziger Jahren unseres Jahrhunderts in die Parkgestaltung ein. Dabei wurde – auch hier dem Zeitgeist folgend – besonderer Wert darauf gelegt, den Freizeitcharakter des Parks zu betonen. Tischtennisplatten, Freischachanlage, Minigolfanlage, Ponyreitbahn, Bolzplatz und Musikpavillon ergänzten die vorhandene Ausstattung. Ende der achtziger und Anfang der neunziger Jahre kam die Fläche der ehemaligen Gärtnerei hinzu. Das Wegesystem

☛ **Adresse:**
Palmbuschweg; 45326 Essen

☛ **Öffnungszeiten:**
Täglich: ganztägig

☛ **Anreise mit Bus oder Bahn:**
Ab Essen Hbf. mit Straßenbahn 106 in Richtung Gelsenkirchen / Schloß Horst bis Essen-Altenessen Bf.; dann umsteigen und weiter mit Bus 183 in Richtung Schonnefeldstraße bis Haltestelle Palmbuschweg.

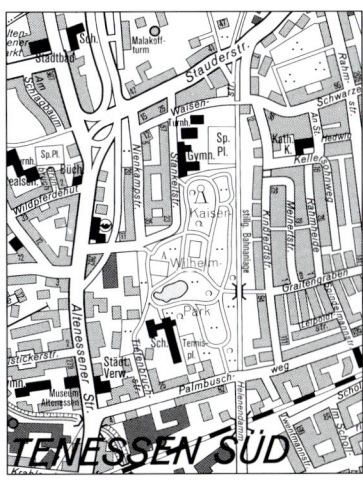

19 Volksgarten Kray

Eine weithin sichtbare Inschrift am Restaurationsgebäude sollte den Besucher des Volksgartens daran erinnern, „daß ein freundlicher Wirt ihrer wartet, sie durch Speise und Trank mit heiterer Miene zu laben, wenn nicht der Fang der Karpfen ihn abhält, seines edlen Berufes zu walten."

Im Mai des Jahres 1911 faßte der Gemeinderat von Kray den Beschluß, einen Volksgarten anzulegen. Kray gehört heute zu Essen und war damals selbständige Gemeinde. Die Fläche für den geplanten Volksgarten erstreckte sich über rund zehn Hektar auf dem Gelände des zur Mundscheid'schen Gutsverwaltung gehörenden Hofes Schulte-Brüning. Bereits im Kaufangebot an die Gemeinde Kray vom 15. Januar 1911 wird begründet, warum es notwendig ist, einen Volksgarten anzulegen:
„Bei dem Mangel jeglichen Erholungsortes und der gärtnerischen Anlage in Kray ist die Schaffung eines Volksgartens ganz ohne Zweifel für die Entwicklung der Gemeinden von weittragendster Bedeutung, sie kann geradezu als eine Lebensfrage von Kray-Leithe bezeichnet werden. Durch den engschließenden Kranz von Zechen, von Kokereien und Anlagen zur Gewinnung von Nebenprodukten, von Fabriken, von Ringofenziegeleien und durch die hierdurch unvermeidbare Entwicklung von Dünsten, Rauch und Staub, wird die gesunde Kraft, die erste und grundlegende Bedingung guter und gesundheitlicher Verhältnisse, nach-

teilig beeinflußt, und es entsteht gerade in derartigen Gegenden der Verwaltung die besondere Aufgabe, durch Schaffung von Baumanpflanzungen und Spielplätzen den hygienischen Forderungen der Zeit gerecht zu werden und gesunde Luft für die Lungen der Einwohner zu schaffen. Mit weitschauendem Blick haben die meisten Nachbargemeinden schon diesem Gesichtspunkte Rechnung getragen. Denn abgesehen von den zahlreichen Parkanlagen in den benachbarten größeren Städten sind auch zahlreiche Gemeinden wie Wattenscheid, Günnigfeld, Eickel, Schalke, Bulmke, Stoppenberg und Steele bereits zur Schaffung von Volksgärten übergegangen".

**...dem Staube
der Arbeit entfliehen...**

Die Gemeinde Kray nahm das Kaufangebot zum Preis von „30 Mark pro Quadratrute" (das sind etwa 14,2 Quadratmeter) an und erwarb so die Fläche (rund 5 Hektar) für den ersten Ausbauabschnitt zu einem Gesamtpreis von etwa 105.000 Mark. Noch im gleichen Jahr begann der Ausbau des Volksgartens nach Plänen des Gartenarchitekten Terbrock aus Altenessen. Am 22. Juni 1913 wurde der Park zur Feier des 25-jährigen

Regierungsjubiläums von Kaiser Wilhelm II. eingeweiht und der Öffentlichkeit übergeben.

Die Essener Volkszeitung vom 17. September 1925 berichtet über den Volksgarten Kray:

„Heute, wo die Anlage in voller Entwicklung und für viele die Stätte ist, wo der Mensch ungekümmert von Tages- und Jahreszeit, dem Staube der Arbeit entfliehen und von der Natur gelockt, Herz und Gemüt über die Sorgen des Alltags erheben kann, mag wohl keiner mehr den Volksgarten missen mit seinen stillen Pfaden und lauschigen Ecken, mit seinen typischen Rasenplätzen, durchsetzt mit Blumenbeeten und Sträuchergruppen, die, von Quellen und Teichen getränkt, in üppigster Kraft und Fülle sich zeigen".

Damit der Park allen Anforderungen an einen Volksgarten genügen konnte, erweiterte man ihn in den folgenden Jahren. Dazu führt die Essener Volkszeitung vom 17. September 1925 weiter aus:

„Der Volksgarten erfuhr im Laufe der Jahre seine weitere Ausgestaltung durch die Anlage des Licht- und Luftbades seitens des Roten Kreuzes,

*Wasserfontäne
im Krayer Volksgarten*

Historische Luftaufnahme

Tennisplatz und Kinderspielplatz folgten, während hinter der Höhe mit der schönen Aussicht die Gemeindegärtnerei entstand."
Auch der ehemalige Gutshof Schulte-Brüning wurde neu gestaltet: Schuppen und Scheunen wurden abgerissen und aus dem Wohnhaus entstand das Volksgartenrestaurant. Eine weithin sichtbare Inschrift am Restaurationsgebäude sollte den Besucher des Volksgartens daran erinnern, „daß ein freundlicher Wirt ihrer wartet, sie durch Speise und Trank mit heiterer Miene zu laben, wenn nicht der Fang der Karpfen ihn abhält, seines edlen Berufes zu walten."
Bis heute konnte der Volksgarten Kray die gestalterischen Grundelemente seiner Anfänge größtenteils bewahren. Nach wie vor ist er ein innerstädtischer Erholungspark, der von Wohnbebauung und landwirtschaftlichen Flächen umgeben ist. Die südlich des Parkes verlaufende Bundesautobahn A 40 (Ruhrschnellweg) jedoch beeinträchtigt ihn massiv in seiner Funktion als nutzbarer Stadtfreiraum. Mitte der achtziger Jahre unseres Jahrhunderts wurde der Volksgarten erweitert und dem Zeitgeist folgend mit weiteren Spiel-

plätzen, einer Minigolfanlage und Grillplätzen ausgestattet. Ein geschwungenes Wegenetz erschließt heute die durch große Rasenflächen, Baum- und Strauchgruppen und einen Teich charakterisierte Parkanlage.

☞ **Adresse:**
Ottostraße; 45307 Essen
☞ **Öffnungszeiten:**
Täglich: ganztägig
☞ **Anreise mit Bus oder Bahn:**
Ab Essen Hbf. mit CE 46 in Richtung Essen/Wackenberg bis Haltestelle Essen-Kray, Sparkasse.

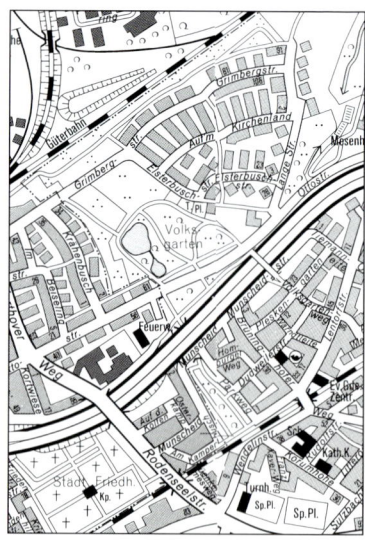

Stadtgarten Essen

„In der Umgebung der Stadt zeigen sich nur noch vereinzelt kleinere Partien von Schatten bietenden Bäumen. Gerade für die Bewohner solcher Städte sind öffentliche Gärten dringendes Bedürfnis, Lungen der Stadt, wie der Engländer sagt. Für uns sind schattige, gesunde Vereinigungpunkte glückliche Respiratoren gesellschaftlichen Wohlergehens."

Bei der Grundsteinlegung zum Stadtgartensaal in Essen am 23. Juni 1864 sagte der Gründer des „Vereins für die bergbaulichen Interessen im Oberbergamtbezirk Dortmund", der Festredner Friedrich Hammacher:
„Das, was die Grundlage der Arbeit, der Geschäfte und des Wohlstandes der hiesigen Gegend bildet: der Bergbau und die Eisenindustrie, hat unvermeidlich große Unzuträglichkeit für die Bevölkerung im Gefolge. Unsere Stadt hat den landwirtschaftlichen Charakter, den sie noch vor 25 Jahren trug, abgestreift. Überall ragen die Kamine hervor, verursachen massenhafte Transporte von Kohlen, Eisenstein und Baumaterial einen dem Wohlbefinden oft unerträglichen Staub und Schmutz. In der Umgebung der Stadt zeigen sich nur noch vereinzelt kleinere Partien von Schatten bietenden Bäumen. Gerade für die Bewohner solcher Städte sind öffentliche Gärten dringendes Bedürfnis, Lungen der Stadt, wie der Engländer sagt. Für uns sind schattige, gesunde Vereinigungspunkte glückliche Re-

spiratoren gesellschaftlichen Wohlergehens".

Die „Lunge" entsteht

Das Stadtgartenprojekt wurde von der „Essener gemeinnützigen Aktiengesellschaft", die eine Gruppe Essener Bürger 1863 zu diesem Zweck gründete, finanziert. Bis heute blieb der Planer des Stadtgartens unbekannt. Im Nachlaß von Peter Josef Lenné befindet sich ein Schriftwechsel mit einer „Essener gemeinnützigen Gesellschaft", die ihm antrug, einen Volksgarten für Essen zu entwerfen. Lenné lehnte jedoch den Auftrag im November 1863 mit der Begründung der „Unkenntnis der Örtlichkeit" ab und empfahl Clemens Joseph Weyhe. Dieser Weyhe war der in Düsseldorf als königlicher Hofgartendirektor tätige Sohn von Lennés Vetter, Maximilian Friedrich Weyhe. Ob dieser dann tatsächlich einen Entwurf lieferte, ist leider nicht zu ermitteln.

Im April 1864 beschloß die Generalversammlung der Aktiengesellschaft, „.... von der Ausführung des ursprünglich projectierten Gebäudes im städtischen Garten abzusehen, dagegen einen Gebäudeplan des Herrn Baumeister Kraemer zur Ausführung zu bringen, wonach vorläufig ein entsprechend großer Saal im 'Holzstyle' gebaut wird, woran sich später der definitive Vorbau anschließen kann". Das Geld der gemeinnützigen Aktiengesellschaft reichte aber nicht aus, um den provisorischen Bau zu bezahlen. Die Gesellschaft litt von Anfang an unter einer Schuldenlast, so daß der „Städtische Garten" nicht lange in den Händen der Aktionäre blieb.

1874 begannen die Liquidationsverhandlungen, und der Magistrat der Stadt Essen ergriff die Gelegenheit, erstmals einen öffentlichen Garten in kommunalen Besitz zu bringen. 1881 wurde aus dem „Städtischen Garten"

offiziell der „Stadtgarten". Im Jahre 1888 wurde die Anlage nach Plänen von Heinrich Stefen, seit 1883 Essener Stadtgärtner, auf ungefähr acht Hektar vergrößert.

Auf einem Plan aus dem Jahre 1910 ist der Essener Stadtgarten in seinem Zustand nach der Erweiterung und vor Beginn der Arbeiten am neuen Saalbau dargestellt. Der ältere, nördliche Gartenteil umfaßte einen aufgelassenen Steinbruch, der zum Teich umgestaltet worden war. Der Nordfront des Gartensaals vorgelagert war die bewirtschaftete Terrasse mit dem Blick auf ein Teppichbeet

Historischer Plan des Stadtgartens von 1910

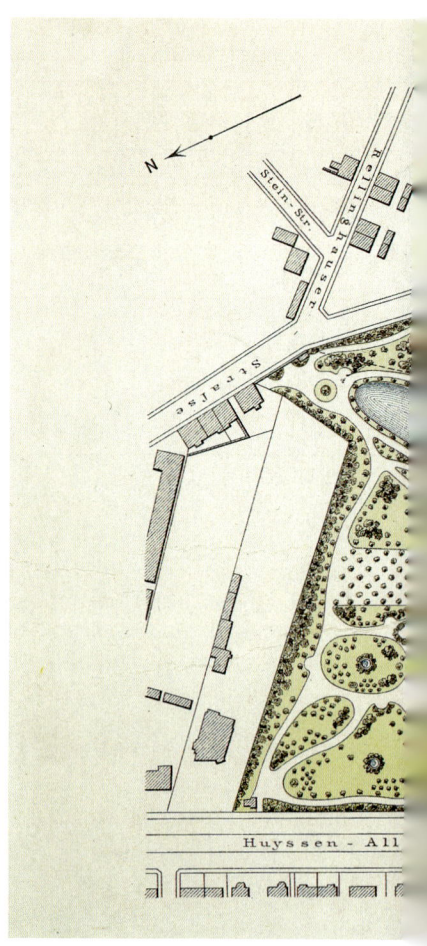

und ein Wasserspiel. Zwischen dieser Terrasse und einem Hain aus regelmäßig angeordneten Platanen befand sich der Musikpavillon.

Das von Stefen geplante Erweiterungsgelände wirkt weiträumiger und lichter. Den Übergang zwischen altem und neuem Gartenteil bildeten ein Alpinum, verschiedene Staudenpflanzungen und ein Rosengarten. An einer großen, mit Bäumen bestandenen Kiesfläche, die den Kindern als Tummelplatz diente, befand sich die „Molkerei" mit einem Milchausschank. Ein engmaschiges Netz aus Wegen verband die einzelnen Elemente des Stadtgartens miteinander.

Obwohl zeitweise eine Aktiengesellschaft den Stadtgarten betrieb, konnte die Bevölkerung ihn doch kostenlos betreten. Er unterschied sich also von den „Flora-, Palmen- oder Gesellschaftsgärten" in anderen Großstädten, wie Köln oder Frankfurt, für die Eintrittsgelder erhoben wurden. Andererseits war der Essener Stadtgarten auch nach der Übernahme durch die Stadt Essen weniger öffentlich als mancher privat finanzierte Park, wie beispielsweise der Bremer Bürgerpark. Dem Pächter des Saalbaues waren bestimmte Rechte eines Hausherrn im Garten eingeräumt worden. So war es ihm erlaubt, die Parkanlage bei geschlossenen Veranstaltungen, deren Höchstzahl pro Jahr festgelegt wurde, nur gegen ein Eintrittsgeld freizugeben.

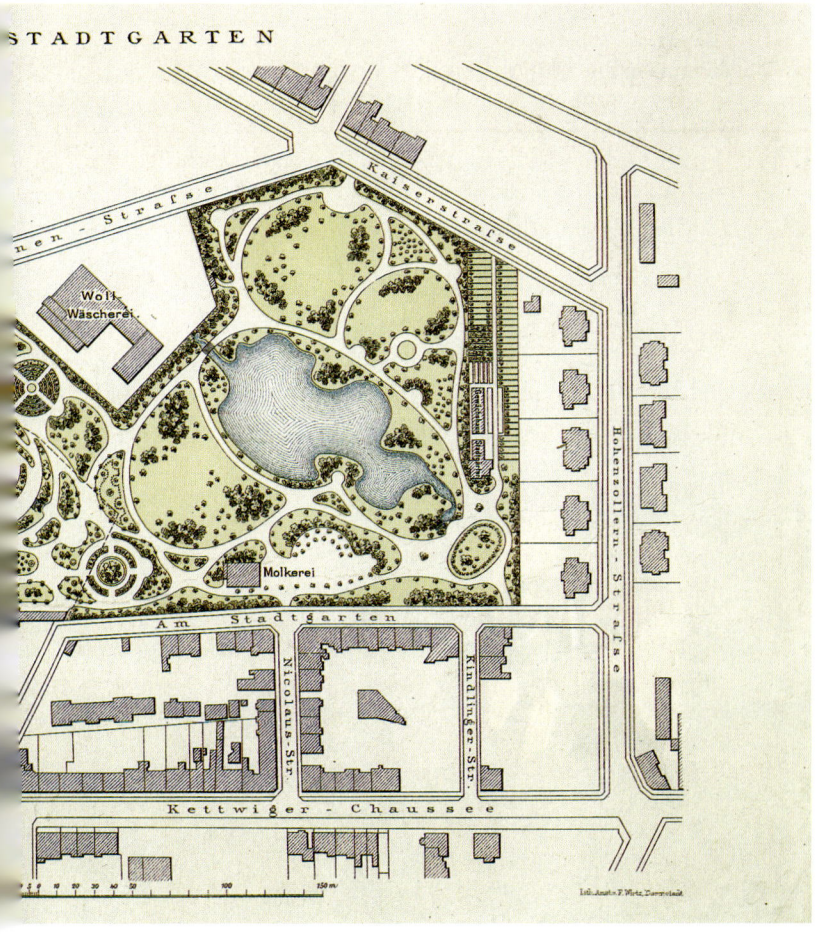

Zierstätte erster Ordnung

Bis zur Zeit nach dem 1. Weltkrieg blieb der zwölf Hektar große Stadtgarten Kernelement des Essener Stadtgrüns. Die Zeitschrift „Deutschlands Städtebau" schildert ihn 1925 so:

„Er ist mit seinem alten Baumbestand, dem reichen Blumenschmuck, den Kinderspielplätzen, dem Rosen-, Stauden- und Dahliengarten eine Erholungs- und Zierstätte erster Ordnung. Der städtische Saalbau, das Zentrum des Essener Musiklebens, liegt am Eingang dieses reizvollen Stadtgartens, vor dessen Musikterrasse an schönen Sommertagen und -abenden ein farbenfreudiges Leben zu finden ist, um das mancher Kurort die Stadt Essen beneiden könnte."

Gegen Ende der zwanziger Jahre bekam der Stadtgarten Konkurrenz durch die Anlage des botanischen Gartens und der Gruga. Er war nicht länger „Erste Grünanlage Essens". Der 2. Weltkrieg wirkte sich verheerend aus. Bombenangriffe zerstörten den alten Baumbestand des Parks. Die unmittelbare Nachkriegszeit war dann in Essen – wie überall in Deutschland – von einer katastrophal schlechten Versorgung der Bevölkerung mit Lebensmitteln bestimmt. Auch im Stadtgarten waren große Kartoffel- und Gemüsefelder entstanden. Im Laufe der Zeit konnten die Kriegsschäden beseitigt werden; nur erschien der Park jetzt etwas „lichter": Die einst stattlichen, schattenspendenen Bäume fehlten, und die neu angepflanzten Gehölze wuchsen nicht so rasch nach.

Seit der Entstehung des Stadtgartens im Jahr 1864 war man in Essen stets bemüht, diese wichtige Grünfläche soweit wie möglich auszudehnen und den Bedürfnissen der Bevölkerung anzupassen. Mit Beginn den sechziger Jahre ließ sich dieses Ziel nicht mehr so konsequent verfolgen. Heute ist die Parkanlage in zwei Teile gegliedert: Der südliche Bereich des Essener Stadtgartens mit seinem Teich als Mittelpunkt ist nach wie vor eine Anlage mit hohem Repräsentationswert. Er entspricht in weiten Teilen der Gestaltung eines Stadtgartens, wie er zu Beginn des 20. Jahrhunderts ausgesehen haben dürfte.

Im nördlichen Teil reduzierte sich die Parkfläche dagegen infolge geänderter Nutzungsansprüche. Ein Theater und ein Hotel wurden hier errichtet und ein Kinderspielplatz angelegt. Trotz dieser Baumaßnahmen ist der Stadtgarten auch heute noch eine Grünfläche, die aufgrund ihrer Gestaltung, Lage und Ausstattung zum großstädtischem Renommee beiträgt.

☞ **Adresse:**
Brunnenstraße; 45128 Essen
☞ **Öffnungszeiten:**
Täglich: ganztägig
☞ **Anreise mit Bus oder Bahn:**
Ab Essen Hbf. mit Straßenbahn 106 in Richtung Germaniaplatz bis Haltestelle Aalto-Theater.
Ab Essen Hbf. mit Straßenbahn 115 in Richtung Finefraustraße bis Haltestelle Aalto-Theater.
Ab Essen Hbf. mit Bus 155 in Richtung Marienbergstraße bis Haltestelle Aalto-Theater.

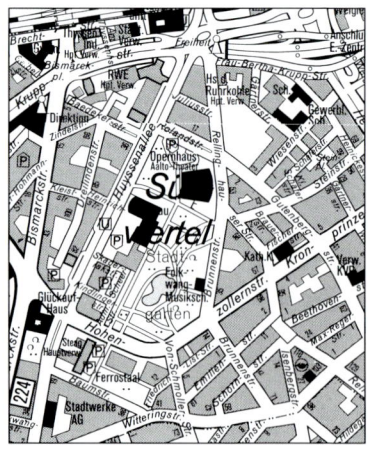

Der Park der Villa Hügel 21

Nach dem Tode Alfred Krupps im Jahre 1878 erhielt der Park unter Friedrich Alfred Krupp und Gustav und Bertha Krupp von Bohlen und Halbach einen zunehmend respräsentativen Charakter.

Nach eigenen Entwürfen ließ der Industriepionier Alfred Krupp die Villa Hügel mit dem Haupthaus, dem Logierhaus (kleines Haus) und verbindenden Galerien von 1870 an bauen. Der mit seinen Ausmaßen an Renaissance-Paläste erinnernde Gebäudekomplex liegt inmitten einer weitläufigen Parkanlage. Mit 229 Räumen auf 8.100 Quadratmetern war die Villa bis 1945 Wohnsitz der Familie Krupp.

Das Haupthaus der eindrucksvollen Anlage wird seit 1953 als Rahmen für internationale Kunstausstellungen, für Konzerte und Repräsentations-veranstaltungen genutzt. Das Kleine Haus beherbergt die Dauerausstellung „Krupp heute" sowie die „Historische Sammlung Krupp" mit Dokumenten zur Firmen- und Familiengeschichte. Die Gesamtanlage verbindet klassizistische Strenge mit barocker Detailfreude.

Schutz gegen Sturm

Ab etwa 1869 wurde mit der Planung der Gartenanlage begonnen. Aus dieser Zeit liegen Entwürfe vom Bauherrn, vom Architekten Barchewitz und vom Obergärtner Bete vor. In den folgenden Jahren entstand südlich der Villa eine Gartenanlage, gegliedert in einen oberen und einen unteren Terrassengarten. Eine Futtermauer mit einem Laubengang faßte den oberen Terrassengarten an Süd-, Ost- und Westseite ein. Zwei große Pavillons markierten die Südost- und Südwestecken dieses Bereichs. Die Mittelachse der Gartenanlage wurde durch einen Balkon oder Altan im oberen und durch ein Stibadium (Aussichtspunkt) im unteren querverlaufenden Laubengang

Funktionen" detailliert beschrieben: „Im Zentrum des oberen Gartens dominierte der Lindenhain ('Wäldchen'), sieben mal sieben Linden im Quadrat bepflanzt, die noch 1960 bestanden. Die Idee eines Hains geht auf eine Skizze Alfred Krupps zurück, auf der er Haine aus vier mal fünf Laubbäumen an einem Teich vorsah. Sie sollten 'dichtesten Schatten gegen Sommerhitze, dicht gepflanzt zum Schutz gegen Sturm' gewähren, die dichte Baumgruppe sei

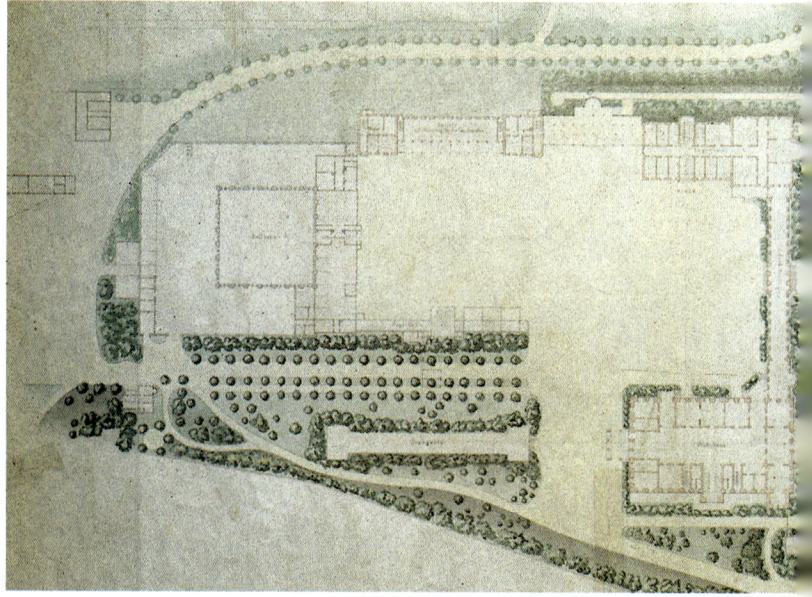

betont. Das Zentrum, ein quadratischer Lindenhain, rahmten seitlich anschließende Rasenflächen mit Wasserbassins und teppichbeetartiger Bepflanzung.

Der untere Terrassengarten war ebenfalls von einer Futtermauer gefaßt und enthielt im Gegensatz zum oberen eine landschaftliche Ausgestaltung mit nierenförmigem Teich, einer Grotte und einem geschwungenen Wegesystem. Die Bepflanzung der Terrassengärten wird von Dorothee Nehring in ihrem Beitrag zum Bildband „Villa Hügel", (Berlin 1984) „Der Park der Villa Hügel und seine Bauten, Anlagen und

der 'einzige Schutz im Garten gegen die Sommerhitze und Strahlen'. Die Rasenflächen zu Seiten des Lindenhains waren sparsam mit Teppichbeeten in den Ecken und vierpaßförmigen Bassins mit gußeisernen Springbrunnen ausgestattet. Eine zusätzliche Rasenfläche westlich – zum Symmetrieausgleich wegen der verschobenen Achsen zwischen dem Garten und den Wohngebäuden – war von Kugelbuchs eingefaßt und enthielt eine junge Araukarie, eine beliebte Modepflanze, die besonders in den zeitgenössischen englischen Vorgärten Verwendung fand. Sie wurde ebenso wie die halbkreisförmig gepflanzte Canna auf den kleinen Rechteckbeeten vor der Steinterrasse in den zeitgenössischen Gartenfachzeitschriften empfohlen. Der Laubengang, mit Aristolochien berankt, zeigte eine dichte Abpflanzung mit jungem Taxus, Buchs, Thujen und Nadelgehölzen, aus der die

Plan der Gesamtanlage der Villa Hügel (Architekt Barchewitz) aus dem Jahre 1870

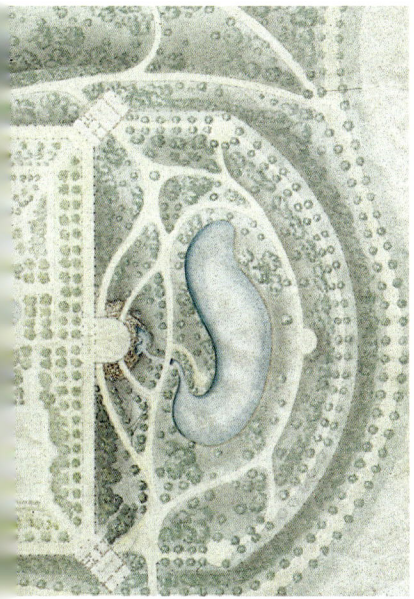

heute erhaltenen Thujen- und Buchspflanzen an der Ost- und Westseite des oberen Terrassengartens stammen könnten. Der untere Terrassengarten wurde mit Rasen, Ziergräsern und überwiegend Laubbäumen, besonders mit jungen Trauerweiden am Teich landschaftlich bepflanzt; ferner mit mehreren Buchen, von denen zwei Blutbuchen rechts und links der Grotte (heute auf der Rasenfläche am Abhang sich gegenüberstehend) und eine Trauerbuche am Teichrand (heute im östlichen unteren Terrassengarten) erhalten sind."
Im weiteren Umfeld der Villa Hügel entstand der Ostpark in landschaft-

lichem Stil mit Teich und geschwungenem Wegesystem. Für die Bepflanzung verwendete man überwiegend heimische Gehölze aus der näheren Umgebung. Im Gelände nördlich der Villa wurden diverse Wirtschaftsgebäude und Gewächshäuser errichtet und Obst- und Gemüsegärten angelegt.
Das „Zonierungsprinzip" Humphrey Reptons wird an der Gestaltung der Parkanlage „Villa Hügel" deutlich. Repton war ein führender Vertreter der englischen Gartengestaltung. Dieses Gestaltprinzip besteht in einer Dreiteilung: Erstens dem regelmäßigen Blumengarten in der Umgebung des Wohnbereiches (oberer Terrassengarten), zweitens dem anschließenden Pleasureground als künstlich gestalteter Landschaftspark mit sparsam verteilten Blumen- und Strauchbeeten auf Rasenflächen (unterer Terrassengarten) und schließlich dem umgebenden Landschaftspark und den vorhandenen Waldungen (Ostpark).
Nach dem Tode Alfred Krupps im Jahre 1887 gewann der Park unter Friedrich Alfred Krupp und Gustav und Bertha Krupp von Bohlen und Halbach einen zunehmend repräsentativen Charakter. Der obere Terrassengarten wurde mit Figuren- und Vasenschmuck reich ausgestattet und ornamental bepflanzt. Im unteren Terrassengarten sowie in anderen Parkbereichen kamen vermehrt exotische Gehölze hinzu. Auf dem Gelände des ehemaligen Wildparks entstand ein weiterer, landschaftlich gestalteter Park. Das Gelände zwischen Portiersloge und dem Haupthaus wurde durch eine repräsentative Zufahrt neu gestaltet.

Opfer

Die sogenannte „Bereinigung" im Jahre 1961 prägt das heutige Erscheinungsbild der Gesamtanlage. Ein Teil der großen Gehölzvielfalt und etliche Gebäude fielen entsprechenden Maßnahmen zum Opfer. Oberer und unterer Terrassengarten sind heute durch einen Rasenhang verbunden; nur noch die Sockel der großen Pavillons und die Futtermauer des unteren Terrassengartens blieben erhalten. Rasenflächen bestimmen das Erscheinungsbild der Terrassengärten. Im Bereich des unteren Gartens finden sich noch einige Gehölze aus der Anlage des 19. Jahrhunderts, so beispielsweise die Blutbuche *(Fagus sylvatica 'Atropunicea')* am Hang oder die Linden- und Buchengruppe *(Tilia und Fagus)* am Südrand. Die Randbepflanzung der Terrassengärten mit einheimischen und exotischen Gehölzen entspricht weitgehend den ursprünglichen Gestaltungsabsichten. Im nicht öffentlich zugänglichen Ostpark findet sich noch ein Teil des aus der Anlagezeit stammenden Baumbestandes; auch der Karpfenteich blieb erhalten. Nördlich des Haupthauses wurden anstelle der ehemaligen Wirtschaftsgebäude Parkplätze und Rasenflächen angelegt; an ihrem Nordrand stehen ein Kriegerdenkmal und ein Alfred-Krupp-Denkmal. Auf dem Gelände der alten Gärtnereien und Wirtschaftsflächen befinden sich jetzt große, von Ziergehölzen eingerahmte Rasenflächen. Erhalten blieb auch die Gestalt der „Sicht", eine von der Nordwestecke des Parks (ehemalige Hauptzufahrt bei Portiersloge II) zum Haupthaus hin abfallende Sichtachse mit Solitärbäumen, Gruppen heimischer und exotischer Gehölze, Rhododendronshrubs und leichten Bodenmodellierungen. Südlich der Sicht erstreckt sich der Westpark, der im wesentlichen aus einer Rasenfläche mit mehreren Solitärbäumen besteht, die von einer abwechslungsreichen Gehölzkulisse umgeben sind. Die Bereinigung von 1961 orientierte sich weitgehend an Merkmalen des klassischen Landschaftsgartens aus der ersten Hälfte des 19. Jahrhunderts und verkannte damit die Gestaltungsabsichten, die dem erst nach 1870 entstandenen Park zugrunde lagen. Das ursprüngliche Konzept ist im Bereich südlich der Villa kaum noch zu erkennen, die ursprüngliche Aufteilung zwischen einer repräsentativen, symmetrischen Gartenanlage direkt am Gebäude und einem „Pleasureground" ging weitgehend verloren. Der landschaftlich gestaltete Teil der Gesamtanlage blieb jedoch erhalten, wenngleich auch dieser Bereich zahlreiche Eingriffe hinnehmen mußte.

☞ **Adresse:**
Hügel; 45133 Essen
☞ **Öffnungszeiten:**
Täglich von 8 bis 20 Uhr gegen Entgelt
☞ **Anreise mit Bus oder Bahn:**
Ab Essen Hbf. mit Straßenbahn 127 in Richtung Bredeney bis Haltestelle Frankenstraße; dann umsteigen und weiter mit Bus 194 in Richtung Gelsenkirchen Hbf. bis Haltestelle Zur Villa Hügel.
Ab Essen Hbf. mit S-Bahn S 6 in Richtung Langenfeld bis Bahnhof Hügel.

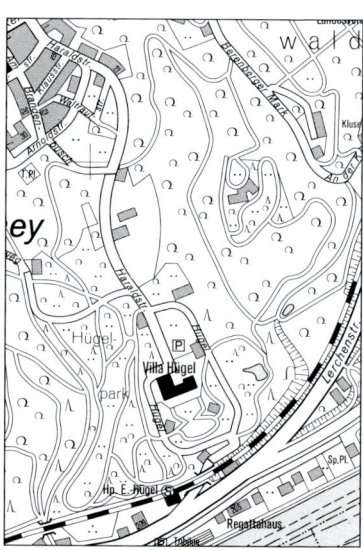

Der Park von Schloß Berge   22

1923 erwarb die Stadt Buer vom Reichsgrafen Westerholt-Gysenberg die barocke Schloßanlage mit den anliegenden Ländereien.

Umbau und Erweiterung einer Wehranlage aus dem 16. Jahrhundert gaben dem von einem Gräftensystem umgebenen Schloß Berge in den Jahren 1785 bis 1788 seine heutige Gestalt. Ein Ziergarten in französischem Stil entstand bereits zu einem früheren Zeitpunkt auf der Vorburginsel. Gartenskulpturen, die dem Ende des 17. und Anfang des 18. Jahrhunderts in dieser Gegend tätigen Bildhauer Johann Mauritz Gröninger zugeschrieben werden, deuten auf eine Entstehung des Gartens Anfang des 18. Jahrhunderts hin. Zeitgenössische Darstellungen über gestalterische Einzelheiten liegen jedoch nicht vor.

Die älteste Darstellung der Gartenanlagen an Haus Berge findet sich in einem „Handriß zum Urkataster von 1823", jedoch nur mit den Flächenbezeichnungen Garten und Obstgarten. Der französische Garten am Schloß Berge existierte bis weit in das 18. Jahrhundert. Erst nach 1800 wurde seine formale Gartenform durch eine offene Parklandschaft im Stile englischer Landschaftsgärten ergänzt. Dieser Parkteil schließt sich südlich an den Barockgarten von Schloß Berge an.
1923 erwarb die Stadt Buer vom Reichsgrafen Westerholt-Gysenberg die barocke Schloßanlage mit den anliegenden Ländereien. Hier ent-

stand nach Plänen und unter Leitung des damaligen Gartenbaudirektors Gey zwischen 1926 und 1933 die heute etwa 73 Hektar große Grünanlage um Schloß Berge. Sie erweitert den Buer'schen Grüngürtel.

Das heutige Erscheinungsbild der Grünanlagen um Schloß Berge stammt aus den zwanziger Jahren unseres Jahrhunderts. Das ehemalige zentrierte, quadratische Parterre, der Schloßgarten, wurde durch seitliche Heckenpflanzungen in ein langgestrecktes Rechteck umgewandelt. Daran schließen sich im Südwesten zum Schloßteich orientierte Terrassen und im Nordosten ein Kräuter- und Obstgarten an. Das achsensymmetrische Parterre besteht aus Rasenflächen in betonter Längsausrichtung. Sommerblumenrabatten und Formbäumchen (Buchs/*Buxus*) rahmen die Rasenflächen.

Im Schnittpunkt der Längs- und der Querachse des Parterres befindet sich ein Rundbeet, das in den Sommermonaten in Form des Wappens der Stadt Gelsenkirchen bepflanzt ist. Hainbuchenhecken (*Carpinus betulus*) und Rhododendronpflanzungen begrenzen das Parterre seitlich. Eine von Südwesten nach Nordosten verlaufende Achse quert die schloßnahe Hälfte des Parterres. So sind die kleine Spiel- und Liegewiese und das seit den zwanziger Jahren durch ein achsensymmetrisch angelegtes Wegesystem erschlossene Aschenbrockwäldchen angebunden.

Die im rechten Winkel dazu verlaufende Längsachse des Parterres verbindet den schloßnahen Gartenbereich mit dem südöstlich sich anschließenden, im Stil eines Landschaftsgartens angelegten Schloßpark. Rasenflächen, eine Vielzahl exotischer Gehölze und unterschiedliche Themengärten bestimmen heute das Bild dieses Teils der Berger Grünanlagen. Der waldartige Charakter der nordwestlich des Schlosses gelegenen Fläche blieb erhalten. Der

Hauptzufahrt des Schlosses gegenüber liegt heute die Aussichtsplattform des Berger Sees. Er entstand in den dreißiger Jahren.

Die Grünanlagen am Schloß Berge sind in ihrer heutigen Gestalt – bedingt durch die Veränderungen ab 1924 – weniger ein Gartendenkmal des 17., 18. oder 19. Jahrhunderts, sie sind historisch vielmehr im Zusammenhang mit dem Konzept eines Volksgartens aus den Anfängen des 20. Jahrhunderts zu beurteilen.

Die gesamten Anlagen stehen heute für die Erholung der Gelsenkirchener Bürger zur Verfügung. Zudem bieten sie dem Besucher botanisch interessante Bereiche wie Kräuter- und Heilpflanzengärten und haben damit quasi die Funktion eines Lehrpfades. Das seit 42 Jahren jährlich stattfindende „Sommerfest Schloß Berge" macht mit seinem Höhenfeuerwerk den Park zusätzlich für Besucher von nah und fern attraktiv.

☞ **Adresse:**
Adenauerallee; 45894 Gelsenkirchen
☞ **Öffnungszeiten:**
Täglich: ganztägig
☞ **Anreise mit Bus oder Bahn:**
Ab Gelsenkirchen Hbf. mit Bus 380 in Richtung Gelsenkirchen Buer/Rathaus bis Haltestelle Schloß Berge.

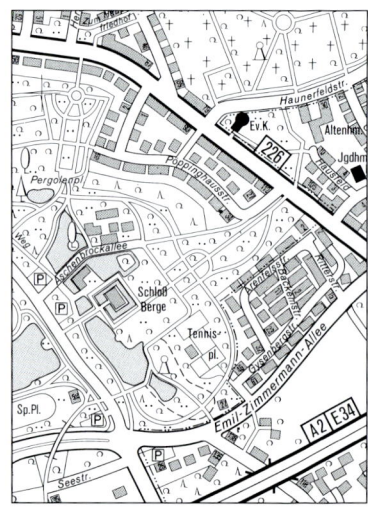

BUGA '97

Wo bis 1993 die Zeche Nordstern I/II noch Kohle förderte, wachsen und blühen heute wieder Bäume, Sträucher und Blumen.

Die Bundesgartenschau Gelsenkirchen ist ein Projekt der Internationalen Bauausstellung Emscher Park (IBA-Emscher-Park). Die IBA-Emscher-Park läuft von 1989 bis 1999. Sie soll in der Emscherzone von Duisburg bis Dortmund/Bergkamen strukturelle, ökonomische, ökologische, soziale und auch baulich-landschaftliche Veränderungen initiieren. Ziel der IBA ist es zudem, den Emscher Landschaftspark zu bauen – ein Synonym für die systematische Verbindung aller Freiräume des Ruhrgebietes zu einem Ganzen. Auf einer Fläche von 300 Quadratkilometern geht es um die „ökologische wie ästhetische Erneuerung". Die Bundesgartenschau Gelsenkirchen ist Teil der „grünen" Erholungszone im nördlichen Teil des Ruhrgebietes.

Wiederaufbau von Landschaft

Die BUGA '97 gilt als Beispiel dafür, wie Industriebrachen im Ruhrgebiet für neue Nutzungen erschlossen werden können. Am westlichen Rand Gelsenkirchens, zwischen den Stadtteilen Horst und Heßler, liegt das rund 100 Hektar große Gelände. Dort entstand auf ehemaligem Zechen- und Haldengelände ein moderner Landschaftspark. Der Entwurf des Gesamtkonzeptes stammt

von Prof. Wedig Pridik, Landschaftsarchitekt aus Marl.

Die Kosten für das Gesamtprojekt belaufen sich auf mehrere Millionen: 33 Millionen Mark umfaßt der Investitionshaushalt für die Gartenschau, fast 38 Millionen kosten Organisation und Durchführung. Während und nach der Gartenschau entstehen der Landschaftspark Horst/Heßler (67 Millionen Mark) und der Wohn- und Gewerbepark Nordstern (103 Millionen Mark). Wo bis 1993 die Zeche Nordstern I/II noch Kohle förderte, wachsen und blühen heute wieder Bäume, Sträucher und Blumen.

Die Veränderungen auf dem früheren Zechengelände sind besonders gut sichtbar an den kunsthistorisch und architektonisch bedeutsamen und unter Denkmalschutz stehenden Gebäuden, dem Kohlenbunker, der Kohlenmischanlage mit der Bandbrücke über die Emscher, dem geschlossenen Förderturm und dem hölzernen Kühlturm. Zechengebäude und Halden prägen das nördliche Bundesgartenschau-Gelände. Große Räume und gerade Linien sind charakteristisch für den Nordsternpark - Dimensionen und Strukturen, die die bestehenden Gebäude sozusagen vorgaben.

Eines der wichtigsten Gestaltungsmittel war der Haldendurchstich, der Räume und Gebäude miteinander verbindet, die vorher durch die Halde getrennt waren. Der verdrängte Boden wurde im umgekehrten Profil auf die Halde aufgesetzt, die so entstandene stumpfkegelige Pyramide wurde zur weithin sichtbaren Landmarke. Ein blühender, duftender „Wasserfall" aus 30 Sorten Bodendeckerrosen ergießt sich am Fuß der Pyramide und begrüßt den Besucher am Haupteingang zum Parkgelände. Flachwachsende Bodendeckerrosen ziehen farbige Streifen in Weiß, Rosa und Rot über den Pyramidenhang.

Im Süden des Bundesgartenschau-Geländes – auch außerhalb des Zaunes – wächst ein Landschaftspark, der bestehende Strukturen aufgreift und weiterentwickelt. Weite Flächen blieben so liegen, wie man sie vorfand. Entlang der Wegeachse sind

Doppelbogenbrücke über den Rhein-Herne -Kanal

schau die Stadtteile Heßler und Horst wieder zusammenführt. In Form und Material (Stahl) greifen sie die industrielle Formensprache des Standortes auf. Wege und Stege haben System: Die Hauptwegeachse und die Stege verlaufen stets auf 38,5 Meter über Normalnull – ganz gleich, ob sich das Gelände hebt oder senkt. So geht es einmal zwischen den Anhöhen der Halden hindurch, ein anderes Mal über blühende Gärten hinweg. Das neue Wegesystem bindet den Park an die entlang des Rhein-Herne-Kanals bereits vorhandenen Grünstrukturen an.

Das Gelände zeigt heute durch die nicht romatisierende Neugestaltung das Gesicht einer nachindustriellen Parklandschaft, die die Wunden des industriellen Niemandslandes nicht verdeckt. Die Landschaftsarchitekten wollten mit ihrem Entwurf nicht versöhnen – die Zeiten der Zeche und Arbeit sollten im Park sichtbar bleiben.

☛ **Adresse:**
Nordsternstraße;
45899 Gelsenkirchen
☛ **Öffnungszeiten:**
Täglich: ganzjährig
☛ **Anreise mit Bus oder Bahn:**
Ab Gelsenkirchen Hbf. mit Bus 383 in Richtung Gelsenkirchen/Buerer Straße bis Haltestelle Zum Bauverein.

die gärtnerischen Ausstellungsteile gruppiert, der Rest sind ruhige Wiesenflächen mit Gehölzgruppen und -säumen. Beide Parkteile gehören zu einem Gelände, das erstmals seit über 100 Jahren für die Bevölkerung wieder zugänglich ist – nun als attraktives Naherholungsgebiet.

Eine wichtige pflanzliche Attraktion im neuen Park sind die Rhododendren, häufig als Edelsteine der Gärten bezeichnet. In Gelsenkirchen entstand ein Rhododendron-Hain. Unterhalb des denkmalwürdigen Kühlturmes mit seiner Holzfassade setzen sie zur Blütezeit die farbigen Akzente. Der Rhododendron-Hain zieht sich durch ein kleines Tal mit sanft geschwungenen Wegen. 80 Rhododendren von eineinhalb bis zu vier Metern Höhe stehen im Halbschatten unter Eichen.

Wahrzeichen des Parks sind die markanten Brückenbauwerke über die Emscher und den Rhein-Herne-Kanal, mit denen die Bundesgarten-

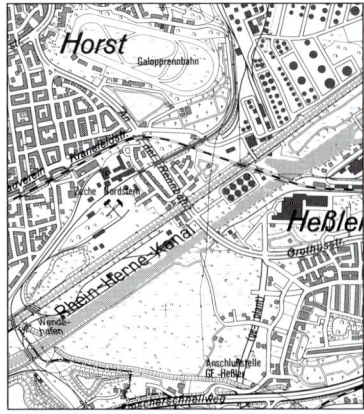

Buer'scher Grüngürtel

Der Buer'sche Grüngürtel ist das Denkmal einer Epoche, die Anfang des 20. Jahrhunderts den Grundstein zum modernen Städtebau gelegt und zukunftsweisende Ansätze für die Freiraumplanung entwickelt hatte.

Der Buer'sche Grüngürtel ist Beispiel einer Grünflächenkonzeption aus den zwanziger Jahren unseres Jahrhunderts, einer Zeit, in der im Ruhrgebiet eine flächendeckende und vorausschauende kommunale Stadtplanung beginnt. Von vornherein und bewußt setzten die Planer das Prinzip eines begrenzenden grünen Ringes um eine Kernstadt, kombiniert mit Grünzügen im Umland, als städtebaulich ordnendes Mittel ein. Sie wollten verhindern, daß einzelne Siedlungsteile unkontrolliert ineinanderwachsen. Der Buer'sche Grüngürtel entstand zwischen 1922 und 1929 unter Gar-

tenbaudirektor Gey. In einem Halbkreis ziehen sich die Grünanlagen um die Mitte von Gelsenkirchen-Buer: Im Norden die 1929 angepachtete „Löchterheide", ein für die stille Erholung ausgebauter Waldbereich und im Südosten der 43 Hektar große Hauptfriedhof. 1924 kaufte die Stadt Buer den Stadtwald als Bindeglied zwischen den bereits bestehenden Waldbereichen Löchterheide und Westerholzwald. Im Süden endet der grüne Halbkreis mit den Anlagen um Schloß Berge. Der Stadtwald zeigte die Elemente eines Volksparks aus den zwanziger Jahren, unter anderem die Kombi-

Parterre im Schloßpark Berge

nation von Wald, Volkswiese und Freilichtbühne. Formal gestaltete, mit Baumreihen umstandene Spielwiesen fanden sich neben freiwachsenden Büschen und unregelmäßigen Wasser- und Wiesenflächen. Heute stehen der Bevölkerung, wie schon damals, die große Spielwiese und ein Anfang der siebziger Jahre dieses Jahrhunderts eingerichteter Trimmpfad für sportliche Aktivitäten zur Verfügung. Die Ausstattung dieses Waldparkes entspricht nicht mehr seinen Anfängen; alle pflege- und kostenintensiven Einrichtungen wurden erheblich reduziert.

Der Grüngürtel enstand als Buer noch selbständig war. Sowohl von der Konzeption her als auch mit seiner Entstehungsgeschichte ist der Grüngürtel typisch für die Grünflächenentwicklung der Großstädte in den zwanziger Jahren. In diesen Jahren entwickelte sich die Grünordnung zu einem gleichberechtigten Partner der kommunalen Stadtplanung. So steht das Buer'sche Grünflächensystem beispielhaft für die Schwelle zwischen den schematischen Flächenanordnungen der Vorkriegszeit und den Grünflächenkonzeptionen in der zweiten Hälfte dieses Jahrhunderts, die sich stärker an vorhandenen Landschaftsstrukturen orientierten.

Trotz oder gerade wegen der schwierigen wirtschaftlichen Verhältnisse wurde in Buer die neue städtebauliche und grünplanerische Konzeption in einem Ausmaß in die Tat umgesetzt, das für damalige Verhältnisse vorbildlich war und auch heute noch als beachtliche freiflächenpolitische Leistung gelten muß. Damit blieb in Gelsenkirchen-Buer ein Grünflächensystem erhalten, das entscheidend sowohl Stadtstruktur als auch Stadtbild bis in die Gegenwart prägt. Die Grünanlagen „Löchterheide", „Stadtwald", „Hauptfriedhof" und „Schloß Berge" sind Teil der städtischen Erholungslandschaft in Gelsenkirchen und damit der städtischen Lebensqualität.

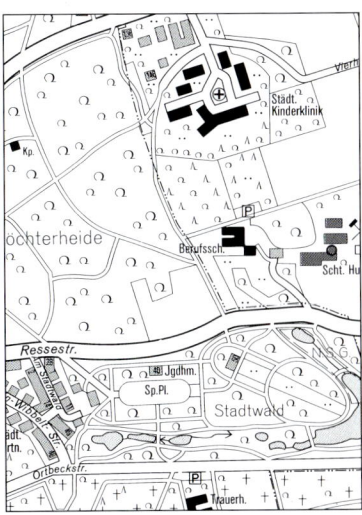

Stadtgarten Gelsenkirchen

Die weiteren Ausstattungselemente des Stadtgartens waren, wie zur damaligen Zeit üblich, Baumalleen, Musikpavillons, Rosengärten, Springbrunnenanlagen, künstliche Grotten mit Wasserfällen, einem Gondelteich und Tennisplätze.

Am 4. Juli 1895 trug der Gelsenkirchener Bürgermeister Vattmann an die Stadtverordneten von Gelsenkirchen den Wunsch heran, einen Stadtgarten zu errichten. Bereits einen Monat später beschloß die Stadtverordnetenversammlung, den gewünschten Park auf dem Gelände des Bauernhofes Schalke anzulegen, ergänzt um weitere Grundstücke.

Ein Jahr später wurde dieser Beschluß realisiert. Es entstand bis 1897 – als erste Anlage dieser Art in Gelsenkirchen – der Stadtgarten, damals Kaiser-Wilhelm-Park genannt, auf einer Fläche von rund 25 Morgen (etwa 6,25 Hektar). Ein Teich, Gehölzpflanzungen, Wiesenflächen, Blumenrabatten und Wege wurden angelegt.

Von Anfang an waren sich die Verantwortlichen in der Stadt Gelsenkirchen darüber im klaren, daß die Flächen, mit denen der Stadtgarten seinen bescheidenen Anfang machte, nicht genügen würden, um das Bedürfnis der Bevölkerung nach Erholungsraum in ihrer Nähe zu befriedigen.

In den Jahren 1901 und 1902 vergrößerte sich die Stadtgartenfläche um etwa 15 Morgen (3,75 Hektar), wovon etwa ein dreiviertel Hektar für den neu angelegten Kinderspielbereich verwandt wurde.

Zehn Jahre nach der ersten Erweiterung folgte dann im Jahre 1912 die zweite. Im Anschluß an den Kinderspielbereich kamen 6,25 Hektar im Zuge des Ausbaus der Zeppelinallee, heute zwischen beiden Parkteilen liegend, hinzu. Eine große Gewächshausanlage mit Palmen- und Schauhäusern wurde um 1911 gebaut. Die weiteren Ausstattungselemente des Stadtgartens waren, wie zur damaligen Zeit üblich, Baumalleen, Musikpavillons, Rosengärten, Springbrunnenanlagen, künstliche Grotten mit Wasserfällen und ein Gondelteich sowie Tennisplätze. Im Sommer 1914/15 schließlich baute man auf der rund zwei Hektar großen Fläche des ehemaligen Klärbeckens weitere gärtnerische Anlagen mit einem Teich, der jedoch infolge von Bergschäden bald undicht wurde. Nach dem 1. Weltkrieg wurde der Stadtgarten auf insgesamt 27,5 Hektar vergrößert.

Die Bedeutung des Gelsenkirchener Stadtgartens für die Grünpolitik der Stadt zeigt sich darin, daß bereits im Jahre 1926 der Stadtgarten und weitere Gelsenkirchener Gemeindeparks im „Übersichtsplan der Stadt Gelsenkirchen" als Fixpunkte des geplanten Grünsystems dargestellt sind. Dieses Grünsystem umfaßte, so der Stadtbaurat Nandelstaedt damals, „die Summe der Flächen, die unbebaut und möglichst auch unverdorben der Stadt verbleiben müssen zur Erhaltung der Gesundheit der Einwohner".

Nach Entwürfen des Gartendirektors Ludwig Simon fand der Stadtgarten 1933 in etwa die Form, in der er sich heute präsentiert. Die Schäden aus dem 2. Weltkrieg wurden 1949 und in den darauffolgenden Jahren größtenteils beseitigt. Heute ist der Gelsenkirchener Stadtgarten eine innerstädtische Parkanlage mit Wassergärten, Dahlien- und Rosengarten,

Teichanlage, Alleen und altem, teilweise exotischem Baumbestand. Die in den fünfziger Jahren eingefügten Stützmauern, Sandsteinpergolen und Treppenanlagen paßten sich zudem gut in das Erscheinungsbild dieser historischen öffentlichen Anlage ein.

Blütenflor im Sommer

☞ **Adresse:**
Zeppelinallee; 45879 Gelsenkirchen
☞ **Öffnungszeiten:**
Täglich: ganztägig
☞ **Anreise mit Bus oder Bahn:**
Ab Gelsenkirchen Hbf. mit Bus 382 in Richtung Gelsenkirchen/Aldenhofstraße bis zur Haltestelle Stadtgarten.

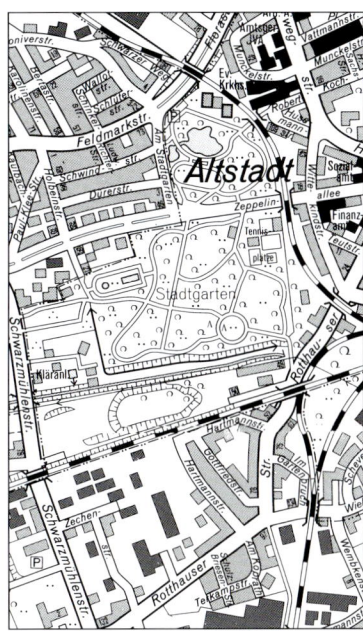

26 Revierpark Nienhausen

Der Revierpark Nienhausen wurde auf dem historischen Gelände des ehemaligen Gutes Nienhausen (Nianhus = zu dem Neuen Hause) – nach Ansicht der Historiker schon vorfränkische Grundherrschaft – angelegt.

D er Revierpark Nienhausen ist einer von fünf Freizeitparks, die der Kommunalverband Ruhrgebiet gemeinsam mit der jeweiligen Anliegergemeinde in den siebziger Jahren unseres Jahrhunderts errichtet hat. Der Park in Gelsenkirchen entstand auf dem historischen Gelände des ehemaligen Gutes Nienhausen. „Nianhus" bedeutet soviel wie „zu dem neuen Hause". Bei dem Gut handelt es sich nach Ansicht der Historiker um eine vorfränkische Grundherrschaft. Mit seiner Gründung um 835 n.Chr. durch Bischof Altfried gehörte es dann zum Stift „Asnide" (Essen).

1358 wurde die Familie Nienhausen bereits urkundlich als Eigentümer des sogenannten „Oberhofes" erwähnt. Im Laufe der Jahrhunderte gab es immer wieder Streitigkeiten um den Rechtsanspruch am Hof. Als das Stift Essen 1803 an Preußen fiel und die ferne, ungeliebte Berliner Administration versuchte, aus dem Oberhof einen staatlichen Domänenbesitz zu machen, wehrte sich die Familie Nienhausen erfolgreich mit allen juristischen Mitteln. Nach Abschluß des Rechtsstreites im Jahre 1824 wurde das Anwesen der Familie Nienhausen als Eigentum zuerkannt.

Stille Erholung

Der damalige Eigentümer, Ernst Nienhausen, verkaufte 90 Jahre später, 1914, ein Teil der zum Gut gehörigen Ländereien an die „Zeche Zollverein". 260 Morgen (rund 65 Hektar) gingen an den ehemaligen Gelsenkirchener Flugplatz, weitere 70 Morgen (rund 17,5 Hektar) an die Trabrennbahn, und 15 Morgen (3,75 Hektar) wurden für Straßen- und Eisenbahnanlagen verbraucht. Die Wirtschaftsgebäude und das Wohnhaus, beides erst nach der gerichtlichen Klärung der Eigentumsfrage errichtet, wurden 1941 durch Bombenangriffe zerstört. Die neuen Besitzer verpachteten in den nachfolgenden Jahren die landwirtschaftlichen Flächen, und zwar bis 1968. 1968 verkaufte die Zeche Zollverein ihre Flächen an das Land Nordrhein-Westfalen; anschließend wurden sie der Stadt Gelsenkirchen übereignet.

1969 war dann das Gründungsjahr der Revierpark Nienhausen GmbH, die in den nachfolgenden Jahren auf dem Gelände des ehemaligen Gutes den Revierpark Nienhausen nach den Plänen des Architekten F. Flöttmann, Gütersloh, und des Landschaftsarchitekten Heinz Eckebrecht, Kelkheim, errichtete. Die etwa 30 Hektar große Freizeitanlage gliedert sich in drei Bereiche:

1. Das Freizeithaus mit Restauration, Spiel- und Geselligkeitsräumen,

2. Die Badeanlagen mit dem beheizbaren Frei- und Wellenbad, dem Hallenbad und dem Aktivarium mit einem Soleaußenbecken, verschiedenen Saunen und einem Gesundheitsgarten,

3. Spiel- und Parkbereich mit Restaurationsbetrieben, den Spiel- und Liegewiesen, einem Wasserspielplatz, dem Kinderspielpark und einem Grillplatz.

Der angrenzende und schon vor dem Revierparkbau vorhandene Waldpark aus den zwanziger Jahren unseres Jahrhunderts mit einem Terrassencafé, einem Bootsteich und Spazierwegen ergänzt das Freizeitangebot des Revierparks für die ruhige Erholung.

☛ **Adresse:**
Feldmarkstraße;
45883 Gelsenkirchen
☛ **Öffnungszeiten:**
Täglich: ganztägig
☛ **Anreise mit Bus oder Bahn:**
Ab Gelsenkirchen Hbf. mit Straßenbahn 127 in Richtung Essen-Bredeney bis Haltestelle Revierpark Nienhausen.

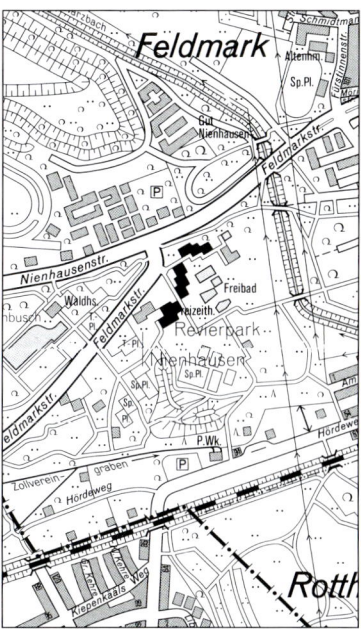

Stadtgarten Hagen

Um weitere Finanzmittel zu erschließen, wurde am 15. Mai 1884 eigens zu diesem Zweck die „Aktiengesellschaft Hagener Stadtgarten" gegründet.

Im Februar 1884 kamen auf Anregung des Kommerzienrates C. J. Schwemmann Hagener Bürger zusammen, um sich über den Plan „zur Errichtung eines für alle Volkskreise offenen Gartens" zu unterhalten. Das Gelände an der Nordwestseite des Goldberges war dafür vorgeschlagen. Die zum Grunderwerb und zur Anlage des Parkes notwendigen Geldmittel spendeten wohlhabende Hagener Bürger.

Um weitere Gelder zu erschließen, wurde am 15. Mai 1884 nur zu diesem Zweck die „Aktiengesellschaft Hagener Stadtgarten" gegründet. Ihr Ziel war, „einen neutralen Vereinigungspunkt zu schaffen für alle Gesellschaftsklassen, für Reich und Arm, für Hoch und Niedrig, wo der Arbeiter sehe, daß für seine Erholung und Erfrischung in eben dem Maße gesorgt sei wie für diejenige anderer Leute".

Nachdem die finanziellen Grundlagen gesichert waren, konnte zügig damit begonnen werden, den Garten anzulegen, da ein Entwurfswettbewerb bereits stattgefunden hatte. Aus der Reihe der vorgelegten Entwürfe für die Stadtgartengestaltung wählten die Preisrichter jenen der Gebrüder Schießmeyer aus Frankfurt für die Realisierung aus: Das geplante Parkareal, gedacht zum Spazierengehen und für die ruhige Erholung, gliederte sich in kleine, mit Gehölzen gefaßte Partien. Dazu gehörte auch ein von geometrisch geformten Gartenanlagen gerahmtes, als Blickfang wirkendes Parkhaus. Das Wegesystem und die damit verbundene Gliederung der Flächen entwickelte sich aus geschwungenen oder kreisenden Bewegungen. Diese Gestaltung entsprach den Vorstellungen vom Aussehen eines Stadtparkes um die Jahrhundertwende.

Bereits im Jahre 1885 konnten einzelne Teile des Gartens für das Publikum freigegeben werden. Zu umfangreichen Anpflanzungen kam es jedoch erst zur Jahreswende 1885/86. Zu dieser Zeit gab die Stadtverwaltung einen Bericht heraus, der auch den neuen Park beschrieb:

„Inzwischen ist der Stadtgarten bereits ein außerordentlich beliebter und stark besuchter Erholungsort für das Publikum geworden. Selbst im Winter übt er durch seine guten Wege und bei Frost durch die Eisbahn auf dem Teich eine große Anziehungskraft aus. Allen denen, die um das Zustandekommen dieses gemeinnützigen Unternehmens sich bemühten und Zeit und Geld dafür geopfert haben, gebührt für immer Dank der Stadt."

Dies öffentliche Lob machte der Verwaltung des Stadtgartens Mut,

die Anlage weiter auszubauen und für Verschönerungen zu sorgen. So konnte im Jahre 1887 der Kinderspielplatz vergrößert werden. In den Sommermonaten wurden Freiluftkonzerte veranstaltet, die gut besucht waren.

Der mehrfach geäußerte Wunsch nach einem Restaurant (Parkhaus) war jedoch damals aus Geldmangel noch nicht zu realisieren. Erst im Jahre 1889 wurde ein zierlicher, eiserner Musikpavillon errichtet, den ein Förderer des Hagener Stadtgartens stiftete. Dieser Pavillon wurde dann 1904 durch einen neuen ersetzt, ebenfalls eine Schenkung. Um den Garten erhalten zu können und dem Entwurf entsprechend zu gestalten, brauchte der Vorstand der Aktiengesellschaft jedoch weitere Gelder, die durch den Verkauf von Mitgliedskarten und durch Eintrittsgelder aufgebracht werden sollten.

Schuldenschenkung...

Sinkende Einnahmen aus den im Park vorhandenen Wirtschaftsbetrieben und bei Veranstaltungen sowie der wachsende Widerwille der Bevölkerung, für den Besuch des

Wasserspiel im
Hagener Stadtgarten

Hagener Stadtgarten –
Historische Postkarte

Gartens Eintritt zu bezahlen, veranlaßte die Stadtgartengesellschaft
1896, den Hagener Stadtgarten der
Stadtverwaltung als Schenkung an-
zubieten, mit der Maßgabe, daß die
Kommune die Schulden der Gesellschaft übernehmen und bis 1903 den
Neubau eines Parkhauses realisieren
sollte. Erst drei Jahre später fand sich
der Rat der Stadt zu diesem Schritt
bereit. Von da an war der Stadtgarten eine kostenlos zugängliche, öffentliche Einrichtung.

Die Auflage, bis 1903 ein Parkhaus
zu errichten, wurde nicht erfüllt.
Pläne für ein solches Haus waren erst
1907 fertig. Im Juli 1909 konnte das
Parkhaus dann seiner Bestimmung
übergeben werden. Im 2. Weltkrieg
wurde es zerstört. Die Hagener
Stadtvertretung bewilligte 1954 die
Mittel für einen großzügigen Neubau, der 1956 eingeweiht wurde.

Der Stadtgarten blieb bis heute in
seiner Substanz und Grundstruktur
weitgehend erhalten. Gravierende
Umgestaltungen, die den Gesamteindruck hätten verändern können,
gab es nicht. Einige Wege wurden
verbreitert, der Stadtgartenteich vergrößert und einzelne Bereiche an
die Bedingungen heutiger, mit Ma-

schinen durchzuführender Pflege-
und Unterhaltungsmaßnahmen angepaßt.

☛ **Adresse:**
Buscheystraße; 58089 Hagen
☛ **Öffnungszeiten:**
Täglich: ganztägig
☛ **Anreise mit Bus oder Bahn:**
Ab Hagen Hbf. mit Bus 513 in Rich-
tung Hagen-Westerbauer Schleife bis
Haltestelle Allgem. Krankenhaus.
Ab Hagen Hbf. mit Bus 524 in Rich-
tung Hagen-Geweke bis Haltestelle
Allgem. Krankenhaus.

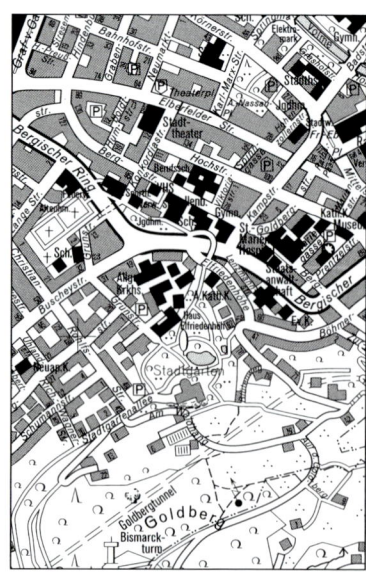

Der Garten der Villa Hohenhof

Der Gesamtplan für die Villa Hohenhof entstand allein nach künstlerischen Gesichtspunkten, wobei Henry van de Velde die Außenanlagen, das Gebäude sowie die Inneneinrichtung des Hauses in enger Beziehung zueinander gestaltete.

Die Villa Hohenhof entstand zwischen 1906 und 1908 im Auftrag des Hagener Kulturreformers Karl Ernst Osthaus nach Plänen des belgischen Architekten Henry van de Velde. Die Jugendstilvilla sollte als Wohnhaus und Zentrum der geplanten Gartenstadt Hohenhagen dienen. Osthaus wollte dem Städtebau der Jahrhundertwende mit den im Werkbund entwickelten Ideen neue Impulse geben. Daher kaufte er 1906 der Stadt Hagen ein etwa 25 Hektar großes Gelände ab, um unbeeinflußt von hemmenden Rahmenbedingungen seine

städtebaulichen Ideen mit Architekten wie van de Velde, Behrens und Lauweriks umzusetzen.

Nach dem Tod Osthaus' im Jahre 1921 diente die Villa Hohenhof unterschiedlichen Zwecken. Heute befindet sie sich im Besitz der Stadt Hagen, die darin eine Außenstelle des Karl-Ernst-Osthaus Museums unterhält.

Der Gesamtplan für die Villa Hohenhof entstand allein nach künstlerischen Gesichtspunkten, wobei Henry van de Velde die Außenanlagen, das Gebäude sowie die Inneneinrichtung in enger Beziehung

115

zueinander gestaltete. In den sogenannten Architektengärten jener Zeit spielten die Pflanzen nur eine untergeordnete Rolle. Sie hatten sich der Architektur unterzuordnen. Haus und Garten wurden als Einheit verstanden, die allein vom Hochbauarchitekten – und nicht etwa gemeinsam mit einem Gartenarchitekten – geplant wurde. Die am landschaftlichen Vorbild orientierten, nicht länger geometrisch-formalen Gestaltungsansätze der Gartenarchitekten stießen bei der neuen Architektengeneration auf Ablehnung und galten als überholt.

Die architektonische Gestaltungsauffassung findet sich daher auch in der Villa Hohenhof und ihren Außenanlagen: Der geometrische Grundriß der Villa setzte sich in den geometrischen Formen einzelner Gartenbereiche fort. Alle Gartenräume beziehen sich über Symmetrieachsen auf das Gebäude, sie steigerten so seine Wirkung.

In der Bepflanzung des Gartens durfte dann nicht überraschen, daß für van de Velde die Pflanzen schmückendes Beiwerk und Dekoration für seine Architektur waren, ihr Einsatz jedoch nicht gärtnerisch oder gartenarchitektonisch motiviert war. Van de Velde schuf im Garten folgende Bereiche mit axialen Beziehungen zum Gebäude:

Die Skulptur „Sérénité" von Maillol betonte, in der Mitte eines Rasenparterres gelegen, die südliche Gartenachse (Südgarten) mit Bezug zum Arbeitszimmer von Osthaus. Sie war an der Rückseite gegen den Wald durch ein weiß lackiertes Gitterwerk abgeschirmt.

Die Hauszufahrt und der Eingangsbereich waren axial auf das Hauptportal bezogen. Im Osten durch eine niedrige Mauer und im Süden und Westen vom Villengebäude begrenzt, charakterisierte den sogenannten Nordhof ein großes ovales Beet. Die östliche Symmetrieachse mit

Blick auf die Gedenkstätte von Karl-Ernst Osthaus

Bezug auf die Ostfassade des Hauses bildete die Wiese am Hang zur Donnerkuhle. Im Westen verlief ein wassergebundener und von Rotdorn gesäumter Weg vom weißen Tor zur Villa. Er trennte die Bleiche und den Gemüsegarten voneinander, die durch niedrige Terrassenmauern gegliedert waren.

Mit dem nach den Plänen van de Veldes realisierten Hausgarten war Osthaus jedoch nicht einverstanden, da die mangelnde Wohnlichkeit und Nutzbarkeit des nüchternen Gartens seinen Vorstellungen von einem Hausgarten widersprachen. So ließ Osthaus bis 1913 den Südgarten erweitern und die Gliederung der Bleiche in zwei waagerechte Teilflächen vornehmen.

1913 bauftragte Osthaus den Gartenarchitekten Leberecht Migge aus Hamburg mit einem Bepflanzungskonzept. Der Entwurf Migges löste eine Auseinandersetzung zwischen ihm und van de Velde aus. Migge als Gartenarchitekt und van de Velde als Hochbauarchitekt vertraten unterschiedliche Auffassungen über die Zuständigkeiten, Freiheiten und

Grenzen ihres jeweiligen Berufsfeldes. Osthaus blieb unbeirrt und ließ das Konzept Migges fast unverändert zwischen 1913 und 1914 ausführen.

Das Pflanzkonzept Migges lief auf die Bildung unterschiedlicher Gartenräume hinaus, die sich zwar zu einem Gesamtbild fügen, aber unabhängig vom Gebäude sein sollten. Die gebäudenahen Gartenbereiche blieben auf das Haus bezogen, waren jedoch durch eine anspruchsvollere Bepflanzung reizvoller und vielfältiger geworden, als van de Velde es vorgesehen hatte.

Am vorhandenen Waldweg wurde in Verlängerung des Südgartens ein Staudengarten angelegt. Rankpflanzen sollten die Villenfassade begrünen. Den östlichen Teil des Waldes gliederte Migge in einen Birkenhain und einen hellen und einen dunklen Bereich. Im hellen Teil wuchsen Buchen *(Fagus sylvatica)*, Waldmeister *(Galium odoratum)* und Veilchen *(Viola odorata)* und im dunklen Teil Efeu *(Hedera helix)* und Farne. Schmale Pfade und einen Rhododendronweg, der auf eine einzeln stehende Kiefer *(Pinus)* zulief, erschlossen diesen Teil des Waldes.

Einige Ideen Migges blieben Papier: Von den am Haus geplanten Frühlings-, Rosen-, Farb- und Herbstgärten Migges wurde der Farbgarten im Süden nicht ausgeführt, auch nicht die Idee, den Blumenzaun im Südgarten mit Silberpappeln zu betonen. Die vorgesehenen weißbunten Ahornbäume gegenüber dem Nordhof wurden nicht gepflanzt.

Nachdem Karl-Ernst Osthaus 1921 starb, stand die Villa Hohenhof bis 1933 leer. Von 1933 bis 1945 war sie Ausbildungsstätte der Nationalsozialisten, von 1945 bis 1962 Frauenklinik und von 1962 bis 1976 Pädagogische Hochschule. Bis 1960 blieb der Garten in seinen Strukturen unverändert erhalten. Mit dem Einzug der Pädagogischen Hochschule

wurden für den Lehrbetrieb notwendige Unterrichtspavillons in verschiedenen Bereichen der Gartenanlage errichtet. Dafür wurden Terrassenmauern abgerissen, so daß sich der westliche Gartenteil durch diese Baumaßnahmen völlig veränderte. 1976 beschloß die Stadt Hagen, die Villa samt Garten zu restaurieren. Das Planungskonzept orientiert sich am Zustand der Anlage aus dem Jahre 1914 nach Vollendung des Bepflanzungskonzepts von Migge und berücksichtigt gartendenkmalpflegerische Gesichtspunkte. Aus Kostengründen wurde bisher aber diese Planung nur teilweise realisiert, so im westlichen Gartenbereich.

☞ **Adresse:**
Stirnband; 58093 Hagen
☞ **Öffnungszeiten:**
werktags von 8 bis 16 Uhr
samstags von 14 bis 18 Uhr
sonntags geschlossen
☞ **Anreise mit Bus oder Bahn:**
Ab Hagen Hbf. mit Bus 522 in Richtung Hagen-Boloh bis Haltestelle Haßleyer Straße.
Ab Hagen Hbf. mit Bus 525 in Richtung Hagen-Hohenlimburg Bf. bis Haltestelle Haßleyer Straße.

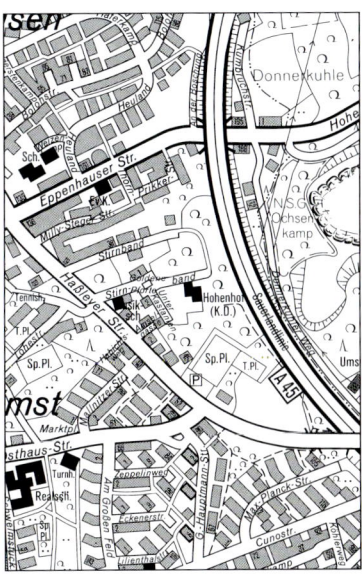

Kurpark Hamm

„Die Stadt Hamm, eingedenk ihrer Bedeutung als Badeort, besitzt u. a. in ihrem Kurpark ein von Natur und gärtnerischer Kunst in trautem Verein geschaffenes landschaftliches Bild von eigenartiger Schönheit, das von keiner Parkanlage des industriellen Westens übertroffen wird."

Als Gründer des heutigen Kurparkes gilt der Befehlshaber der damaligen Hammer Garnison, Generalleutnant von Wolfersdorff. Während des siebenjährigen Krieges (1756-1763) hatte er sich als Verteidiger von Thorgau große Verdienste erworben. König Friedrich II. übertrug ihm dafür nicht nur die Hammer Garnison, sondern auch das Gut Ostholz samt einer einträglichen Ziegelei und einem Privatwald.

Da die Dienststelle dieses „hohen Herrn", der sich in Hamm wie ein Barockfürst gebärdete, nahe der Agneskirche am Ostentor lag, pflegte er seine Rückkehr über die Ostenallee zum Gut Ostholz mit klingendem Spiel zu inszenieren. Auf einem sogenannten Wurstwagen sitzend, mußten seine Musikanten für ihn spielen. Da die Ostenallee zur damaligen Zeit recht sandig, unbefestigt und in den Sommermonaten ohne Schatten war, soll von Wolfersdorff schon damals hier die ersten Baumpflanzungen vorgenommen haben – eine Allee für den komfortablen Heimweg also.

Ein Park entstand dort jedoch erst etwa 100 Jahr später, am Solbad

Hamm. Im Jahre 1876 suchte die Gesellschaft „Schlägel und Eisen Fortsetzung" bei Werries nach Kohle und bohrte eine Solequelle an. Die Untersuchungen ergaben, daß die Sole aufgrund ihrer mineralischen Zusammensetzung große Heilkraft besaß. Es entstanden die ersten Badezellen an der Quelle.

Im Jahr 1881 kaufte Königsborn die Quelle und leitete die Sole durch Rohre über eine Strecke von 26 Kilometern bis zum Bad Königsborn bei Unna. Da die Soleleitung über Hammer Stadtgebiet führte, überließ man der Stadt Hamm jährlich 25.000 Kubikmeter Sole zur eigenen Verwendung. Im April 1882 wurde in Hamm eine Aktiengesellschaft gegründet. Sie kaufte im Osten der Stadt eine zwei Hektar große Fläche, um hier unter anderem ein Badehaus zu bauen. Ein Jahr später konnte das Sole-Thermalbad Hamm eröffnet werden. Nach einer zeitgenössischen Beschreibung lag das Badehaus damals „in der Nähe der Lippe in der Mitte schöner, gepflegter Parkanlagen und war durch eine Lindenallee mit dem Stadtzentrum verbunden". Im „Führer durch Hamm und Umgegend" beschrieb 1908 Prof. Dr. Eickhoff die Parkanlagen sehr anschaulich:

„Im Sommer sind die über 50 Hektar großen, prachtvollen Parkanlagen das ständige Ziel aller derjenigen, die dem Staub der Stadt entrinnen und das frische Grün der Natur unmittelbar genießen wollen. Es ist der hohe Verdienst des früheren Bürgermeisters Werner, z. Zt. Oberbürgermeister in Kottbus, für die Bewohner der Stadt diese köstliche Erholungsstätte geschaffen zu haben. Der Blick aus der Kastanienallee auf die Lippewiesen, das Schloß und Dorf Heessen, gehört zu dem Schönsten, was uns das ganze Lippetal bietet (.....). Im Mittelpunkt dieser schönen Anlagen liegt das Gebäude des Schützenhofes, daneben das Kurhaus von Bad

Hamm. Der Schützenhof mit seinem prachtvollen schattigen Garten und hübschen Anlagen ist im Sommer ein besonderer Anziehungspunkt. Die breite und schöne Lindenallee, die uns nun zur Stadt geleitet, ist im Sommer von Tausenden besucht und gewährt nach beiden Seiten hin hübsche Ausblicke, nach Süden hin bis zu den Bergen des Sauerlandes".

Der „Plan des Osten-Stadtparkes und der Spiel- und Sportplätze" von 1910 zeigt die Gestaltung dieser für Hamm bedeutenden Grünanlage. Der „Führer durch Hamm und Umgegend", diesmal von 1924, beschreibt nun Ausmaße und Gestaltung des Kurparkes:

„Wir wenden uns nunmehr zur Ostenallee, dem beliebtesten und zahlreich besuchten Spazierwege der Bevölkerung Hamms. Die Linden der Allee sind im Jahr 1825 gepflanzt. In der Ostenallee mit ihren schattigen Linden weiter wandelnd, überschreiten wir die 1911 in einem neu angelegten Bette hierher geleitete und durch einen Düker unter dem Kanal her in die Lippe geführte Ahse auf der stattlichen breiten Brücke und haben nun zur Linken die geschmackvollen Anlagen des Bades Hamm mit ihren schönen, farbigen Blumenbeeten und den breiten grünen Rasenflächen und Zierbäumen. Jeder fremde Badegast erkennt richtig an, daß hier etwas geschaffen ist, das der Stadt Hamm dauernd zur Zierde gereicht. Dahin gehören auch die schönen und geschmackvollen Anlagen und Gärten des Bades Hamm und des Ostenschützenhofes".

In einer dendrologischen Beschreibung des Kurparkes von Bad Hamm von Fr. Lünschermann heißt es:

„Die Stadt Hamm, eingedenk ihrer Bedeutung als Badeort, besitzt u. a. in ihrem Kurpark ein von Natur und gärtnerischer Kunst in trautem Verein geschaffenes landschaftliches Bild von eigenartiger Schönheit, das

*Historischer Plan
des Kurparkes in Hamm
aus dem Jahre 1910*

von keiner Parkanlage des industriellen Westens übertroffen wird. Außer seiner hohen Bedeutung in volksgesundheitlicher und ästhetischer Hinsicht, die außer Frage steht, dient ein solcher Park aber nicht zuletzt auch zur botanischen Belehrung. Sein reicher Bestand an Bäumen und Sträuchern, meist ausländischer Herkunft, lenkt das Interesse und die ungeteilte Aufmerksamkeit auf sich, nicht nur des einfachen Naturfreundes, sondern auch des kundigen Dendrologen. Wir betreten von der Ostenallee her den prächtigen Park. Geräumig dehnt sich vor uns saftig-grünes Rasengelände aus, von breiten Wegen aufgeteilt und von Einzelbäumen bestanden und

Gehölzgruppen wirkungsvoll gerahmt".
Diese historischen Beschreibungen des Kurparks Hamm zeigen deutlich, daß er von Ausstattung und Gestaltung ein typischer Stadtgarten damaliger Zeit war. Zugleich zeugen sie von Tendenzen zum Botanischen Garten oder Arboretum, da die Anlage über teilweise sehr exotische Pflanzen verfügte.
Bis in die vierziger Jahre unseres Jahrhunderts entwickelte sich der Kurpark dann zu einem Treffpunkt der Hammer Bürger und Gäste. Sie genossen hier ihre Freizeit, betätigten sich sportlich oder nahmen an kulturellen Veranstaltungen, Konzerten und Theateraufführungen, im Kurhaus beispielsweise, teil. Beliebt waren auch die „Feste der Farbe und des Lichts", die im Park regelmäßig stattfanden.

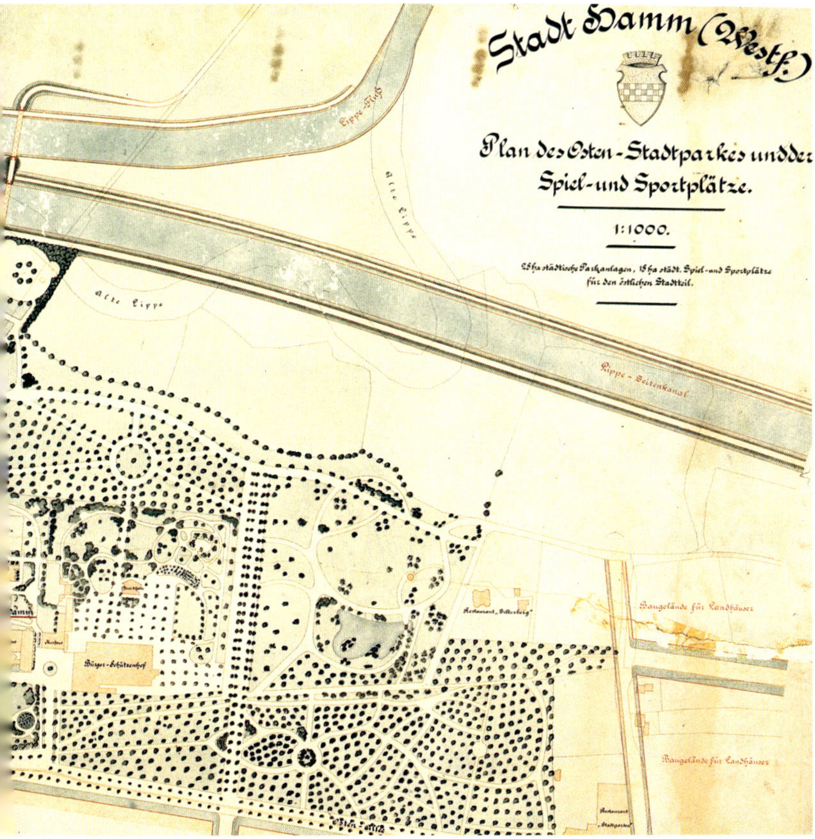

Nach dem 2. Weltkrieg entwickelte sich der Hammer Kurpark zu einer innerstädtischen Grünanlage, die sich geänderten Nutzungsansprüchen anpaßte: Keine üppig bepflanzten Blumenbeete, sondern eine ruhige Parkstruktur mit weiten Wiesenflächen, geschlossenen Gehölzgruppen und vereinzelt eingestreuten Solitärgehölzen – sie stammen zum Teil noch aus den Anfängen des Kurparkes – bestimmt heute das Erscheinungsbild. Eine dezente Wegeführung erschließt den Park. Zusammen mit den sich westlich anschließenden Spiel- und Sporteinrichtungen auf dem ehemaligen Exerzierplatz ist der Hammer Kurpark eine wichtige städtische Grünfreifläche.

☛ **Adresse:**
Ostenallee; 59063 Hamm

☛ **Öffnungszeiten:**
Täglich: ganztägig

☛ **Anreise mit Bus oder Bahn:**
Ab Hamm Hbf. mit Bus 1 in Richtung Werries bis Haltestelle Bad Hamm.

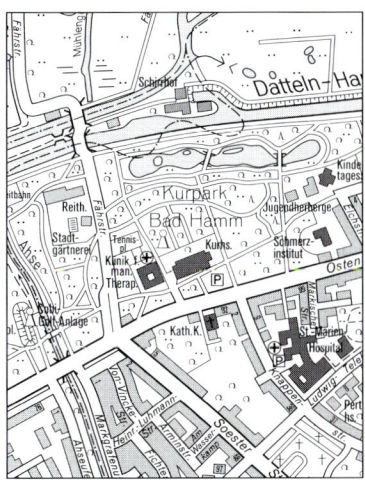

Maximilianpark

Die Planer respektierten den von der Natur eingeleiteten Regenerationsprozeß der Industrieflächen. Bodenbewegungen blieben auf ein notwendiges Maß beschränkt.

Beim Besuch des Maximilianparkes stößt der Besucher noch heute auf Reste einer Zechenanlage. Tatsächlich war dieser Park noch vor gut einem Jahrzehnt eine verwilderte Industriebrache mit verfallenden Zechengebäuden. Im Januar 1902 hatte die Eisenwerksgesellschaft Maximilianhütte AG aus Sulzbach-Rosenberg damit begonnen, dort zwei Schächte für die zukünftige Zeche Maximilian abzuteufen.

Nach zahlreichen Wasserein- und Gasausbrüchen konnte im Frühjahr 1912 endlich der systematische Kohleabbau beginnen. Auch der Ausbau der Nebenbetriebe über Tage machte Fortschritte. Im Januar 1914 wurden die Koksöfen in Betrieb genommen. Der Zechenbetrieb und die Kohleförderung dauerten jedoch nicht lange und im August 1914 mußte die Grube endgültig aufgegeben werden. Ein erneuter Wassereinbruch hatte die 1. Sohle erreicht, das Wasser lief vier Wochen später sogar über Tage aus. Die Zeche war – wie es im Bergmannsjargon hieß – „abgesoffen".

Danach konnte sich auf dem Gelände, weitgehend ungestört, innerhalb von 60 Jahren eine artenreiche Vegetation entwickeln. Die Zechenbrache wurde zum Rückzugsgebiet für zahlreiche gefährdete Pflanzen- und Tierarten, Bäume, Sträucher und Wiesenkräuter, – artenreiche und wertvolle Bereiche also, die bei einer Neuplanung des Areals geschont werden sollten.

Mit dem Bau der ersten Landesgartenschau Nordrhein-Westfalens auf dem Zechengelände wurde am 1. Oktober 1984 nach Entwürfen der Landschaftsarchitekten Reiner Martin und Wedig Pridik begonnen. Der Planungsraum hatte eine Größe von etwa 22 Hektar. Ökologische Belange (die für Tiere und Pflanzen wertvollen Bereiche der Zechenbrache zu erhalten) und planerische Zielsetzungen (einen Park für eine Gartenschau zu schaffen) wurden sorgsam gegeneinander abgewogen.

Die Planer respektierten den von der Natur eingeleiteten Regenerationsprozeß der Industrieflächen. Bodenbewegungen blieben auf ein notwendiges Maß beschränkt. Die innere Erschließung hielt sich weitgehend an vorgefundene Pfade. Vorhandene Vegetation sowie ihre Ränder wurden zur Raumbildung genutzt.

Auch die Bergwerksgeschichte des Geländes floß in die Entwürfe ein. Ruinenfragmente der ehemaligen Zeche Maximilian wurden in den Park integriert oder in künstlerische Installationen einbezogen.

Als Gestaltungsgrundlage galt das konzeptionelle Leitmotiv, dem künstlich Geschaffenen natürlich Entstandenes gegenüber zu stellen. So fanden die meisten Themen der gärtnerisch gestalteten Flächen ihren Gegenpol. Den Schauflächen mit Rosen, Stauden, Gräsern und Gehölzen stehen Wildwuchsflächen gegenüber. Der künstlich angelegte, aber naturnahe Maximilianteich im östlichen Geländeteil hat als Pendant den Freizeitteich im westlichen Teil des Parks.

Ein Spannungsbogen findet sich auch zwischen Architektur und Landschaftsbau:

Dem begrünten Ökohaus steht der zu einem Elefanten verfremdete Teil der Kohlenwäsche gegenüber. Die Stahl-Glas-Konstruktion des Hammer Künstlers Horst Rellecke verwandelte die Kohlenwäsche in eine begehbare Plastik. Sie gilt heute als das Wahrzeichen des Maximilianparkes. Nach der Landesgartenschau 1984 wurde der Maximilianpark mit einem vielfältigen Kultur- und Unterhaltungsprogramm weitergeführt. Neue Parkeinrichtungen und weitere Ausstellungsinhalte kamen hinzu. Auch in den pflanzenbestimmten Parkbereichen setzt die Natur seit 1984 in jeder Vegetationsperiode neue, reizvolle Akzente.

☞ **Adresse:**
Alter Grenzweg; 59071 Hamm
☞ **Öffnungszeiten:**
Täglich: 1. April bis 30. September von 9 bis 19 Uhr gegen Entgelt.
Täglich: 1. Oktober bis 31. März von 10 bis 17 Uhr gegen Entgelt.
☞ **Anreise mit Bus oder Bahn:**
Ab Hamm Hbf. mit Bus 3 in Richtung Werries bis Haltestelle Maximilianpark.

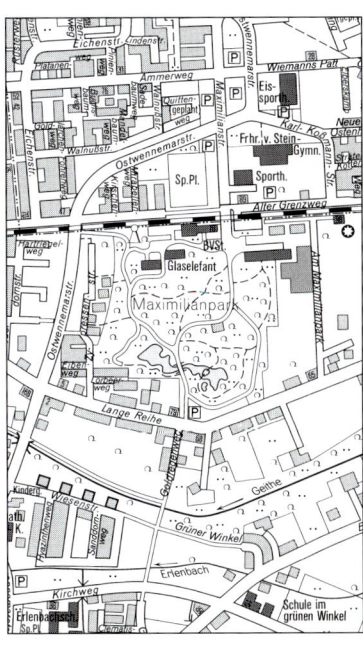

Motiv aus dem Gysenberg

31 Revierpark Gysenberg

Zu den Lieblingsbeschäftigungen vieler Parkbesucher zählte zweifellos das Bolzen mit dem Ball auf den großen Rasenflächen. Basketball, Tennis spielen oder Rollschuh laufen sind weitere, mögliche Aktivitäten.

Der erste Freizeitpark im Ruhrgebiet war der Revierpark Gysenberg im Grenzbereich der Städte Herne und Bochum. Auf der Suche nach einem Standort für einen Freizeitpark stießen die Planer des damaligen Siedlungsverbandes Ruhrkohlenbezirk (SVR) - heute Kommunalverband Ruhrgebiet (KVR) - auf den Herner Gysenberg. Einerseits sollten bereits bestehende Freizeiteinrichtungen in den neuen Park einbezogen werden, andererseits mußte ausreichend Freiraum für eventuelle Erweiterungen vorhanden sein. Beide Voraussetzungen erfüllte der Standort.

Am Gysenberg gab es einen, an Vorkriegstraditionen anknüpfenden Waldpark, der sich zu einem Naherholungsgebiet entwickelte, so wie es sich die Stadtväter 1927 beim Kauf der Flächen vorstellten: Wanderer und Spaziergänger nutzten ihn, zahlreiche Gartenwirtschaften (Galland, Kranenberg und Forsthaus) waren entstanden, es gab eine Minigolfanlage und andere kleine Attraktionen. Oberhalb der alten Mühlenteiche existierte zudem der 'größte deutsche Tierpark mit freiem Eintritt'. Etwa 500 000 Menschen besuchten den Tierpark und die anschließenden Waldflächen und Grünanlagen jährlich, bevor der Revierpark gebaut wurde.

Aufgrund dieser Standortvorteile sollte die Stadt Herne den ersten Revierpark erhalten, nicht ohne jedoch auf Widerspruch bei der im Einzugsbereich wohnenden Bevölkerung zu stoßen. Friedrich Hausmann war damals Kreisbeauftragter für Naturschutz und schrieb, ziemlich aufgebracht:

„In vollem Umfang hat der Gysenberger Wald mit den anrainenden Fluren die Aufgaben erfüllt, daß jede Großstadt am Stadtrand über eine Insel der Ruhe verfügen muß; das war bisher der Gysenberg; wenn der Freizeitpark kommt, wird aus der geruhsamen Landschaft von gestern eine noch nicht abzusehende Geräuschkulisse von morgen. Durch die Verwirklichung der Freizeitpläne verspielen wir die wertvollste unter Landschaftsschutz stehende Fläche". Ein anderer räumte widerspruchslos das Feld: Nur 15 Jahre nachdem Bauer Schulte seinen Trimbuschhof verlassen mußte, weil dort ein neues Herner Industriegebiet entstehen sollte, wich er nun, als der letzte landwirtschaftliche Pächter des historischen Gysenberger Gutes, den Ansprüchen der Stadtentwicklung erneut. Die Hofanlagen wurden jedoch nicht abgerissen, sondern in den neuen Park einbezogen.

Bolzen und Basketball

Nach Entwürfen des Essener Landschaftsarchitekturbüros Rose-Herzmann entstand eine Landschaft aus Terrassen, Rabatten und einer riesigen Rasenfläche, die der Topographie des alten Ruhmbachtales folgte. Wo einst Kühe weideten, sollte nun „getrimmt" und „getrabt" werden. Der Architekt Dr. Krieger baute das Wellenbad in seiner ursprünglichen Form, nach Entwürfen des damaligen SVR entstanden ein Freizeithaus und später ein Anbau.

Stück für Stück wurde der Revierpark in Betrieb genommen: Es begann am 4. Juni 1970 mit der Badezone. Das Freizeithaus wurde 1971 den Bürgern übergeben. Seitdem ist wohl kein Jahr vergangen, in dem nicht ein weiterer Bauabschnitt beendet, eine neue Einrichtung eröffnet wurde. Zur Grundausstattung des Revierparks gehörten auch 12,5 Hektar Sport- und Spielfläche. Basketball, Tennis spielen oder Rollschuh laufen sind nur einige der dort

Im Revierpark

möglichen Aktivitäten. Doch zu den Lieblingsbeschäftigungen vieler Parkbesucher zählte zweifellos das Bolzen mit dem Ball auf den großen Rasenflächen.

Die sogenannte gewerbliche Spiel- und Sportzone – hier muß Eintritt bezahlt werden – bietet eine Minigolfanlage und eine Gokartbahn. 1971 bauten private Investoren eine Eissporthalle. Eine der erfolgreichsten Einrichtungen des Revierparks ist das Aktivarium. An der schnellen Entwicklung von der Badezone mit dem beheizbaren Wellenfreibad im Jahr 1970 bis zum heutigen Aktivarium mit seinen vielfältigen Angeboten (Damen- und Herrensaunen, Solarien, ein Ruheraum, ein Trimmraum, dazu ein Zeltgarten als Raucherbereich und ein Restaurant) lassen sich veränderte Freizeitansprüche und gewandeltes Freizeitverhalten ablesen. Sie belegt auch, wie vorbildlich der Herner Revier-

BÖRNIG – SODINGEN.　Milchhäuschen im Volkspark.

Historische Postkarte vom Milchhäuschen im Volkspark Gysenberg

park an diese Veränderungen angepaßt wurde.

Das Thema der Gesundheitsvorsorge wurde aktuell, und im Revierpark
Gysenberg dachte man gegen Ende
der siebziger Jahre daran, ein Solebad einzurichten. Die Sole dafür
stammte zunächst aus dem Bergwerk
Pluto (das auch das bekannte Solbad
Wanne-Eickel versorgte) und später
aus der inzwischen stillgelegten
Oberhausener Zeche Concordia. Das
Aktivarium verfügt heute über
großzügige Saunabereiche, über ein
Soleschwimmbecken in einer weit-
räumigen Halle und über Außen-
schwimmbecken mit 34°C Wasser-
temperatur. In der Wellenbadhalle
findet man eine Galerie für Son-
nenanbeter. Trimmräume und Ruhebereiche runden das Angebot ab.

Die Entwicklung des Revierparks
Gysenberg hat die anfänglichen Be-
fürchtungen der Kritiker widerlegt.
Er ist einerseits eine Freizeitanlage
mit regionalem Einzugsbereich geworden und zum anderen der Stadt-
teilpark mit den Oasen der Ruhe für
die Sodinger Bürger geblieben.

☞ **Adresse:**
Am Revierpark 9; 44627 Herne
☞ **Öffnungszeiten:**
Täglich: ganztägig
☞ **Anreise mit Bus oder Bahn:**
Ab Herne Bf. Mit Bus 323 in Rich-
tung Revierpark/Eissporthalle bis
Haltestelle Revierpark/Eissporthalle.

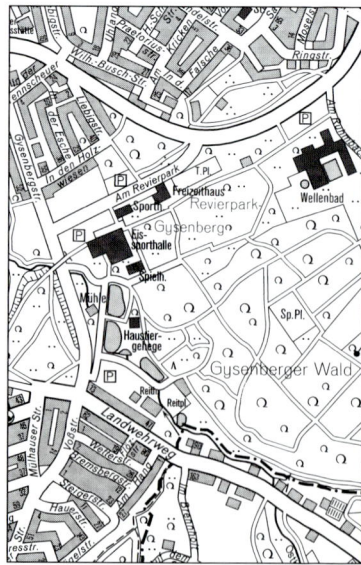

Der Park von Schloß Strünkede

„Es ist ein kostbar und schön angelegtes Schloß mit vortrefflichen Gärten, Fischereien und sonsten, welches Jobst von Strünkede angefangen und seine Nachkommen ausgeführet haben, wie es jetzo zu sehen ist."

Die Geschichte von Schloss Strünkede läßt sich bis ins 12. Jahrhundert zurückverfolgen. 1142 wird Wezelin von Strunkethe (Strünkede) in Urkunden, die sich auf das Stift Essen beziehen, erwähnt. Die Burg blieb bis ins 18. Jahrhundert im Besitz derer von Strünkede. Erst 1741 wechselt durch Heirat und Erbschaft der Eigentümername in „von Forell". Seit 1947 gehört das Schloß der Stadt Herne. Es präsentiert sich heute in der schlichten Formensprache der Renaissance und beherbergt das Emschertal-Museum mit seinen kulturhistorischen Sammlungen.

Das Entstehungsjahr des historischen Gartens am Schloß Strünkede ist unbekannt, aber bereits 1757 beschreibt Johann Diedrich von Steinen in der „Westfälischen Geschichte" Schloß Strünkede wie folgt: „Es ist ein kostbar und schön angelegtes Schloß mit vortrefflichen Gärten, Fischereien und sonsten, welches Jobst von Strünkede angefangen und seine Nachkommen ausgeführet haben, wie es jetzo zu sehen ist."
Es ist daher möglich, daß Johann Conrad von Strünkede, der 1697 mit dem Schloß belehnt wurde, bei seinen Verbesserungen am Gebäude

Wasserschloß Strünkede

Gartenflächen jeweils den Bedürfnissen der Stadtbevölkerung nach Spiel, Sport und Erholung angepaßt. Im Zuge dieser Maßnahmen erhielt die äußere Gräfte wieder den historischen Verlauf. Die Fläche des ehemaligen Nutzgartens ist im östlichen Teil bebaut, die verbliebene Fläche mit Rasen eingesät. Rasenflächen, mit Einzelgehölzen charakterisieren auch die anderen Parkräume. Das Umfeld von Schloß Strünkede ist heute zudem mit den typischen Elementen städtischer Parkgestaltung, wie Bänken und Tischtennisplatten, möbliert und bietet selbstverständlich Spielmöglichkeiten für Kinder.

☛ **Adresse:**
Karl-Brandt-Weg 5; 44629 Herne
☛ **Öffnungszeiten:**
Täglich: ganztägig
☛ **Anreise mit Bus oder Bahn:**
Ab Herne Bf. mit U-Bahn 35 in Richtung Herne - Schloß Strünkede bis Haltestelle Schloß Strünkede.
Ab Bochum Hbf. mit U-Bahn 35 in Richtung Herne - Schloß Strünkede bis Haltestelle Schloß Strünkede.
Ab Herne Bf. mit Bus 205 in Richtung Recklinghausen Hbf. bis Haltestelle Schloß Strünkede.

auch den Garten anlegte. Da 1870 das Strünkeder Archiv vernichtet wurde, stehen heute keine Unterlagen zur Verfügung, die die Gestaltung des Gartens beschreiben. Die Karte „Haus Strünkede" von 1793 zeigt eine gestaltete Gartenanlage an der Westseite des Schlosses, die vollständig von einer Gräfte umgeben war. Die fast quadratische Fläche ist in vier gleich große Beete mit einem Achsenkreuz eingeteilt. Diese Darstellung läßt den Schluß zu, daß es sich um einen gestalteten Nutzgarten gehandelt haben muß, der zugleich zur Zierde diente.
Im Urkataster aus dem Jahre 1823 ist die quadratische Form des Gartens ablesbar, jedoch ist der Wassergraben zwischen Garten und Schloß nicht mehr vorhanden. Bis zu Beginn des 20. Jahrhunderts läßt sich auf der im Westen gelegenen quadratischen Fläche ein Nutzgarten erkennen. Ein Luftbild aus dem Jahr 1926 zeigt ihn ebenfalls. Im nördlichen Bereich, zwischen Innen- und Außengräfte, erlaubt die Anordnung der Bäume die Vermutung, daß die Fläche als Obstwiese genutzt war.
In den fünfziger Jahren unseres Jahrhunderts begann man die Flächen um Schloß Strünkede neu zu gestalten. Nach straßenbaulichen wie städtebaulichen Eingriffen wurden die

Volksgarten Eickel

„… besitzt reizende Anlagen, einen hübschen Schwanenteich mit Springbrunnen, Grotte, Pavillon, Lawn-Tenniplätze, anmutige Spazierwege, sogar ein Wäldchen en miniature und ein hübsches Restaurationslokal."

Es gibt drei Auslöser für den Volksgarten Eickel: Die Lage der Gemeinde Eickel im ehemaligen Landkreis Gelsenkirchen, den Beschluß des Kreistages Gelsenkirchen von Januar 1898 und die Initiative eines Verschönerungsvereins. Der erste Teil des Volksgartens Eickel war 1899/1900 fertiggestellt. Das damalige Gelände hatte eine Größe von 4,5 Hektar, und die Herstellungskosten betrugen, den Grunderwerb eingerechnet, 130.000 Goldmark.

1906 hieß es in einer Werbeschrift für den Eickeler Volksgarten:

„Er liegt an der Burgstraße in sehr angenehmer Lage, rings von Gehöf-ten, Bäumen und Feldern harmonisch umgeben, besitzt reizende Anlagen, einen hübschen Schwanenteich mit Springbrunnen, Grotte, Pavillon, Lawn-Tennisplätze, anmutige Spazierwege, sogar ein Wäldchen en miniature und ein hübsches Restaurationslokal."

Einnahmen aus regelmäßigen Veranstaltungen des Verschönerungsvereins waren für den weiteren Ausbau des Volksgartens bestimmt. So konnte der Park mehrere Male erweitert werden. Im Jahre 1918 wurden 1,75 Hektar zugekauft. 1925 wurde der Park auf insgesamt 10 Hektar nach Süden hin erweitert. Gleichzei-

tig ließ man ihn mit Hilfe von Zu-
schüssen der ansässigen Zechenver-
waltungen grundlegend neu gestalten. Die „Wanne-Eickeler-Zeitung"
vom 27. November 1926 beschrieb
diese Arbeiten unter der Überschrift
„Der Eickeler Park im neuen Gewande":

„Da diese als Notstandsarbeit ausgeführten Arbeiten inzwischen ihrem
Ende entgegen gehen, soll hier kurz
dargelegt werden, welcher Art diese
Änderungen sind. Wenn man heute
von der Burgstraße in den Park tritt,
fällt zunächst angenehm auf, daß
der Eingangsweg geradeaus durch-
gelegt ist. Er wird nach hinten von
einem Rosengarten abgeschlossen.
Man hat diese Regelung deshalb getroffen, um so den Parkbesuchern
Gelegenheit zu ungestörtem Spa-
ziergang zu geben. Von dem neuen
Rosengarten aus hat man künftig
einen offenen freien Blick auf das
Parkhaus. Wo früher für die Gärtnerei (rechts vom Eingang) Gartenland
lag, wird ein neuer Spielplatz geschaffen, mit Sandkästen, erhöhten
Sitzgelegenheiten, auch will man eine
kleine Säulenhalle zum Schutz vor
Regen dort erstellen. Das Denkmal
wurde vom Eingang weggenommen
und gegenüber dem Ehrenfriedhof
aufgestellt. Das Rondell, das bisher
vor dem Ehrenfriedhof lag, ist verschwunden und hat einer geschmackvollen gärtnerischen Anlage Platz
gemacht (...)."

1926 kam auch der Sommerblumengarten, das heutige Parterrestück an
der Lohofstraße, hinzu. Der besondere Baumbestand mit einem heute
noch beachtenswert umfangreichen
Sortiment unterschiedlichster Arten
ist Bürgern zu verdanken, die diese
Bäume von ihren Reisen mitbrachten
und dem Volksgarten Eickel spendeten.

Auf dem Gelände unterhalb des nach
dem 1. Weltkrieg entstandenen Ehrenfriedhofes befand sich ein natürlicher Teich, der durch Bergschäden

*Historische Postkarte
vom Volksgarten Eickel*

trocken fiel. Auf diesem Gelände entstand in den zwanziger Jahren eine
– damals immerhin schon beleuchte-
te – Rodelbahn. Sie hat jedoch, ebenso wie ein Skatpavillon (er befand
sich am heutigen Ausgang Burgstraße) und ein Springbrunnen in der
Parkmitte, den 2. Weltkrieg nicht
überstanden. Im Krieg wurde zudem
einen großen Teil des Baumbestandes geschädigt.

Nach dem 2. Weltkrieg wurde der
Park wieder instand gesetzt und 1960
ein neuer Rosengarten mit rund 30
verschiedenen Rosensorten angelegt.
Im Mittelpunkt des Ehrenfriedhofes
wurde ein Ehrenmal aufgestellt.
Besonders attraktiv ist der Volksgarten Eickel heute durch den Anfang
der siebziger Jahre entstandenen
Kleintierpark, der es den Besuchern

ermöglicht, unterschiedliche Haus- und Wildtiere kennenzulernen. 1980 folgte dann das Freizeitangebot des Parks mit einer Trimmstrecke der Fitnesswelle.

Der Volksgarten Eickel blieb, trotz der Erweiterungen und mancher Umgestaltung vergangener Jahrzehnte, ein Park im landschaftlichen Stil und ist für die Bevölkerung bis heute attraktiv.

☞ **Adresse:**
Burgstraße; 44651 Herne
☞ **Öffnungszeiten:**
Täglich: ganztägig
☞ **Anreise mit Bus oder Bahn:**
Ab Herne Bf. mit SE 3210 in Richtung Mönchengladbach Hbf. bis Wanne-Eickel Hbf.; dann umsteigen und weiter mit Straßenbahn 306 in Richtung Bochum-Buddenbergplatz bis Haltestelle Herne-Eickel-Kirche. Ab Herne Bf. mit Bus 390 in Richtung Bochum-Im Berge bis Haltestelle Auf der Wenge; dann umsteigen und weiter mit Straßenbahn 306 in Richtung Wanne-Eickel Hbf. bis Haltestelle Herne-Eickel-Kirche.

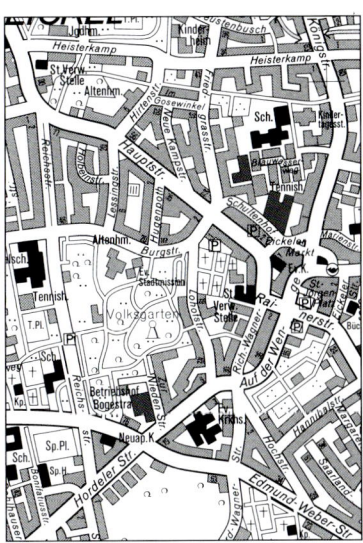

Stadtgarten Wanne

Die beiden anderen Bereiche charakterisierte üppiger Blumenschmuck in geometrischen Formen. So boten die Stadtgartenanlagen „freudige Bilder inmitten der ruß- und rauchgeschwängerten Gemeinde."

Ein Beschluß des Kreistages des ehemaligen Landkreises Gelsenkirchen vom 17. Januar 1898 ermöglichte den kreisangehörigen Gemeinden, „zur Beschaffung, Bepflanzung und Einrichtung großer freier Plätze oder Volksgärten" Gelder in Anspruch zu nehmen. Dieser Etat erlaubte der Gemeinde Wanne, systematisch Flächen an der Wilhelm- und der Hammerschmidtstraße in einer Gesamtgröße von 21 Morgen (5,25 Hektar) anzukaufen. So schuf sie die Voraussetzungen für den Bau einer Parkanlage.

1899 begann der Ausbau des Parkes nach Entwürfen des Gartenarchitek-

ten Fritz Gude. Ein geschwungenes Wegenetz nach dem Vorbild des englischen Landschaftsgartens, eine Teichanlage sowie Sport- und Spielwiesen entstanden. Die Bepflanzung folgte den Vorstellungen Gudes. Am 8. August 1900 wurde der Park, gleichzeitig mit einem Restaurant, der Öffentlichkeit übergeben. Der Name des Parks war im kaisertreuen Deutschland üblich: Kaisergarten. Auf einer Platzanlage oberhalb des Teiches entstand zudem ein Brunnen, der Kaiserbrunnen. Der Entwurf stammt vom Bildhauer Frische aus Düsseldorf. Mit Unterstützung durch Spenden der Bürger konnten am 20.

August 1898 der Grundstein gelegt und das Denkmal nach dreijähriger Bauzeit am 1. September 1901 unter großer Beteiligung der Bevölkerung eingeweiht werden.

Den mächtigen Unterbau schmückt auf der Vorderseite noch heute eine ornamentale Steinplatte, einst mit den Bronzeportraits der drei ersten deutschen Kaiser Wilhelm I., Friedrich III. und Wilhelm II. versehen. Die wurden jedoch 1903 von unbekannter Hand entwendet. Über dem obeliskartigen Mittelteil erhebt sich eine Engelsfigur als Darstellung des Friedens, das Hohenzollernwappen in der Hand haltend. Die ehemals seitlich angeordneten Wasserbassins, heute als Treppenanlage ausgebildet, nahmen das Wasser auf und leiteten es über Kaskaden in einen Teich, der dem Denkmal vorgelagert ist.

Zusätzlich zum vorhandenen Restaurant wurde 1911 der Saalbau - damals Kaisersaal genannt - errichtet; außerdem erweiterte man die Anlage um einen Spielplatz, einen Tennisplatz und ein Palmenhaus.

Nach Ende des 1. Weltkrieges und der offiziellen Kaiserverehrung erhielt der Kaisergarten durch Beschluß des Parkausschusses den heute noch gültigen Namen „Stadtgarten".

Der Ankauf weiterer Flächen erlaubte es, den Stadtgarten 1925 um zwei Hektar zu erweitern und im selben Frühjahr die Hälfte des neu erworbenen Geländes zu gestalten. Längs der Stöckstraße entstand eine breite Promenade mit doppelreihiger Allee aus Silberlinden (Tilia tomentosa), die sich auf der gegenüberliegenden Seite von der Wilhelmstraße bis zur ehemaligen Parkstraße fortsetzte.

Der neue Stadtgartenteil war bereits Mitte Juni 1925 fast fertiggestellt. Im Gegensatz zum alten Parkteil war er „mit Rücksicht auf die gerade Straßenflucht" formal gestaltet und gliederten sich in drei unterschiedlich ausgestattete Bereiche. Der mittlere Teil mit dem Eingang an der heutigen Stöckstraße erhielt eine ovale Form – ein Garten mit immergrünen Sträuchern und wenig Blumenschmuck. Die beiden anderen Bereiche charakterisierte üppiger Blumenschmuck in geometrischen Formen, überwiegend einjährige Sommerblumen, mehrjährige Stauden sowie Dahlien. So boten die Anlagen „freudige Bilder inmitten der ruß- und rauchgeschwängerten Gemeinde", wie ein Zeitgenosse in vorliegenden Quellen zitiert wird. Nach dem Ende des 2. Weltkrieges und der in den Nachkriegsjahren häufigen Nutzung großer Rasenflächen als Grabeland begannen ab 1949 die Instandsetzungsarbeiten auch an dieser Parkanlage.

Heute zeigt der Stadtgarten Wanne den Besuchern ein vielseitiges Gesicht: Ein Park, der Fragmente historischer Strukturen aus seiner Entstehungszeit mit modernen, an gegenwärtigen Formen der Parknutzung entwickelten Gestaltungselementen verbindet. Die formalen Strukturen der Stadtgartenerweiterung von 1925 gingen jedoch beim Ausbau der Stöckstraße weitgehend verloren.

☞ **Adresse:**
Wilhelmstraße; 44649 Herne
☞ **Öffnungszeiten:**
Täglich: ganztägig
☞ **Anreise mit Bus oder Bahn:**
Ab Herne Bf. mit Bus 362 in Richtung Herne-Sternstraße bis Haltestelle Wanne-Saalbau.

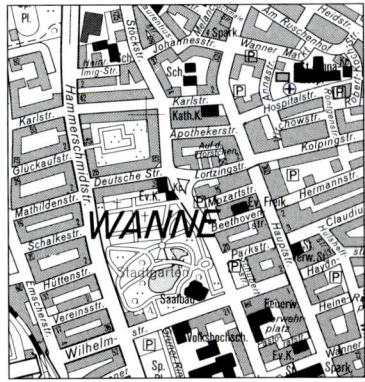

35 Grünanlage an der Dimbeck

Südlich des Rosengartens schloß sich früher der Farblinien-Staudengarten als sogenannter Senkgarten nach dem Vorbild Karl Försters an.

Die Dimbeckanlagen bilden zusammen mit der Freilichtbühne ein Ensemble, das den grünplanerischen Vorstellungen der frühen dreißiger Jahre unseres Jahrhunderts entspricht. Sie entstanden auf dem Gelände des ehemaligen Döring'schen Steinbruchs an der Kettwiger Straße. Die Initiative des Mülheimer Gartenbaudirektors Fritz Keßler verhinderte die Nutzung des Steinbruchs als Müllkippe. Er entwarf 1932 diese bedeutende Grünanlage, deren historische Strukturen vor Ort noch gut zu erkennen sind.

Im Januar 1933 begannen die Arbeiten für die Umgestaltung des Steinbruchs. Da damals für derartige Arbeiten nur sehr wenig Geld zur Verfügung stand, halfen der Freiwillige Arbeitsdienst und Fürsorgearbeiter. Die veranschlagten Kosten in Höhe von 29.800 Reichsmark wurden so auf 14.000 Reichsmark gesenkt.

Die Freilichtbühne wurde 1936 mit der Aufführung von Shakespeares „Sommernachtstraum" eröffnet. Sie ist jedoch nur ein Teil der historischen Grünanlagen im alten Steinbruch an der Dimbeck. Von gartenhistorischem Wert ist vor allem die im August 1936 fertiggestellte Grünanlage, ein grünes Verbindungselement vom Stadtkern bis zum Kahlenberg oberhalb der Ruhr. Die charakteristischen Elemente dieser Grünanlage sind noch heute

– die sehr gut an die Topographie angepaßte Wegeführung,

– ein von Linden *(Tilia)* gesäumter, architektonisch gefaßter, Aussichtspunkt mit rechteckigem Rasenplatz oberhalb der Freilichtbühne,

– der tief eingeschnittene Schluchtweg mit Resten von Felsszenarien und Rhododendren- und Azaleengruppen sowie alten japanischen Ahornbäumen südlich des Aussichtsplatzes und

– der an der westlichen Grenze gelegene Rosengarten mit Wassertreppe, Pergola und einem Bronzebild der „Flora" vom Mülheimer Künstler Lickfeld.

Südlich des Rosengartens schloß sich früher der Farblinien- Staudengarten als sogenannter Senkgarten nach dem Vorbild Karl Försters an. (Förster – 1874 bis 1970 – war ein berühmter Staudenzüchter und Gartengestalter aus Potsdam-Bornim.) Dieser Gartenbereich ist heute leider nicht mehr in seiner ursprünglichen Form erhalten, seine Lage als Rasenfläche jedoch erkennbar. Nördlich des Rosengartens lag ein „Sandspielplatz" mit achteckig gefaßter Sandfläche.

Noch immer befindet sich östlich des Rosen- und Staudengartens ein größerer offener Wiesenhang, der von raumbildenden Pflanzungen umgeben ist. Bemerkenswert sind außerdem zahlreich erhalten gebliebene Altbäume des historischen Baumbestandes, wie beispielsweise der Blauglockenbaum *(Paulownia tomentosa)*, der Schnurbaum *(Sophora japonica)*, die Roßkastanie *(Aesculus hippocastanum)*, verschiedene Eichen *(Quercus in Arten)*, Scheinzypressen *(Chamaecyparis in Arten)*, Hemlockstannen *(Tsuga canadensis)* und mächtige japanische Ahorne *(Acer in Arten)*. Auch heu-

te noch gut sichtbar sind Reste von Felspartien und Trockenmauern aus der Anfangzeit der Anlage. Die zeitgenössischen Gestaltungsansätze für eine innerstädtische Parkanlage in den dreißiger Jahren unseres Jahrhunderts sind so noch immer für die Besucher nachvollziehbar.

☞ **Adresse:**
Kettwiger Straße;
45468 Mülheim

☞ **Öffnungszeiten:**
Täglich: ganztägig

☞ **Anreise mit Bus oder Bahn:**
Ab Mülheim Hbf. mit Bus 124 in Richtung Mülheim-Speldorf-Friedhof bis Haltestelle Mülheim Stadtmitte; dann umsteigen und weiter mit Straßenbahn 110 in Richtung Mülheim-Flughafen bis Haltestelle Wertgasse.

Ab Mülheim Hbf. mit Bus 133 in Richtung Mülheim-Saarner Kuppe bis Haltestelle Kaiserplatz; dann umsteigen und weiter mit Straßenbahn 113 in Richtung Mülheim-Hauptfriedhof bis Haltestelle Weißenburger Straße.

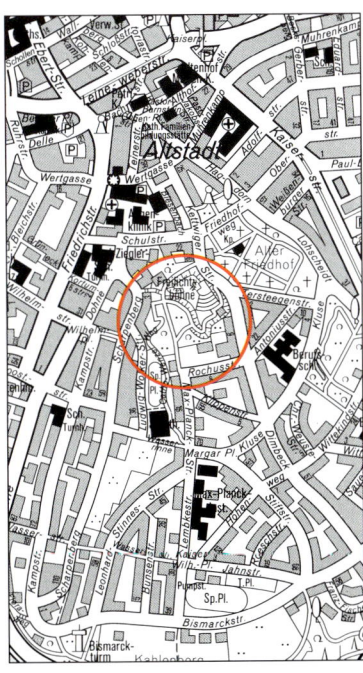

MüGa '92

Die MüGa ist nicht mehr der große, kompakte Landschaftspark mit den vielen gartenarchitektonischen Teilbereichen, sondern ein Stadt- und Landschaftspark mit gestalterisch eigenständigen Einzelparks.

Die Landesgartenschau Mülheim 1992 war Motor eines eindeutig städtebaulich orientierten Entwicklungsschubes für das Freiflächensystem der Stadt Mülheim, konzeptioniert als Initialzündung für vielfältige, dauerhafte städtebauliche und landschaftsplanerische Veränderungen. Der Wettbewerbsieger, die Planungsgruppe Ruhrauen, in der die Landschaftsarchitekten Horst Wagenfeld, Düsseldorf und Wolfgang R. Mueller federführend waren, erhielt den Auftrag für die Gesamtplanung und Realisierung des etwa 65 Hektar großen Gesamtareals.

Ausgangspunkt der Gartenschauentwürfe waren die von der Ruhr geprägte Geschichte der Stadt, ihre landschaftliche Lage am Fluß. Die Planung verband rund sieben Kilometer städtisches und landschaftliches Ruhrufer zu einem Grünzug – im Westen ausgehend vom Schloßpark Styrum über Schloß Broich bis zum Kloster Saarn. Etwa zwei Kilometer Ostruhranlagen samt Rathausgarten, Hellwegpark, Luisental, Thyssenpark und die Ruhrauen im Süden ergänzten die Neuanlagen. Der eingefriedete Kernbereich der Gartenschau war etwa 23 Hektar groß und umfaßte den Schloßpark

Styrum, den Styrumer und Broicher Damm, den Steinhofer Bruch, den Stadthallengarten und die neuen Anlagen am Schloß Broich bis zum Schloßberg.

Das Gesamtgelände bestand früher aus einer Vielzahl unzusammenhängender größerer und kleinerer Freiflächen. Sie wuchsen, neu gestaltet, zu einem erlebnisreichen, grünen Netzwerk zusammen. Dabei wurden sehr unterschiedliche Räume auf verschiedenen Höhenniveaus berührt: Auenbereiche, Industriegebiete, Waldflächen, Wohngebiete, Steinbruchflächen, vorhandene öffentliche oder private Grünflächen und Wassergewinnungszonen. Nur etwa vier Prozent des Mülheimer Ruhrufers waren verbaut, der Fluß mit seinen Auenbereichen bot eine große Chance für die städtische Entwicklung. Neben dem Fluß als Leitlinie, an dessen Ufern und Talhängen sich die Gartenschaubereiche aneinanderreihen, gab es noch die parallel verlaufende Gleistrasse der stillgelegten Ruhrtalbahn mit ihren Bahndämmen und Hangeinschnitten.

Die neuen Querverbindungen zu den Nord-Süd-Achsen ermöglichen heute, die Höhenunterschiede und Verkehrswege zu überwinden. Aus der vorher teilweise isolierten Wege- und Straßenstruktur der Stadtteile heraus entwickelten sich Rund- und Verbindungswege. Nach jahrzehntelanger Trennung sind nun viele Mülheimer Stadtteile wieder direkt miteinander verbunden.

Viele Einzelparks – eine MüGa

Mit der MüGa '92 wurde ein traditionelles Kapitel der Gestaltung bisheriger Gartenschauen verlassen. Die MüGa ist nicht mehr der große, kompakte Landschaftspark mit vielen gartenarchitektonisch gegliederten Teilbereichen, sondern ein Stadt- und Landschaftspark mit eigenständigen Einzelparks: Im Norden der

Schloßpark Styrum, dessen Hauptthema „Gestaltung mit Pflanzen" war. Rhododendren, Azaleen und Schattenstauden unter Bäumen sowie Staudenbeete auf der Südseite des Schloßparkes prägen ihn nun.

Der Weg vom Schloßpark Styrum zum nächsten MüGa-Garten in Broich führt durch Mülheimer Landschaft über den Styrumer und den Broicher Dammweg, die Trasse der ehemaligen Ruhrtalbahn nutzend. Auf Tafeln erfährt der Wande-

Feuchtbiotop am Ringlokschuppen

rer Wissenswertes zum Wasser- und Naturschutz. Wo früher großflächige Gewerbeanlagen und die Schutzbereiche der Wasserschutzzone I „Betreten verboten" sagten, verläuft nun, abseits befahrener Straßen am Rande der Ruhraue, ein Weg. Er bietet Ausblicke auf die Mülheimer Schwerindustrie ebenso wie auf Trinkwassergewinnungsanlagen oder auf besondere Biotope: Von Trockenstandorten an den Bahndämmen bis hin zu ufernahen Feuchtbereichen, Lebensraum für die Wasservögel an der Ruhr.

Der Stadthallenpark in unmittelbarer Nähe der Innenstadt ist die nächste Station. Direkt an der Ruhr gelegen und von Stadthalle und Eisenbahnbrücke geprägt, dokumentiert der Park die Bezogenheit der Stadt auf den Fluß auf wieder neue Art: Zwei Hauptachsen mit einem Heckengarten bestimmen hier die Wegeführung. Neben einer etwa 200 Meter langen Wasserstrecke mit dem Regentor als Ausgangspunkt, wird Wasser nicht nur optisch, sondern akustisch erlebbar. Verschiedene Fontänenblöcke in den Wegeachsen helfen bei der Orientierung. Dieses Ensemble wird durch farblich abgestufte Pflanzungen ergänzt, die neben Frühjahrs- und Zwiebelblumen unzählige Stauden- und Sommerblumenkombinationen zeigen.

Dem Leitmotiv der Einzelparks lassen sich auch die zahlreichen Beispielgärten der MüGa zuordnen. Im Schloßpark Styrum zeigen die Kleingärtner und Gartenbauvereine Varianten von modernen Freizeitgärten. Im Schloßpark Broich vermitteln der Apothekergarten und der Biogarten der Volkshochschule sachgebietsbezogene Informationen. Der Apothekergarten, nach dem Schema des

Im Staudengarten

Für Kinder ist der Höhepunkt des Stadthallengartens sicher der Wasserspielplatz. Experimentierfreudige Besucher aller Altersklassen können hier das Medium Wasser neu kennenlernen. Stauen, Umleiten, Spritzen, Plantschen, Schöpfen sind nur einige der Möglichkeiten, mit dem Naß spielerisch umzugehen.
Eine künstlerisch gestaltete Brücke leitet zum Schloßpark Broich, dem größten MüGa-Garten, hinüber. Ein Blick über das Brückengeländer läßt phantastische optische Zerrbilder und Spiegelungen erscheinen. Der Schloßpark Broich mit seinem Staudenhang und dem Pergolengang ergänzt das Halbrund des Ringlokschuppens und der Veranstaltungsbühne 'Drehscheibe'.

menschlichen Körpers strukturiert, ordnet Heilkräuter gemäß deren Wirkung auf die einzelnen Körperorgane. Der Biogarten stellt Gartenwirtschaft ohne Mineraldünger und Spritzmittel vor. Kompostieren, Kultivieren und Pflegen sind zentrales Info-Thema.
Die Partnerschaftsgärten der Stadt Tours/Frankreich im Stadthallengarten und der Städte Kuusankoski/Finnland, Berlin-Tiergarten, Darlington/England, Opole/Polen und Kfar-Saba/Israel im Schloßpark Broich zeigen jeweils einen Ausschnitt der traditionellen oder modernen Gartenarchitektur des Ursprungslandes.
Weitere Attraktionen des neuen Grünzuges: Entlang der Trasse der Ruhrtalbahn am Hang des Kassenberges und im angrenzenden Stein-

bruch Rauen entstanden ein Fossilienweg sowie ein geologischer Lehrpfad, die über Flora und Fauna vor mehreren Millionen Jahren und den Aufbau und die Entstehungsgeschichte der Mülheimer Landschaft Auskunft geben. Am Fossilienweg wurden neben zahlreichen Wildstauden und Farnen auch Bäume gepflanzt, die als lebende Fossilien gelten dürfen: Fächerblattbäume *(Ginkgo biloba)* und Mammutbäume *(Metasequoia glyptostroboides).*

Im Norden der MüGa, am Schloßpark Styrum, entstand im 49,5 Meter hohen, aufwendig renovierten, historischen Wasserturm ein Wassermuseum. Das hochmoderne, multimediale Museum Aquarius ist wohl das einzige Wassermuseum der Welt. Die historische Bausubstanz, verbunden mit neuer Architektur und künstlerischer Ergänzung sowie die Art der musealen Präsentation verbinden sich zu einem Gesamtkunstwerk.

Außerhalb des Kerngeländes der MüGa, an einem schönen und vielbesuchten Naherholungsort, dem Wasserbahnhof, befindet sich ein altes Natursteingebäude, das Haus Ruhrnatur. Die Rheinisch-Westfälische Wasserwerksgesellschaft (RWW) richtete in diesem Gebäude eine ständige Ausstellung ein, die über die biologischen, geologischen und hydrologischen Verhältnisse des Ruhrtals informiert. Der Wasserbahnhof entstand auf der künstlich aufgeschütteten Schleuseninsel, als in den zwanziger Jahren unseres Jahrhunderts der Dampfschifffahrts- und Ausflugsverkehr zunahm. Hier legen auch heute noch die Schiffe der „weißen Flotte" an.

Die Ostruhranlagen mit der Uferpromenade und dem Park der Villa Thyssen wurden neu gestaltet und bepflanzt. Das schmale Band öffentlicher Parks entstand ebenfalls in den zwanziger Jahren. Diese Stadterholungsflächen sowie die neu geschaf-

fenen Querverbindungen (Brücke zum Kraftwerk, Hellwegkanzel, Kassenbergbrücke) zum Westufer der Ruhr liegen zentrumsnah und werden von der Mülheimer Bevölkerung intensiv genutzt.

Die zahlreichen gestalterischen Höhepunkte der Landesgartenschau Mülheim MüGa '92 sind auch heute noch für den Besucher erlebbar. Gemeinsam mit dem Farbenspiel der Frühjahrs-, Sommer- und Herbstpflanzungen sorgen sie dafür, daß das ehemalige Gartenschaugelände – nicht nur von Mülheimern – täglich neu entdeckt wird.

☛ **Adresse:**
Am Schloß Broich; 45479 Mülheim
☛ **Öffnungszeiten:**
Täglich: ganztägig
☛ **Anreise mit Bus oder Bahn:**
Ab Mülheim Hbf. mit Bus 124 in Richtung Mülheim-Speldorf- Friedhof bis Haltestelle Stadthalle.
Ab Mülheim Hbf. mit Bus 132 in Richtung Mülheim-Klostermarkt bis Haltestelle Stadthalle.
Ab Mülheim Hbf. mit Straßenbahn 102 in Richtung Mülheim-Rosendahl bis Haltestelle Stadthalle.

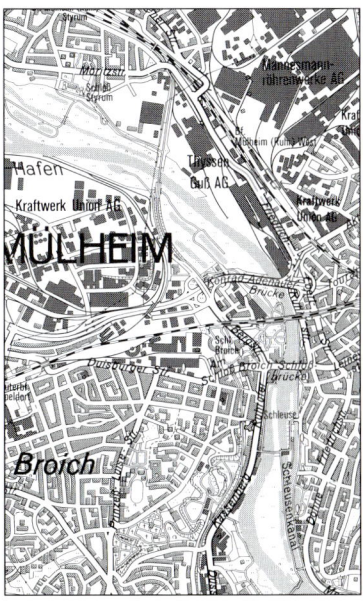

Kloster Saarn

Umbaumaßnahmen brachten eine königliche Gewehrfabrik, eine Tapetenfabrik in die Wirtschaftsgebäude und einen landwirtschaftlichen Betrieb in den Äbtissinnenbau.

Um 1214 wurde das Zisterzienserinnenkloster Saarn gegründet, das der geistlichen Aufsicht von Kloster Kamp am Niederrhein unterstand. Der Orden der Zisterzienserinnen entstand aus einer religiösen Frauenbewegung im Mittelalter. Das Besondere dieses Ordens liegt darin, daß seine Klöster im direkten Umfeld einer Siedlung errichtet werden. Der Begriff Zisterzienser ist von dem französischen Ort Citeaux abgeleitet, einem Dorf nördlich von Dijon, in dem im Jahr 1098 der Abt Robert von Molesme ein Kloster gründete, um der Verweltlichung des Mönchtums entgegenzutreten.

Nachdem sich in Saarn im 17. Jahrhundert das Kloster zu einem adeligen Damenstift wandelte, wurde es im Jahre 1809 unter französischer Herrschaft säkularisiert. Vier Jahre später wurde die ehemalige Abtei der preußischen Domänenverwaltung unterstellt. Umbaumaßnahmen an den Klostergebäuden in den folgenden Jahrzehnten brachten eine königliche Gewehrfabrik (1874), eine Tapetenfabrik in die Wirtschaftsgebäude und einen landwirtschaftlichen Betrieb in den Äbtissinnenbau. Im Jahr 1930 wurde ein Teil der Wirtschaftsgebäude zu Wohnungen umgebaut. Im Zuge des Ausbaus der Bundesstraße 1 wurde

1938 der nördliche Wirtschaftsflügel abgebrochen.

Gartenanlagen

Die Gestaltung des Umfeldes von Kloster Saarn läßt sich nur anhand von historischem Kartenmaterial nachvollziehen. So zeigt ein Lageplan aus dem Jahre 1779 das Kloster eingebettet in Gartenflächen. Man erkennt die Abteigärten, die sich an einem Teich entlang ziehen. Im Bereich der heutigen Bundesstraße 1 befand sich eine Gartenanlage im französischen Stil. Am Nordufer des Teiches lag der rechteckige, umfriedete Mühlengarten, der von den Bewohnern der Mühle genutzt wurde. In Richtung Mintard gehörten noch weitere Obstgärten, Wiesen und Felder zum Kloster. Nach Norden hin schlossen sich ebenfalls Abteigärten an, deren regelmäßige Ausgestaltung auf den Anbau von Obst und Gemüse schließen läßt.

Die Zisterzienserinnen waren ein sehr spartanischer Orden, so daß auch die Außenanlagen nicht zum Repräsentieren ausgelegt waren. Im Klosterhof – zwischen Äbtissinnengebäude und dem früheren Wirtschaftstrakt – sind auf historischen Plänen keine zierenden Elemente zu erkennen. Vermutlich war der Klosterinnenbereich ein reiner Wirtschaftshof, da sich auch die Stallungen dort befanden. Der Klostergarten zwischen nördlichem Teich und Klosteranlage ist durch alten Baumbestand gekennzeichnet. Im Laufe des 19. Jahrhunderts wurde der terrassierte, mittelalterliche Steilhang durch Aufschüttungen in eine leichte Böschung umgewandelt.

Der Saarner Klosterteich war, das zeigen alte Pläne, früher größer als heute. Dem Teich kam bei den Zisterzienserinnen eine besondere Bedeutung zu, nicht nur als Wasserspeicher für den Mühlenbetrieb. Er diente auch der Fischzucht, denn die Ordensregeln verboten den Genuß von Fleisch, Fisch dagegen war erlaubt. Den Teich überspannte eine kleine Brücke.

Wiederhergestellt

Nach umfangreichen archäologischen Untersuchungen und Restaurierungsarbeiten an den Gebäuden des Klosters in den achtziger Jahren unseres Jahrhunderts wurde auch

Der Lageplan von Kloster Saarn aus dem Jahre 1779

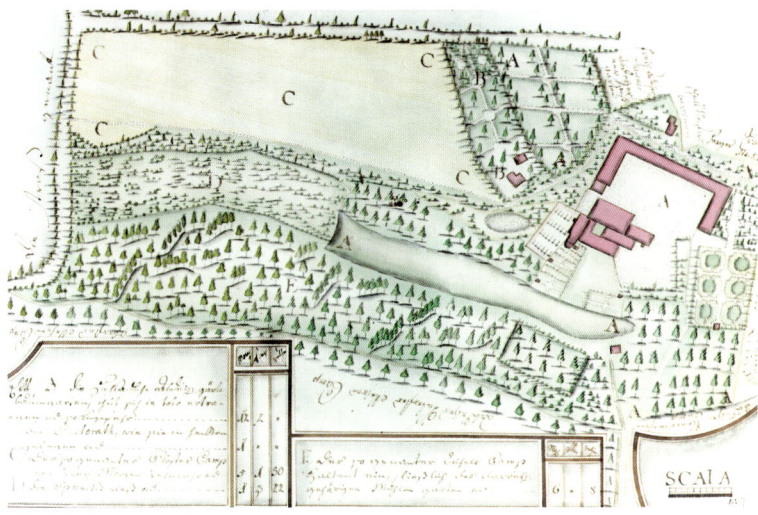

141

das Umfeld dieser Anlage neu gestaltet. Kloster Saarn gehört zu den wenigen ehemaligen Zisterzienserinnenklöstern, die ihre historisch gewachsene Gestalt nicht eingebüßt haben. Der Eindruck einer vollständig erhaltenen Klosteranlage wird noch dadurch verstärkt, daß die Außenanlagen des Saarner Klosters nicht vollständig verloren waren, wie es sonst bei nahezu allen anderen Klöstern in städtischer Lage der Fall ist. Kloster Saarn hat auch heute noch ein idyllisches Umfeld und blieb ein attraktiver Blickpunkt in der Mülheimer Ruhrlandschaft.

Sowohl die künftigen Nutzungen der restaurierten Klostergebäude als auch die – keineswegs nur lokale – historische Bedeutung der Klosteranlage waren bei der Erarbeitung eines Gestaltungskonzeptes für die Freiflächen zu berücksichtigen. 1989 begann man in einem ersten Schritt, die 1982 freigelegte Immunitätsmauer aus dem frühen 13. Jahrhundert neu aufzumauern. Klösterliche Schlichtheit erzielte man im Klosterinnenhof durch die Aufpflasterung mit Basalt-Großsteinen und eine mittig angelegte, fast quadratische Rasenfläche. An den äußeren Klosterhof schließt sich im Norden, durch eine Hecke getrennt, eine Wiese an. Sie ist optisch von einer Baumreihe bestimmt. Der Parkbereich zwischen dem Klosterteich und der Klosteranlage erhielt, zum Beispiel durch das Auslichten des dichten Baumbestandes und die Teicherweiterung, wieder sein ursprüngliches Gepräge.

Da jedoch städtebauliche Veränderungen und vor allem die Verkehrslinien der Bundesstraße und der Bundesbahn die Außenanlagen des Klosters Saarn erheblich einengen, mußte bei der Gestaltung des Klosterumfeldes auf die Wiederherstellung des Ursprungzustandes der Anlagen verzichtet werden. So entstand eine Garten- und Parkanlage, die gestalterische Leitlinien aus der Zeit der Zisterzienserinnen mit heutigen Nutzungsansprüchen verknüpft.

Der Gesamtkomplex wird sowohl kirchlich als auch öffentlich genutzt. Das Äbtissinnengebäude und der Konventsbau stehen für kirchliche, teilweise aber auch für öffentliche Zwecke zur Verfügung. Im nördlichen Anbau entstand eine Begegnungsstätte, im ehemaligen Wirtschaftsgebäude wurden vorwiegend Altenwohnungen eingerichtet.

Das Kloster Saarn zählt zu den wenigen Zisterzienserinnenklöstern nördlich der Mainlinie, deren Anlagen trotz der Säkularisation im Jahre 1808 noch weitgehend erhalten sind. Sein besonderer Wert liegt darin, daß es den baulichen Werdegang vom Mittelalter über die im Barock durchgeführten Umgestaltungen bis heute zeigt.

☞ **Adresse:**
Klosterstraße; 45481 Mülheim
☞ **Öffnungszeiten:**
Täglich: ganztägig
☞ **Anreise mit Bus oder Bahn:**
Ab Mülheim Hbf. mit Bus 132 in Richtung Mülheim-Klostermarkt bis Haltestelle Klostermarkt.

Kurpark am Solbad Raffelberg

> „In dem Kurpark hat der Düsseldorfer Gartendirektor Freiherr von Engelhardt eine überaus reizvolle Anlage geschaffen, in deren Ausgestaltung sich Natur und Gartenkunst in glücklicher Vollkommenheit die Hand reichen."

Um 1880 wurden auf der Zeche Altstaden salzhaltige Quellen entdeckt. In unmittelbarer Nähe der Zeche entstand daraufhin 1884 ein kleines Solbad, dem 1888 eine Heilanstalt für Kinder (Kindersolbad) folgte. Nach etwa zwanzigjährigem Bestehen genügte die Anlage den wachsenden Ansprüchen nicht mehr, so daß darüber nachgedacht wurde, das Solbad zu verlegen. Schließlich wurde 1907 die „Aktiengesellschaft Solbad Raffelberg" und der Verein „Kindersolbad Raffelberg e. V." gegründet. Ein Gelände des Gutes Raffelberg wurde angekauft, auf dem das Solbad und

ein Kurpark entstehen sollten. Nachdem das Solbad Raffelberg gebaut war, entwarf der Düsseldorfer Gartenarchitekt Walter Freiherr von Engelhardt den Park. Engelhardt zählt zu den namhaften Gartenkünstlern des frühen 20. Jahrhunderts in Deutschland. Die Anordnung der Gebäude im Kurpark paßte sich der Geländestruktur an und orientierte sich am Verlauf des Waldbestandes in Ost-Nord-Richtung. Das Areal teilte sich so in zwei unterschiedliche Bereiche, den südlichen und den nördlichen Parkteil. Der südliche Teil des Parkes wurde unter weitgehender Schonung des

vorhandenen Waldbestandes angelegt. Da die Parkanlage zunächst in
erster Linie für Kurgäste sowie Besucher der Gaststätte (Kurhaussaal)
bestimmt war, friedete man diesen
Bereich durch eine Mauer ein. Sie
wurde vermutlich nach dem 2. Weltkrieg zum großen Teil abgerissen. Es
gab zwei Zugänge, die durch Kassenhäuschen markiert waren. Der
Haupteingang lag östlich des Kur-

daß sie realisiert wurden. An ihrer
Stelle könnte der in der Literatur
erwähnte, aber nicht näher lokali-
sierte Rosen- oder Blumengarten angelegt worden sein, da schon auf der
Luftbildkarte von 1926 eine regelmäßige Struktur mit einem Mittel-
rondell erkennbar ist. Die Vermu-
tungen werden durch die Aussagen
des ehemaligen Gärtners Knicker
bestätigt: „Der durch Hainbuchen-

hauses, der Seiteneingang südlich, in
der Mittelachse des Hauptgebäudes.
In dieser Achse befand sich eine
rechteckige Rasenfläche mit halb-
rundem Abschluß im Süden und
randlichen Wegen als Zugang zum
Kurhaus. Die Rasenfläche war von
Blumenbeeten eingefaßt.
Im westlichen Parkteil wurden die
Wege in freier Form geführt. Hier
waren nach den Lageplänen von
1909 und 1910 Tennisplätze vorgesehen. Es ist wenig wahrscheinlich,

Hecken gefaßte Rosengarten besaß
in der Mitte ein rundes Wasserbecken mit einem Springbrunnen.
Die Anlage bestand bis vor etwa 25
Jahren". Nördlich des Rosengartens
befand sich ein weiterer regelmäßig
gestalteter Bereich, der erst nach dem
2. Weltkrieg gebaut wurde, aber nicht
lange existierte. Seine Mitte bildete
ein runder Springbrunnen.
Der nördliche Parkteil wies schon in
seiner Grundkonzeption von 1908/09
– in ausgeprägter Form als der

Südteil – eine Zweiteilung in einen regelmäßigen, axial auf das Kurhaus bezogenen Gartenteil und einen mehr landschaftlich gestalteten Bereich im Westen auf. Der Gartenarchitekt Freiher von Engelhardt nutzte mit seinem Entwurf sehr ge-

Luftbildaufnahme von 1935 vom Park des Solbades Raffelberg

konnt die natürlichen Gegebenheiten des Geländes (Höhenunterschiede, Bachlauf). Im Anschluß an das Kurhaus entstand eine Terrassenanlage in drei Ebenen. Verschiedene Treppenanlagen führten hinunter zu einem Teich, der an dieser Seite durch eine Mauer eingefaßt war. Gegenüber der Terrassenanlage, nördlich des in diesem Bereich annähernd quadratischen Teiches, wurde als Abschluß in der Achse eine Pergola plaziert.

An den fast quadratischen Teich schloß sich westlich ein langgestreckter Weiher mit geschwungener Uferlinie an. Über den schmalen Durchlaß führte eine Brücke. Am nördlichen Ufer zogen sich parallel Wege entlang, wobei der am nördlichen Rand des Parkes verlaufende im Westen alleeartig bepflanzt war. Den beiden Wegen waren Sitzplätze auf kreisrunder und quadratischer Grundfläche angegliedert. Die heute möglicherweise als Fehlplanung erscheinende Nordorientierung der Baukörper (Terrassen auf der Nordseite) ist durch die ehemals freie Sicht zum Ruhrtal erklärlich.

Um 1925/26 wurde der Nordteil des Parks erweitert. Die neu gestalteten Flächen fügten sich harmonisch in die alte Anlage ein. Im östlichen Teil wurde die axiale Gestaltung fortgeführt, indem der Abschlußpunkt in Form eines Pavillons weiter nach Norden bis an die Ruhrorter Straße wanderte. Die Pergola wurde entfernt, ihr Standort aber als Platzfläche erhalten. Baumreihen (Pyramiden-Pappeln) rahmten an den Längsseiten die weiter nördlich angelegte rechteckige Rasenfläche. Die Rasenfläche selbst war mit Blumenbeeten eingefaßt.

Veränderungen

Der Pavillon hatte eine kreuzartige Grundform und war über zwei – etwa im Halbkreis aufeinander zu führende – Treppen zu erreichen. Er diente als Aussichtspunkt, aber auch als Eingang von der Ruhrorter Straße aus. Im westlichen Teil kam es zu einer Veränderung der Wegeführung: Die Allee entlang der ehemaligen Nordgrenze wurde zugunsten einer insgesamt großzügigeren, geschwungenen Wegeführung aufgegeben.

Einen räumlichen Eindruck vom nördlichen Teil der Kurparkanlage bietet eine Luftbildschrägaufnahme vom Solbad Raffelberg aus dem Jahre 1935. In dieser Aufnahme ist die Struktur des Kurparks deutlich sichtbar.

Die Konzeptionen des Raffelberg-Parks von 1908/09 und 1925/26 blieben bis heute erkennbar. Heute ist er etwa 10,5 Hektar groß. Entfernt wurden: Die Einfriedungsmauer und das Kassenhäuschen (nach dem 2. Weltkrieg), der Musikpavillon (1961), der Pavillon an der Ruhrorter Straße (um 1960) und die Freitreppe am Kurhaus (1961). Daraus ergaben sich deutliche Veränderungen im Gesamtbild der Anlage.

Der südliche Teilbereich ist durch einen alten Buchen-Eichenbestand mit waldartigem Charakter geprägt. Da die Einfriedungsmauer beseitigt wurde, ist er heute von der Straße aus einsehbar. Die beschriebene Wegeführung sowie die rechteckige Rasenfläche in der Achse des Kurhauses sind im wesentlichen erhalten. Im Bereich des ehemaligen Rosengartens sind Reste des Wasserbeckens sowie ein Bestand von mehreren Hainbuchen *(Carpinus betulus)* vorhanden. In der nördlichen Rasenfläche, auf der früher ebenfalls ein Springbrunnen stand, ist der Wegeverlauf noch gut zu erkennen.

Die ehemalige Spielplatzfläche am Kindersolbad ist heute mit Garagen bebaut und wird als Parkplatz genutzt. Der Parkteil nördlich des Kurhauses ist ebenfalls in seiner Grundstruktur mit der Terrassen- und Teichanlage von 1909, der Wegeführung von 1909 und 1926 und einem Teil der Gehölzpflanzungen erhalten. Die Freitreppe am Kurhaus wurde jedoch beseitigt, so daß die direkte Verbindung zwischen Kurhaus und Terrassenanlage oder Kurpark nicht mehr besteht. Die Treppenanlage mit der kleinen Platzfläche direkt am Teichufer ist ebenfalls nicht mehr vorhanden. Rotbuchen *(Fagus sylvatica,* in Säulenform) ersetzten die randlichen Pyramidenpappel-

Reihen an der Rasenfläche nördlich des Teiches. Die alte, zum nördlichen Pavillon hinaufführende Treppenanlage ist aber noch vorhanden.

Beim Kurpark des Solbades Raffelberg handelt es sich um eine im Ursprung einheitlich konzipierte und realisierte Gesamtanlage aus Gebäuden und Park, in die angrenzende Flächen später harmonisch einbezogen wurden. In zeitgenössischen Kommentaren wird die ursprüngliche Anlage von 1908/09 so beschrieben:

„In dem Kurpark hat der Düsseldorfer Gartendirektor Freiherr von Engelhardt eine überaus reizvolle Anlage geschaffen, in deren Ausgestaltung sich Natur und Gartenkunst in glücklicher Vollkommenheit die Hand reichen. In liebevoller Anpassung an die Umgebung sind die in ruhiger Schlichtheit ausgeführten Baulichkeiten in dieses Idyll hineingebettet worden".

☛ **Adresse:**
Akazienallee; 45478 Mülheim
☛ **Öffnungszeiten:**
Täglich: ganztägig
☛ **Anreise mit Bus oder Bahn:**
Ab Mülheim Hbf. mit Bus 122 in Richtung Oberhausen Falkestraße bis Haltestelle Raffelberg.

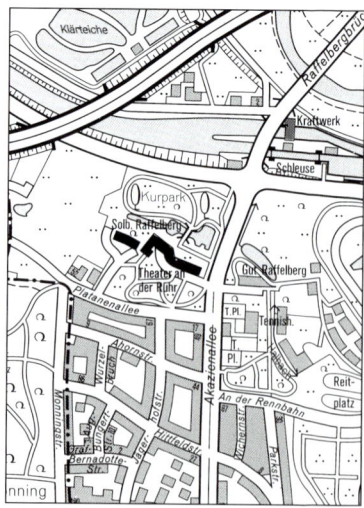

Oberhausen — *Partie im Kaisergarten*

Schloß Oberhausen und der Kaisergarten

39

> „Es ist nicht einzusehen, warum der Kaisergarten und sein Restaurant nicht Massenbesuch aufweisen sollen. (…) Hier findet in der Tat der anspruchsvolle Großstadtmensch ebenso Geschmacks genüge, wie der Werkmann, der nach schwerer Arbeit auch einmal Vergnügen haben will."

So selbstverständlich wie Schloß Oberhausen und der beliebte Kaisergarten in der Mitte der Stadt heute eine Einheit bilden, so verschieden ist die Geschichte beider Anlagen. Die Wasserburg „Haus Overhus" an der Emscher aus dem 13. Jahrhundert ist die Vorgängerin von Schloß Oberhausen. Sie lag einige hundert Meter südöstlich des heutigen Schlosses. Zwischen 1804 und 1814 ließ sich Maximilian Graf von Westerholt-Gysenberg anstelle der alten Burg das neue, barocke Schloß errichten. Er beauftragte den Münsteraner Architekten und Offizier August Reinking. Reinking bezog die nahe Landstraße in das Achsensystem der Anlage ein. Auch die streng geometrische Gartenanlage des Schloßinnenhofes zeugte vom feudalistischen Repräsentationswillen des Bauherrn. Seit 1808 war auch der Düsseldorfer Hofgärtner Friedrich Maximilian Weyhe mit der Gestaltung des Schloßparkes östlich des Schlosses beauftragt. Dieser Teil des Parkes befand sich da, wo heute die Straße verläuft und sich die, der Grafenbuschsiedlung vorgelagerten, Grünflächen befinden. Weyhe entwarf diesen Be-

reich im Stil englischer Landschaftsgärten und bezog eine alte Flutrinne
der Emscher ein. Aus ihr wurde im
Landschaftsgarten ein Kanal und ein
kleiner Teich. Bis 1910 floß die Emscher in einem großen südwärts gerichteten Bogen durch das heutige
Centro-Gelände und in vielen engen
Windungen durch das heutige Kaisergartengelände.

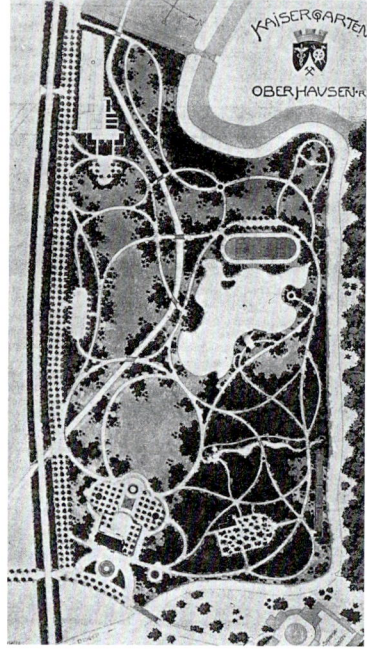

*Historischer Entwurf des
Kaisergartens*

Der Weyhe'sche Landschaftsgarten
ist nur noch in alten Karten vorhanden – ein Teil fiel dem Ausbau der
Sterkrader Straße (B 223) zum Opfer;
ein anderer wurde in das Grünge-
staltungskonzept der Villenkolonie
„Am Grafenbusch" integriert, die
der Architekt Bruno Möhring plante. Eine Abbildung der Weinkellerei
Schloß Oberhausen und alte Darstellungen auf Postkarten vom
Schloß zeugen vom Aussehen des
Parkes. Die Familie von Westerholt-
Gysenberg bewohnte das Schloß bis
1858, danach wurde es vermietet.

1909 kaufte die Emschergenossen-
schaft das Schloß, weil sie die Grundstücke benötigte, um die Abflußre-
gulierung der Emscher voranzutrei-
ben. Schon 1912 kaufte es dann die
Stadt Oberhausen. 1953 mußte das
Herrenhaus wegen Baufälligkeit geschlossen werden. Es wurde 1958
abgerissen und nach Reinkings Plänen neu gebaut. Die inzwischen
gewachsenen räumlichen und funk-
tionalen Beziehungen zum Kaisergarten beeinflußten nun die Gestaltung der Grünfreiräume am Schloß.
Im Schloßgebäude ist heute die Städtische Galerie und eine Gedenkstätte untergebracht, nach einem Umbau
sollen ein Restaurant und das Standesamt dazukommen.

Zeitgeist

Die Geburtsstunde des Kaisergartens
schlug 1896. Die rasant aufstrebende
Industrie- und Hüttenstadt Oberhausen wollte – wie nahezu alle Städte des rheinisch-westfälischen Industriegebietes – „durch die Anlage
eines Volksgartens den Einwohnern
einen angenehmen, erfrischenden
Aufenthalt in freier Natur schaffen",
so der Verwaltungsbericht von 1896.
Die Stadt erwarb für 122.000 Mark
vom Grafen Westerholt-Gysenberg
ein etwa 19 Hektar großes Grundstück südlich des Schlosses und der
Emscher in der Oberhausener Gemarkung. Die Fläche mit der Flur-
bezeichnung Hasenkolk war ein von
alten Emscherschlingen durchzo-
genes, sumpfiges Wald- und Wiesengelände.
Im März 1897 wurde das noch nicht
erschlossene Areal Kaisergarten ge-
tauft. Der Verwaltungsbericht von
1906 beschreibt das damals häufige,
patriotisch motivierte Ereignis:
„Dem Grundstück wurde als künfti-
ger Stadtgarten anläßlich der 100-
jährigen Wiederkehr des Geburts-
tages des Hochseligen Kaisers Wilhelm I. am 22. März 1897 unter Ein-

weihung eines mit dem Bilde seiner Hochseligen Majestät versehenen Denksteines die Bezeichnung „Kaisergarten" beigelegt".

Noch im Juli desselben Jahres wurde ein Gestaltungswettbewerb ausgeschrieben, den der Oberhausener Gärtner Tourneur gewann. Im April 1898 begannen die mehrere Jahre dauernden Ausbauarbeiten. Erst mit

stätten im Freien für Jugend und Volk" in der Zeitschrift „Körper und Geist" 1903 über den Oberhausener Kaisergarten:

„Wenn (...) der Volksgarten einer rheinischen Kleinstadt (...) neben

Luftbildaufnahme
aus dem Jahre 1982

Hilfe einer Spende des Vorstandes der Gutehoffnungshütte von 50.000 Mark ließ sich 1903 das damals übliche Parkhaus realisieren. Eine Allee (Fahrweg) parallel zur Bahnstrecke Oberhausen-Hamm, ein Parkhaus mit Blumenschmuck auf geometrisch angeordneten Beeten und einer Vorfahrt, ein Gondelweiher, ein geschwungenes Wegesystem mit den typischen „Brezelwegen" und zwei Tennisplätze, so war eine Parkanlage damals ausgestattet.

Der Entwurf des Kaisergartens von Adolf Jensen, der auf der Dresdener Städtebauausstellung von 1903 gezeigt wurde, rief durchaus auch Kritik hervor. In den großen Städten des Deutschen Reiches wurde die Form herkömmlicher Bürgerparks von der Volkspark- und Jugendspielbewegung angegriffen. So heißt es in einem Aufsatz „Über Erholungs-

einem einzigen Kleinkinder-Spielplätzchen keinerlei Gelegenheit zeigt zu Jugend- und Volksspielen, wohl aber gut gepflegte Tennishöfe aufweist für die Söhne und Töchter der besseren Gesellschaft, so liegt hier doch wohl eine Verirrung vor".

Davon unbeirrt, ließen die Oberhausener Stadtväter den Kaisergarten im Terrassenbereich des Parkhauses einen aufwendigen Springbrunnen errichten. Eine etwa 1,60 Meter hohe bronzene Knabenfigur hielt einen wasserspeienden Delphin.

Als am 10. Dezember 1910 nördlich des Rhein-Herne-Kanals ein neues Emscherbett geflutet wurde, wirkte sich das auch auf den Kaisergarten aus. Die Stadt Oberhausen erwarb das Schloß und die angrenzenden Ländereien und der Kaisergarten wurde bis an den Rhein-Herne-Kanal ausgedehnt. Der Teich und der alte Emscherlauf fielen jedoch in den Folgejahren trocken, weil der Kanalausbau den Grundwasserstand absinken ließ. Ein Stadtplan aus dem Jahre 1921 zeigt den Kaisergarten völlig ohne Wasserflächen. 1924 wurde der Teich im Rahmen einer Notstandsmaßnahme wiederhergestellt. Mit dem Bodenaushub vom Teichgrund wurde ein Rodelhang und eine „Arena" mit wechselndem Blumenschmuck modelliert.

Mit Rodelbahn und Spielplatz ziehen Elemente der Volksgartenbewegung in den Bürgerpark ein. Dazu gehören auch die Sportanlagen im Dreieck zwischen Rhein-Herne-Kanal und neuer Emscher. Stadion, Schwimmbad und Planschbecken, Licht- und Luftbad sowie eine Volkswiese erweitern das Kaisergartengelände im Sinne der Spiel- und Sportbewegung. Ein Plan von 1926 zeigt zwei zusätzliche Brückenbauwerke über den Kanal und die Emscher, die die räumliche und funktionale Einheit der Gesamtanlage betonen.

Ein Bär

Daneben bemühte man sich in den zwanziger und dreißiger Jahren, den repräsentativen Wert des Kaisergartens weiter zu steigern. So wurde auch das Parkhaus renoviert. Die Tageszeitung „Der Generalanzeiger" schreibt am 3. April 1924:

„....Anreiz genug, das Unternehmen durch guten Besuch zu fördern, zumal der Pächter den Ehrgeiz hat, aus dem Parkhaus ein Unterhaltungslokal zu machen, das dem alteingesessenen Bürgertum wie der Volksmasse willkommenen Aufenthalt für den Feierabend gewährt. (...) . Es ist nicht einzusehen, warum der Kaisergarten und sein Restaurant nicht Massenbesuch aufweisen sollen (...). Hier findet in der Tat der anspruchsvolle Großstadtmensch ebenso Geschmacks genüge, wie der Werk-

Briefkopf der Weinkellerei Schloß Oberhausen aus dem Jahre 1906

mann, der nach schwerer Arbeit auch einmal Vergnügen haben will. (...). Und der Kaisergarten? – er wird zur Zeit in einen wahren Stadtpark umgewandelt, mit Grünschmuck und Teichanlage und allem Gartenzierrat, den eine solche Oase großindustriestädtischer „Steinwüste" beanspruchen kann, um mit Recht den Titel zu gewinnen, der ihm seine Daseinsberechtigung als städtischer Erholungsplatz ersten Ranges gibt".

1927 begann der Pächter des Parkhauses damit, einen kleinen Zoo aufzubauen, um sein Restaurant attraktiver zu machen. Ein Leopard, mehrere Affen und sogar ein Bär sollten den Erfolg sichern. Auch die nahe Stadtgärtnerei zeigte den Besuchern in einem kleinen botanischen Garten Exoten wie Bananen und Ananas. Schließlich entstand 1938 im Kaisergarten auf einer Fläche von 16 Hektar ein Tiergehege. Dieser frei zugängliche Tierpark erhielt soviel Zuspruch, daß der General Anzeiger am 9. Oktober 1938 schrieb:

„Man hat gehört, daß letzthin Beobachter aus Duisburg auf Patrouille

nach Oberhausen geschickt worden seien, um festzustellen, ob der neue Oberhausener Wildpark für den Duisburger Tierpark 'gefährlich' werden könne".

Die Bomben des 2. Weltkrieges zerstörten den kleinen Tierpark. Umgeben von kriegswichtigen Zielen wurde auch das Parkhaus mit seiner Terrassenanlage völlig zerstört. 1950 stellte die Stadt den Bürgern erste Pläne vor, wie das teilweise verwilderte Kaisergartengelände wiederzubeleben sei. Bergsenkungen hatten inzwischen das Bett der alten Emscher wieder mit Wasser gefüllt. Das zerbombte Parkhaus wurde abgerissen, die Vorfahrt gärtnerisch gestaltet. Pergolastelen am Zugang Konrad-Adenauer-Allee markieren heute die frühere Lage des Parkhauses. 1954 entstand ein neues Tiergehege, das in den sechziger Jahren erweitert wurde. Gleichzeitig paßte man die Flächen dem gärtnerischen Geschmack jener Zeit an. Sie erlauben das Lagern, Sport und Spiel. Trotzdem war und blieb der Kaisergarten ein Park für Spaziergänger, wie die beeindruckenden Besucherzahlen an Sonn- und Feiertagen zeigen.

☛ **Adresse:**

Am Kaisergarten,

46049 Oberhausen

☛ **Öffnungszeiten:**

Täglich: ganztägig

Tiergehege:

1. April bis 30. Sept. von 9 bis 19 Uhr

1. Okt. bis 31. März von 9 bis 17 Uhr

☛ **Anreise mit Bus oder Bahn:**

Ab Oberhausen Hbf mit Bus 122 in Richtung Oberhausen Falkestraße bis Haltestelle Schloß Oberhausen

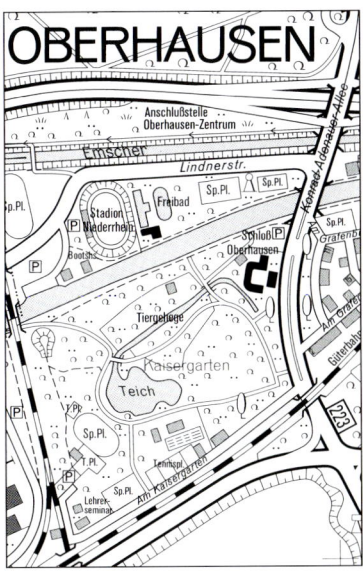

40 Revierpark Vonderort

> „Der Park soll außerdem zum Promenieren, Spazierengehen, Zuschauen, Miterleben und Mitmachen anregen."

Ein neuer Parktyp entwickelte sich in den sechziger Jahren dieses Jahrhunderts, nachdem die Städte Deutschlands nach dem 2. Weltkrieg wiederaufgebaut worden waren. Dieser neue Park war zwar weiter dem Wohlfahrtsgedanken des Volksparkes verpflichtet, trug aber den zunehmend auf Individualisierung und Kommerzialisierung gerichteten Rahmenbedingungen Rechnung. Als Prototyp dieses neuen Parktypes in Deutschland gelten die Revierparks des Ruhrgebiets. Sie entsprachen dem Bedürfnis gemeinschaftlicher wie individueller Unterhaltung im Grünen. Der Siedlungsverband Ruhrkohlenbezirk (SVR - heute Kommunalverband Ruhrgebiet/KVR) formulierte dies 1969 in der Ausschreibung des Wettbewerbs zum Bau des Revierparks Vonderort so:

„Erstrebt wird ein stark begrünter Park mit vielfältigen Sport-, Spiel- und auch Schauanlagen. Der Park soll vor allem der aktiven Freizeitgestaltung, insbesondere der individuellen und ungebundenen spielerischen Betätigung dienen. Der Park soll außerdem zum Promenieren, Spazierengehen, Zuschauen, Miterleben und Mitmachen anregen. Eine Parkpromenade und ein Fußwegenetz sollen deshalb an den besonders anziehenden Anlagen vorbei führen (wie Wellenbad, Wasserspielplatz, Kindereisenbahn, Kinderautobahn,

Pferdekoppel, Blumenschau usw.). (...) Nur in einem kleinen Teil des Gesamtparks werden einige Spiel- und Schauanlagen des Spielstätten- und Schaustellergewerbes für vertretbar gehalten (gewerbliche Spiel- und Schauzone). Für die Benutzung des Freizeithauses und der freien Park- und Spielzone soll kein Eintritt erhoben werden – im Freizeithaus nur bei Sonderveranstaltungen."

Der Revierpark Vonderort steht nicht nur programmatisch in der Tradition der Volksparkbewegung. Ein großer Teil seines Geländes ist der Ende der zwanziger Jahre angelegte Volkspark „Stadtwald Osterfeld".

Erst 1925 begann die westfälische Industriestadt Osterfeld mit der Anlage von Grünflächen: „Der an das Stadtgebiet angrenzende große Osterfeld-Bottroper Wald wird hier wesentlich dazu beigetragen haben, daß die früher selbständige Gemeinde erst später als die benachbarten Industriestädte dazu übergegangen ist, Grünflächenpolitik zu betreiben, da den Bewohnern schon Erholungsmöglichkeiten in den Wäldern geboten waren", so steht es 1939 im Heimatbuch „75 Jahre Oberhausen".

Osterfeld pachtete um 1925 vom Grafen Nesselrode 120 Morgen Stadtwald und schrieb einen Ideenwettbewerb für den Volkspark Osterfeld aus. Die heute im Stadtarchiv der Stadt Oberhausen dokumentierten Erläuterungsberichte sind eine Fundgrube unterschiedlicher Entwurfsarbeiten. So formulierte ein Bewerber:

„Der Grundgedanke zu dem Entwurf ist folgender: Erhaltung des Waldcharakters, daher keine wesentlichen Eingriffe in den Baumbestand und den Boden des Waldes und Ausnutzung der alten Kiesgrube für Sport- und Wasserflächen, unter Ausnützung der vorhandenen Böschung für die Tribüne, weitere Zuschauerplätze und Umgangswege. Das Restaurationsgebäude ist an der vorgesehenen Straßenecke geplant und erhält einen großen Vorplatz und bequeme Zugänge."

Ein anderer faßte seine Gedanken in Verse: „Urwald, heil'ger Donarshain urwüchsiger Germanen, Heimat Du und Kraft- und Freudesquellen unserer Ahnen, zertrat der Eisenruß

Historische Fotografie der Terrassenanlage am „Waldhof"

jahrtausendlanger Zeit Dich auch, noch grünst Du - und nicht sollst Du ersterben im Schlotenrauch. Wir retten Dich – trotz großer Not, die uns tief drückt nieder. Gib uns als Volkspark Kraft und Freude unserer Ahnen wieder."

Der neue Stadtwald Osterfeld entsprach im Ergebnis sowohl in gestalterischer als auch in funktionaler Hinsicht den Volkspark-Vorbildern seiner Zeit. Die Anlage mit der Erholungsgaststätte Waldhof zog zahlreiche Besucher, auch aus der weiteren Umgebung, an. Der Stadtteil Osterfeld stand nach dem Zusammenschluß der Städte Oberhausen, Osterfeld und Sterkrade zur Stadt Oberhausen im Jahr 1929 als Ausflugsziel an erster Stelle.

Der Stolz auf die Grünanlagen und Parks war groß. Im zitierten Heimatbuch von 1939 findet sich unter der Überschrift „Die Garten- und Waldstadt" folgender Abschnitt:

„Wenn die Industriestadt Oberhausen u. a. heute auch den Namen einer Garten- und Waldstadt für sich in Anspruch nimmt, so darf sie dieses mit Recht tun. Ist Oberhausen auch noch vorwiegend als Industriestadt anzusprechen, so befinden sich doch Grünanlagen in ihrem Besitz, die sich nach Größe und Umfang mit Städten messen können, die den Namen Garten- und Waldstadt an die erste Stelle setzen."

Die Bomben des 2. Weltkrieges zerstörten die Gaststätte Waldhof im Stadtwald genau wie das Parkhaus im Kaisergarten. Bergsenkungen ließen den Grundwasserspiegel steigen, der Stadtwald verfiel in den Nachkriegsjahren. Als Teil des Standortes für den dritten Revierpark begann 1969 für den Stadtwald Osterfeld eine neue Epoche. Das bisherige Areal südlich der Bottroper Straße wurde Richtung Norden mehr als verdoppelt. Insgesamt 32 Hektar Fläche standen für die Entwürfe des beauftragten Landschaftsarchitekten

Gustav Wörner, Wuppertal, zur Verfügung.

Als Dritter von insgesamt fünf Revierparks wurde 1974 Vonderort eröffnet. Er bot Bereiche für Sport- und Spiel, ein Freizeithaus und ein Freizeitbad. Neben der landschaftlich-baulichen Gestaltung des Parkes war den Freizeitplanern sehr wichtig, gemeinsam mit der Bevölkerung die Nutzung der Freiflächen zu organisieren. Sozio-kulturelle Aktivitäten waren gefragt. Diese Zielsetzungen haben sich weiterentwickelt. Heute sind die Revierparks beliebte multikulturelle Begegnungsstätten des Ruhrgebiets. Auch die Angebotsstruktur der Freizeitbäder wandelte sich. Im Januar 1991 wurde im Revierpark Vonderort das neue Solebad eröffnet. Zu den Angeboten für reines Freizeitvergnügen treten heute jene Angebote, die dem Wunsch der Besucher, sich gesund und fit zu erhalten, entgegenkommen.

☛ **Adresse:**
Bottroper Straße; 46117 Oberhausen
☛ **Öffnungszeiten:**
Täglich: ganztägig
☛ **Anreise mit Bus oder Bahn:**
Ab Oberhausen Hbf mit CE 91 in Richtung Bottrop ZOB - Berliner Platz bis Haltestelle Revierpark Vonderort

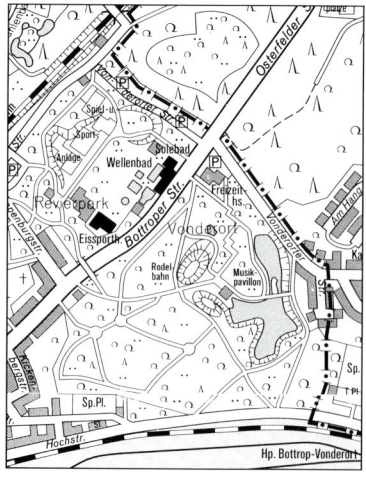

Gethmann's Garten

41

> „Schön muß es sein, in dünsterer Nacht auf dem Belvedere zu stehen, die Ruhr geheimnisvoll rauschen zu hören und jene fünf Stahlhämmer ihre Funken gen Himmel sprühen zu sehen."

Der Tuchhändler, Bergwerksbesitzer und Schiffsreeder Carl-Friedrich Gethmann begann ab 1806 an einem eher ungepflegten Ruhrabhang in Blankenstein, der „Rampelduse", einen Landschaftsgarten anzulegen. C. F. Gethmann war zugleich Bauherr und sein eigener Gartenarchitekt. 1928 kaufte das Amt Blankenstein den Garten. Die Stadt Hattingen ist heute für die Pflege des Parkes zuständig.

Der Weg in den Garten führt durch das ehemalige Gethmann'sche Wohnhaus und spätere Hotel Petring an der Hauptstraße. Von Süden her kommt man zum „Platz mit den drei steinernen Tischen" – heute ist nur noch ein Tisch vorhanden. Von diesem Punkt öffnete sich früher ein wunderbarer Blick nach Norden und Osten ins Tal und auf die Ruhrhöhen. Von den drei Tischen geht es in einen spiralförmigen Hohlweg (Schneckengang) hangaufwärts zur Friedrichshöhe (Osthügel), die nach dem ältesten Sohn Carl Friedrich Gethmanns benannt wurde. Von der Friedrichshöhe war früher die gleiche schöne Aussicht zu genießen, die Sichtbeziehungen sind jedoch mittlerweile zugewachsen. Die Friedrichshöhe ist mit der Wilhelmshöhe (Westhügel) über einen linear verlaufenden Ost-West-Weg verbunden. Carl Gethmann jun. berichtete in seiner Chronik „Werden und Wachsen des Gethmann'schen Gartens", daß die frühere Obstbaumallee um 1930 „mit den ausgesuchtesten Ziersträuchern und allerlei frischen Bäumchen bepflanzt" war. Heute stehen am Rand der Achse Friedrichshöhe – Wilhelmshöhe Spielgeräte und Tischtennisplatten. Von der Wilhelmshöhe aus gelangt der Besucher im Halbkreis zu einem ehemaligen Gemüsegarten, den Carl Gethmann jun. als die „neuen Anlagen" bezeichnet. Es schloß sich „eine ca. 500 Fuß lange Tannenallee" an, die in einen viereckigen, von Tannen umgebenen Platz einmündete, auf dem sich eine Sitzbank befand. Von hier aus hatte man früher durch ein ovales in die Tannenwand geschnittenes Fenster gegenüber der Sitzbank eine herrliche Aussicht ins Ruhrtal. Die Tannen waren wohl schon um 1930 nur noch vereinzelt vorhanden und fehlen heute ganz. Vom Tannenplatz geht man hangabwärts nach Norden zu einem „Belvedere" über der Ruhr mit weiten Ausblicken in die Landschaft:

„Schwer kann man sich von dieser Stelle trennen. Man steht hier 250 Fuß über dem Ruhrspiegel und beherrscht das Tal auf- und abwärts. Am Fuße des Berges liegen fünf Stahl-Raffinierhämmer, welche, von der Ruhr in Bewegung gesetzt, ihr Fabrikat nach New York und Philadelphia entsenden. Schön muß es sein, in düsterer Nacht auf dem Belvedere zu stehen, die Ruhr geheimnisvoll rauschen zu hören und jene fünf Stahlhämmer ihre Funken gen Himmel sprühen zu sehen."

So beschreibt Carl Gethmann die Ausssicht (Familienarchiv 1837/51). Vom Belvedere aus setzen wir unseren Rundgang fort, in östlicher Richtung zum früheren „Königsplatz" und zur ehemaligen „Eremitage", damals mit einem Tempel daneben. Die auf- und absteigenden Wege am nordöstlichen mit großen Buchen

(Fagus sylvatica) bestandenen Ruhrhang folgen den Höhenlinien und in Windungen dem Gelände. Carl Friedrich Gethmann nutzte die Geländesituation in der Gestaltung der Anlage sehr geschickt, indem er zudem zwei Grottenplätze anlegen ließ: die „Vordere Grotte" und den „Dom", seinen Lieblingsplatz. Die Wege paßten sich auch hier der Geländesituation an und wurden an einigen Stellen mit Hilfe von hangseitig errichteten Natursteinmauern abgestützt. Der Königsplatz wurde während des 2. Weltkriegs durch die Anlage eines Lufschutzstollens verändert. Von der Vorderen Grotte gelangt man hangaufwärts zu den „Drei steinernen Tischen", dem Anfangspunkt des Rundgangs. Die alten Strukturen der Anlage sind noch gut sichtbar – trotz zugewachsener Aussichtspunkte, der Überalterung einiger Gehölze, der Möblierung der Anlage mit Spielgeräten und des Fehlens einiger historischer Ausstattungselemente. Die Gestaltungsabsichten Carl-Friedrich Gethmanns sind so auch heute noch im Garten erkennbar.

☛ **Adresse:**
Hauptstraße; 45527 Hattingen
☛ **Öffnungszeiten:**
Täglich: ganztägig
☛ **Anreise mit Bus oder Bahn:**
Ab Hattingen Mitte S mit CE 31 in Richtung Bochum Hbf. bis Haltestelle Am Roswitha-Denkmal.

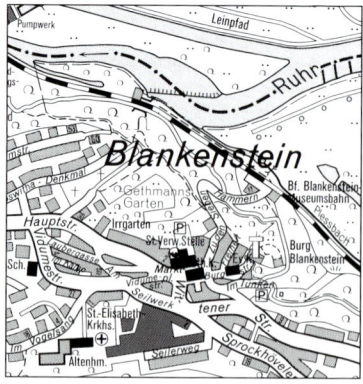

Schwesterngarten 42

„Es sollte nämlich eine jede der Schwestern im Park irgendwo ein Stück Anklang an die heimatliche Landschaft finden und damit einen Platz, an dem sie sich besonders wohlfühlte." Die Kleinlandschaften sollten nicht isoliert nebeneinander liegen, sondern eine einheitliche Gesamtanlage bilden.

Der Leiter des Diakonissenhauses Ruhr, Pastor Thiele, forderte im Mai 1906 die Freunde und Förderer der Anstalt zu einer Spende auf, um ein etwa zwei Hektar großes Gelände in der Nachbarschaft des Diakonissenhauses zu erwerben zu können. Er sah die Gefahr, daß auf der mit Schutt und Schlacke ausgefüllten Senke im Nordwesten des Krankenhauses große Fabriken oder Mietshäuser entstehen könnten. Stattdessen beabsichtigte er, den bereits vorhandenen Garten zu vergrößern, „so daß die Kranken die schöne frische Luft im Sommer genießen können und die Schwestern ein Plätzchen im Freien haben. Sie brauchen es, denn die Luft im Krankenhaus zehrt und fordert viel geistige und körperliche Widerstandskraft."

Die Arbeiten zur Anlage des Schwesterngartens leitete damals der Rektor Adolf Schluckebier. Sie wurden nicht nach den Plänen eines Gartenarchitekten, sondern nach Ideen des Rektors ausgeführt, der seine Gedanken zur Gestaltung handschriftlich aufzeichnete. Zuerst nahm man auf dem Gelände umfangreiche Bodenmodellierungen vor. Die Pflanzen wurden dann zum Teil von den Vorstandsmitgliedern des Diakonissenhauses sowie von Baumschulen gespendet, teilweise auch aus den Pflanzenbeständen des Stadtparks Witten auf dem Hohenstein entnommen.

Auf dem relativ kleinen, nur zwei Hektar großen Gelände konnte keine großzügige landschaftliche Anlage entstehen, die aus umfangreichen Wiesen-, Wald- und Gewässerflächen bestanden hätte. Stattdessen entstanden 14 Kleinlandschaften im Park:

„Dieses geschah um der Schwestern willen, um ihnen das Einleben und das weitere Mitleben innerhalb des Mutterhauses zu erleichtern und zu vertiefen. Es sollte nämlich eine jede der Schwestern im Park irgendwo ein Stück Anklang an die heimatliche Landschaft finden und damit einen Platz, an dem sie sich besonders wohlfühlte."

Vorbilder

Die Kleinlandschaften sollten jedoch nicht isoliert nebeneinander liegen, sondern ineinander übergehen und eine einheitliche Gesamtanlage bilden. Dafür war eine übergeordnete landschaftliche Einheit erforderlich. Schluckebier wählte „das auch in der Natur vorkommende Abflußrelief eines Bachlaufes als Vorbild". Seine Aufzeichnungen beschreiben dieses Bild:

„Es ist ein Abflußrelief gebildet worden, wie es unter entsprechenden Umständen in der freien Natur hätte entstehen können. Alle Teile senken sich nach dem Bachtal, was als Längsachse von Süden nach Norden den Garten durchzieht. Das Gefälle beginnt in der Nähe des Eingangs; dort sind also die größten Höhen des Gartens. Es endet am Nordrand des Gartens, wo das Abflußwasser von einem Kanal aufgenommen wird".

Landschaft im Schwesterngarten

Damit wollte er ausschließen, daß die Anlage mit ihren Kleinlandschaften unnatürlich, unharmonisch oder gar verspielt wirkte. Außerdem plante Schluckebier Überraschungseffekte. Schmale, geschlängelte Wege führen durch die dichte Abfolge von Räumen. Infolge der relativen Geschlossenheit der einzelnen Gartenbereiche ergaben sich bei jedem Schritt neue interessante Ausblicke, vielfältige Eindrücke und Überraschungen. Bänke standen an geschützten Plätzen und in Nischen, die mit Blütensträuchern umgeben waren. Von diesen geschützten Plätzen eröffneten sich oft Einblicke in andere Gartenteile.

Nachdem der Schwesterngarten um 1912 fertig war, wurde er von Rektor Schluckebier und einem Gärtner gepflegt. Im 2. Weltkrieg wurde der Park stark in Mitleidenschaft gezogen – und es dauerte bis zum Jahr 1953 bis er schließlich wieder in seiner ursprünglichen Form hergestellt war. Die Stadt Witten überarbeitete das Areal in den Jahren 1987 bis 1989 und machte den Garten anschließend öffentlich zugänglich. Der Besucher kann ihn am besten erleben, wenn er sich die Kleinlandschaften erwandert:

Vom Haupteingang führt ein Weg nach links zur „Herbstwiese" mit besonders herbstlaubfärbenden Gehölzen. An der ersten Weggabelung geht man nach rechts zum „Quelltal". In Höhe des kleinen Quellbereiches eröffnet sich ein schöner Blick nach Norden entlang des Bachtales. Der Rückweg zum Haupteingang führt zur „Frühlingsmulde". Hier blühen im Frühjahr Primeln, Veilchen und Kleinzwiebelgewächse.

Direkt am Eingang befindet sich die „Kiefernhöhe" mit unterschiedlichen Kiefernarten. Nordwestlich davon schließt sich das „Azaleental" an. Seine Felsen sind mit Streifenfarn (*Asplenium viride*), Moosarten, einzelnen Pfaffenhütchen (*Euonymus europaea*) und Mahonien (*Mahonia*) bepflanzt. Die zwischen den Felsen im Azaleental absteigenden Wege verlaufen in Serpentinen und sind so angelegt, daß sie von unten nicht einsehbar sind.

Vom Azaleental führt der „Fliederweg" zur „Spielwiese". Die auf der Wiese stehenden Blaufichten waren krank und wurden durch grün- und blaunadelige Tannen ersetzt, um den Gesamteindruck zu bewahren. Im weiteren Verlauf des Weges erreicht man wieder das Bachtal, das den gesamten Garten von Süd nach Nord durchzieht. Von der Wegekreuzung aus folgt dem Bachtal ein Weg zum „Laubengang". Der ist mit breitblättrigem Pfeifenstrauch (*Philadelphus*) alleeartig bepflanzt. Hinter dem Laubengang befindet sich rechts die ehemalige Obstwiese – zu Schluckebiers Zeiten „Obstblütenschmuck" genannt. Zwei mächtige Silberahorne (*Acer saccharinum*) mit einem Durchmesser von etwa 20 Metern dominieren den Bereich heute. Die Obstbäume sind nicht mehr vorhanden, nur einige Baumstümpfe sind noch zu sehen.

Alpenrosen

Weiter nordwärts liegt ein Gras-Halbrund mit einem Sitzplatz. Nördlich schließt das „Alpenrosental" an. In einem weiteren Parkbereich nördlich dieses Tales finden sich heimische Waldstauden wie Eisenhut (*Aconitum napellus*), Günsel (*Ajuga*), Waldmeister (*Galium odorata*), Waldgeißblatt (*Lonicera periclymenum*) und Waldglockenblume (*Campanula*). Diese Bepflanzung leitet zum nächsten Bereich des Parkes über, dem „Eichenwald". Mit der Anlage eines kleinen Eichenwaldes wollte Schluckebier den typischen deutschen Laubwald nachbilden. Neben Eiche (*Quercus*) als Hauptbaum, allerdings in unterschiedlichen Arten, sind hier auch amerikanische Traubenkirschen (*Prunus serotina*), Blutbuchen (*Fagus sylvatica 'Atropunicea'*), Linden (*Tilia*) und Vogelbeeren (*Sorbus aucuparia*) gepflanzt.

Östlich des Eichenwäldchens befindet sich, versteckt hinter dichtem Strauchwerk, das „Heidetal". Um den Heidecharakter voll zur Entfaltung zu bringen, mußte Schluckebier die Heide in Massen und in großen Flächen setzen. Er wählte deshalb das längste Muldental und pflanzte überwiegend Sommerheide, im schattigeren Bereich Frühlingsheide und an etwas feuchteren Stellen die Glockenheide (*Erica und Calluna in Arten*). Damit die Gestaltung möglichst naturnah wirkte, ergänzte Schluckebier die Heide durch Pflanzen, die üblicherweise in Gemeinschaft mit ihr auftreten, so beispielsweise Moosbeeren (*Vaccinium oxycoccus*), Ginster (*Genista*), Sumpfporst (*Ledum palustre*), Wachsmyrthe (*Myrtus*) und niedrige Rosen.

Dem Weg nordwärts folgend, gelangt man ins „Veilchental". Er führt weiter in Richtung Osten, hinab ins „Tiefental", dem tiefsten Punkt im Schwesternpark, und zum Ende des

Bachtals im Teich. Die Anlage des Tiefentals machte umfangreiche Bodenmodellierungen notwendig. Die umgebenden Böschungen wurden an zwei Stellen eingeschnitten, um dem Bach einerseits Zulauf in das Tal zu ermöglichen, andererseits um einen Hohlweg zu gestalten und das Talhafte damit zu unterstützen. Bänke stehen bewußt erhöht. Der Ostrand des Tiefentals ist als Felsengarten gestaltet. Ein besonderer Blickfang sind die Palmlilien *(Yucca),* die im Juli bis August blühen. Sammelpunkt allen Wassers ist der Teich, der von einer Feuchtwiese umgeben ist. Hier finden sich gelber Hahnenfuß *(Ranunculus),* rosafarbenes Wiesenschaumkraut *(Cardamine pratensis)* und pinkfarbene Kuckuckslichtnelken *(Lychnis flos-cuculi),* die immer neue Blühaspekte erzeugen.

Ein Weg umrandet das Tiefental, führt aufwärts an einer mit Rhododendren bestandenen Wegegabelung vorbei und wird dort zum Hohlweg. An einer weiteren Wegegabelung wendet sich der Spaziergänger nach rechts zum Rundplatz und zur „Margeritenwiese". Östlich von der Margeriten- und der Spielwiese befindet sich der letzte Bereich des Schwesterngartens, der „Ostwald". In seiner gesamten Länge wird er von einem Weg durchzogen, der sich in seinem Verlauf zweimal gabelt und wieder zusammenläuft.

Ohne Schablone

Der Schwesterngarten in Witten ist eine originelle Anlage, die sich nicht einer Stilrichtung der zeitgenössischen Gartenkunst um 1900 zuordnen läßt. Die Gestaltung im freien Stil folgt nicht schablonenartig jener des Landschaftsgartens. Die Kleinlandschaften im Schwesterngarten sind schon gar nicht als eine Freiraumgestaltung zu verstehen, die aus Kombinationen von Pflanzen eine neue Gartenkunst schaffen wollte,

in der naturhafte Pflanzengruppierungen, Miniaturlandschaftsmotive, Wassertümpel mit Ufervegetation in Natur'tümelei' in den städtischen Bereich hineingezogen werden.

Adolf Schluckebier, kein Gartenarchitekt, sondern ein gärtnerischer Laie, plante den Schwesternpark nicht unter formalästhetischen Prinzipien. Bewußte Raumbildung und -gliederung, wie sie von den Vertretern der „Raumkunst im Freien", der neuen Gartenkunst um 1900, gefordert werden, waren so formal von Schluckebier nicht beabsichtigt, sind aber trotzdem gelungen.

☛ **Adresse:**
Pferdebachstraße; 58455 Witten
☛ **Öffnungszeiten:**
Täglich: ganztägig
☛ **Anreise mit Bus oder Bahn:**
Ab Witten Hbf. mit Bus 350 in Richtung Witten-Rathaus bis Haltestelle Witten Rathaus; dann umsteigen und weiter mit Bus 371 in Richtung Dortmund-Oespel Schleife bis Haltestelle Diakonissenstraße.
Ab Witten Hbf. mit Bus 590 in Richtung Wetter Bf. bis Haltestelle Witten Rathaus; dann umsteigen und weiter mit Bus 375 in Richtung Witten/Wendeschleife am Hag bis Haltestelle Diakonissenstraße.

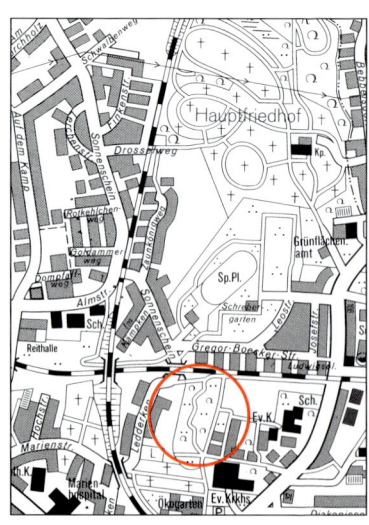

Stadtpark Witten

„Der Garten stellt auch neben seinem künstlerischen Gehalt mit seinen alten Baumbeständen ein Naturdenkmal dar. Ein solches Naturdenkmal müßte besonders im Industriebezirk, wo fast alles Derartige verschwunden ist, respektiert werden."

Im Jahre 1479 wurde Haus Berge zu Witten als Sitz der Gerichtsherren von Witten zum ersten Mal urkundlich erwähnt. Der Herrensitz war zwischen 1501 und 1815 Besitz verschiedener Adelsgeschlechter. Im 17. Jahrhundert wurde die spätmittelalterliche Burganlage dann in eine Vierflügelanlage umgebaut. Es ist nicht überliefert, ob es bis zu diesem Zeitpunkt eine Gartenanlage gab. Freiherrn Gerhard Wennemar I. von der Recke und sein Sohn Gerhard Wennemar II. ließen ab 1701 das Schloß ausbauen, einen Wassergraben anlegen sowie einen Garten mit Orangerie im barocken Stil.

Im Jahre 1790 richtete der Unternehmer Johann Friedrich Lohmann in Haus Berge eine Stahlfabrik ein und kaufte den Besitz dann 1815. Bis zum Bau der Lohmannschen Villa im Jahre 1865 anstelle der Orangerie, bei dem auch der Garten umgestaltet wurde, blieb die Barockanlage im Ganzen unverändert, und das, obgleich sie teilweise als Gemüsegarten genutzt wurde. Vor 1846 wurde östlich des Herrensitzes ein Landschaftsgarten angelegt, der nach dem 2. Weltkrieg zusammen mit der Gartenanlage an der Villa Lohmann im Wittener Stadtpark aufging.

Der barocke Garten

Die erste Darstellung zur Freiraumgestaltung am Haus Berge zu Witten ist ein Ölgemälde von 1705, das von einem unbekannten Künstler stammt. Danach führte die Zufahrt linear von Nordosten (Dorf Witten) kommend auf Haus Berge zu, knickte kurz vor dem Herrensitz nach Süden ab und verlief dann zwischen der von einer Wasseranlage umgebenen Hauptburg und dem Barockgarten hindurch bis zur Ruhr.

Der quadratische Garten lag im Hinblick auf die Gesamtanlage nicht isoliert. Es wurde zwar auf eine direkte axiale Anbindung des Gartens an die Gebäude verzichtet, trotzdem bestand zwischen Haus und Garten eine Blickbeziehung. Das betonte Zentrum des Gartens lag im Schnittpunkt der orthogonalen Hauptsymmetrieachsen, die mit den begehbaren Wegachsen identisch sind. Mittelplatz und ein rautenförmiges Beet betonten den Achsenschnittpunkt. Insgesamt waren 16 gleichgroße quadratische Beetkompartimente vorhanden.

Obwohl sich der Wittener Parterregarten am Vorbild der Renaissance-Ziergärten orientierte, gab es doch Abweichungen, die als Neuerungen und als Merkmale barocker Gartenkunst bezeichnet werden können. Die typische Konzentration des Gartens auf seine Mitte wurde durch mehrere Achsen aufgehoben. Neben den beiden rechtwinkligen großen Achsen gab es eine Reihe untereinander gleichrangiger, den Hauptachsen nachgeordnete Wege. Eine alles beherrschende große Achse, wie in den klassischen französischen Barockgärten, fehlte aber. Alle Wege des Wittener Gartens waren durch Sockel oder Postamente herausgehoben, die an den Ecken der Beetfelder standen. Die Statuen, die sich auf den Kreuzungspunkten einiger Wege befanden, markierten die Hauptach-

sen. Ornamental betonte Kompartimente an den Hauptachsen waren nicht vorhanden.

Die 16 quadratischen Kompartimente bestanden wahrscheinlich aus Rasenflächen. Die vom Bauherrn Freiherrn Gerhard Wennemar I. von der Recke hier gewählte Form des englischen Parterres (Parterre à

Ölgemälde vom Haus Berge mit seinen Gärten von einem unbekannten Künstler aus dem Jahre 1705

l'angloise) entspricht sicher den einfachen Mitteln dieses Adligen, da das Rasenparterre pflegeleicht und preiswert in Anlage und Unterhaltung sein mußte. Der ebene Parterregarten ist allseitig gerahmt: An der Nordseite durch das Orangeriegebäude mit dem Gartentor und einen Zaun, an der Ostseite durch eine noch heute sichtbare Gartenmauer, an der Westseite durch eine mit Vasen bestandene niedrige Gartenmauer und ein Gartentor und im Süden durch einen Pavillon.

In östlicher Richtung verlief eine hohe geschnittene Hecke, die von einzelnen, kunstgerecht bearbeiten

Kugelbäumchen gekrönt war. An der nördlichen Grundseite des Gartens stand eine Orangerie, die auf einer Fotografie von 1865 abgebildet ist. Sie diente im 19. Jahrhundert als Wohnhaus, bis sie der Lohmannschen Villa im Jahre 1865/66 weichen mußte. Gegenüber der Orangerie stand, durch eine betonte Querach-

schließlich den Herrensitz „mit allen Ländereien und bei dem Haus verbliebenen Rechten" ab. Die Orangerie wurde zu Mietwohnungen umgebaut.

Die zitierte historische Fotografie etwa von 1865 gibt den Zustand der Orangerie und des regelmäßig gestalteten Gartens vor der Errichtung

se mit ihr verbunden, ein Lusthaus oder Pavillon. Diese beiden Gebäude erfüllten mehrere Funktionen: Durch ihre Plazierung an den Seiten begrenzten sie die Querausdehnung des quadratischen Parterres. Zusammen mit der Gartenmauer und dem Gartenhaus auf den anderen beiden Seiten des Parterres rahmten sie die Anlage.

Sehr wahrscheinlich behielt der Parterregarten bis zum Tode des Freiherrn Gerhard Wennemar II. von der Recke im Jahre 1747 seine ursprünglichen Strukturen. Nach 1747 wurde die Pflege vernachlässigt, und der Garten verwilderte mehr und mehr. Im Jahre 1788 pachtete der Unternehmer Johann Friedrich Lohmann Haus Berge, errichtete dort die Stahlfabrik und kaufte

der Lohmannschen Villa im Jahre 1865/1866 wieder. Der Garten war unter Beibehaltung seiner usprünglichen Struktur (Beetkompartimente und Wege) vermutlich unter den drei Mietparteien aufgeteilt und als Gemüsegarten genutzt.

Mit dem klassizistischen Villenbau nach antikem Vorbild, den die Familie Lohmann nun errichtete, wurde auch der Freiraum umgestaltet. Historische Fotografien um 1900 und Luftbilder aus den Jahren 1926 und 1952 zeigen die Gartenanlage. Diese Phase des Gartens endete etwa um 1955. Zu dieser Zeit wurde der Garten zusammen mit dem ehemaligen Lohmannschen Landschaftsgarten zum Wittener Stadtpark vereinigt und der Öffentlichkeit zugänglich.

„Heitere Blumenpartien"

Der von einer Villa im Norden linear ankommende Weg führte auf ein Gartentor zu, das zwischen der Villa Lohmann und einer Stallung lag. Der Weg war an beiden Seiten von kugelförmigen Alleebäumen gesäumt.

stattet, wie mir, so jedem Fremden den erbetenen Zutritt zu den Anlagen gern. Es ist wirklich eine Lust, ein Stündchen in dem Garten umherzuwandeln. Das Terrain steigt mäßig an, und hier und da führen Treppen zu den höheren Terrassen. Überall frisch grüne Rasenplätze,

Haus Berge um 1865

Die vom Gartentor ausgehende Mittelachse teilte den Garten in zwei Hälften, die ihrerseits geometrisch unterteilt waren. Auf den rechteckigen Rasenflächen befanden sich runde, gestaltete Blüten- und Blattpflanzenbeete, auch Teppichbeete genannt. Rabatten mit Wechselbepflanzung oder niedrigen Gehölzen säumten sie. Die Wege zwischen den Beeten waren mit Kies bestreut.
Die Witwe von Johann Friedrich Lohmann jun., Helene Lohmann, und ihr Sohn Friedrich ließen vor 1847 einen Landschaftspark östlich des Barockgartens anlegen. Im Reisebericht „Das Ruhrtal – Reise auf der Ruhrtal-Eisenbahn mit Ausflügen in die Umgegend" schreibt Pieler 1881 über die Anlagen:
„Sein (Lohmanns) neu erbautes, schönes Wohnhaus liegt der alten Burg gegenüber in dem herrlichen Schloßgarten. Herr Lohmann ge-

heitere Blumenpartien und hohe schattige Bäume. Dazwischen in Lauben, Grotten und auf freien Vorsprüngen die angenehmsten Ruhepätze. Sechs oder sieben solcher Stellen sind wahre Belvederes mit vielfach wechselnder Aussicht auf das Flußtal und seine Felsenufer, auf die Burg Steinhaus und verschiedene Teile der Stadt. So allmählich hinaufsteigend, erreicht man die obere Mauer, wo man durch ein Pförtchen zu dem von der früheren Schloßbehörigkeit abgeteilten waldigen Gipfel der Höhe gelangt."
Der Lohmannsche Park bestand noch bis in die fünfziger Jahre unseres Jahrhunderts, ehe er zum Wittener Stadtpark kam. Einige Elemente, wie Lauben oder Grotten, sind heute ebensowenig noch vorhanden wie pflegeintensive, heitere Blumenpartien. Von den Belvederes und Ruheplätzen kann man heute nicht mehr ins Ruhrtal blicken, weil die meisten Aussichten zugewachsen

sind. Trotz der Veränderungen sind die Grundstrukturen der Anlage, wie Wiesen, Plätze, Wege, Baumgruppen, geschlossene Gehölzbestände und Aussichtspunkte noch erkennbar.

Gartenkünstler in Witten

Obwohl keine Pläne zum Lohmannschen Landschaftspark erhalten sind, gibt es Hinweise auf den mit dem Entwurf beauftragten Gartenkünstler: Als 1911 eine neue Linienführung für die Hauptbahn Witten-Barmen festgelegt werden sollte, wären dafür Flächen von Haus Berge zu Witten und Teile der Gartenanlage in Anspruch genommen worden. Dagegen erhob Max Lohmann für die Erben Friedrich Lohmanns Einspruch – beim Präsidenten der Königlichen Eisenbahn-Direktion Elberfeld und beim Kultusminister von Trotta zu Solz in Berlin am 12. und 26. Juli 1911. In dem Schreiben an die Eisenbahn-Direktion heißt es unter anderem:

„Bei beiden (Haus Witten und dem Lohmannschen Garten) handelt es sich um Dinge von allgemeinen, man kann sagen öffentlichem Interesse, da historische Werte zerstört würden; ideelle Werte, die von Vorfahren und Vorbesitzern geschaffen worden sind. Außer dem alten Haus Witten ist nun aber noch die sogenannte Lohmannsche Parkanlage bedroht. Dieser Garten wurde vor 63 Jahren nach den Plänen des bekannten Gartenbaudirektors Weyhe, der den Hofgarten in Düsseldorf geschaffen hat, nach einer einheitlichen, künstlerischen Idee angelegt. Durch den geplanten Eingriff wird ein Streifen von teilweise bis zu 35 Metern Breite abgetrennt und dadurch die ganze Wesenheit der Anlage zerstört. Der Garten stellt auch neben seinem künstlerischen Gehalt mit seinen alten Baumbeständen ein Naturdenkmal dar. Ein solches Naturdenkmal müßte besonders im Industriebezirk,

wo fast alles Derartige verschwunden ist, respektiert werden."

Der Einspruch bei der Eisenbahn-Direktion und das Gesuch beim Kulturminister in Berlin scheinen erfolgreich gewesen zu sein, denn die Bahnlinie wurde nicht gebaut. Es ist aufgrund dieser Äußerungen Lohmanns anzunehmen, daß Maximilian Friedrich Weyhe Urheber des Landschaftsparks am Haus Berge zu Witten war, zumindest aber an der Planung beteiligt gewesen ist. Weyhe könnte den Park kurz vor seinem Tod im Oktober 1846 geplant haben. Joseph Clemens Weyhe, der Nachfolger seines Vaters als Düsseldorfer Gartenbaudirektor wurde, dürfte ihn dann zu Ende geführt haben.

☞ **Adresse:**
Ruhrstraße; 58452 Witten
☞ **Öffnungszeiten:**
Täglich: ganztägig
☞ **Anreise mit Bus oder Bahn:**
Ab Witten Hbf. mit Bus 591 in Richtung Hagen Hbf. bis Haltestelle Wetterstraße.
Ab Witten Hbf. mit Bus 592 in Richtung Wetter, Abzw. Wengern Ost Bf. bis Haltestelle Wetterstraße.
Ab Witten Hbf. mit Bus 590 in Richtung Wetter Bf. bis Haltestelle Wetterstraße.

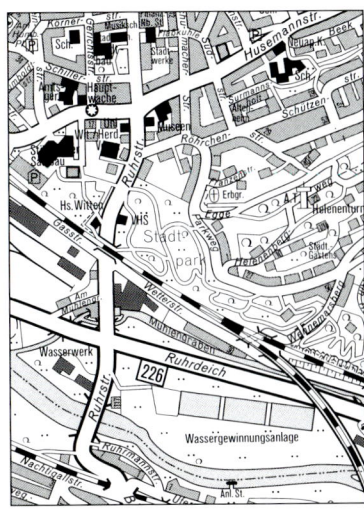

Der Park von Haus Goldschmieding

Etwas Besonderes ist die Pferderennbahn mit einem Naturhindernisparcours in unmittelbarer Nähe von Haus Goldschmieding – im Ruhrgebiet einzigartig.

Am Fuße des Schellenberges liegt, eingebettet in einen Waldpark und am Rande eines Teiches, die ehemalige Wasserburg Haus Goldschmieding. Die heute vorhandenen und aufwendig restaurierten Gebäude haben jedoch nur wenig mit der ursprünglichen Anlage gemein.

Von der ehemaligen Wasserburganlage, die bereits im 13. Jahrhundert erstmals urkundlich erwähnt wurde, ist heute nur noch die Hälfte des Herrenhauses vorhanden; die Gräften sind zugeschüttet, so daß kaum etwas aus den vergangenen Stilepochen erhalten blieb. Haus

Goldschmieding beherbergt heute ein vor kurzem erweitertes Schloßhotel.

Der ursprüngliche Zustand der Parkanlage am Haus Goldschmieding ist aufgrund spärlicher Quellenlage nur sehr vage beschreibbar. Aufschlußreich ist ein Bild aus dem Jahre 1891, auf dem die Rückseite des Herrenhauses abgebildet ist. Hier sind deutlich die scharf abgegrenzten Uferränder der ehemaligen Gräfte zu erkennen. Die Wiesenflächen sind eingezäunt und werden als Weide für die Pferde genutzt.

Als die Stadt Castrop-Rauxel im Jahre 1968 Haus Goldschmieding erwarb, erschien im darauffolgenden Jahr in der Heimatzeitschrift „Castrop-Rauxel, Kultur und Heimat, Nr. 3/4" eine Beschreibung über den Zustand der Gesamtparkanlage:

„Der von alten Platanen umsäumte Eingangsweg zum Park führt an zwei torartigen Wirtschaftsgebäuden vorbei zu einem offenen Platz, den das alte Herrenhaus abschließt. Während die beiden Roßkastanien, welche die Mitteltreppe flankieren, auf schlechtem Untergrund nur dürftig gedeihen, stehen die Bäume an den Außenseiten des Hofes im üppigen Wachstum hainartig zusammen. Es sind schöne Platanen. Die Platane, Modebaum der klassizistischen Zeit, läßt darauf schließen, daß der Park im Gartenstil des vorigen Jahrhunderts angelegt wurde. Es ist anzunehmen, daß Anfang des vorigen Jahrhunderts der Park Goldschmieding aus Wald- und Wiesenflächen angelegt wurde. Ein guter Landschaftsgestalter wird ihn geschickt in den vorhandenen Landschaftsraum eingefügt haben. Der damaligen Zeit entsprechend öffnet sich hinter dem Herrenhaus im englischen Gartenstil der „pleasureground", eine weite offene Rasenfläche, durchzogen von einem Bachlauf, der aus drei im Park entspringenden Quellen das Wasser aufnimmt und einst auch die Burggräben damit füllte."

Fast zehn Jahre später erscheint 1978 in der gleichen Zeitschrift eine Abhandlung von Franz Deimel mit dem Thema „Der Park Goldschmieding": „Vom Garten- und Friedhofsamt der Stadt wurden nun Vorstellungen entwickelt, wie im großen Rahmen einer Freizeitanlage am Schellenberg dieser Park zweckmäßig unter Wahrung der historischen Gegebenheiten dem Bürger erschlossen und angeboten werden kann. Die Bürger können nun über neu befestigte Wege den Waldteil des Parkes erreichen. Das Gebäude, dessen Geschichte auf das 13. Jahrhundert zurückführt, steht unter Denkmalschutz. Das Gebäude war von einer Gräfte umgeben, deren Ufer teilweise heute noch erkennbar sind. Eine historische Rekonstruktion der Gräfte ist zu aufwendig, außerdem ist die Wasserschüttung der Quellen durch die Randbebauung stark zurückgegangen. Als Wasserkörper wird man den neugeschaffenen Weiher in einer dem Gebäude besser angepaßten Form befestigen und erhalten. Die Gestaltung der Freiflächen vor dem Gebäude sollte unter Beibehaltung der heutigen Nebengebäude historischen Vorbildern folgen. Sitzterrassen und Parkplätze sind entsprechend einzuordnen unter Beibehaltung des wesentlichen Baumbestandes. Die Konzeption sieht vor, unmittelbar vor dem Gebäude ein großes Rondell einzuordnen, welches die Vor- und Umfahrt zum Haupteingang ordnet und gleichzeitig eine Unterbrechung der Achse darstellt, die ja nicht auf den heutigen Gebäudeeingang zuläuft. Zur Fassung des Rahmens der Vorfläche einschließlich der Nebengebäude wird die Erstellung eines einfachen Rundholzlaubenganges vorgeschlagen. In dem verbleibenden Geviert sollen mit Buchsbaum eingefaßte Beetflächen entsprechend denen der Herrschaftsgärten der Barockzeit angelegt werden. Auf den Flächen zwischen den Nebengebäuden ist der Baumbestand zu ergänzen oder schöne Altbäume baumchirurgisch zu behandeln. Die Parkwege werden so geführt, daß sie in einer Vorfläche nahe des Haupteinganges münden, ohne daß der Besucher den Bereich der Gaststätte passieren muß. Auf dem Grundstück der ehemaligen Gärtnerei soll ein Rosengarten errichtet werden, der Bestandteil früherer Herrschaftsparks war. Die vor einigen Jahren geschaffene befestigte und zum Teil asphaltierte Fläche vor dem Jungwaldbestand am westlichen Eingang zum Park bietet sich für nicht störende

Freizeitbetätigungen an. Es wird zur Zeit versucht, eine Tennishalle zu integrieren, in der auch der Wirt und die Parkpfleger eine geeignete Unterkunft finden können."

Der heutige Zustand des Parks entspricht in weiten Teilen den Beschreibungen von Franz Deimel aus dem Jahre 1978. Der Zufahrtsweg zum Haus Goldschmieding wird immer noch von einer Platanenallee gesäumt, zwischen den Remisen und dem Herrenhaus befinden sich ein Blumenrondell und buchsbaumgefaßte Blumenbeete in architektonischer Anordnung. Die Rundholzlaubengänge sind dagegen nicht mehr vorhanden.

Hinter dem Herrenhaus befinden sich ein Teich mit einer künstlichen Insel, eine große Wiesenfläche und neu angelegte, geschwungen geführte Wege, die in den angrenzenden Waldpark führen. In diesem Waldbereich wurden ein Naturlehrpfad und ein Kinderspielplatz integriert. Nordwestlich des Herrenhauses befindet sich im Bereich des Rosengartens eine Freiluftschachanlage und westlich vom Haus ein Tennisplatz. Die Parkanlage in ihrem heutigen

Erscheinungsbild ist also gestalterisch eine Neuschöpfung der siebziger und achtziger Jahre dieses Jahrhunderts an historischem Ort. Anlaß für den neuen Entwurf war die Nutzungsumwandlung des Herrenhauses in einen modernen Hotel- und Restaurationsbetrieb.

Pferderennen

Etwas Besonderes aber ist die Pferderennbahn mit einem Naturhindernisparcours in unmittelbarer Nähe von Haus Goldschmieding – im Ruhrgebiet einzigartig. Im Jahre 1872 erwarb der Ire William Thomas Mulvany Haus Goldschmieding; er war der Gründer der Zeche Erin und Präsident der Preußischen Bergwerks- und Hüttenaktiengesellschaft. Auf Anregung Mulvanys wurden 1875 die bisherigen landschaftlichen Flachrennen in ein sportgemäß ausgerichtetes Hindernisrennen für Herrenreiter umgewandelt. Dafür ließ Mulvany das hügelige Wiesengelände um Haus Goldschmieding nach englischem Vorbild in eine einzigartige Naturhindernisbahn umgestalten; die Ausgestaltung des Renn-

Ehemalige Castroper Pferderennbahn

parcours wurde vom englischen Rennreiter und Trainer James Toole vorgenommen.

Bis 1913 war Haus Goldschmieding Mittelpunkt der Castroper Rennbahn, die erst kurz vor Beginn des 1. Weltkrieges ihren Betrieb einstellte. Der Parcours verlief in einem großen Kreis um Haus Goldschmieding herum, von der Höhe der Cottenburger Schlucht herab durch die Breite der Tolkeruh über Gräben, Wälle und Hecken den Schellenberg hinauf, hinter Haus Goldschmieding wieder hinunter, am Waldrand entlang und wieder zur Cottenburg hinauf.

Die Castroper Pferderennen wurden erst wieder im Jahre 1938 aufgenommen und um einen zweiten Rennparcours erweitert. Die Gestalter dieser Erweiterung waren Graf L. von Schmettow und Magistratsbaurat a.D. Maibaum aus Berlin. Der neue Kurs beschränkte sich auf das Gelände zwischen Emschertalbahn und der Dortmunder Straße. Für den Hindernisparcours eignete sich das hügelige, auf- und niederführende

Gelände hervorragend. Es gab insgesamt 17 verschiedene Hindernisse, von denen einige natürlichen Ursprungs waren, wie beispielsweise Gräben und Anhöhen, andere künstlich geschaffen wurden, wie Mauern, Wassergräben und hohe Ligusterhecken *(Ligustrum)*. Der ganze Rennparcours war mit niedrig gehaltenen Ligusterhecken eingefaßt.

Vor etwa 30 Jahren wurden die Rennen eingestellt. Seit diesem Zeitpunkt veränderte sich das Gelände in seinen prägenden Strukturen fast nicht mehr. Wanderwege führen heute durch das ehemalige Renngelände, ein Grillplatz wurde angelegt, und im südlichen Bereich befindet sich ein Teich. Die Ligusterhecken, die den Rennparcours säumten und jene, die als Hindernisse dienten, sind heute noch erhalten; sie sind allerdings stark ausgewachsen.

☛ **Adresse:**
Dortmunder Straße;
44575 Castrop-Rauxel
☛ **Öffnungszeiten:**
Täglich: ganztägig
☛ **Anreise mit Bus und Bahn:**
Ab Castrop-Rauxel Hbf. mit Bus 472 in Richtung Dortmund-Marten-Süd S bis Haltestelle Grimbergstraße.
Ab Castrop-Rauxel Hbf. mit Bus 481 in Richtung Castrop/Schwerin Seniorenheim bis Haltestelle Grimbergstraße.

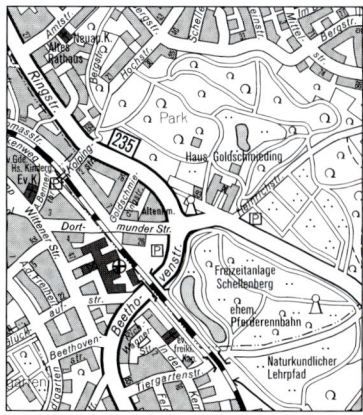

Stadtgarten Castrop-Rauxel

Das Herzstück des Stadtgartens war der 170 mal 60 Meter große Teich. Eine kleine, kreisrunde Insel sollte Schwäne und Enten beherbergen.

Im Jahre 1925 kaufte die Stadt Castrop die Schlingermann-schen Wiesen, ein großes Frei-gelände zwischen der Altstadt und dem Stadtteil Obercastrop. Dort soll-te das von der Bevölkerung schon lange geforderte Freibad entstehen. Die Bauarbeiten, noch von der Stadt Castrop begonnen, wurden von der Stadt Castrop-Rauxel im September 1926 beendet, und der Badebetrieb konnte aufgenommen werden.

Neben dem Wunsch nach einem Freibad gab es den Wunsch, einen Stadtteich anzulegen. Und es gab damals bereits Pläne, die im Falle des Teichbaues vorsahen, die verblei-bende freie Fläche, einschließlich der Umgebung des Freibades, zu einer Park- und Erholungsanlage auszu-bauen. Diese Pläne, nach denen ein Stadtgarten bereits in den Jahren 1926 oder 1927 zu realisieren gewe-sen wäre, mußten zunächst zurück-gestellt werden, weil ihre Finanzie-rung nicht gesichert war.

Der Idee, einen Teich zu bauen, konn-te sich die Stadt erst vier Jahre später wieder nähern. 1931 lieferte das Tief-bauamt, das auch für Gärten und Friedhöfe zuständig war, spezielle Ausführungspläne mit allen dazu-gehörenden Teilplänen für den Bau des Teiches und die Gestaltung seines Umfeldes. Das Herzstück des Stadt-gartens war der 170 mal 60 Meter große Teich. Eine kleine kreisrunde Insel sollte Schwäne und Enten beherbergen. Vorgesehen war auch, einen Kinderspielplatz zu schaffen. Um den Park so zu bauen, mußte das gesamte Gelände umgestaltet werden. Insgesamt waren über 15.000 Kubikmeter Bodenmassen zu bewegen oder beim Teichbau auszuheben. Es wurden Wege angelegt und Beete und größere Flächen zur Bepflanzung oder Raseneinsaat vorbereitet. Der Bau der Anlage kam unter besonderen Bedingungen zustande: Transportgeräte und das benötigte Arbeitsmaterial wurden gegen Entschädigung von örtlichen Baufirmen ausgeliehen. Die Stadt kaufte Werkzeug und stellte es zur Verfügung. Die Stadt als Bauherr beschaffte auch alle Baustoffe und kaufte später die zur Begrünung erforderlichen Pflanzen, den Grassamen und die Bäume. Alle Arbeiten wurden unter Leitung von Dienstkräften des Tiefbauamtes der Stadt von Arbeitslosen durchgeführt. Im Herbst 1932 waren die Arbeiten im zukünftigen Stadtgarten abgeschlossen.

Noch sah jedoch der Gondelteich und das ihn umgebende Gelände im Gegensatz zu den bereits rund um das Freibad fertiggestellten Anlagen ziemlich kahl aus. Wenn auch schon die Aufteilung der Flächen und die Einteilung der Wege erkennbar waren, so fehlten jedoch noch weitgehend die Pflanzen. Mit der Bepflanzung begannn man erst nach dem Winter 1932/33. Im Frühjahr 1933 wurde der Park mit seinem Teich, dem Bachlauf mit Wasserfall und den botanischen Besonderheiten in Staudenrabatten und Gehölzen der Bevölkerung übergeben. Der große Teich wurde „Gondelteich" genannt, obwohl auf ihm offiziell niemals gepaddelt oder gerudert werden durfte. Als während des 2. Weltkrieges die Lebensmittel knapp waren, nutzten die Bürger der Stadt auch diese Freifläche zum Anbau von Kartoffeln

und Gemüse. Nach dem Krieg ließ die Stadtverwaltung den zerstörten Stadtgarten nach den alten Plänen wiederherstellen. Im Jahr 1961 veränderte die Stadt die Beetanlagen und seine Wegeführung. Zwischen 1989 und 1990 wurde auch das nun nicht mehr benötigte „Vorwärmbecken" des Freibades in ein Feuchtbiotop umgewandelt und der nahe dem Gondelteich gelegene Spielplatz neu gestaltet.

Ziel der Erstanlage des Stadtgartens war, daß die Menschen in ihm „Entspannung, Erholung und Erhebung" finden, so ein Zitat aus den zwanziger Jahren. Daran hat sich nichts geändert. Der Stadtgarten lädt auch heute noch zum Spazierengehen und Verweilen ein, obwohl zahlreiche Blumen- und Rosenbeete unter dem Spardiktat bei Pflegearbeiten in Rasenflächen umgewandelt wurden.

☛ **Adresse:**
Am Stadtgarten;
44575 Castrop-Rauxel
☛ **Öffnungszeiten:**
Täglich: ganztägig
☛ **Anreise mit Bus oder Bahn:**
Ab Castrop-Rauxel Hbf. mit Bus 472 in Richtung Dortmund-Marten-Süd S bis Haltestelle Beethovenstraße.
Ab Castrop-Rauxel Hbf. mit Bus 481 in Richtung Castrop/Schwerin Seniorenheim bis Haltestelle Beethovenstraße.

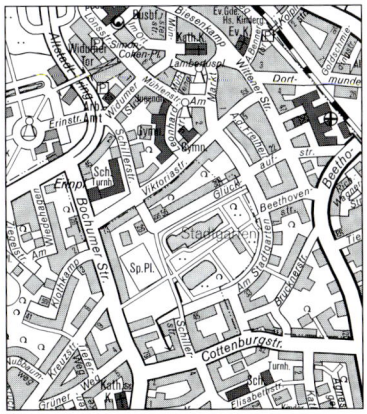

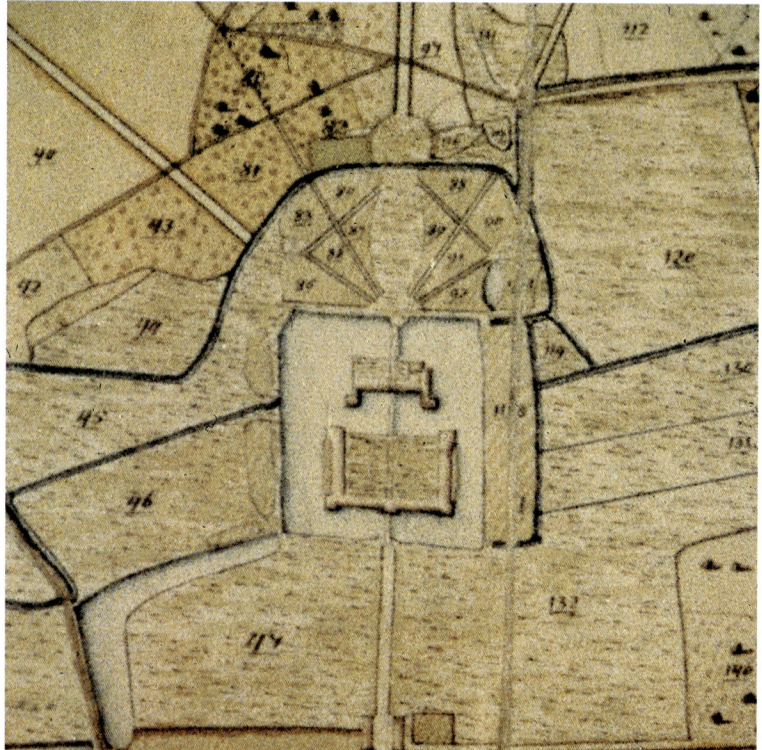

 46 Der Park von Schloß Lembeck

Ferdinand Anton Graf von Merveldt (1840-1905) nahm die weitreichendsten Veränderungen im Park von Schloß Lembeck vor ... Der alte Parkteil westlich des Schlosses wurde in einen englischen Landschaftsgarten umgewandelt. Die Waldfläche um das Schloß verdoppelte sich.

Schloß Lembeck, eine der bedeutendsten frühbarocken Schloßanlagen in Westfalen, entstand in den Jahren 1670 bis 1692 auf Veranlassung von Dietrich Konrad Adolf von Westerholt zu Hackfurth. Der Nordtrakt der ehemaligen Dreiflügelanlage wurde nach einem Brand nicht wieder aufgebaut. Vor- und Hauptburg des Dorstener Schlosses liegen auf Inseln und sind jeweils durch Brücken miteinander verbunden. Noch heute befindet sich Schloß Lembeck in Privatbesitz und beherbergt ein Museum sowie ein Hotel mit Restaurant.

Die Gebäude von Schloß Lembeck sind an einer durchschreitbaren Mittelachse aufgereiht. Das ist besonders bemerkenswert, denn diese Bauweise nach französischem Vorbild wurde hier zum erstenmal in dieser Region verwirklicht. Die Achse verläuft über mehrere Kilometer in westöstlicher Richtung. Zwei unterschiedliche Pläne geben Auskunft über die gärtnerische Gestaltung des großen östlichen Schloßhofes: Der Plan für eine barocke Anlage des Gartens aus dem Jahre 1735/36 zeigt einen barock gestalteten Schloßhof; kunstvoll gestaltete Parterrebereiche in Arabeskenformen (parterre de broderie) betonen die Mittelachse. Ein Rondell, in der Mitte des Schloßhofes von den Parterres gerahmt, unterbricht die Mittelachse. Vertikale und horizontale Wege durchzogen die restliche Fläche zwischen Nord- und Südflügel der Anlage und teilte sie in Quadrate auf. Es ist unklar, ob dieser Plan jemals zur Ausführung kam.

Wahrscheinlicher ist, daß der große Schloßhof unter August Ferdinand Graf von Merveldt (1759-1834) gestaltet und bepflanzt wurde. Es liegt ein Plan aus dem Jahre 1782 vor, der zeigt, daß bei der Gestaltung des Lembecker Schloßgartens die Idee des englischen Landschaftsgartens Pate stand. Dieser Entwurf sah vor, den Schloßhof auf der Vorburginsel durch einen mittig verlaufenden Weg und symmetrisch angelegte Rasenbeete zu gestalten, ein umlaufender Gehölzstreifen – wahrscheinlich Koniferen – rahmte die Rasenflächen ein. Auf dem Rasen befanden sich zwei unregelmäßig geformte Gehölzflächen; die Mitte des Schloßhofes betonte ein mit Sträuchern eingefaßtes Rondell.

Sterne und Rondelle

Vom westlichen Teil der Insel des Hauptschlosses zeigt der Plan nur die südliche Hälfte: Auch hier unregelmäßige Beetformen, Einrahmung der Beetflächen mit einem umlaufenden Gehölzstreifen, Gehölzgruppen auf den Rasenflächen und Möblierung des Gartenbereiches mit Bänken. Noch in den sechziger Jahren dieses Jahrhunderts wurden auf dem Schloßhof große Fichten geschlagen, die vermutlich noch vom Ende des 18. Jahrhunderts, aus der Entstehungszeit dieser Gartenanlage stammten.

Im „Ocular Plan des Hochfreyadelichen Rittergutes Lembeck" von F. A. Reinking aus dem Jahre 1804 sind Wegeführung und Nutzungen von angrenzenden Grundstücken von Schloß Lembeck zu erkennen: Die gerade Mittelachse, die in ostwestlicher Richtung noch ein weites Stück über den eigentlichen Schloßkomplex hinausführt, und rechts und links der Achse die geometrisch angelegten Wege. Die östlich vor dem Schloß kreuzende Landstraße verläuft fast rechtwinklig zur Mittelachse des Schlosses.

Wiederum östlich dieses Kreuzungspunktes führen zwei V-förmige, schnurgerade verlaufende Wege von der Achse ausgehend in den Wald, dabei endet der südliche bereits nach kurzer Zeit. Es handelt sich hier um einen barocken Dreistrahl von Schneisen, einen sogenannten „patte d`oie". Eine ähnliche Formation von Wegen findet man noch einmal südwestlich der Schloßanlage im Wald, die Mittelachse dieses Dreistrahls erstreckt sich über mehrere Kilometer. Nordwestlich von Schloß Lembeck ist auf dem Plan eine X-förmige Wegegabelung zu sehen - ein „croix de S. André" (Andreaskreuz). Südwestlich des Kreuzes befindet sich ein runder Platz mit jeweils einem Gegenüber im Norden und Süden. Von diesem Platz führen sternförmig Wege in den Wald hinaus, eine solche Form nennt man „etoile" (Stern) oder „rondspoint" (Knotenpunkt von Alleen in Form eines freien Platzes).

Direkt hinter den Torpfeilern der Gartenbrücke, die der westfälische Barockbaumeister Schlaun entwarf, führen von einem Halbkreis vier Wege ab, wobei sich die beiden äußeren bereits nach kurzer Entfernung um nicht ganz 90 Grad wenden, womit zwei spitze Dreiecke entstehen. Die beiden inneren Wege führen in den Wald. Zwischen den beiden Dreiecken befindet sich an der Mittelachse eine ellipsenförmige Fläche, die beim Übergang in den Wald durch einen Halbkreis begrenzt wird. Die Schlaunsche Gartenbrücke mit dem Torpfeilerpaar findet im west-

Im Schloßpark

lichen Gartenbereich durch eine Obeliskenarchitektur an der Gartengrenze ihre Entsprechung. Die Obelisken ruhen nicht direkt auf einem Postament, sondern auf vier Kugeln. Etwas tiefer als der Postamentabschluß setzt eine Mauer an, die links und rechts durch je ein Ovalfenster mit Ornamentgittern unterbrochen ist. An diese Mauer stößt ein im Vergleich zum Obeliskenpostament niedriges Postament an, auf dem rechts Minerva, Beschützerin des Handwerks und der Künste, und links Atlas, der nach der griechischen Sage die Weltkugel trägt, stehen. Alle diese Figuren und Mauern sind in diesem Gartenbereich noch vorhanden.

Zwanzig Jahre später zeigt eine „Karte der Hovesath Lembeck", bearbeitet im Sommer 1824 durch Hölscher, den landschaftlichen Aussenbereich in einer anderen Darstellungsweise als bei Reinking. Die Mittelachse und die meisten anderen gerade verlaufenden Wege sind als Alleen dargestellt. Den Schloßpark füllen jetzt nicht mehr zwei spitze Dreiecksflächen, sondern zwei, – durch kreuzförmig angeordnete Wege erschlossene – Gartenflächen.

Bei der Bepflanzung der Alleen wurden Eichen *(Quercus)*, Buchen *(Fagus sylvatica)*, Eßkastanien *(Castanea sativa)* und Lärchen *(Larix)* verwendet, die heute noch teilweise vorhanden sind.

Landschaftspark

Ferdinand Anton Graf von Merveldt (1840-1905) nahm die weitreichendsten Veränderungen im Park von Schloß Lembeck vor. Die schon vorhandene Waldfläche um das Schloß verdoppelte sich durch Neuaufforstungen. Auf den Sandflächen wurden in erster Linie Kiefern *(Pinus)* gepflanzt, da Kiefern sich gut als Grubenholz in den Zechen des Ruhrgebietes verkaufen ließen. Der alte Parkteil westlich des Schlosses wurde in einen englischen Landschaftsgarten umgewandelt. Das strenge barocke Wegesystem wurde aufgelöst und durch eine geschwungene Wegeführung ersetzt. Die Bäume und Hecken konnten sich, nicht mehr in Form geschnitten, zu natürlicher Form und Größe entwickeln. Man pflanzte auch exotische Baumarten; aus dieser Zeit stammen die noch heute im Park vorhandenen Sumpfzypressen *(Taxodium distichum)*, Hickorynuß-Bäume *(Carya)*, Platanen *(Platanus acerifolia)*, Blutbuchen *(Fagus sylvatica 'Atropunicea')*, Hängebuchen *(Fagus sylvatica 'Pendula')* und Pyramideneichen *(Quercus robur)*. Rhododendren wurden ebenfalls gepflanzt und entwickelten sich im Laufe der Zeit zu bis zu vier Meter hohen Exemplaren. Ein Palmhaus entstand im Jahr 1880 im Nordosten des Schlosses, davor wurde ein großer Gemüse- und Obstgarten angelegt. Hinzu kamen Anzuchtflächen für den großen Gehölzbedarf im Wald. Bis zum 2. Weltkrieg war der westlich des Schlosses gelegene Waldteil – Hagen genannt – eingegattert, um Rotwild in einer Art Tiergarten halten zu können.

Von der ehemals barocken Schloßgartengestaltung sind heute in der Örtlichkeit nur noch ein paar, teilweise bereits zugewachsene Sichtschneisen im Waldgebiet östlich und westlich des Schloßkomplexes erkennbar. Ferner finden sich im westlichen Waldbereich Reststrukturen der ehemaligen „rond points" (Knotenpunkte von Alleen). Die Mittelachse dagegen ist fast noch in ihrer gesamten Länge erkennbar. Auf der Vorburginsel befinden sich Rasenflächen mit Strauchpflanzungen und längs der Mittelachse Rosenbeete sowie an der Achse symmetrisch angeordnete restaurierte Hermenfiguren der vier Jahreszeiten.

Hinter der Gräfte, nordwestlich an das Schloß grenzend, liegt auch heute noch der Schloßpark im Stil des englischen Landschaftsgartens. Die Gartenbrücke mit den Schlaunschen Torpfeilern bildet den Eingang zu diesem Gartenbereich. Als Abschluß zum Waldbereich ist die zweiteilige Kulissenarchitektur mit Obelisken, Vasen und Skulpturen inszeniert. Ein innerer und ein äußerer Rundweg erschließen die Gartenanlage. Am inneren stehen vier restaurierte Skulpturen von Flußgottheiten. Die in der Ebene liegenden Rasenflächen sind mit Einzelbäumen, Baum- und

Strauchgruppen bestanden. Der freie Durchblick entlang der Mittelachse ist gewährleistet. Die Gartenanlage von Schloß Lembeck dokumentiert in beispielhafter Weise, wie sich bei einer Umgestaltung die ordnenden Elemente eines ehemaligen Barockgartens in einen Landschaftsgarten integrieren lassen.

Es war eine Bereicherung für den Lembecker Schloßpark, als im Jahre 1967 der Rhododendronpark endgültig fertiggestellt war. Nordwestlich der Schloßanlage entstand er in Anlehnung an die seit 1960 von der Schloßgärtnerei betriebene Rhododendronzucht in den moorigen Sümpfen. Besonders zur Blütezeit im Mai und im Juni präsentiert sich der Rhododendronpark in eindrucksvoller Farbenfülle.

☛ **Adresse:**
Schloß; 46286 Dorsten
☛ **Öffnungszeiten:**
Täglich: 9 Uhr bis zum Einbruch der Dunkelheit, gegen Entgelt
☛ **Anreise mit Bus oder Bahn:**
Ab Dorsten Bf. mit RB 8063 in Richtung Borken Bf. bis Dorsten-Rhade Bf.; dann umsteigen und weiter mit Bus 208 in Richtung Dorsten/Matthäus-Schule bis Haltestelle Lembeck Schloß.

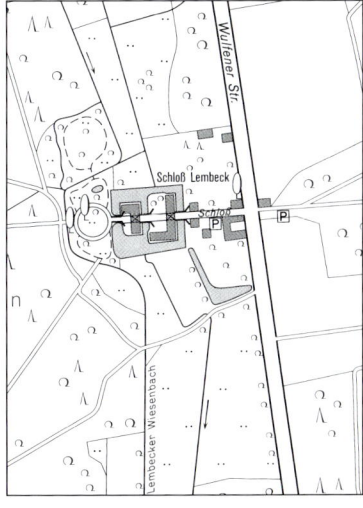

Freizeitstätte Haus Wittringen

Ab 1925 ließ die Stadt Gladbeck das Gelände um Haus Wittringen zu einer „Volkserholungsanlage" ausbauen.

A m südlichen Stadtrand Gladbecks liegt inmitten ausgedehnter Waldflächen das Wasserschloß Wittringen, das bereits im 13. Jahrhundert zum ersten Mal urkundlich erwähnt ist. Nach mehreren Besitzerwechseln in den nachfolgenden Jahrhunderten gelangte das Anwesen im Jahre 1922 in den Besitz der Stadt Gladbeck und ist heute ein Ort für Erholung, Freizeit und Kultur. Ob es dort je größere Gartenanlagen gegeben hat, ist fraglich.

Aus dem Urkataster und der „Karte von den zum Haus Wittringen gehörenden Grundstücken" aus dem Jahre 1825 geht hervor, daß nordwestlich vom Schloß ein großes, rechteckiges, ebenfalls von einem Wassergraben umschlossenes Gartenparterre vorhanden war. Es wurde wahrscheinlich als Obst- und Gemüsegarten genutzt. Heute sind jedoch keine Relikte dieser ehemaligen Gartenanlage mehr vorhanden.

Licht, Luft und Sonne

Ab 1925 ließ die Stadt Gladbeck das Gelände um Haus Wittringen zu einer „Volkserholungsanlage" ausbauen. Am südöstlichen Rand der Anlage im Stil des englischen Landschaftsgartens befanden sich, neben Haus Wittringen, die Teichanlage, Tennisplätze, Kinderspielplatz, Fußball- und Hockeyplatz, Faustballplatz, Volkswiese sowie das Licht- und Luftbad. Nordöstlich bildeten die Vestische Kampfbahn mit einem Spielfeld und dem Schwimmstadion eine architektonische Einheit.

Stand bei den architektonischen Garten- und Parkanlagen der Adelssitze im Vordergrund, Reichtum und Macht nach außen zu zeigen, so war bei diesem neuen Parktyp die Möglichkeit der vielseitigen Nutzung der Freiräume durch die Besucher vorrangig. Die Planer suchten dafür nach einem gestalterischen Ausdruck, einer Gartenform, um ihrer Forderung, daß vor allem Nutzerwünsche im Freiraum zu befriedigen seien, Nachdruck zu verleihen.

Die Probleme der Menschen im Ruhrgebiet mit dichter Wohnbebauung, der schweren Arbeit in den Fabriken und Zechen und der rapiden Urbanisierung der dörflich geprägten Siedlungkerne mündeten im Wunsch nach Licht, Luft und Bewegung im Freien. Die Anlage von Erholungsparks mit den verschiedensten Nutzungsmöglichkeiten, wie am Haus Wittringen, war die planerische Antwort auf die aus der großen Dichte und Belastung entstehenden Ansprüche der Bevölkerung. Stilistisch ist die Parkanlage am Haus Wittringen eine Kombination aus einem architektonischen Gartenbereich mit separaten Nutzungsräumen und einem im Stil englischer Landschaftsgärten angelegten Park. Bäume, Sträucher und Stauden sind nur regelmäßig (in Reih und Glied) in der Nähe von Gebäuden, vor allem am Haus Wittringen, gesetzt.

Der Wittringer Wald entstand ab 1922 aus einem Buchen-Eichen-Wald. Er war von einer 4,2 Kilometer langen Ringallee, die beidseitig mit Pappeln *(Populus)* bepflanzt war,

Plan von Haus Wittringen mit Spielplatzanlagen und Teichen aus dem Jahre 1926

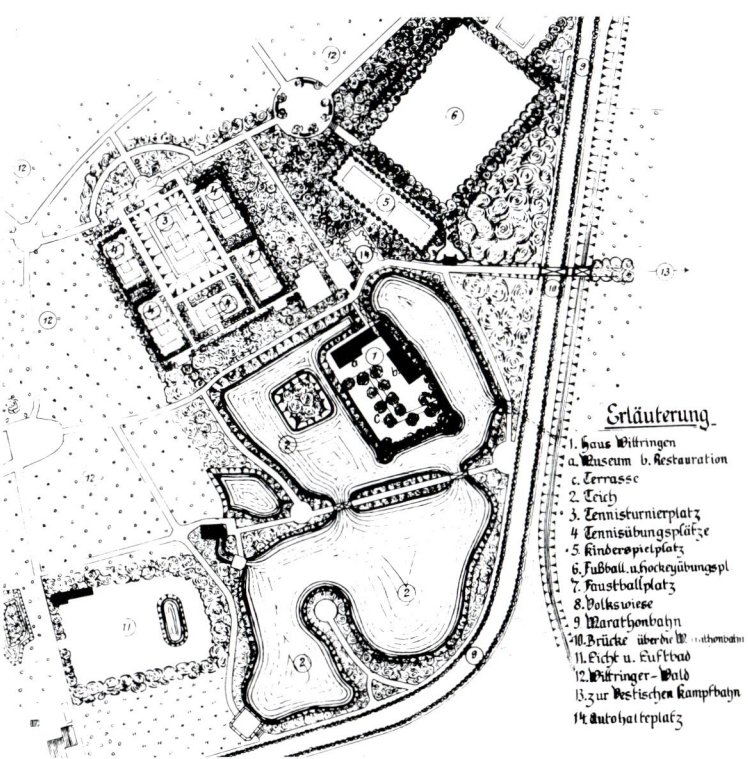

Erläuterung

1. Haus Wittringen
   a. Museum b. Restauration
   c. Terrasse
2. Teich
3. Tennisturnierplatz
4. Tennisübungsplätze
5. Kinderspielplatz
6. Fußball u. Hockeyübungspl.
7. Faustballplatz
8. Volkswiese
9. Marathonbahn
10. Brücke über die Marathonbahn
11. Licht u. Luftbad
12. Wittringer Wald
13. zur Vestischen Kampfbahn
14. Autohalteplatz

eingerahmt. Innerhalb des Waldes legte man zahlreiche Wege und Wiesenflächen an und errichtete eine Waldbühne mit 634 Sitzplätzen, die in den Sommermonaten zu Theateraufführungen diente. An der Westseite des Waldes befanden sich die Stadtgärtnerei mit zwei Gewächshäusern, Frühbeetanlagen, Baumschule und Staudenzuchtgarten sowie ein Sportplatz mit diversen Sporteinrichtungen. Eine Gedenkstätte für die Gefallenen des 1. Weltkrieges (Ehrenmal) mit einer Teichanlage wurde erst 1933 errichtet.

Stilistisch etwas problematisch werden die Übergänge vom landschaftlichen zum architektonischen Parkbereich sichtbar. Der Stilwechsel erfolgt sehr abrupt. Der alte Gräftenteich, der die Burg umgab, wurde 1926 um das Doppelte vergrößert. In unmittelbarer Nähe entstand ein zweiter Teich, der über zwei breite Durchlässe mit dem ersten verbunden war. An der Nordseite von Haus Wittringen dehnten sich mehrere Sportanlagen aus, die Vestische Kampfbahn schloß sich nordöstlich an. Umgebende Baumreihen und Alleebaumpflanzungen an den Wegen betonten die formal-architektonische Struktur der Sportanlagen. Der 2. Weltkrieg richtete auch im Park von Haus Wittringen erhebliche Schäden an. Etwa 5.000 zum Teil sehr alte Bäume wurden zerstört. Die schlechte Ernährungslage nach Kriegsende zwang auch die Gladbecker, aus den weiten Wiesen im Wittringer Wald Acker- und Gartenland zu machen. Für die notdürftige Instandsetzung der durch den Krieg zerstörten Häuser mußten 1945 die Bäume an der Ringallee fallen. Zwischen 1953 und 1973 wurde dann der Wald um rund 15,5 Hektar auf heute insgesamt 91 Hektar vergrößert. Laubgehölze, wie Buchen *(Fagus)*, Eichen *(Quercus)* oder Linden *(Tilia)*, stehen neben Nadelbäumen, wie Kiefern *(Pinus)* und Lärchen *(Larix)*.

Die gesamte Freizeitanlage um Haus Wittringen ist heute noch mit ihren prägenden Elementen von 1926 erhalten. In den letzten Jahren kamen allerdings weitere Freizeiteinrichtungen hinzu, oder die alten wurden erweitert. Die Waldbühne existiert heute jedoch nicht mehr, und die beiden Teichanlagen am Haus Wittringen wurden voneinander getrennt. Geschnittene Bäume und Sträucher und formale Staudenrabatten bei Haus Wittringen und der Vestischen Kampfbahn sind nicht erhalten oder ihrer ursprünglichen Form entwachsen, so daß sich die Gesamtanlage heute in eine freie, natürlich wirkende Vegetationsstruktur einbettet.

☛ **Adresse:**
Burgstraße; 45964 Gladbeck
☛ **Öffnungszeiten:**
Täglich: ganztägig
☛ **Anreise mit Bus oder Bahn:**
Ab Essen Hbf. mit Bus 188 in Richtung Dorsten-Hervest Bf. bis Haltestelle Gladbeck / Stadion.
Ab Essen Hbf. mit Bus 189 in Richtung Gladbeck-Oberhof bis Haltestelle Gladbeck / Stadion.
Ab Essen Hbf. mit RB 8161 in Richtung Borken Bf. bis Gladbeck-West Bf; dann umsteigen und weiter mit Bus 253 in Richtung Gladbeck / Uferstraße bis Haltestelle Diepenbrockstraße.

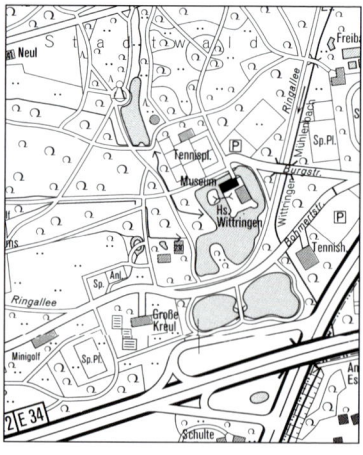

Der Park von Schloß Herten 48

Nördlich des Schlosses befand sich ein Rosengarten mit einer erlesenen Rosenzucht. Dieser „Rosenhag" der Gräfinnen von Nesselrode wurde, so ist es überliefert, von den adeligen Damen selbst gepflegt.

Schloß Herten gilt als herausragendes Beispiel spätgotischer Baukunst in Nordwestdeutschland. Schon im 11. Jahrhundert erwähnt das Abgabenverzeichnis der Abtei Werden einen „Hertener Hof". 1520 wurde auf den Resten einer älteren Wehranlage mit dem Bau des Hertener Schlosses begonnen. Auf zwei Inseln entstand eine Schloßanlage mit Vor- und Hauptburg. Nachdem im Laufe der Zeit der Verteidigungswert des Hertener Schlosses durch den Einsatz von Feuerwaffen immer mehr zurückging, begann man um 1650 die Anlage zu einem Wohn- und Repräsentations-

bau umzugestalten. Nach dem großen Brand von 1687 wurde Schloß Herten bis 1702 wieder aufgebaut. Der Wiederaufbau der Gebäude orientierte sich nur geringfügig an barocken Stilformen. Dagegen wurde besonderes Gewicht auf eine barocke Gartengestaltung gelegt.

Rauchkabinett

Ausmaße und Gestaltung des Barockgartens sind in Federzeichnungen des wallonischen Malers R. Roidkin detailgetreu überliefert: Leicht terrassierte Parterreflächen (parterre de broderie) mit seitlichen, regelmäßigen Baumanpflanzungen zur Begrenzung des Gartens (Boskett), parallel zum Schloßgebäude verlaufende Alleen und vor runden Plätzen sternförmig angelegte Alleen (etoile/ronds-points) charakterisierten diese barocke Gartenanlage. Kernstück aber war das reich mit Gewächsen und Blumen verzierte Parterre zwischen Schloß und Orangerie. Springbrunnen, die von einer Quelle auf dem Paschenberg über unterirdische Eichenrohrleitungen gespeist wurden, schmückten es. Die gleiche Rohrleitung führte auch unter der Schloßgräfte in die Küchenräume des Nordflügels, um den Hausbedarf an Wasser zu decken; überflüssiges Wasser wurde dann in die Schloßgräben abgeleitet. 1725 wurde das Orangeriegebäude als Blickpunkt (point de vue) ungefähr 170 Meter nördlich vom Schloß errichtet und war prägender Bestandteil und wichtiger Bezugspunkt der gesamten barocken Gartenanlage.

Das „Weiße Häuschen" oder „Tabakhäuschen" wurde um das Jahr 1795 als Rauchkabinett für zwei französische Grafen gebaut. Diese hatten sich aufgrund verwandtschaftlicher Beziehungen aus den Wirren der französischen Revolution nach Herten geflüchtet. Während damals in Frankreich das Rauchen schon lange üblich war, wollte man in Deutschland von dieser Sitte noch nichts wissen. Es wurde daher dem französischen Besuch im Schloß nicht gestattet, zu rauchen. Für sie ließ man das Tabakhäuschen bauen, in dem sie ungestört ihrer Rauchleidenschaft frönen konnten.

Zwei kreisrunde Plätze – der Herkules- und der Fürst-Hatzfeld-Platz, – die vom Tabakhäuschen nach Süden verlaufende Eßkastanienallee (*Castanea sativa*/Seufzerallee), die Roßkastanienallee (*Aesculus hippocastanum*) östlich des Schlosses, der Sternplatz westlich des Fürst-Hatzfeld-Platzes, der Theaterplatz, die

Barockwiese und die Fischteiche südwestlich des Schlosses sind die heute noch sichtbaren Reste des Barockgartens.

Irrgarten

Der schon damals berühmte Düsseldorfer Gartenarchitekt Maximilian Friedrich Weyhe gestaltete von 1813 bis 1817 die barocken Gartenanlagen im Stil des englischen Landschaftsgartens um. Die wesentlichen Arbeiten begann man kurz nach den Befreiungskriegen gegen Napoleon im Jahre 1813/14. Die Arbeiten wurden nicht zuletzt deswegen in Angriff genommen, um die damals hohe Arbeitslosigkeit etwas zu mildern. Westlich des Parks gelegene Wiesen

Blick von Schloß Herten auf den Garten und die Orangerie nach Norden. Federzeichnung aus dem Jahre 1730 von R. Roidkin

wurden optisch einbezogen. Eine langgestreckte Allee und die beiden konisch zulaufenden, ehemals zum Barockgarten gehörenden Fischteiche weisen von der Form her in diese Richtung. Weyhe versah den Schloßpark mit einer geschwungenen und teilweise sehr geschlängelten Wegeführung.

Der im Süden angrenzende Schloßwald wurde ebenfalls von den gestalterischen Bemühungen erfaßt: Ausgehend von den Fischteichen verläuft in südlicher Richtung eine Allee, die den Schloßwald mit der im Osten schrägzulaufenden barocken Eßkastanienallee verbindet. Außerdem wurde der Wald im westlichen Bereich mit vier Rasenfreiflächen, den sogenannten Taschen, versehen.

Im Nordosten der Parkanlage befinden sich noch heute Reste eines ehemaligen Irrgartens, den Graf Hermann von Nesselrode um 1887 selbst entworfen und angelegt hat; dieser Irrgarten wurde von einem Rhododendrongarten gesäumt, der auch noch heute – jedoch in reduzierter Form – existiert. Nördlich des Schlosses befand sich ein Rosengarten mit einer erlesenen Rosenzucht. Dieser „Rosenhag" der Gräfinnen von Nesselrode wurde, so ist es überliefert, von den weiblichen Familienmitgliedern derer von Nesselrode selbst gepflegt – die Gartenarbeit galt damals als nicht standesgemäß für adlige Damen.

Aus der Epoche des Landschaftsgartens blieb ein großer Teil des Baumbestandes bis heute erhalten, so unter anderem mehrere Roß- und Eßkastanien *(Aesculus hippocastanum/Castanea sativa)*, Eichen *(Quercus)*, Hainbuchen *(Carpinus betulus)*, Rotbuchen *(Fagus sylvatica)*, ein prachtvolles Exemplar eines Trompetenbaumes *(Catalpa)* und ein besonders schön gewachsener Judasbaum *(Cercis)*. Besonders auffallend sind eine Gruppe chilenischer Schirmtannen *(Araucaria)* und zwei

Taschentuchbäume *(Davidia)*, die nach ihren taschentuchartigen Blüten so benannt sind. Eine üppige Blütenpracht entfalten mehrere Magnolienbäume unterschiedlichster Arten *(Magnolia)*, insbesondere eine japanische Maiskolben-Magnolie, die durch besonders große Blüten und Blätter auffällt.

Viele dieser dendrologischen Besonderheiten wurden von den Mitgliedern der gräflichen Familie im Laufe der Jahre aus Übersee mitgebracht, wohin sie private Studienreisen oder aber diplomatischer Dienst führte. Eine besondere Attraktion für den Besucher ist heute die Blüte der Narzissenwiese in jedem April. Über eine halbe Million Narzissen, die etwa vor 100 Jahren gepflanzt wurden, verwandeln dann die Wiese in ein gelbes Blütenmeer.

1974 kaufte der Landschaftsverband Westfalen-Lippe Schloßgebäude und Park und restaurierte beide. Heute präsentiert sich die Schloßanlage fast wieder im alten baulichen Glanz, aber mit einer neuen Nutzung durch das Westfälische Zentrum für Psychiatrie. Nach dem Eigentumswechsel im Jahre 1974 zeigte sich der Landschaftspark in einem desolaten Zustand; etwa 30 ältere Bäume – Bergahorn *(Acer pseudoplatanus)*, Eschen *(Fraxinus excelsior)*, Roßkastanien *(Aesculus hippocastanum)*, Ulmen *(Ulmus)* – waren umgefallen oder mußten als abgängig gefällt werden. Sämtliche Freiflächen und Wege waren mit Sträuchern zugewachsen, die Wasserflächen verlandet.

Bruchlos

Bei der Wiederherstellung des etwa 30 Hektar großen Parkes in den Jahren 1974 bis 1982 ging man sehr behutsam vor, um die über 200 dendrologisch wertvollen Baumarten nicht zu gefährden. Mit Ausnahme eines zusätzlichen Einganges am Rathaus, um den Park besser an die Innenstadt Hertens anzubinden, wurde an der historischen Gestalt nichts verändert. Zugunsten des von Maximilian Friedrich Weyhe geschaffenen Landschaftsgartens verzichtete man auch darauf, besondere barocke Gestaltungsmerkmale hervorzuheben.

Der Schloßpark Herten hat daher eine besondere Bedeutung als herausragendes Werk des Gartenarchitekten Maximilian Friedrich Weyhe. Seine Gestaltungsgrundsätze lassen sich am heutigen Erscheinungsbild der Parkanlage fast unverändert ablesen. Bestehende Strukturen des Barockgartens flossen bruchlos und auf geschickte Art in das Planungskonzept für den Landschaftsgarten ein. Als Beispiel kann der Erhalt einiger barocker Alleestrukturen, der baumbestandenen Plätze und der freien Sichtbeziehung Schloß – Orangerie gelten.

☞ **Adresse:**
Im Schloßpark; 45699 Herten
☞ **Öffnungszeiten:**
Täglich: ganztägig
☞ **Anreise mit Bus oder Bahn:**
Ab Recklinghausen Hbf. mit dem Bus 240 in Richtung Gelsenkirchen-Buer oder Gladbeck bis Haltestelle Schloß Herten.

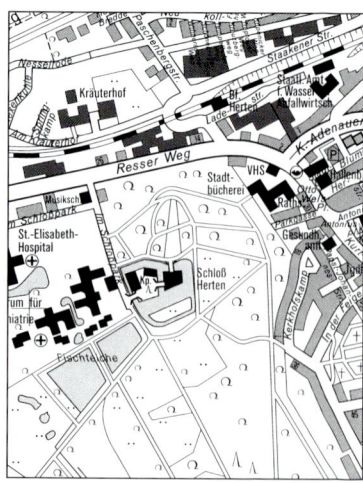

Stadtgarten Recklinghausen 49

Als aber nach fast einjähriger Bauzeit das Festspielhaus 1965 eröffnet wurde, war man sich darin einig, „daß für das neue Haus der schönste Platz Recklinghausens gefunden worden war."

Eduard Gronarz wurde im Jahre 1897 zum ersten Stadtbaurat in Recklinghausen berufen. Schon ein Jahr später trug er sich mit dem Gedanken, für die Recklinghausener Bevölkerung einen Bürgerpark als Erholungsstätte zu schaffen. Da er befürchtete, mit seinen Plänen auf Widerstand zu stoßen, verzichtete er zunächst darauf, die Bürger zu informieren. Im Stillen wurde ein geeignetes Gelände für die Anlage des Stadtgartens ausgewählt und mit den Ankaufsverhandlungen begonnen. Obwohl also die Pläne zum Bau des Stadtgartens in Recklinghausen geheim gehalten wurden, waren sie merkwürdigerweise außerhalb der Stadt bereits bekannt: Im Dezember 1898 wandte sich der Dortmunder Gartenbau-Verein mit der Bitte an die Stadt, sich mit Zusendung von Unterlagen für die Anlage eines Volksgartens an einer großen Gartenbau-Ausstellung zu beteiligen. Der Stadtbaurat teilte jedoch mit, daß zur Zeit keine Pläne zum Bau einer derartigen Anlage vorlägen. Kurze Zeit später schrieb der Verein Deutscher Gartenkünstler aus Berlin an die Stadt Recklinghausen, daß er von der Anlage eines Stadtgartens in Recklinghausen erfahren habe und daher ein öffentliches Preisausschreiben vorschläge, um einen geeigneten Entwurf zu erhalten. Der Stadtbaurat Gronarz wollte jedoch keinen Wettbewerb, er hatte seine eigenen Pläne.

Am 22. Januar 1900 stimmte der Magistrat dem Projekt von Gronarz zu und beschloß, die Grundstücke für den Stadtgarten zu erwerben. Im Mai desselben Jahres nahm die eigens für den Stadtgarten eingerichtete Stadtgarten-Kommission jedoch die Vorschläge von Gronarz nicht an, sondern beschloß, den Gartenarchitekten Friedrich Wilhelm Schödder aus Iserlohn und den Stadtgartendirektor der Stadt Aachen, Carl Heicke, aufzufordern, Pläne und Kostenvoranschläge für den Stadtgarten einzureichen.

Erst rund vier Jahre später wurde damit begonnen, den Stadtgarten auf dem Gelände im Nordwesten der Stadt, dem sogenannten Brosart, nach dem preisgekrönten Entwurf des Gartenarchitekten Schödder anzulegen. Nach einer dreijährigen Bauphase waren große Teile der Anlage fertiggestellt und der Öffentlichkeit zugänglich. Neben den zur damaligen Zeit üblichen Gestaltungselementen wie geschwungenen Wegen, Wiesenflächen, Wechsel zwischen zusammenhängenden und lockeren Gehölzgruppen und dominierenden Einzelbäumen, sollte der Park auch einen Teich und ein Restaurationsgebäude erhalten. Über Standort und Architektur des geplanten Gebäudes konnte man sich jedoch bis 1908 nicht einig werden. Die Wahl fiel schließlich auf den Bau eines einfachen Saals nach dem Vorbild des Saals im Bochumer Stadtpark. Im Zentrum der neuen Anlage legte man zudem einen Teich an.

In den Folgejahren kamen Tennisplätze, ein Alpinum und ein Rosarium dazu. In den Jahren 1910 bis 1913 entstand zusätzlich ein Tierpark. Ebenso wie in anderen Städten des Ruhrgebiets wurde der Recklinghausener Stadtgarten in den Jahren

des 2. Weltkrieges zum Anbau von Gemüse genutzt. Nach dieser Phase richtete ihn die Stadt in seinen Grundstrukturen und mit der früheren Ausstattung wieder her.

Erst mit dem Bau des Ruhrfestspielhauses in den sechziger Jahren unseres Jahrhunderts veränderte sich die Struktur des Stadtgartens. Als aber nach fast vierjähriger Bauzeit das Festspielhaus 1965 eröffnet wurde, war man sich darin einig, „daß für das neue Haus der schönste Platz Recklinghausens gefunden worden war. Sie lobten den grünen Hügel mit seinem prächtigen Baumbestand, mit den Blumen und den weiten Rasenflächen und waren davon angetan, daß es gelungen war, trotz des mächtigen Theaterbaues die landschaftliche Schönheit des Parks zu erhalten".

Nun, rund 30 Jahre später, wird sich der Stadtgarten erneut verändern, denn es ist vorgesehen, ab 1997 das Ruhrfestspielhaus zu modernisieren.

☞ **Adresse:**
Cäcilienhöhe; 45657 Recklinghausen
☞ **Öffnungszeiten:**
Täglich: ganztägig
☞ **Anreise mit Bus oder Bahn:**
Ab Recklinghausen Hbf. mit Bus 238 in Richtung Dorsten / Braunfelder Allee bis Haltestelle Festspielhaus

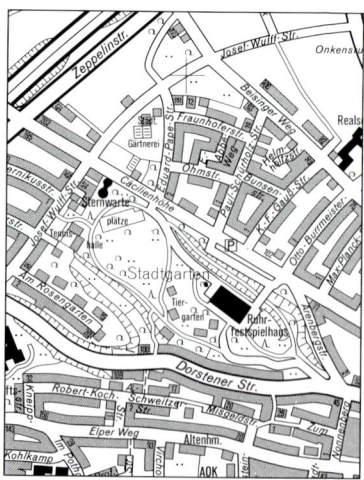

Der Park von Haus Opherdicke

50

Im Mai 1815 besuchte der westfälische Oberpräsident Ludwig Freiherr von Vincke das Gut und lobte seine herrliche Lage.

H aus Opherdicke in Holzwickede ist landschaftlich sehr reizvoll gelegen. Das großzügig, vielfach durch Gehölzkulissen gegliederte Gelände fällt um das Gut nach Süden hin ab. In der Ferne zeichnen sich die Kuppen und die Höhenrücken des Sauerlandes am Horizont ab. Die gärtnerischen Anlagen rund um Haus Opherdicke sind gartengeschichtlich nicht mit Gartenanlagen repräsentativer Adelssitze gleichzusetzen. Sie lassen sich eher in der Tradition der Gutsbewirtschaftung und damit einer jahrhundertealten Gartenkultur interpretieren, die Nützliches und Schönes miteinander zu verbinden wußte.

Die gartenhistorische Entwicklung kann mit dem Ende des 18. Jahrhunderts nachgewiesen werden, wobei bauliche Reste, wie der barocke Pavillon von 1725 an der nördlichen Gartenmauer, noch von einer früheren Epoche zeugen. Einflüsse der Bewegung der Landesverschönerung, die Nutzen und Wohlfahrt in Verbindung mit ästhetischen Ansprüchen propagierte sowie Aspekte der späten Landschaftspark-Idee sind ebenfalls zu erkennen.
Die Geschichte von Haus Opherdicke läßt sich bis ins 12. Jahrhundert zurückverfolgen, wobei das Herrenhaus in der heutigen Form weitgehend aus dem Barock stammt. Seit 1980 befindet sich Haus Opherdicke

im Besitz des Kreises Unna, der umfangreiche Restaurierungsarbeiten an den Gebäuden durchführen ließ. Sie werden heute als kulturelles Begegnungszentrum genutzt. Es entstand ein attraktives Ensemble mit besonderer Atmosphäre, in dem Ausstellungen, Musikveranstaltungen, aber auch private Feierlichkeiten stattfinden.

Gemüsegarten

Auf den von 1790 datierten Karten des Distriktes Hoerde erscheint im Bereich der heutigen Parkanlage eine Gartenfläche mit geometrischen Wegekreuzungen. Daran schließt sich offensichtlich ein (Obst-)Baumgarten an. Obwohl davon auszugehen ist, daß die Darstellung schematisiert erfolgte, bestätigt sich diese Nutzung in teilweise veränderten Abgrenzungen in späteren Kartenwerken; im Urhandriß 1827 wird ein Gemüsegarten benannt. In bezug auf die Tradition barocker Gartengestaltung ist davon auszugehen, daß es sich wahrscheinlich um einen „jardin potager ornée", einen regelmäßigen, durch Schmuckrabatten mit Zierblumen und Kräutern gegliederten Gemüsegarten handelte.

Die Lage des Pavillons an der nördlichen Gartenmauer mit einem Ausblick auf den Garten und die angrenzende Landschaft deutete auf ein Belvedere, also einen Aussichtspunkt. Da eine direkte Verbindung zwischen Herrenhaus und Garten nicht besteht, ist diese Bedeutung des Pavillons plausibel. Als weiteres barockes Gestaltungselement ist die Allee nördlich der Gutseinfahrt zu werten. Sie ist allerdings erst in der preußischen Uraufnahme von 1839 dargestellt und wurde unlängst wiederhergestellt.

Im Mai 1815 besuchte der westfälische Oberpräsident Ludwig Freiherr von Vincke das Gut und lobte seine herrliche Lage. Er gehörte zu den Gründungsmitgliedern des „Vereins zur Beförderung des Gartenbaues in den Königlich preußischen Staaten", der die Idee der Landesverschönerung vertrat. Es ist daher anzunehmen, daß die Gartenanlage von Haus

Morgendliche Herbststimmung
am Haus Opherdicke

Opherdicke auch aus dieser Bewegung wichtige Impulse bekam. Eine Darstellung von 1837 zeigt in der Südansicht typische Elemente bewußter kulturlandschaftlicher Gliederung wie beispielsweise Obstbäume, flankierende Gehölzkulissen und Solitärbäume.

Gegen Ende des 19. Jahrhunderts liegt eine einfachere, parkähnliche Anlage im Osten des Gutshauses, während die Nutzgartenfläche erheblich reduziert ist. Im nördlichen Gartenteil befindet sich ein axiales Wegesystem mit Beeten, das auf den barocken Pavillon ausgerichtet ist. Der südliche Teil der Gartenanlage ist mit Baumgruppen und offenen Flächen als Landschaftspark gestaltet und durch einen Rundweg erschlossen. Reste von Salinensteinen deuten auf Ausstattungselemente, wie sie seinerzeit in Form von Gartensitzen, Fontänenbecken oder Beeteinfassungen beliebt waren.

Substanzverluste

Das Umfeld von Haus Opherdicke hat sich bis heute strukturell mit großer Kontinuität erhalten, obwohl durchaus Nutzungsänderungen und Verschiebungen von Wald- und Feldgrenzen nachweisbar sind.

Nach 1975 wurde der Park überarbeitet, ein geschwungener Rundweg neu angelegt, die vorhandenen Pflanzungen mit Ziergehölzen ergänzt. Der Verlust des nördlichen Gartenteils jedoch durch seine Nutzung als Reitanlage und die Abtrennung des Pavillons hat den historischen Zusammenhang der Gartenanlage unterbrochen und den damit verbundenen typischen Raumeindruck des architektonischen Gartens zunichte gemacht. Substanzverluste am Baumbestand haben sich auch in jüngster Zeit durch Sturm- und altersbedingte Schäden ergeben.

Im Umfeld von Haus Opherdicke sind noch Grundelemente der historischen Gartengestaltung – wenn auch nur relikthaft – erkennbar. Sie zeigen, welche gartenhistorischen Einflüsse diese Anlage prägten. In der barocken Epoche wurde die Natur nach architektonischen Prinzipien geordnet und gestaltet. Ein entscheidender Wandel trat dann in der Mitte des 18. Jahrhunderts mit der Ablösung des Barockgartens durch den Landschaftsgarten ein. Er sollte das Schöne mit dem Nützlichen verbinden. Die Nutzungen wie Viehweiden, Fischteiche, Aufforstungen, Obstgärten, Acker- und Gemüseland sind – wie am Haus Opherdicke geschehen – bewußt zwanglos in die umgebende Kulturlandschaft eingegliedert.

☛ **Adresse:**
Dorfstraße; 59439 Holzwickede
☛ **Öffnungszeiten:**
Täglich: ganztägig
☛ **Anreise mit Bus oder Bahn:**
Ab Unna Hbf. mit Bus R 51 in Richtung Haus Opherdicke bis Haltestelle Haus Opherdicke.
Ab Unna Hbf. mit Bus 150 in Richtung Schwerte bis Haltestelle Haus Opherdicke.

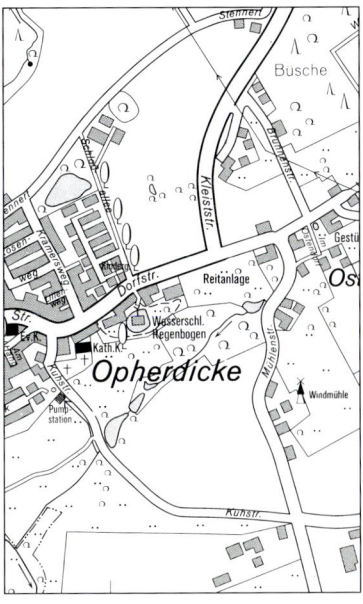

Nicht als Gesamtkunstwerk gedacht, sondern als Freiraum für Freizeit und Erholung, für Spiel und Sport und soziale Annäherung unterschiedlicher Schichten und Kulturen. Das Ziel: Gleichwertige Lebensverhältnisse in der Stadt.

Ein Jahrhundert lang prägte der Bergbau Struktur und Landschaft Lünens. Der Zustand vor der Landesgartenschau: Fast das gesamte Gelände ist Poldergebiet, aufgrund von Bergsenkungen gegenüber dem vorherigen Geländeniveau und den vorhandenen Gewässern um acht bis zwölf, stellenweise bis zu 14 Meter tief abgesunken. Ohne Dämme und Deiche würde das Wasser rückwärts fließen. Hier setzte die Landesgartenschau an. Gestalterische und funktionale Verbesserungen sollten die vielfachen Beschädigungen und Benachteiligungen im besonders belasteten

Süden Lünens ausgleichen. Das Ziel: Gleichwertige Lebensverhältnisse in der Stadt.

Leitidee der Gartenschau war es, siedlungsnahe Freiräume mit hohem und vielseitigem Gebrauchswert für den Menschen zurückzugewinnen und natürliche Potentiale der Landschaft zu aktivieren. Einerseits sollten also künftig Erholungsuchende diesen Raum dauerhaft nutzen können, andererseits entstand Raum für Pflanzen und Tiere und neue biologische Aktivität auf ehemaligen Industrie- und Agrarbrachen, beispielsweise der Preußenhalde. Das Ziel des Wiedergewinns von Landschaft in vordem industriell genutzten Räumen verbindet die Landesgartenschau Lünen „lagalü" mit der Internationalen Bauausstellung Emscherpark (IBA Emscher Park).

Das rund 60 Hektar große Areal des neuen Parks war nicht nur von den Bergschäden gezeichnet, es fehlten optische und vor allem funktionale Verbindungen zum Rest der Stadt. Das Inventar einer Landschaft, die sich durch industrielle Nutzung ständig verändert hatte: Dämme, Leitungen, Verkehrsbänder, Kanäle und Aufschüttungen und Altablagerungen. Den ausgeschriebenen Wettbewerb gewannen die Landschaftsarchitekten Werner Schupp und Reiner Thiel, Münster. Deren gestalterisches Leitbild orientierte sich nicht an (Vor-)Bildern vergangener Parkschöpfungen. Vielmehr versuchten die Planer, die die Ausführungsplanung und Bauleitung in Arbeitsgemeinschaft mit den Landschaftsarchitekten Rudolf Skribbe und Volker Jansen, Münster abwickelten, die Bezugslinien der Industriegeschichte aufzugreifen.

In Lünen-Horstmar entstand eine neue Landschaft, die im Laufe der Zeit an Wert gewinnen wird. Neue stabile Strukturen und wiedererkennbare Zeichen sollen Orientierung und Heimatgefühl stützen, wie beispielsweise Ruine und Pyramide an der alten Ziegelei. Eisenbahn und Kanal, die Dämme der Seseke und Hochspannungsleitungen sind lineare Strukturmerkmale der Region. Aufschüttungen, Halden und der Wechsel zu Abbrüchen sind für den Ruhrgebietler bekannte Elemente und Raumsituationen. Daran knüpft die Planung an. Barrieren werden überwunden, neue Wege geschaffen, – eine neue Gebrauchslandschaft entsteht, in der stellenweise herausragende ästhetische Akzente gesetzt sind.

Damit aus dem Flächenmosaik ein Park wurde, entwickelten die Planer die früheren Barrieren, wie Datteln-Hamm-Kanal, Seseke und Schwansbeller Weg zu Verbindungswegen und ergänzten sie sinnvoll durch neue Verbindungen (Horstmarer Allee, Seseketangente, Südlicher Haldenrandweg). Diese Wege erschließen fast axial das Gelände in Nord-Süd- und Ost-West-Richtung. Um sie zu betonen und optisch zu stärken, sind sie als Alleen bepflanzt oder durch Baumreihen begleitet.

Der Gartenschaupark in Lünen ist ein Landschaftspark neuen Typs, – ein siedlungsbezogener Erholungsraum mit einem Wechsel von groß- und kleinflächigen, offenen und geschlossenen Landschaftsräumen mit eingebundenen Spielzonen, Kleingärten oder Friedhofsflächen. Seine Qualität liegt in besonders robusten, vielseitig für unterschiedliche Freizeit- und Erholungsaktivitäten nutzbaren Räumen im bisher mit solchen Freiräumen unterversorgten Lüchener Süden.

Brüche

Zentrales Projekt des neuen Parkes ist der etwa neun Hektar große, künstlich angelegte Horstmarer See. Seine östlichen und nördlichen Ufer sind für Erholung und Freizeit nutzbar; die südlichen und westlichen Uferzonen sollen sich dagegen als ungestörte Rückzugsräume für Tiere und Pflanzen entwickeln. Mit der Aushubmasse des Horstmarer Sees wurde der Kreikenhof – ein ehemaliger Bergsenkungsbereich – zu einem Deichvorland mit bis zu sechs Metern Höhe aufgefüllt, so daß ein optisches Gefälle entstand. Die Landschaftsarchitekten entwarfen ein Naturspielgelände, das die Elemente Erde, Sand, Kies, Wasser, Vegetation und Holz bewußt zur Spielgrundlage macht, – nicht nur für Kinder.

Ebenfalls aus den Aushubmassen wurde das Horstmarer Loch model-

liert: An der tiefsten Stelle etwa acht Meter tief, erinnert es symbolhaft an die Bergschäden in diesem Bereich. Steile Böschungen und Abbruchkanten bieten zahlreiche Spielanreize. Ein Riß, der sich quer durch das Loch zieht und im Kreikenhof fortsetzt, steht für die Verletzungen und Veränderungen der Landschaft. Teile der Böschungen im Horstmarer Loch sind stufenartig geformt und bieten neben einer Naturbühne die Chance, das Horstmarer Loch zum Kommunikations-, Aktions- und Veranstaltungsort zu entwickeln.

Die ehemalige zentrale Ausstellungsachse der Gartenschau verbindet die Landschaftsräume westlich und östlich der Horstmarer Preußenstraße. Das westlich der Preußenstraße gelegene Gelände präsentiert sich als

Bürgerpark mit deutlich formal-architektonisch gestalteten Bereichen. Es ergänzt die landschaftlich-fließenden Formen des Seebereichs. Östlich der Preußenstraße befindet sich eine Spielzone mit Beach-Volleyball-Feldern. Ein behindertengerechter Garten ergänzt das Angebot. Im nordöstlichen Bereich des Geländes, an der alten Ziegelei, wird durch Mauer-Fragmente der ehemaligen Ziegelei die Geschichte dieses Ortes zitiert. Die anfallenden Inertstoffe wurden zu einer großen Pyramide zusammengeschoben. Diese Ruinenarchitektur zeigt in einer ganz eigenen Ästhetik, wie sich Verbrauchslandschaft zu Kulturlandschaft entwickeln kann.

Grünes Bindeglied zwischen dem Lünener Stadtzentrum und dem

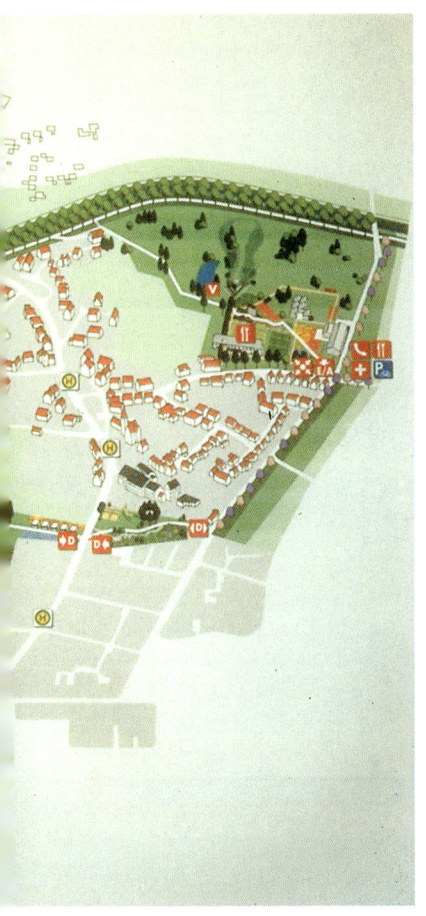

*Plan des
Gesamtgeländes der
Landesgartenschau*

Kastanie *(Aesculus hippocastanum)* oder Blutbuche *(Fagus sylvatica 'Atropunicea').*

Das Gelände der ehemaligen Landesgartenschau Lünen ist durch lange, landschaftsprägende Alleen gekennzeichnet, die das Gesamtbild der Parkanlage fassen, Zugänge definieren und Verbindungen herstellen. Obstwiesen, Spielflächen, Ruhezonen und gestaltete Aufenthaltsräume laden zur spontanen Aneignung durch die Besucher ein: Nicht als Gesamtkunstwerk gedacht, sondern als Freiraum für Freizeit und Erholung, für Spiel und Sport und soziale Annäherung unterschiedlicher Schichten und Kulturen, – vor allem der Anwohner der Lünener Stadtteile Niederaden, Beckinghausen, Lünen Süd, Bauverein und Horstmar. Aus den vorhandenen Angeboten, der Geschichte des Raumes und der Benutzung werden mit der Zeit ortstypische Parkbilder entstehen.

☞ **Adresse:**
Preußenstraße; 44532 Lünen
☞ **Öffnungszeiten:**
Täglich; ganztägig
☞ **Anreise mit Bus oder Bahn:**
Ab Lünen Hbf. mit dem Bus R 12 in Richtung Kamen bis Haltestelle Volkspark

ehemaligen Gartenschaugelände ist der im Nordosten gelegene, 120 Jahre alte Landschaftsgarten des Schlosses Schwansbell. Im Schatten von monumentalen Baum- und Strauchgruppen und entlang von ausgedehnten Wiesenflächen ist das Wechselspiel zwischen Licht und Schatten, Weite und Verborgenem zu erleben. Die symmetrischen und farbenprächtigen Blumenbeete des Barocks fehlen in dieser Anlage. Dafür finden sich hier Waldstauden wie Fingerhut *(Digitalis)* und Glockenblume *(Campanula)* unter Bergahorn *(Acer pseudoplatanus),* Robinie *(Robinia pseudoacacia),*

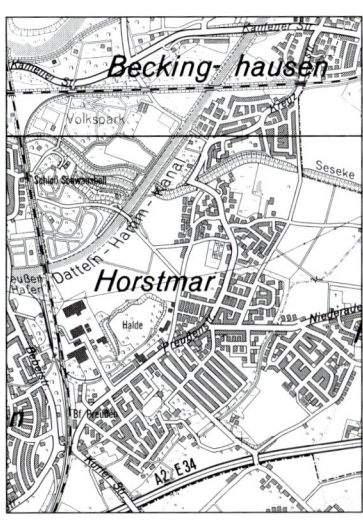

52 Schloßpark Schwansbell

Symmetrische und farbenprächtige Blumenrabatten schmücken die Anlage heute nicht mehr, dafür können sich aber Waldstauden wie Fingerhut und Glockenblumen im Schatten der monumentalen Baumgruppen auf den ausgedehnten Wiesenflächen ausbreiten.

Die Parkanlage von Schloß Schwansbell in Lünen entstand um 1875 neu, orientiert an den Ideen des englischen Landschaftsgartens und gleichzeitig mit dem Schloßneubau. Den gestaltete der Baumeister Fritz Weber aus Dortmund unter dem damaligen Besitzer Graf Wilhelm von Westerholt im Stil englischer Neugotik südlich der alten Wasserburg. An die Burg erinnern heute nur Reste der alten Gräfteanlagen, die in die Parkgestaltung einbezogen wurden.

Im Jahre 1929 erwarb die Stadt Lünen die gesamte Anlage, die in den darauffolgenden Jahren unterschiedlich genutzt wurde. Im Zuge der Bergsenkungen, die nach dem 2. Weltkrieg eintraten, wurde das Torgebäude derart stark geschädigt, daß es schließlich im Jahr 1958 abgerissen werden mußte. Die Gartenmauer, die den gesamten Park umgab, wurde 1969 abgerissen und der Park der Öffentlichkeit als Naherholungsgebiet mit Kinderspielplätzen zur Verfügung gestellt. Um das Jahr 1970 begann die Stadt, im Osten außerhalb des Parkgeländes eine Hausmülldeponie zu schütten. Sie versperrt heute den Ausblick entlang der noch teilweise vorhandene Lindenallee *(Tilia)* vom Eingang des Schlosses nach Osten in die freie Landschaft.

Anfang der achtziger Jahre unseres Jahrhunderts wurde das Schloß mit den direkt am Schloß gelegenen Flächen an einen Privatmann verkauft. Der ließ das Gebäude von Grund auf renovieren. Aus den Wirtschaftsgebäuden wurden ein Museum und ein Restaurant mit überregionalem Einzugsbereich. Im Schloßgebäude befindet sich heute unter anderem die Bauverwaltung der Stadt Lünen.

Der ehemalige Landschaftspark wurde durch ein geschwungenes Wegenetz erschlossen, enthielt verschiedene Freiflächen und hainartig gepflanzte Baum- und Strauchgruppen mit teilweise exotischen Gehölzen. Im östlichen Teil des Schloßparks deuten alte Obstbäume auf einen ehemaligen Obstgarten hin. Eine Teichanlage, die sich im südlichen Parkteil befand, ist heute nicht mehr erkennbar.

Im Rahmen der Landesgartenschau Lünen 1996 wurden die noch vorhandenen Außenanlagen rund um das Schloß Schwansbell behutsam umgestaltet. Mit den Veränderungen versuchte man, den heutigen Nutzungsansprüchen der Besucher gerecht zu werden.

Die Nutzungsänderungen auf den an das Schloß angrenzenden Flächen kappten zudem historische Wegebeziehungen, so daß das vorhandene Wegenetz im Schloßpark der veränderten örtlichen Situation angepaßt werden mußte. Symmetrische und farbenprächtige Blumenrabatten schmücken die Anlage heute nicht mehr. Dafür können sich attraktive Waldstauden wie Fingerhut *(Digitalis)* und Glockenblumen *(Campanula)* im Schatten der monumentalen Baumgruppen auf den ausgedehnten Wiesenflächen ausbreiten.

Blick durch die Lindenallee nach Osten

☛ **Adresse:**
Schwansbeller Weg;
44532 Lünen
☛ **Öffnungszeiten:**
Täglich: ganztägig
☛ **Anreise mit Bus oder Bahn:**
Ab Lünen Hbf. mit Bus 121/141 in Richtung Pumpwerk bis Haltestelle Pumpwerk/Schwansbeller Weg.
Ab Lünen Hbf. mit Bus R 12 in Richtung Kamen bis Haltestelle Volkspark.

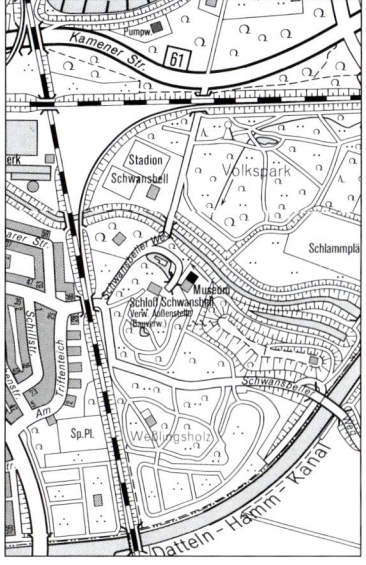

Der Park von Schloß Cappenberg

Durch Freiherr vom Steins Wirken wurde die ehemalige Klosteranlage zu einer „freundlichen Gartenanlage" mit großzügigen Baumpflanzungen gestaltet. Die Wegeführung im Park legte Stein persönlich fest.

D as bedeutende Kultur- und Baudenkmal Schloß Cappenberg entwickelte sich auf einer steil aufragenden Erhebung, der Cappenberger Höhe. Seit dem 9. Jahrhundert stand hier die einzige Höhenburg Westfalens karolingischen Ursprungs. Im Jahr 1122 verzichteten die Grafen von Cappenberg auf ihren weltlichen Besitz und gründeten das erste Prämonstratenserkloster auf deutschem Boden. Im Barock wurden die Stiftsgebäude zur schloßartigen Dreiflügelanlage umgebaut, die ab 1816 – nach der Säkularisation – Alterssitz und Sterbeort des preußischen Politikers und Re-

formers Freiherr vom Stein wurde. Heute befindet sich die Anlage im Besitz des Grafen von Kanitz.

Bis in die Gegenwart blieben die für die Lebensbedürfnisse notwendigen Einrichtungen des Klosters als Elemente der Kulturlandschaft in ihren Grundstrukturen erhalten. Die Stiftsherren legten einst Fischteiche, Obstgärten, einen Weinberg, Weiden, Ackerflächen, den großen Stiftsgarten und Wälder an, um ihren Lebensunterhalt zu sichern. 1719 kamen ein Tiergarten hinzu. Ein relativ genaues Bild der klösterlichen Gartenanlagen zeigt die „Karte des königlichen Domainengutes Cappenberg" aus dem Jahre 1803. Sie gibt die Nutzungsstruktur des Klosterbereiches einschließlich der landschaftlichen Umgebung des Schloßparkes vor der Säkularisation wieder.

Das Kloster war 1803 fast vollständig von Wald umgeben, im Südwesten befand sich das „Sudholz", im Süden und Osten die „Wethmar March (Mark)". Diese Waldflächen existieren bis heute fast vollständig und bestimmen das Landschaftsbild. Nur östlich des Tiergartens ist die Wethmar Mark zum Teil gerodet und in Ackerland umgewandelt. Wiesen- und Ackerflächen schließen sich im Südosten an. Der Tiergarten wird auch heute noch als solcher genutzt. Wein dagegen wird auf der südexponierten Hanglage des Weinberges nicht mehr angebaut; diese Flächen sind zwischenzeitlich aufgeforstet, oder sie werden als Obstwiese genutzt.

Der große Stiftsgarten auf einer Karte um 1800 zeigte das typische Schema eines Klostergartens: Die fast quadratische Fläche gliederte sich durch axiale Wegeführung, ein umlaufender Weg faßte sie. Es ist anzunehmen, daß er auf drei Seiten von Hecken umschlossen war, während im Osten eine den Schloßhofmauern vorgelagerte Stützmauer mit einer doppelläufigen Treppe den Höhenunterschied vom Klosterhof in den Stiftsgarten überbrückte. In Verlängerung der Ost-West-Achse des Wegekreuzes befand sich im Klostergarten das Belvedere. Von hier aus konnte man in den westlich anschließenden Talraum schauen, – ein Ausblick, der heute durch Anpflanzungen teilweise verdeckt ist.

Im Norden und Süden schlossen sich an den Stiftsgarten weitere Klostergärten an, die ebenfalls zum Gemüse- und Obstbau genutzt wurden. Besonders auffallend im Plan von 1803 sind die Baumreihen und Alleen. Eine Allee führte entlang der heutigen Freiherr-vom-Stein-Straße

bis etwa zum Standort des jetzigen Löwentores, eine weitere über den Quinberg sowie eine dritte zum ehemaligen Waschhaus. Außerdem ist eine Baumreihe im Schloßhof zwischen Pfortenhaus und Westportal der Kirche deutlich erkennbar.

Freundlicher Garten

Nach der Säkularisierung und Übernahme der Klosteranlage durch die preußische Krone gelangte 1816 die königliche Domäne Cappenberg durch Austausch gegen die weit entfernte Herrschaft Birnbaum im Bezirk Posen in den Besitz des ehemaligen Staatsministers des Königs von Preußen, Karl Freiherr vom und zum Stein. Stein nahm starken Einfluß auf die Entwicklung des Schloßparks. Die historischen Strukturen blieben bei Planung und Ausführung der neuen Anlage im Stil englischer Landschaftsgärten weitgehend erhalten.

Stein bat zudem den damals wohl bekanntesten Gartenarchitekten, Maximilian Friedrich Weyhe, königlichpreußischer Gartendirektor aus Düsseldorf, um Rat. Es ist leider nicht bekannt, ob Weyhe in Cappenberg mehr tat, als ihm vorgelegte Pläne Steins zu begutachten. Durch Freiherr vom Steins Wirken wurde die ehemalige Klosteranlage zu einer „freundlichen Gartenanlage" mit großzügigen Baumpflanzungen umgestaltet. Die verfallenden oder nicht mehr benötigten Wirtschaftsgebäude wurden abgerissen, und die nicht mehr genutzten Gärten des Pastorats wurden verlegt.

Die Wegeführung im Park legte Stein persönlich fest. Erst sein Schwiegersohn jedoch setzte diese Pläne um. Mit der Terrasse im Tierpark, der späteren Terrassierungsmauer, schuf Stein am Südhang unterhalb des Schlosses ebenfalls einen Parkteil, der einem Landschaftsgarten entsprach. Der Tiergarten mit den noch

*Park und Gärten von
Schloß Cappenberg um 1800*

aus der Klosterzeit stammenden
Alteichen sowie Neuanpflanzungen
von Edellaubgehölzen und Obstbäumen wurden in den neuen Park
integriert. Von den durch Stein ein-
gebrachten dendrologischen Besonderheiten sind noch heute eine
Hickory-Nuß *(Carya)*, sechs Edelkastanien *(Castanea sativa)* sowie ein
weißbunter Bergahorn *(Acer pseudoplatanus)* zu besichtigen.
Den Stiftsgarten, früher ein wichtiger
Bestandteil der Klosteranlage, nutzte man wieder zur Anzucht von Gemüse, Blumen, Beeren und Obst. Eine Baumschule wurde ebenfalls eingerichtet und Obstbäume in den
alten Obstgärten neu gepflanzt. Die
Gestaltungsmaßnahmen nach Steins
Tod im Jahre 1831 veränderten den
Gesamtcharakter der Anlage kaum.

Im Park beschränkten sie sich auf
ergänzende Pflanzungen. Nur der
Große Stiftsgarten verlor sein Wegekreuz aus der Klostergartenzeit und
wurde durch ein Palmenhaus und
einen axialen Hauptweg neu gegliedert. Die Waldbereiche am Quinberg
und weitere, sich östlich anschließende Waldparzellen wurden in
den Park einbezogen.

Der Schloßpark heute

Auch in den folgenden Jahrzehnten
und während des 2. Weltkrieges oder
auch danach wurde der Park von
Schloß Cappenberg nicht so verändert, daß die historische Substanz
beeinträchtigt worden wäre. Die historischen Strukturen des von Stein
geprägten Landschaftsgartens blieben erhalten, die besondere landschaftliche Situation zerstörten weder Straßenbau, Besiedelung noch

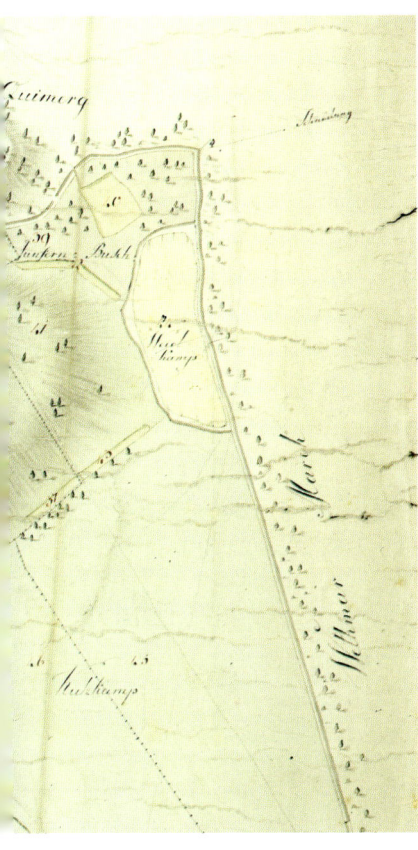

vom Stein hier einen Landschaftspark im Stil des frühen 19. Jahrhunderts. Entscheidend sind Ausblicke in die umgebende Landschaft, die dadurch in den Park einbezogen wird. Die Obstbaumzonen im Tiergarten und im ehemaligen Stiftsgarten befinden sich noch heute an der gleichen Stelle, an der sie Freiherr vom Stein anlegte. Der ehemalige große Stiftsgarten, das heutige Gelände der Schloßgärtnerei, wird wie in klösterlichen und vom Stein'schen Zeiten als Gemüse-, Obst- und Blumengarten genutzt. Auch heute 'vergärtnern' Pflanzungen oder Ausstattung die gewachsene Parkanlage nicht, die Großzügigkeit des Landschaftsparkes blieb erhalten.

☛ **Adresse:**
Freiherr-vom-Stein-Straße;
59379 Selm

☛ **Öffnungszeiten:**
Vom 22. März bis 31. Okt. an Samstagen und Sonntagen von 11 Uhr bis zum Einbruch der Dunkelheit gegen Entgelt.

☛ **Anreise mit Bus oder Bahn:**
Ab Lünen Hbf. mit Bus 530 in Richtung Selm / Lüdinghausen bis Haltestelle Schloß Cappenberg.

eine Industrieansiedlung. Die Tierparknutzung mit Dam-, Rot- und Schwarzwild entspricht der historischen Nutzung. Die Reihe der Fischteiche, die sich ehemals weit nach Nordwesten am Oberlauf des Kiliansbaches fortsetzte, ist nur noch am Fuße des Schloßberges erhalten. Der Ende des 19. Jahrhunderts nicht mehr vorhandene Teich in der Südwestspitze des Parks wurde 1977 neu angelegt, so daß auch in diesem Punkt eine Annäherung an die historische Teichlandschaft der ehemaligen Klosteranlage erreicht wurde. Eine Vielzahl von Altbäumen ist noch vorhanden und bestimmt den Parkcharakter, der im Bereich des Tiergartens wie ein weitläufiger, mächtiger Eichenhain wirkt.
Mit der Teichzone am Hangfuß und der auf dem Höhenrücken gelegenen Schloßanlage, den Alteichen und interessanten Neuanpflanzungen schuf

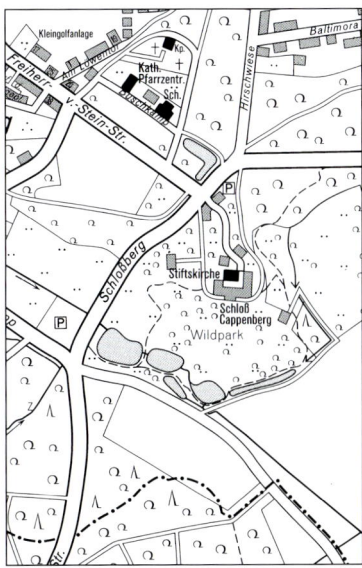

Terrassengarten Kloster Kamp

Die gartengeschichtliche Bedeutung der Kamper Gartenanlagen wird besonders deutlich, vergleicht man sie mit der berühmtesten Terrassenanlage in Deutschland: Schloß Sanssouci in Potsdam.

D er Terrassengarten des Zisterzienserklosters Kamp bildete einst mit den Gebäuden der Abtei ein großartiges Gesamtkunstwerk klösterlicher Architektur des Barock im Rheinland. Den Bau der Gartenanlage am Südhang des Kamper Berges ließ Abt Franziskus Daniels kurz nach dem Jahre 1740 beginnen, der Baumeister Benediktus Bücken war Mitglied des Konvents. Im Jahre 1747 wurde der Idealzustand des Gartens in einem Kupferstich dargestellt, und bereits 1750 entsprach der Garten zu großen Teilen der Abbildung.

Zisterziensergarten

Eine Beschreibung von Friedrich Michels, dem letzten Mönch von Kamp, ergänzt das wichtige Bilddokument:

„Die in der Mitte einschwingenden Terrassen aus Ziegelmauern und eine schmale Erdböschung gliederten den Hang. Eine weitere, etwas breitere am Fuße des Hanges, schwang in die Mitte nach vorne. An den Seitenstücken dieser Mauern lehnten Gewächshaus und Orangerie. Ebenerdig lag der in 16 Beete streng geometrisch gegliederte Nutzgarten mit einem Brunnen in der Mitte. Dann folgte ein schmales Heckenboskett, hinter dem sich als Abschluß der Gesamtanlage ein regelmäßiger Teich erstreckte".

In den Nutzgarten hinunter führte axial über die Terrassenanlage eine skulpturengeschmückte Treppe. Auf den Terrassen waren pyramidenförmig geschnittene Obstbäume im Wechsel mit Taxuspyramiden gepflanzt; an die Terrassenmauern lehnten sich Spaliere mit Aprikosen, Pfirsichen und anderem Obst. Weitere Spaliere bedeckten die seitlichen Einfassungsmauern des Nutzgartens. Der vorschwingende Teil der unteren Terrassen prunkte mit einem Blumenparterre um einen Springbrunnen. Orangen, Zitronen und weitere Kübelgewächse hatten im Sommer ihren Platz vor Gewächshaus und Orangerie.

Obstbaumpyramiden akzentuierten die Ecken der Nutzbeete für Gemüse und andere Küchenpflanzen. Das Boskett am Ende des Nutzgartens bestand aus zwei Teilstücken, die in der Mitte für einen ovalen Teich und für den Blick aus dem Nutzgarten über die Hauptachse hinaus auf die sich anschließende Wasserfläche Raum ließen.

Jede der Bosketteinheiten setzte sich aus fünf, vermutlich mit Obstbäumen bestandenen Kompartimenten zusammen, die mit Hecken eingefaßt waren. Einfache Rasenstreifen parallel zu den Begrenzungsmauern an den Seiten hoben die Dreigliederung des ebenerdigen Gartenteils hervor und waren von Obstbäumen, wieder im Pyramidenschnitt, flankiert.

In der Gartenanlage überwog der Anteil an Nutzgartenelementen. Reine Zierelemente wie das Parterre auf der unteren Terrasse oder vor dem Prälaturgebäude spielten demgegenüber eine Nebenrolle. Ein zisterziensischer Garten galt damals als schön, wenn er angefüllt war mit Obstbäumen, Nutzpflanzen und Springbrunnen. Darüber hinaus besaß der Garten von Kloster Kamp individuelle Qualität durch die Terrassenarchitektur, deren besondere Form sich in keinem anderen Zisterziensergarten findet.

Sanssouci am Niederrhein?

Die gartengeschichtliche Bedeutung der Kamper Gartenanlagen wird besonders deutlich, vergleicht man sie mit der berühmtesten Terrassenan-

Gesamtansicht Kloster Kamp, Kupferstich aus dem Jahre 1747

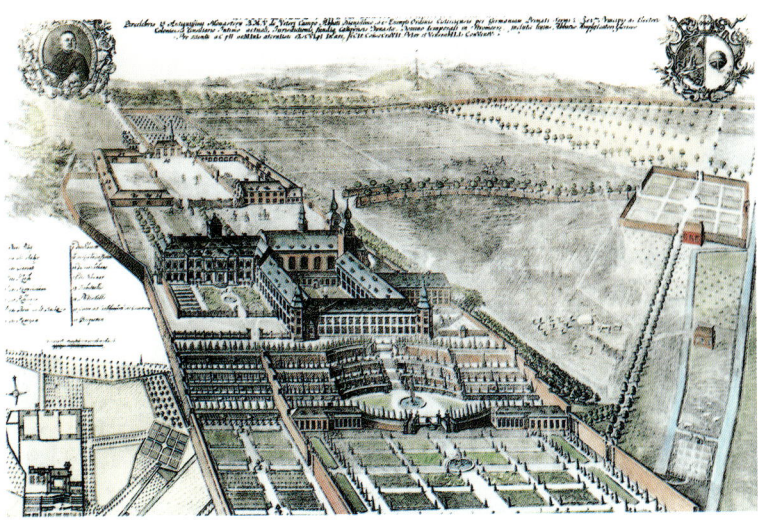

lage in Deutschland: Schloß Sanssouci in Potsdam. Beide Gartenanlagen entstanden etwa um die gleiche Zeit und zeigen so große Gemeinsamkeiten, daß man versucht ist zu fragen, ob Kloster Kamp Sanssouci oder Sanssouci Kloster Kamp beeinflußt hat. Gegen die gegenseitige Beeinflussung sprechen gesicherte Daten der Entstehungsgeschichte beider Gartenanlagen sowie die Unterschiede in Einzelheiten von Konzeption und Ausführung. Obwohl beide Anlagen ähnliche historisch-gestalterische Wurzeln haben, blieb das monumentale Sanssouci auch von Kloster Kamp unerreicht. Trotzdem zeigt allein die Möglichkeit, beide Anlagen miteinander vergleichen zu können, den hohen gartengeschichtlichen Wert der Kamper Terrassen.

Die prächtige Gartenanlage verfiel jedoch nach der Säkularisierung des Klosters 1802. Die baufälligen Gebäude wurden abgerissen, alles Verwertbare als Baumaterial verkauft oder entwendet. Noch heute lassen sich Teile des ehemaligen Terrassen-

Lageplan aus dem „Saal- und Lager-Buch der Abtei Kamp von Blum aus dem Jahre 1750

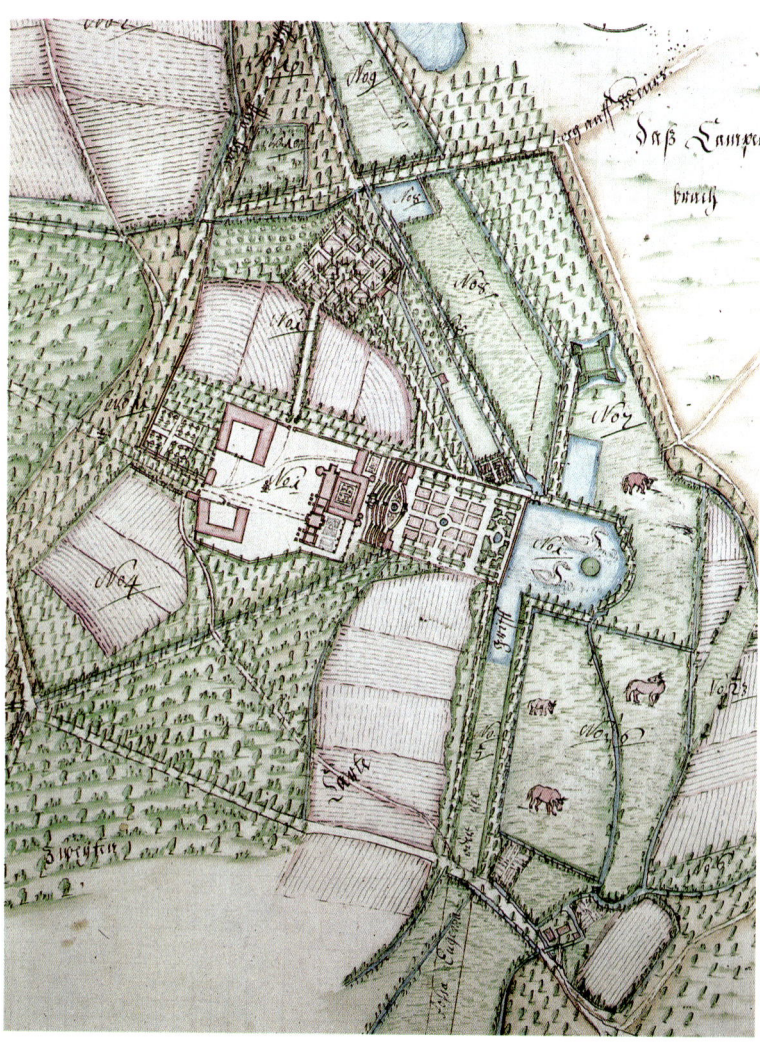

gartens in der umliegenden Bebauung des Kamper Berges wiederfinden. Der gesamte untere Teil des Gartens wurde im Laufe der Zeit in Privateigentum überführt und als Acker- oder Grünland genutzt. Der ehemalige Fischteich versumpfte und trocknete aus. Als 1959/60 die Bundesstraße 510 gebaut wurde, fiel ihr schließlich fast ein Drittel des Gartens zum Opfer.

...im Geiste barocker Gartenkunst

Erst 1984, nachdem die Stadt Kamp-Lintfort und der Kommunalverband Ruhrgebiet erste Überlegungen zur Wiederherstellung der historischen Gartenanlage angestellt hatten, richtete sich öffentliche Aufmerksamkeit erneut auf den Kamper Berg. Nach einem vom Rheinischen Amt für Denkmalpflege initiierten Gutachterverfahren wurden der Architekt Werner Klinkhammer, Krefeld, und der Landschaftsarchitekt Wolfgang Gaida vom Kommunalverband Ruhrgebiet mit der Neugestaltung beauftragt.

Neben den archäologischen Befunden war es vor allem der vogelperspektivische Stich von Querfurth und Creite, 1747, den Klinkhammer und Gaida ihrer Konzeption zugrunde legten. Trotz detaillierter Untersuchungen zum mathematischen Ordnungsprinzip des Benediktus Bücken entschieden sich Denkmalpfleger und Architekten schließlich nicht für eine Rekonstruktion der in der Fläche bereits reduzierten Anlage, sondern für eine Neuschöpfung im Geiste barocker Gartenkunst.

Die 1990 vollendete Gartenanlage gestattet es dem Betrachter, die Essenz einer idealtypischen Barockanlage zu erleben: Formale Strenge und Harmonie, Weitläufigkeit und eine behutsame Farbigkeit.

Unter Rankgerüsten, die die abgebrochenen Klosteranlagen symbolisieren, steigt der Besucher die Terrassen hinab, die, wie im zeitgleich entstandenen Garten von Sanssouci, im mittleren Teil elegant zurückschwingen. Konstruktion und Material stammen aus der Gegenwart: Verblendete Stützwände, Stahl und Glas bei den Orangeriegebäuden. Sie lehnen sich im Grund- und Aufriß zwar an das historische Vorbild an, bieten jedoch mit ihren filigranen Stahlrahmen und Gitterstrukturen eine überzeugende und zeitgemäße Interpretation der Gartenanlage, so das Urteil der Fachwelt. Der landschaftsgärtnerische Gestaltungsplan bindet mit seinen Broderien, rasenbepflanzten Einzelfeldern, Duftbeeten, den Hainbuchenhecken und Solitären den historischen Garten zu einer großen Form zusammen.

☛ **Adresse:**
Abteiplatz; 47475 Kamp-Lintfort
☛ **Öffnungszeiten:**
Täglich: ganzjährig
1. April bis 30. Sept. von 8 Uhr bis zum Einbruch der Dunkelheit
1. Okt. bis 31. März von 9 Uhr bis zum Einbruch der Dunkelheit
☛ **Anreise mit Bus oder Bahn:**
Ab Moers Bf. mit Bus 32 in Richtung Geldern bis Haltestelle Kamp Bergrücken.

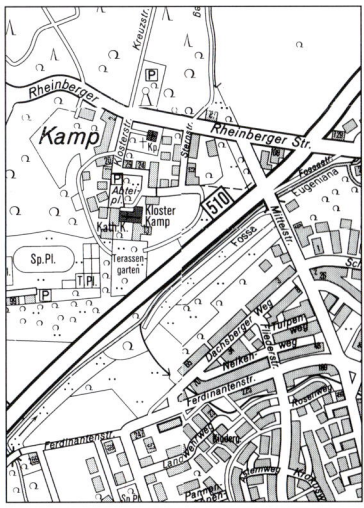

Schloßpark Moers

Der Nutzgarten zur Preußenzeit noch „königliches Gehölz" genannt und zur Franzosenzeit arg verwildert, sollte zu einem Park ausgebaut werden.

N ach Beendigung des Siebenjährigen Krieges (1756-1763) waren die Staatskassen leer, und so entschloß sich der Preußenkönig Friedrich der Große, sie durch Landverkäufe wieder zu füllen. Für die Burg Moers bedeutete dies eine Schleifung der Festungsanlagen. Das gewonnene Terrain wurde im Jahre 1763 verkauft.

Zunächst kaufte es der Kriegsrat von Jüchen, später dann, während der französischen Besatzungszeit (1794-1813) der Richter von Weinhagen. Das Schloß selbst war aufgrund fortschreitender Baufälligkeit nur noch teilweise bewohnbar. Zu Beginn des 19. Jahrhunderts fiel der gesamte Be-

sitz durch erneuten Verkauf an den Duisburger Fabrikanten Friedrich Wintgens. Bald darauf stand ein neu errichtetes Haus des Unternehmers auf dem Gelände, der dazugehörige Nutzgartenbereich, zur Preußenzeit noch „königliches Gehölz" genannt und zur Franzosenzeit arg verwildert, sollte zu einem Park ausgebaut werden.

So wurde 1838 der königlich preußische Gartenbaudirektor Maximilian Friedrich Weyhe aus Düsseldorf mit der Gestaltung des heute östlich des Schlosses gelegenen Parkbereiches beauftragt. Er ließ zunächst die Burggräben am Schloß verfüllen, die Reste der alten Verteidigungs- und

Wallanlagen wurden eingeebnet. Aus Geländemodellierungen, Gehölz- und Baumgruppen (darunter viele Exoten), Wiesenflächen und einer unregelmäßig geschwungenen Wegeführung entstand dann ein Park im Stil englischer Landschaftsgärten. Geldmangel zwang die Familie Wintgens, die gesamte Anlage 1873 wieder zu verkaufen. Letzter Besitzer war der Landrat Johann von Haniel, der den Park in einigen Bereichen noch einmal veränderte. Er ließ zahlreiche alte Bäume fällen, zusätzliche Bodenmodellierungen vornehmen und einen Teich anlegen. 1874 begann die Arbeit an dieser ersten Schloßparkerweiterung, die stilistisch an die bestehenden Parkteile anschloß. Gartenbaumeister und Weyhe-Schüler Peter Hermann Nikkertz führte sie aus. 1910 wurde der nordwestliche Teil als zweite Erweiterung dem Nikkertz'schen Parkbereich angegliedert. Es handelte sich dabei um den ehemaligen Landratsgarten, der vorher als Gemüse- und Obstgarten genutzt worden war.

Halbmond

Im beginnenden 20. Jahrhundert änderten sich die Besitzverhältnisse erneut; 1905 wurde der von Nikkertz angelegte Park durch Ankauf Eigentum der Stadt Moers. Ein Jahr später, 1906, konnte dieser Bereich der Öffentlichkeit zugänglich gemacht werden. In den nächsten Jahren kam es zu weiteren Teilankäufen, die den Moerser Schloßpark vergrößern sollten. 1910 folgte der Landratsgarten, 1913 der Haniel'sche Teil. Zwanzig Jahre später, 1933, kam es zur letzten Schloßparkerweiterung, die südlich gelegene „Halbmondwiese" wurde dem Park angegliedert. Die Wiese war früher Bestandteil der inneren Befestigungsanlagen. Nach deren Abriß entstand eine Dammeinfassung als Schutz gegen das Rheinhochwasser. Nach dem 1. Weltkrieg verfüllte man die letzten Reste der Gräben mit dem Erdreich der Halbmondwiese.

Frühling im Schloßpark

Für die Gestaltung der Wiese standen zwei Varianten zur Auswahl: Der Entwurf des Moerser Gartenarchitekten Ernst Becker jun. aus dem Jahre 1929 zeigt in den Umrissen Ähnlichkeit mit einem französischem Plan aus dem Jahre 1700. Der darauf verzeichnete ummauerte „Alarmplatz" findet sich in Beckers Plan als Platz für ein Ehrenmal. Die Umsetzung dieses Entwurfs wäre zu teuer geworden, so daß schließlich die Entwürfe des Stadtgärtners Max Massias zur Gestaltung eines niederrheinischen Landschaftsgartens vorgezogen wurden.

Heute gliedert sich der Schloßpark Moers in vier – historisch begründete – Parkbereiche:

1. Im Nordwesten befindet sich an der ehemaligen Kreisverwaltung der ehemalige Park des Landratsamtes, der aus einem Obst- und Gemüsegarten hervorgegangen ist. Er erstreckt sich bis zum Denkmal „Hektors Abschied".

2. Es folgt der zweite Bereich bis zum Friedrich-Wintgens-Weg, der vom Moerser Gartenbaumeister Nikkertz angelegt wurde. Hier zeichnen sich als Besonderheit zwei ehemalige Wasserbecken als Geländevertiefung ab. Um den „Greef-Brunnen" sind im Halbkreis holländische Linden gruppiert.

3. Im Nordosten schließt sich der dritte und älteste – der Haniel'sche - Teil an, wesentlich von den Ideen Weyhes beeinflußt. Im Süden dieses Parkteiles befindet sich noch ein kreisförmig mit Linden (Tilia) bepflanzter Hügel. Einige der vor über hundert Jahren gepflanzten Bäume sind heute noch vorhanden.

Hauptmerkmal der drei hier angesprochenen Bereiche, die gemeinsam

*Winterliche Idylle
im verschneiten Schloßpark*

den alten Schloßpark bilden, ist eine Gestaltung im Stil des englischen Landschaftsgartens. Geschwungen geführte Wege, weite, bewegt modellierte Rasenflächen und eine natürliche, die Raumbildung unterstützende Anordnung von Baum- und Strauchpflanzungen kennzeichnen diese Parkform. Eine beträchtliche Anzahl der alten, zum Teil unter Schutz stehenden Parkbäume sind Exoten, die Weyhe gerne verwendete. Im Norden stößt die Bebauung an den Schloßpark, ansonsten wird die Grünanlage vom Stadt- oder Festungsgraben und der dazugehörigen Wallpromenade sternförmig umschlossen.

4. Im Süden befindet sich der vierte Parkteil, die jüngste, außerhalb des Schloßgrabens gelegene Schloßparkerweiterung, die Halbmondwiese. Auffällig ist die Schlichtheit des gesamten, fast ebenen Geländes. Auf einer den Stadtgraben querenden Brücke besteht eine Sichtachsenverbindung (Friedrich-Wintgens-Weg) in den alten Schloßpark hinein. Entlang der Sichtachse wurden beidseitig rechteckige Blumenbeete angelegt. Heute sind diese Beete in den umgebenden Rasenflächen aufgegangen.

Südwestlich des Schloßparkes entstand erst 1974 ein Freizeitpark, der mit dem Schloßpark einen zusammenhängenden, etwa 50 Hektar großen Grünzug bildet. Dieser neue Park zeichnet sich durch weite, ebenfalls modellierte Rasenflächen und eine geschwungene Wegeführung aus; weiter gehören ein großes Wasserbecken und in südlicher Fortsetzung Spiel- und Sportplätze sowie ein japanischer Garten dazu.

☞ **Adresse:**
Kastell; 47441 Moers
☞ **Öffnungszeiten:**
Täglich: ganztägig
☞ **Anreise mit Bus oder Bahn:**
Ab Moers Bf. mit Bus 921 in Richtung Königlicher Hof bis Haltestelle Königlicher Hof.

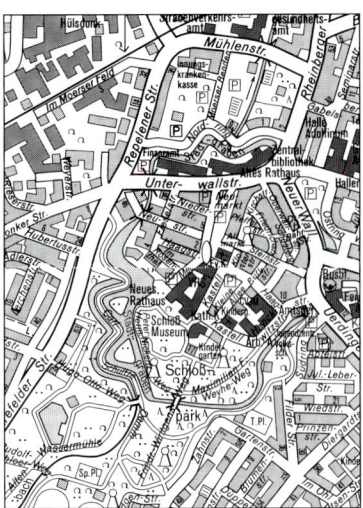

TEIL B

Parks und Gärten, teilweise nicht öffentlich zugänglich.

B

Im Jahr 1888 erbaute der „Bochumer Verein für Gußstahlproduktion" die Villa Baare. 1950 ging die Villa in das Eigentum der Stadt Bochum über und war bis 1956 Lungenheilanstalt. Seit 1977 wird das Anwesen vom Paritätischen Wohlfahrtsverband und vom Waldorfschulverein genutzt.

Der Garten der Villa wurde wahrscheinlich nach dem Bau des Hauses im Jahre 1888 angelegt. Unbekannt ist jedoch, ob es einen zeichnerischen Entwurf für die Außenanlagen gegeben hat oder ob diese nach mündlichen Angaben vor Ort entstanden sind. Die ersten genauen Informationen zur Gartengestaltung enthält das Luftbild aus dem Jahre 1926: Der äußere westliche Gartenbereich ist dicht mit Bäumen bestanden, die wahrscheinlich schon vor dem Bau der Villa als Teil eines Waldes vorhanden waren. Im Süden der Waldfläche ist der zur Villa gehörende Nutzgarten erkennbar. Der nördlich gelegene Bereich wird durch geschwungene Wege erschlossen. Dazwischen befinden sich Rasenflächen, auf denen niedrige Sträucher stehen. Östlich der Villa ist ein geometrisch gestalteter Gartenteil mit einem ovalen Rundweg erkennbar. Eine Allee rahmt diese Anlage östlich und südlich ein.

Der Vergleich des heutigen Zustandes mit historischen Fotos läßt den Schluß zu, daß sich die Wegeverläufe nur geringfügig geändert haben, seitdem der Garten angelegt wurde. Auch heute noch sind die verschiedenen Gartenbereiche mit ihren unterschiedlichen Funktionen zu erkennen. Obwohl der ursprünglich geometrisch gestaltete Garten jetzt eine Rasenfläche ist, sind die historischen Wegeverläufe als Unebenheiten im Rasen sichtbar. Ein ehemaliger Sitzplatz ist an der geschnittenen – aber heute durchgewachsenen – Hainbuchenhecke (Carpinus betulus) ebenfalls erkennbar. Anstelle der Schmuckbeete wurde eine Staudenfläche mit Gräsern und Kleinsträuchern neu angelegt.

☛ **Adresse:**
Reiterweg; 44869 Bochum-Höntrop
☛ **Bemerkungen:**
Die Anlage ist privat und nicht öffentlich zugänglich.

Historische Ansicht von Westen

Volkspark Hiltrop

Im Jahre 1929 kam Hiltrop zu Bochum, und auf der Fläche der „Gerther Heide" enstand der Hiltroper Volkspark. Der Verwaltungsbericht der Stadt Bochum aus dem Jahre 1929 beschreibt den Park: „Die hier vorhandenen Quellen werden für die Anlage verschiedener Wasserflächen und eines großen Planschbeckens ausgenutzt. Liege- und Spielwiesen, Sandkästen sowie ein Erfrischungshäuschen ergänzen die Anlage".

Unter der Überschrift „An murmelnden Quellen" beschreibt im Juni 1938 die Westfälische Landeszeitung den Hiltoper Volkspark:

„.... wir können bei uns nicht einfach eine Fläche zum Ausbau einer Grünanlage bestimmen, sondern müssen uns mit den Resten begnügen, die Industrie und Landwirtschaft übriggelassen haben. Was wir mit diesen Resten anfangen, ist eben die Kunst des Landschaftsgestalters, der den Fingerzeigen der Natur willig folgt. Während wir im Stadtpark (gemeint ist der Bochumer Stadtpark) das Beispiel einer gärtnerisch gepflegten und künstlich angelegten Blumen- und Pflanzenzucht haben; eine Anlage, die mitten in die Stadt hineingebaut worden ist, ohne aus der Landschaft organisch hervorzugehen, ist der Hiltroper Busch das Vorbild eines Parkes, der wohl die ordnende und aufteilende Hand des Menschen zeigt, im übrigen aber sich völlig zwanglos mit fließenden Übergängen in der Landschaft verliert. So bedarf es nur weniger Schritte auf die Hänge an seinem Rande, und wir blicken weit über Äcker und Kornfelder, wir brauchen nur am großen Teich hinter dem Planschbecken weiterzugehen, und wir sind mitten in einem muldenartigen Tal, in dem Bauernhäuser stehen und Vieh weidet, ein

kleiner Wald am Horizonte schließt das Bild harmonisch ab. Auch der Weg von der Straße in den Park, an blühenden Büschen vorbei, geht unmerklich in das idyllische Wiesental über. Etwa zwölf Jahre sind es jetzt her, daß der Hiltroper Busch in seinen ersten bescheidenen Anfängen entstand. Aus den paar bewaldeten Hängen, den letzten Resten eines größeren Waldbestandes, hat sich dann im Laufe der Jahre, vor allem aber nach der Eingemeindung Gerthes, der heutige ausgedehnte Park entwickelt, der immerhin 19 Hektar

Stille Erholung im Volkspark

Grünfläche umfaßt, damit zwei Drittel so groß ist wie der Stadtpark (Stadtpark Bochum). Was ihn vor allen anderen Grünanlagen auszeichnet, ist sein großer Quellenreichtum. Er ist der einzige Bochumer Park, der sich völlig mit eigenem Wasser versorgt, ja man kann geradezu sagen, daß er den zahlreichen Quellen sein Dasein in der heutigen Gestalt hauptsächlich verdankt. Quellen sind das Leitmotiv dieser Natursymphonie, wohin man geht, ob sie nun von den Hängen über Felsentropfen herniederrauschen oder leise plätschernd aus buschverhüllten Winkeln heraustönen, überall ist man vom Rauschen und Geraune der Quellen begleitet. Der Wasserreichtum ist so groß, daß er neben den Teichen noch einen Bach, der das Wiesental durchschneidet, speisen kann.

So wie man dem Wasser natürliche Wege gebahnt hat, so hat man auch dem Wachstum der Bäume, Büsche und Blumen keine Gewalt angetan, außer daß man den gealterten oder schlechten Bestand entfernt und um guten vermehrt hat. Man wollte ja bewußt keinen Schaupark gestalten, in dem der Gärtner alle möglichen Arten von Gewächsen zieht, die an sich von Natur aus auf diesen Flecken nicht wachsen, sondern hat der freien Entwicklung aller Pflanzen, die hier heimisch sind, breitesten Raum gegeben. Der Hiltroper Volkspark ist also nicht 'gemacht', sondern 'geworden', das heißt, er hat sich nach den Gegebenheiten der Landschaft Zug um Zug entwickelt, betreut vom aufmerksamen Auge und der pflegenden Hand des Menschen. Das schönste an diesem Naturpark ist wohl sein fortwährender Wechsel von Hang und Tal. An den Ufern der Teiche, die von Schwänen und Enten bevölkert werden, stehen wilde Wasserpflanzen mit ihren riesigen Blättern, auf den Wiesenabhängen die gelben Sumpfdotterblumen und das schneeweiße Wiesenschaumkraut. Einen besonders umfassenden Blick über den Park und auf die gegenüberliegende Landschaft hat man von der neuen Betonbrücke über den großen Schwanenteich, unter der eine Reihe Quellen über kleine Felssteine herunterplätschern. Zu beiden Seiten der Brücke führen klinkersteingemauerte Treppen, die mit karminroter Erika und schlanken Birken umsäumt sind, zu den Hängen hinauf.

Was an Pflanzen und Bäumen den Park erfüllt, steht jetzt in reichster Blüte. Neben dem gelben Ginster und den vielen Goldregenbüschen sind es vor allem die Pfingstrosen, die in ihren mannigfachen feinen Farbtönen prangen. Auf den Wiesen an den Teichen erheben die Schwertlilien ihre stolzen Häupter, und noch manch andere Blumen wetteifern miteinander um die leuchtendsten und buntesten Blüten. Das frühlingsfrische glänzende Laub der mächtigen Buchen bildet zusammen mit den edel geformten Blättern der Eichen ein dichtes Laubdach, das erquickenden Schatten spendet, und gern läßt man sich unter ihrem Zelt auf den Bänken nieder, die an den schönsten Plätzen aufgestellt sind. Sehr hübsch sehen die dunklen Tannen mit den hellgrünen Spitzen aus wie auch die zart belaubten hohen Lärchenbäume, die hier und dort aus dem Gewirr der Büsche hervorragen".

Diese Idylle wurde jedoch durch Einwirkungen des 2. Weltkrieges stark zerstört. Der Park wurde aber bereits 1948 wieder instand gesetzt und sogar das Planschbecken repariert. In den siebziger Jahren führte die Stadt Bochum weitere Sanierungsarbeiten durch, so daß sich der Hiltroper Volkspark zu einer „Perle" im Kranz der Bochumer Grünanlagen entwickeln konnte, das schrieb die Westdeutsche Allgemeine Zeitung (WAZ) im August 1974.

Der Teich und die Wege wurden ausgebaut, ein Vorflutbecken, ein Spielplatz und eine Spielwiese angelegt und ein Quellengarten gestaltet. Gegen Ende der achtziger Jahre wurde das Bachsystem naturnah ausgebaut. Um einige Parkbereiche etwas ruhiger zu gestalten, entfielen Wegeverbindungen, und Wiesenflächen wurden neu angelegt. An den Uferbereichen wurden bodenständige Gehölze gepflanzt. Heute kennzeichnet den Hiltroper Volkspark eine ruhige Parkstruktur mit weiten Wiesenflächen und einer großen, naturnahen Teichanlage. Eine dezente Wegeführung erschließt ihn.

☞ **Adresse:**
Auf dem Hundell; 44805 Bochum
☞ **Bemerkungen:**
Die Parkanlage ist öffentlich zugänglich.

Friedrich Schulte-Steinberg ließ im Jahre 1880 von dem Landschaftsgärtner Fritz Rosarius aus Düsseldorf den Garten seiner Hofanlage entwerfen. Dieser Entwurf wurde weitgehend realisiert; seine Grundstrukturen sind bis heute in der Gartenanlage erhalten.

Rosarius nahm die vorhandene landschaftliche Situation auf und gestaltete den Garten im Stil englischer Landschaftsgärten mit geschwungenen Wegen, einzelnen Baum- und Strauchgruppen sowie verschiedenen Sitzbereichen an Wasserflächen. Der Nutzgarten liegt im nördlichen Teil. Die Einfahrt zum Anwesen erhielt ein repräsentatives Pflanzenrondell.

Der Garten entspricht auch heute noch den Planungen von Rosarius. Lediglich der Teich im Westen wurde etwas verkleinert, so daß der Weg verlängert und um den gesamten Teich herumgeführt werden konnte. Bemerkenswert ist der alte, teilweise exotische Baumbestand. Große Exemplare von Platanen *(Platanus acerifolia)*, Buchen *(Fagus sylvatica)*, Eichen *(Quercus in Arten)*, Hängebuchen *(Fagus sylvatica „Pendula")* sowie Baum- und Strauchmagnolien *(Magnolia in Arten)* bestimmen den Charakter dieses Landschaftsgartens.

☛ **Adresse:**
Im Mühlenkamp;
44892 Bochum-Langendreer
☛ **Bemerkungen:**
Die Gartenanlage ist privat und nicht öffentlich zugänglich.

Hängebuche (Fagus sylvatica „Pendula") in der Rasenfläche

Der Garten an Haus Weitmar

Haus Weitmar, ein ehemaliger, im 13. Jahrhundert zur Abtei Werden gehörender Schultenhof, liegt heute als Ruine in einem weitläufigen Park. 1943 wurde das Herrenhaus bei einem Bombenangriff zerstört und nicht wieder aufgebaut. Seit 1974 hat die Stadt Bochum einen Teil des weitläufigen Parks gepachtet, saniert und öffentlich zugänglich gemacht.

Auf der Karte „Haus Weitmar mit den dazugehörigen Gütern" von 1780 ist die Anlage als westfälische Wasserburg mit Vor- und Hauptburg zu erkennen. Sie stellt nördlich und östlich dieser Gebäude einen Nutzgarten (quadratische, gepunktete Felder) und einen Obstgarten (angedeutet durch kleine Bäume) dar. Das genaue Entstehungsjahr des Gartens ist jedoch unbekannt. Auch Unterlagen über die Gartengestaltung sind nicht vorhanden.

In der „Flurkarte von Weitmar" aus dem Jahre 1847 ist der Garten lediglich als quadratisches Kästchen ohne jede weitere zeichnerische Erläuterung dargestellt. Eine Änderung der Gesamtanlage ist erst in der Karte 1885 sichtbar, in der ein Großteil der Gräfte nicht mehr vorhanden ist. Mit dem Bau der Eisenbahnverbindung von Laer nach Dahlhausen wird der Garten seit etwa 1870 im Süden durch eine tieferliegende Bahntrasse begrenzt.

Gegen Ende des 19. Jahrhunderts wurde die Gartenanlage in einen Landschaftspark umgestaltet. Dabei blieb die Hauptwegachse als dominierendes Raumelement erhalten. Sie endete vor dem Haus in einem Platz. In seiner Mitte befand sich ein Rondell (Springbrunnen). Die vorhandenen Gebäude waren durch teilweise geschwungene Wege miteinander verbunden. Südlich der

ehemaligen Kapelle entstand ein Teich. Laub- und Nadelwald bestimmte den östlichen Teil der Gartenanlage.

Auf dem Schrägluftbild aus dem Jahre 1927 ist die Gesamtanlage sehr gut zu sehen. Die Achse der Hattinger Straße, die Anlage des Innenhofes mit Rondell (Springbrunnen) und der Teich sind deutlich erkennbar. Heute sind neben Haus Weitmar auch die ehemalige Sylvesterkapelle als gepflegte Ruine erhalten. Im Park befinden sich einige über 250 Jahre alte Bäume, wie beispielsweise Edelkastanien *(Castanea sativa)*, Buchen *(Fagus)* und Eiben *(Taxus)*.

Der östliche Parkbereich ist auch heute noch bewaldet. Der westliche Parkbereich lehnt sich an die Form des englischen Landschaftsgartens an, berücksichtigt jedoch dabei die aktuellen Nutzungsansprüche der Bürger in einem öffentlichen Park. Der Teich entstand an historischer Stelle neu, ein bepflanztes Rondell ersetzt den Springbrunnen. Eine Besonderheit des Parks sind die von der Stadt Bochum neu gepflanzten exotischen Baumarten. Gestaltungsideen aus dem Landschaftsgarten des 19. Jahrhunderts liegen dieser Pflanzung zugrunde.

Die privaten Wohngebäude, als „Galerie M - Situation Kunst" bekannt, entstanden zwischen 1967 und 1990 auf dem Gelände des ehemaligen Nutzgartens. Sie liegen außerhalb des öffentlich genutzten Parkbereiches.

☛ **Adresse:**
Schloßstraße;
44795 Bochum-Weitmar
☛ **Bemerkungen:**
Das Gelände ist nur zum Teil öffentlich zugänglich.

Der Park von Haus Bodelschwingh

Die fast vollständig erhaltene Wasserschloßanlage Bodelschwingh geht auf die Zeit um 1300 zurück und ist Stammsitz der Familie von Bodelschwingh. Die heute vorhandenen Gebäude stammen größtenteils aus dem 16. und 17. Jahrhundert. Ihr Baustil zeigt Einflüsse der Renaissance und des Barocks niederrheinischer Prägung. Das stattliche Herrenhaus liegt inmitten eines großen Hausteiches, westlich davor befindet sich – von einer Gräfte umgeben – die aus dem Mittelalter stammende Vorburg, deren Fachwerkobergeschoß jedoch erst im 18. Jahrhundert entstanden ist. Herrenhaus und Vorburg sind durch eine steinerne Brücke miteinander verbunden.

Wahrscheinlich gab es schon im 16. Jahrhundert eine größere Gartenanlage, aber erst Mitte des 18. Jahrhunderts entstand ein formaler Garten mit reicher Ausstattung. Seine ersten Darstellungen finden sich in Urkatasterkarten von 1826, dort wird zwischen „Garten" und „Baumhof" unterschieden. Das Ur-

meßtischblatt Dortmund von 1833 zeigt deutlich die Struktur der Anlage: Die Zufahrtsallee aus stattlichen Linden *(Tilia)* führt nicht axial auf das Herrenhaus zu, sondern knickt in ihrem Verlauf zweimal ab. Einmal verschwenkt sie auf halber Länge, verläuft dann fast parallel zum Herrenhaus am Hausteich entlang und trifft seitlich auf die Vorburginsel. Auf der Vorburginsel biegt sie ein weiteres Mal rechtwinklig ab und führt zwischen den Wirtschaftsgebäuden und dem Herrenhaus geradeaus über eine Gartenbrücke in den auf der Nordseite der Gebäude liegenden Garten. Dem Zeitgeschmack entsprechend ist die Hauptachse betont. Sie verläuft ohne unmittelbaren axialen Bezug zum Gebäude parallel zu ihm. Dominiert durch eine Kastanienallee *(Aesculus hippocastanum)* führt sie zu einer Gartentreppe mit Steinfiguren in bildhaften Monatsdarstellungen, die auf einer

Luftbild von Haus Bodelschwingh aus dem Jahr 1975

erhöhten Geländeterrasse mündet. Die Terrasse ist durch ein Achsenkreuz mit zentralem Springbrunnen charakterisiert. Eine Nebenachse und zwei weitere Querachsen kommen hinzu, so daß sich der Garten insgesamt in etwa gleich große Beetkompartimente gliedert. Eine Mauer umschließt diesen Gartenbereich.

Gegen Ende des 18. Jahrhunderts und zum Anfang des 19. Jahrhunderts wurde die Gartenanlage durch weitere Landankäufe vergrößert. Im Park wurde ein Tee- oder Billardhäuschen im japanischen Stil errichtet. Zu dieser Zeit entstand zudem im westlichen Parkteil der Privatfriedhof mit der Familiengruft und dem „Tempel der Ruhe", einem klassizistischen Monopteros, als Mittelpunkt.

Ende des 19. Jahrhunderts dann wurde die Parkanlage nach Entwürfen von Eduard Petzold – unter Beibehaltung der formalen Struktur in unmittelbarer Nähe der Gebäude – in einen Landschaftsgarten umgestaltet. Die Wege in diesem Garten waren leicht und geschwungen geführt und mit locker gruppierten Gehölzpflanzungen ergänzt. Markante Punkte waren über Sichtachsen herausgehoben.

Steinputte an der Treppe

Der Park heute

Ein großer Teil des (exotischen) Baumbestandes aus den Anfängen der Anlage ist heute noch vorhanden. Die Linden der Zufahrtsallee mußten jedoch vor einigen Jahren gefällt werden. Junge Sommerlinden (*Tilia platyphyllos*) wurden zwischenzeitlich nachgepflanzt.

Die Wasseranlagen prägen den Park von Haus Bodelschwingh in besonderer Weise. Gräfte und Hausteich sind noch vollständig erhalten. Sie werden hauptsächlich vom Bodelschwingher Bach – heute unter der Autobahn verrohrt – und verschiedenen Quellen gespeist. Das Wasser der Gräfte läuft über muschelförmige Becken kaskadenartig unterhalb der Gartenbrücke in den Hausteich. Sein Abfluß führt östlich zur Wassermühle mit dem noch heute vorhandenen Mühlengebäude.

Von den einst großzügigen formalen Gartenanlagen sind nur noch Reste vorhanden. Nördlich des Herrenhauses findet man die mit Putti verzierte Gartentreppe. In unmittelbarer Nähe liegt auch der von Petzold geplante kleine Teich. Geländestufen in der Wiesenfläche weisen auf die ehemals vorhandenen Terrassenflächen der Gartenanlage hin. Das Orangeriegebäude wurde dagegen im 2. Weltkrieg zerstört, und das Teehäuschen fiel einem Brand zum Opfer.

Eine prächtige Ahornallee (*Acer*) führt zum westlich gelegenen Privatfriedhof der Herren von Bodelschwingh. Die Trasse der Autobahn A 45 trennt den Friedhof jedoch vom übrigen Park. Der Bau der Autobahn hat die ursprüngliche Einheit von Garten und Erbbegräbnisstätte zerstört.

☛ **Adresse:**
Schloßstraße; 44357 Dortmund
☛ **Bemerkungen:**
Die Parkanlage ist nur in Teilbereichen öffentlich zugänglich.

Die gut erhaltene Anlage von Haus Dellwig in Dortmund geht auf eine Wasserburg zurück, die bereits im 13. Jahrhundert urkundlich erwähnt wurde. Anfang des 16. Jahrhunderts entstand sie im Baustil der Renaissance neu, im dreißigjährigen Krieg wurde sie jedoch schon wieder zum Teil zerstört. Gegen Mitte des 17. Jahrhunderts begann der Wiederaufbau, der Anfang des 18. Jahrhunderts mit der Errichtung der Vorburggebäude abschloß. Dabei erhielt die symmetrische Dreiflügelanlage die im Barock erwünschte Ausrichtung auf die Mitte, wobei die Symmetrieachse gleichzeitig die Hauptachse war.

Die Familie von Dellwig residierte im gleichnamigen Anwesen bis 1727. Nach mehreren Besitzerwechseln ging Ende des 19. Jahrhunderts Haus Dellwig an die Familie von Landsberg-Velen über, die es 1904 an die Gelsenkirchener Bergwerks AG verkaufte. Haus und Grundstück waren damals durch die Folgen der Industrialisierung und durch Bergschäden in Mitleidenschaft gezogen; Strebepfeiler stützten es. Seit 1878

quert die Emschertalbahn die Dellwigschen Ländereien.

Im Jahr 1913 ließ die Gelsenkirchener Bergwerks AG die westliche Gräfte trockenlegen. Die beiden Weltkriege verschonten Haus Dellwig nicht, das Herrenhaus wurde von zwei Bomben getroffen. Nach dem 2. Weltkrieg wurde die Anlage dann umfassend renoviert. Die Stadt Dortmund übernahm sie 1978 und öffnete den Park für die Allgemeinheit.

Niederländischer Stil

Obwohl detaillierte Quellen und Planunterlagen zum Garten nicht bekannt sind, ist davon auszugehen, daß es bereits im 18. Jahrhundert einen formal gestalteten Garten am Haus Dellwig gab. Das Gebäudeensemble – eine „Zweiinsellage" – ist ganz von Wasser umgeben. Das Herrenhaus liegt in einem größeren, annähernd quadratischen Hausteil und ist nur über eine Brücke mit

Luftbild von Haus Dellwig aus dem Jahr 1980

der Vorburginsel verbunden. Dieser fast quadratische Bereich mit den hufeisenförmig angeordneten Wirtschaftsgebäuden öffnet sich nach Süden zum Herrenhaus und schließt dabei einen kleinen Hof, den „cours d'honneur", ein. Von Norden läuft eine Zufahrt auf die Wirtschaftsgebäude zu – eine Eichenallee *(Quercus)* –, deren axialer Blickbezug sich bis zum Herrenhaus fortsetzt. Vor der nördlichen Gräfte vereinigt sie sich zu einem Vorplatz mit der westlichen und östlichen Zufahrt, ebenfalls Eichenalleen.

Der Garten lag südlich des Herrenhauses außerhalb der Gräfte. Er war rasterförmig in quadratische, fast gleich große Bereiche eingeteilt. Die hart begrenzte Rechteckform der Gesamtanlage, die Reihung von Quadraten und die schwach ausgeprägte Längsachse zeugt von einem Stil holländisch-niederdeutscher, nicht französischer Prägung. Leichte Terrassierungen, die auf diesen Garten hindeuten, finden sich noch heute im Parkgelände.

Größere Veränderungen fanden erst Anfang bis Mitte des 19. Jahrhunderts unter der Familie von Rump statt, die die geometrisch geformte Gartenanlage zu einem englischen Landschaftsgarten umformte. Die Zugbrücken wurden durch steinerne Bogenbrücken ersetzt, die nördliche Gräfte wurde verfüllt und der Bereich des formalen Gartens mit locker geschwungenen Wegen, offenen Rasenflächen und fremdländischen Gehölzen wie Ginkgo *(Ginkgo biloba)*, Magnolie *(Magnolia)*, Scheinzypresse *(Chamaecyparis)* ausgestattet. Im Südosten gab es einen geometrisch eingeteilten Nutzgarten, in dem sich bis zum Ende des 19. Jahrhunderts auch Gewächshäuser befanden.

Haus Dellwig gehört zu den wenigen noch vollständig erhaltenen Wasserschlössern im Dortmunder Raum. Die Parkanlage wird heute jedoch extensiv gepflegt. Historische Wegestrukturen des Landschaftsgartens sind noch erkennbar, dagegen geht der aus der Entstehungszeit stammende Großbaumbestand teilweise im durch Naturverjüngung und Aussamung aufgekommenen neuen Bestand unter, so daß ehemals geplante Sichtachsen und -beziehungen weitgehend zugewachsen sind.

☞ **Adresse:**
Dellwiger Str. (Potthöferei);
44388 Dortmund-Lütgendortmund
☞ **Bemerkungen:**
Die Anlage ist öffentlich zugänglich.

Blick auf das Herrenhaus mit Gräfte (1997)

Der Garten an Haus Husen 7

Diese Dortmunder Parkanlage befindet sich auf dem Gelände eines aus dem 13. Jahrhunderts stammenden Rittergutes. Seine Besitzer, die Herren von Husen, wurden 1259 erstmals urkundlich erwähnt. Der mittelalterliche Wohnturm dieser Anlage ist noch erhalten. Im 15. Jahrhundert kam der Besitz an die von Rombergs, die im Jahre 1681 den Wohnturm um Portal und Freitreppe erweiterten. 1830 bauten sie unweit des Wohnturmes das klassizistische Herrenhaus. Diese rege Bautätigkeit läßt sich mit dem industriellen Aufschwung im Ruhrgebiet erklären. Der Familie von Romberg gehörten mehrere Zechen.

Verbindungselement zwischen dem mittelalterlichen Wohnturm und dem neuen Herrenhaus war eine noch bis in die zwanziger Jahre unseres Jahrhunderts bestehende Allee. Am Herrenhaus lassen sich drei unterschiedliche Gartentypen unterscheiden: Der westlich der Gebäude gelegene regelmäßig gestaltete Nutzgarten, der hausnahe Garten und der eigentliche Landschaftspark.

Der hausnahe Gartenbereich war von einer zwei Meter hohen Sandsteinmauer umgeben. Seine Gestaltung folgte formalen Gesichtspunkten; so lagen ein Gartentor nördlich des Hauses und das Blumenrondell mit Sonnenuhr in der Querachse, die gleichzeitig Hauptblickachse des Hauses war.

Nördlich des Hauses lag der Landschaftspark. Ein dreischleifiger Weg, ein sogenannter Brezelweg, erschloß ihn. Baum- und Gehölzgruppen betonten die Kreuzungspunkte. Eine mit Bruchsteinen abgefangene Geländekante begrenzte das Gelände. Rahmende Kulisse ist der anschließende Buchenhochwald. Der Park war mit einheimischen und fremdländischen Gehölzen ausgestattet, wie Weymouthkiefer *(Pinus strobus)*, Blutbuche *(Fagus sylvatica f. purpurea)*, Hängebuche *(Fagus sylvatica „Pendula")*, Bergahorn *(Acer pseudoplatanus)* und Spitzahorn *(Acer platanoides)*.

Blumenrondell mit Sonnenuhr

Dem Herrenhaus schloß sich ein Gutsbetrieb an. Den Wirtschaftsgebäuden westlich des Herrenhauses war bis in die fünfziger Jahre unseres Jahrhunderts ein größerer Nutzgarten zugeordnet. Seit die Evangelische Landeskirche im Jahre 1962 Haus Husen vom letzten Eigentümer durch Schenkung erhielt, wird der Park nicht mehr genutzt. Vom ehemaligen Landschaftspark sind nur noch Reste, (Einzelbäume und eine Baumgruppe), erhalten. Große Teile des Parkes werden dagegen forstlich genutzt. Auch der Nutzgarten ist seit etwa 1950 nicht mehr vorhanden. An seiner Stelle befindet sich ein Parkplatz und die Zufahrt zum ehemaligen Mädchenheim, heute Bildungsstätte „Haus Husen".

☛ **Adresse:**
Syburger Dorfstraße;
44265 Dortmund-Syburg
☛ **Bemerkungen:**
Die Anlage ist privat und nicht öffentlich zugänglich.

aus Rodenberg in Dortmund entstand ursprünglich aus einer mittelalterlichen Wasserburg am Ufer der Emscher und ist bereits 1290 urkundlich erwähnt. Im Clevisch-Märkischen Bundesstreit wurde die Burg 1420 vom Herzog von Cleve zerstört, aber im gleichen Jahrhundert von Hermann Voß von Rodenberg wieder aufgebaut. Ende des 17. Jahrhunderts ließ Johann Dietrich Voß von Rodenberg umfangreiche Renovierungsarbeiten an der Anlage vornehmen, dabei entstand auch das noch vorhandene Vorburggebäude. Wie viele andere Adelssitze im Dortmunder Raum war auch Haus Rodenberg als wehrhafte Anlage konzipiert. Das Herrenhaus lag, völlig von Wasser umgeben, auf einer Insel im noch existierenden Hausteich. Die Vorburginsel in charakteristischer Rechteckform war ebenfalls ganz von Wasser umflossen. Später kamen noch außerhalb der Gräfte liegende Wirtschaftsgebäude hinzu.

Die älteste und detaillierteste bekannte Darstellung von Haus Rodenberg und seinen Ländereien ist eine Karte aus dem Jahr 1801; sie stammt von Wesermann. Sie zeigt die Gärten und Ländereien in einem wahrscheinlich seit Ende des 17. Jahrhunderts fast unveränderten Zustand. Die typischen Stilelemente des Barock, wie beispielsweise axiale Bezüge, fehlten. Die Gartenteile – alle in umgrenzter, fast quadratischer Form – waren außerhalb der Gräfte angelegt. Noch ganz der schlichten Formensprache der Renaissance verpflichtet, waren sie als einfaches Geviert gestaltet. Der Garten teilte sich in einen südlichen, westlichen und östlichen Bereich.

Der östliche oder auch Hauptgarten war nach einer Beschreibung von U. v. Alvensleben „quadratisch von Bruchsteinmauern umgeben, mit zwei sich gegenüberliegenden, ge-

Luftbild von Haus Rodenberg
aus dem Jahre 1981

quaderten Rundbogentoren in der Mitte". Im Zentrum des Gartengevieres befanden sich ein rundes Wasserbecken und am östlichen Rand ein Gartenpavillon. Direkt nördlich des Hauptgartens lag der Baumhof, auf dem Obstgehölze in Reihen standen. Feste Wege in diesem Gartenteil waren eher unwahrscheinlich, man erreichte ihn über die Wiese oder eingetretene Pfade.

Das kleine Geviert im Süden, ebenfalls annähernd quadratisch, von Bruchsteinmauern gefaßt und mit dem gleichen einfachen Wegekreuz ausgestattet, war von einer Gräfte umgeben und wurde daher auch „Wasserparterre" genannt. Es handelt sich um einen mit Blumenrabatten und Stauden geschmückten Ziergarten. Der Teich, der sich diesem Garten anschloß, wurde zur Fischzucht genutzt. An seiner Westseite standen Kopfweiden *(Salix)*, nahe am Wald, der „Reitstab" genannt wurde.

Den Mischwaldbestand des Reitstabes nennt U. v. Alvensleben den „Parkbezirk der Rodenbergischen Anlagen". Diese Bezeichnung läßt den Schluß zu, daß das weitläufige Parkgelände zum Ausreiten und Spazierengehen genutzt wurde. Im südwestlichen Randbezirk des Reitstabes lag ein „von boskettartigen Baumpflanzungen umgebenes Wasserbassin". Der dritte, der westliche Garten war wohl der Nutzgarten eines Pächters, daher auch „Halfmanns Garten" genannt. Seine innere Struktur glich der der beiden anderen Gärten.

Keine Selbstdarstellung

Haus Rodenberg war Gutshof, wie zahlreiche andere Adelssitze in Dortmund auch. Seine Ausstattung war daher in erster Linie auf die Funktionen eines Gutsbetriebes ausgerichtet und diente weniger der repräsentativen Selbstdarstellung. Es ist anzunehmen, daß in den Gärten vor allem dem Gemüse angebaut wurde, sie waren keine reinen Ziergärten. Zum Zeitpunkt der Abbildung der Gärten im Plan Wesermanns 1801 befand sich die Anlage bereits in einem recht schlechten Zustand. Sie wurde schon seit etwa drei Jahrzehnten nicht mehr bewohnt, der Wirtschaftsbetrieb war bereits aufgelöst, und nur einige Jahre später (etwa 1810) stürzte das Herrenhaus ein und wurde nicht wieder aufgebaut.

Seit 1800 war Haus Rodenberg von den Freiherren Voigt von Elspe auf die Familie von Bodelschwingh-Plettenberg übergegangen, die es aber niemals bewohnte. Mitte des 19. Jahrhunderts verkauften die Besitzer die meisten Ländereien – der Flächenbedarf für die sich sprunghaft entwickelnde Industrialisierung stieg ab 1859 drastisch an. Nach dem 2. Weltkrieg erhielt die Familie von Alvensleben durch Schenkung das Haus Rodenberg, verkaufte es aber 40 Jahre später an die Stadt Dortmund.

Heute ist von der ehemaligen Anlage nur noch die Vorburginsel mit dem Vorburggebäude und der sie umgebenden Gräfte mit dem Hausteich vorhanden. An der Rodenbergstraße sind von den Gärten lediglich Reste der Umfassungsmauer des ehemaligen Hauptgartens erhalten. Die durchfließende Emscher ist verrohrt. Die Restfreiräume um Haus Rodenberg sind heute so gestaltet, daß sie sich leicht und kostengünstig pflegen lassen. Die Gebäude und der Burghof werden gegenwärtig wiederhergestellt. Nach Abschluß der Arbeiten soll das ehemalige Vorburggebäude ein Restaurant und öffentliche Einrichtungen aufnehmen.

☛ **Adresse:**
Rodenbergstraße;
44287 Dortmund
☛ **Bemerkungen:**
Die Anlage ist öffentlich zugänglich.

9 Der Garten an Haus Wenge

Die Geschichte von Haus Wenge in Dortmund-Lanstrop reicht bis in das 14. Jahrhundert zurück. Besitzer war die Familie von der Weynghe. Im dreißigjährigen Krieg wurde die mittelalterliche Burg völlig zerstört und um 1600/1620 an derselben Stelle als Giebelhaus im Stil eines „Appartement Doublé" wieder neu errichtet.

1779 ist „Haus Wenge mit garten, baumhoff und grabens" in einer Prozeßakte beschrieben. Die Gebäude wurden in der für westfälische Wasserburgen typischen „Zweiinsellage" gebaut, sie waren völlig von Wasser umgeben. Der im Süden gelegene Garten und der nördliche Baumhof waren dagegen nur von einem schmalen Graben gefaßt. In einer Karte aus dem Jahre 1830 wird Haus Wenge schon wesentlich differenzierter dargestellt.

Etwa parallel zum Herrenhaus verlief eine Zufahrt über die Vorburginsel zu einem länglich gestalteten Platz nördlich der Burginseln. Die Gärten lagen westlich-nordwestlich der Gebäude, jedoch ohne axiale Zuordnung, vollständig mit einer Gräfte umgeben. Die nördliche Gräfte mündete in einen Teich. Das Wegenetz bildete ein einfaches Achsenkreuz.

Auch zum Ende des 19. Jahrhunderts hatte sich die äußere Struktur der Anlage nicht wesentlich verändert. Lediglich die Gartenflächen wurden etwas vergrößert. Eine symmetrische, auf eine Hauptachse ausgerichtete Gesamtgartenanlage, wie es dem barocken Zeitgeschmack entsprochen hätte, gab es nicht. Das Vorbild für die Gärten von Haus Wenge ist daher nicht in französischen Gärten, sondern eher im traditionellen niederdeutschen oder holländischen Gartentyp zu finden. Im Falle von Haus Wenge gab es keine Bestrebungen, die Gärten in einen damals modernen Landschaftsgarten umzuwandeln. Es waren Nutzgärten. Daran orientierte sich die bauliche Ausstattung mit einem Gartenhäuschen, das als Dörrhaus genutzt wurde, einem Milchhäuschen und einem Ententurm.

Bis zum 1. Weltkrieg veränderte sich die Anlage kaum; nur die Gräfte zwischen Herren- und Vorburginsel wurde verfüllt und die Gebäude so auf einer Insel zusammengefaßt. Innerhalb des Baumhofes wurden Teiche angelegt. Nach dem 1. Weltkrieg verfiel die Anlage. Die Gräften verschlammten, nur noch der Garten westlich des Herrenhauses war vorhanden und über eine Brücke zu erreichen. Bis zum Verkauf der Anlage an die Stadt Dortmund im Jahre 1952 war sie von einer Weißdornhecke *(Crataegus)* gerahmt und die einzelnen Beete waren mit Buchsbaum *(Buxus)* gefaßt. In den Achsenkreuzen der Wege befanden sich Blumenrondelle.

In den Jahren 1962 bis 66 wurden, bis auf das Herrenhaus, sämtliche Gebäude abgerissen und der Garten sowie die landwirtschaftlichen Flächen in eine – dem Zeitgeschmack entsprechende – Grünanlage umgewandelt. Der Wasserburgcharakter von Haus Wenge ging vollständig verloren, da die Gebäude nur noch von drei Seiten mit einer Gräfte eingefaßt werden. Die neue Gartenanlage harmoniert wenig mit der spätbarocken Erscheinung des Herrenhauses.

☛ **Adresse:**
Alekestraße;
44329 Dortmund-Lanstrop

☛ **Bemerkungen:**
Das Gelände ist öffentlich zugänglich.

Im 14. Jahrhundert legten die Herren von Specke im Westen von Dortmund die Wasserburg Westhusen an. Sie wurde nach den Zerstörungen im dreißigjährigen Krieg durch die Familie von Hoete im 17. Jahrhundert völlig neu errichtet.

Das Herrenhaus lag in einer teichartig erweiterten Gräfte, die Vorburginsel war durch zwei Zugbrücken mit dem Herrenhaus und den Landflächen verbunden. Um 1840 befand sich westlich des Gebäudekomplexes, jedoch außerhalb der Gräfte, eine in vier quadratische, gleichgroße Abschnitte eingeteilte Gartenanlage. Ihre innere Struktur und Aufteilung ist nicht überliefert.

Conrad von Sydow nimmt Ende des 19. Jahrhunderts den letzten umfassenden Umbau von Haus Westhusen vor. Das Herrenhaus wird um das Jahr 1886 von dem Münsteraner Architekten Goerke im Stile des Historismus verändert. Etwas später wurden auch die Gartenanlagen vom Dortmunder Gartenarchitekten Karl Coers in einen Landschaftsgarten verwandelt. Es gab dazu mehrere Entwürfe, einer wurde etwa um die Jahrhundertwende ausgeführt. Es entstand eine kleine Parkanlage im landschaftlichen Stil mit den typisch geschwungenen Brezelwegen, naturhaften Gehölzpflanzungen und weichen Geländemodellierungen in Verbindung mit formal gestalteten Teppichbeeten.

Auch innerhalb des Landschaftsparks fanden sich ornamentale Blumenbeete. Bei der Gehölzauswahl wurden fremdländische, buntlaubige Gehölze und vielfältige Kronenformen miteinander kombiniert, wie beispielsweise die Blutbuche *(Fagus sylvatica f. purpurea)*, Hängebuche *(Fagus sylvatica „Pendula")*, Ame-

rikanische Eiche *(Quercus rubra)* und Blaufichte *(Picea pungens f. glauca)*.

Im Nordwesten schloß sich ein Nutzgarten mit geometrischer Beeteinteilung an. Außerhalb der Parkanlage wurde Mitte bis Ende des 19. Jahrhunderts im Waldgebiet ein Erbbegräbnis angelegt. Den achteckigen Begräbnisplatz umgab ein Eisengitterzaun. In der Mitte des Platzes stand ein hohes Steinkreuz. Vermutlich existierten elf Grabstellen mit, wie es hieß, „künstlerisch beachtenswerten Grabplatten".

1913 wurde Haus Westhusen an die Gelsenkirchener Bergwerks AG verkauft. 1928 wurden die restlichen Wasseranlagen verfüllt. Im Laufe der Zeit wurde Haus Westhusen unterschiedlich genutzt, unter anderem als Kinderheim oder als Behindertenwerkstätte. Gelände und Gebäude befinden sich jetzt in Privatbesitz; Haus Westhusen wird seit 1992 als privates Altenheim genutzt.

Die ehemaligen Park- und Gartenanlagen sind nicht mehr vorhanden, weder Reste der historischen Ausstattung, noch Reste des historischen Pflanzenbestandes sind zu finden. Völlig im Wald versteckt liegt das ehemalige Erbbegräbnis. In seiner Nähe steht eine mächtige, dreistämmige Sommerlinde *(Tilia platyphyllos)* und auf dem Begräbnisplatz eine Hängebuche *(Fagus sylvatica 'Pendula')*. Die gemauerten Grabstellen sind teilweise offen, – weder Grabplatten noch das Steinkreuz sind vorhanden.

☛ **Adresse:**
Schloß Westhusener Straße;
44357 Dortmund-Nette
☛ **Bemerkungen:**
Die Gartenanlage ist privat und nicht öffentlich zugänglich.

Der Ursprung des Immanuel-Kant-Parkes in Duisburg geht auf die Zeit vor 1910 zurück. An der Stelle des heutigen Parks befand sich damals eine kleine Grünanlage mit „schönem alten Baumbestand, Blumengärten und Spielplätzen". Die Katasterkarte um 1900 zeigt den Grünbereich, der von Villengärten umgeben war, bereits als „Stadtgarten".

Im 2. Weltkrieg wurde ein Großteil der anliegenden Villen und Gärten zerstört und anschließend nicht wieder von den ehemaligen Eigentümern genutzt. Die Stadt Duisburg beabsichtigte, weiteres Gelände an der kleinen Grünanlage aufzukaufen, um sie zu einem großen Innenstadtpark zu erweitern. Zur Arrondierung des Parkes mußte die Stadt Grundstücke von 34 Eigentümern erwerben. Nachdem die Grundstücksankäufe erfolgreich abgeschlossen waren, konnte 1967 die Erweiterung des Parks beginnen. Das schon zwischen 1962 bis 1964 errichtete Wilhelm-Lehmbruck-Museum wurde im Rahmen der Erweiterungsmaßnahmen mit einbezogen. Nach zehn Jahren Entwicklungs- und Bauzeit war der Park im Frühjahr 1977 fertiggestellt.

Dieser für die Innenstadt Duisburgs so wichtige Freiraum wurde für unterschiedlichste Interessen und Ansprüche der Besucher – dem Zeitgeist der siebziger Jahre folgend – intensiv gestaltet. Das Besondere des Immanuel-Kant-Parkes ist die Integration der Museen und ihrer Exponate in den Freiraum. Drei Erlebnisbereiche, durch ein dichtes Wegenetz erschlossen, bieten sich dem Besucher:

Zwischen Wilhelm-Lehmbruck-Museum und dem Niederrheinischen Museum befinden sich die Spiel- und Liegewiesen. Im Südostteil des Parkes liegen Spiel- und Sporteinrichtungen. Im Südwestteil schließlich sowie entlang der Tonhallenstraße finden sich die unterschiedlichsten Themengärten, Kakteen-, Rosen und Staudenbereiche mit einem reichhaltigen Pflanzensortiment und zahlreichen Sitzgelegenheiten.

☛ **Adresse:**
Düsseldorfer-/Tonhallenstraße;
47051 Duisburg-Mitte

☛ **Bemerkungen:**
Der Park ist öffentlich zugänglich.

Vogelschau des Parks von 1987

Der 1863 gegründete Duisburger Verschönerungsverein übernahm ab 1869 die Pflege des Waldes „Duissern'scher Berg", der 1881/82, dem Zeitgeist folgend, in „Kaiserberg" umbenannt wurde. Anfang der achtziger Jahre des 19. Jahrhunderts sorgte ein Beschluß der Stadtverordnetenversammlung dafür, daß das Waldgebiet nicht mehr nur forstwirtschaftlich, sondern ausschließlich als Parkanlage genutzt wurde. Die Gestaltung der Anlage übernahm Stadtbaumeister Schülke. Bis 1902 entstanden zahlreiche Wege, eine künstlich angelegte Felswand mit Grotte, künstliche Wasserfälle und Kaskaden sowie eine Teichanlage.

Entsprechend dem zeittypischen, vaterländischen Pathos wurde um 1898 auch das Kaiser-Wilhelm-Denkmal errichtet. In einem Stadtführer aus dem Jahre 1911 ist über dieses Denkmal zu lesen:

„Auf der Höhe des Berges steht der 28,5 m hohe Wasserturm (bereits 1875 errichtet) und auf dem freien Platz vor ihm das vielbewunderte Kaiser-Wilhelm-Denkmal. Links vom Pferde reicht die walkürenhafte Germania dem Heldenkönige die Kaiserkrone und gegenüber hält der deutsche Aar in seinen Fängen die Kriegsbeute. Die Seiten des Sockels sind mit dem Bildnissen Bismarcks und Moltkes geziert. Vorne rauscht ein Wasserfall über die Felsblöcke."

Im Juni 1942 wurde das Denkmal demontiert und als „Metallspende des Deutschen Volks" eingeschmolzen. Der Sockel blieb bis 1957 stehen. Der botanische Garten an der Schweizer Straße, ein Aussichtsturm und ein „heiliger Brunnen", gedeutet als altgermanische Weihestätte, bereicherten damals diese Anlage. Zahlreiche Ausflugslokale und Gar-

Die Grotte an der ehemaligen Kaskadenanlage heute

tenwirtschaften befinden sich noch heute auf dem Kaiserberg, der so zu einem beliebten Ausflugsziel der Duisburger Bevölkerung wurde.

Der Bau von Ruheplätzen, Wegen und Ausstattungselementen geht auch auf die Tätigkeit des erwähnten Duisburger Verschönerungsvereins zurück. Der größte Teil der Parkanlage wurde aber bereits mit Hilfe von Notstandsarbeiten Ende der siebziger Jahre des 19. Jahrhunderts realisiert. Auch heute noch sind die Kaiserberganlagen eine Erholungseinrichtung, obwohl die Ausstattung nicht mehr so vielfältig ist wie am Anfang. Heute noch sind Reste der Kaskade sichtbar, die in einen kleinen Teich mündete. Dieser Teich wurde bereits 1906 zugeschüttet und bepflanzt. Dort, wo einst das Kaiser-Wilhelm-Denkmal und der Wasserturm als Wahrzeichen des Kaiserbergs standen, befinden sich heute Wiesenflächen. Kinderspielplätze, die in den sechziger Jahren unseres Jahrhunderts angelegt wurden, ergänzen das Freizeitangebot.

Eine Kultstätte nationalistischer Heldenverehrung existiert noch heute. Es ist der Ehrenfriedhof, der im Dezember 1914 als „eine würdige, stille Stätte vaterländischer Heldenverehrung" eingeweiht wurde. 1933 wurden die östlich gelegenen Teile des Ehrenfriedhofes einer profaneren Nutzung zugeführt: Sie wurden dem Duisburger Tierpark zugeschlagen. Zum Ehrenfriedhof gehörte auch die 1872 angelegte Sedanwiese, die an den Sieg Deutschlands über Frankreich bei Sedan erinnern sollte. Alljährlich am 2. September wurden auf dieser Wiese nationale Feiern abgehalten, die mit einem Kinderfest verbunden waren. In den dreißiger Jahren unseres Jahrhunderts fanden auf der Sedanwiese schließlich auch nationalsozialistische Feiern statt. Diese geschichtlichen Zusammenhänge sind jedoch heute den wenigsten Besuchern bekannt. Sie nutzen den Kaiserberg, vor allem die abschüssige Sedanwiese, als Rodelhang, – wenn Schnee liegt.

☛ **Adresse:**
Mülheimer Straße;
47058 Duisburg
☛ **Bemerkungen:**
Die Parkanlage ist öffentlich zugänglich.

Historische Postkarte der Wasserkaskade

Ende der zwanziger Jahre unseres Jahrhunderts äußerte sich der Duisburger Gartenarchitekt Hans Friedrich Pohlenz zu den Freiraumansprüchen von Industriearbeitern – rückblickend betrachtet in geradezu utopischer Weise. Pohlenz war der Meinung, „daß es für einen Industriearbeiter keine Erholung sein kann, wenn er – eingekeilt zwischen den vielen Parkbesuchern – nur auf staubigen Wegen 'dahinspazieren' darf oder auch einmal, wenn er Glück hat, einen freien Platz zu erwischen, jedoch in Staub gehüllt, im Grünen sitzen darf".

Die von Pohlenz vor diesem Hintergrund für Rheinhausen entwickelten Grünanlagenpläne sind rückblickend nur als sehr fortschrittlich zu bezeichnen. Auf einer etwa 50 Hektar großen Fläche waren neben einem Hauptrestaurant und einer Bauernwirtschaft eine Vielzahl von Sport- und Freizeitflächen vorgesehen. Diese Bereiche sollten an eine elektrische Kleinbahn angeschlossen werden, die über eine (nicht existierende) Rheinbrücke die Städte Duisburg und Moers miteinander verbinden sollte. Zudem gab es in seinem Entwurf einen Wasserkanal, einen Radiogarten, eine Festwiese, Hecken- und Brunnengärten und Roseninseln.

Pohlenz' Entwürfe zeigen deutliche Parallelen zur „Essener Gruga". Man darf unterstellen, daß für Rheinhausen an eine kleine Gartenbauaustellung gedacht war. Die Rheinhausener Stadtväter konnten jedoch diese Vorstellungen nicht realisieren. 1928 wurde dort, wo heute das Herzstück des Volksparks liegt, eine 50 Hektar große Fläche als öffentliche Grünfläche ausgewiesen. Zunächst konnten nur fünf Hektar davon im Rahmen der damaligen Erwerbslosenbeschäftigung als Park ausgebaut und be-

pflanzt werden. Diese Grünanlage erhielt den Namen „Hindenburg-Park". Mit dem Aufschwung nach dem 2. Weltkrieg regten sich ab 1950 Bestrebungen, den Volkspark, wie er inzwischen genannt wurde, weiter auszubauen. Man erweiterte ihn um 32 Hektar und gestaltete eine innerhalb des Erweiterungsgeländes liegende ehemalige Hausmülldeponie zu einem begrünten Hügel.

Im Verlauf des weiteren Ausbaus von 1964 bis zu Beginn der siebziger Jahre wurde der Park mit einer Klein-

Ein Teppichbeet heute

golfanlage, einem großen Flamingoteich und dem etwa 6.000 Quadratmeter großen Regenrückhaltebecken – dem Johanniter-Teich – mit Wasserspielen ergänzt. Der Heidegarten, verschiedene Spielplätze, das heimatkundliche Studio, das Damwildgehege, der Musikpavillon und das Parkcafé optimieren seine Infrastruktur. Ein artenreicher Baum-, Strauch- und Staudenbestand bestimmt den pflanzlichen Charakter des Parkes. Wechselpflanzungen mit Frühjahrs-, Sommer- und Herbstblumen schaffen zusätzliche optische Highlights.

☛ **Adresse:**
Moerser Straße, Kreuzacker;
47228 Duisburg
☛ **Bemerkungen:**
Der Park ist öffentlich zugänglich.

Im Jahr 1487 errichtete Graf Vincenz von Moers anstelle der Friemersheimer Burg ein Jagdschloß. 1534 setzte Graf Adolf von Moers die Gebäude in Brand, um zu verhindern, daß der Gegenkurfürst und Erzbischof Ernst von Bayern sie in Besitz nehmen konnte. Erhalten blieb nur der achtseitige Südturm. Der Wert'sche Hof diente seinen Besitzern bei Geldschwierigkeiten häufig als Pfand- oder Kaufobjekt. Nach mehreren Besitzerwechseln wurde der Hof im Jahre 1828 zum Preis von 41.000 Talern an den Grafen Anton von Spee verkauft, in dessen Besitz er fast 100 Jahre blieb. 1927 erwarb die Familie Krupp den Hof; 1991 kaufte ihn die Stadt Duisburg.

Das Entstehungsjahr des Gartens ist unbekannt. Eine erste Darstellung stammt aus dem Jahre 1725. In dieser Karte „Designation des Königlich Werth'schen Hofes" ist auf der westlichen Seite des Hauptweges eine rechteckige Fläche als Garten ausgewiesen. Südlich der zum Hof gehörenden Gebäude befindet sich eine weitere kleine quadratische Fläche, ebenfalls als Garten dargestellt. Die Karte „Werth'scher Hof" von 1750 zeigt diese Gartenbereiche durch ein Achsenkreuz in vier Felder geteilt. Die Gebäude sind von einem Rundweg umschlossen, der im südlichen Bereich durch eine Allee betont wird. Der Graf von Spee plante beim Kauf des Hofes, die Wallanlage zu gestalten. Maximilian Friedrich Weyhe aus Düsseldorf, einer der besten Gartenarchitekten seiner Zeit in Deutschland, wurde beauftragt, einen Entwurf zu erarbeiten. Weyhes Wirkungskreis erstreckte sich vor allem auf Düsseldorf und den Niederrhein. Er gestaltete auch die Gartenanlagen des Schlosses Heltorf, das sich noch heute im Besitz des Grafen von Spee

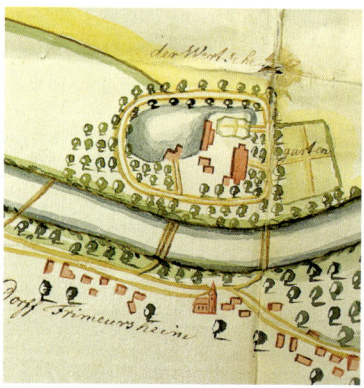

Wert'scher Hof um 1750

befindet. Zu Weyhes Zeit war die Gartenkunst im Umbruch. Die in England bereits verbreitete Stilform der Landschaftsgärten setzte sich nun auch in Deutschland durch.

Weyhes Planung beschränkte sich auf den südlichen und den östlichen Grundstücksteil. Den Wegeverlauf plante er parallel zu den Höhenschichtlinien, um ein möglichst geringes Gefälle zu erzeugen, damit man leichter durch den Park laufen konnte. Südlich des Turmgebäudes war als Blickfang ein achteckiger Pavillon vorgesehen. Säulen- und Kugelformen bestimmten die Gehölzauswahl. So wie Weyhe die Bepflanzung der Rundwege vorsah, waren immer neue Ausblicke in die Landschaft möglich. Sein Plan wurde jedoch in dieser Form nie realisiert, lediglich der Rundweg auf der Dammkrone wurde gebaut. Heute sind die Gartenanlagen am Wertschen Hof weitgehend durch veränderte Nutzungen überformt.

☛ **Adresse:**
Am Damm; 47229 Duisburg
☛ **Bemerkungen:**
Das Gelände ist privat und nicht öffentlich zugänglich.

Das heutige Essener Schloß Hugenpoet wurde in den Jahren 1647 bis 1696 unter Wilhelm von Nesselrode errichtet. Die früheren Schloßgebäude wurden zweimal zerstört: 1478 durch Brand und 1633 durch schwedische und kaiserliche Kriegshorden. Umbauten in den Jahren 1844 bis 1872 unter Clemens von Fürstenberg und dessen Sohn, Friedrich Leopold von Fürstenberg, prägen sein heutiges Aussehen.

Gartenanlagen werden das erste Mal in einer „Beschreibung des Hauses und Rittersitzes Hugenpoet" aus dem Jahre 1756 erwähnt. Ein neu angelegter Garten sowie drei Baumgärten sind dort genannt. Die erste bildliche Darstellung von Gartenanlagen findet sich auf der „Carte von der Ruhr Fluß" aus den Jahren 1771/79. Auf ihr lassen sich die drei Baumgärten und eine in der Verlängerung der Mittelachse des Schlosses liegende, axialsymmetrische Gartenanlage er-

kennen. Ein querlaufender Wassergraben und ein nördlich gelegenes Tor, an das sich eine bis zur Ruhr führende Allee anschließt, kennzeichnen die Anlage. Dazu kommen Baumreihen, die vermutlich die Illusion von Bosketten oder jene eines „Grand Parc" erwecken sollten. Außerdem finden sich auf der Karte von 1771/79 eine seitlich liegende, schmale, boskettartige Fläche mit Pavillon und Schlängelweg und eine größere, seitlich liegende Fläche in Form eines langgezogenen Rechtecks mit acht rechteckigen Beetkompartimenten und einem baumumstandenen Teich als Zentrum.

Im Jahre 1830 kam das Schloß in den Besitz der Familie von Fürstenberg, wurde jedoch erst im Jahre 1879 bezogen. Ein nicht realisierter Ent-

Schloß Hugenpoet in der „Carte von der Ruhr Fluß" aus den Jahren 1771/79

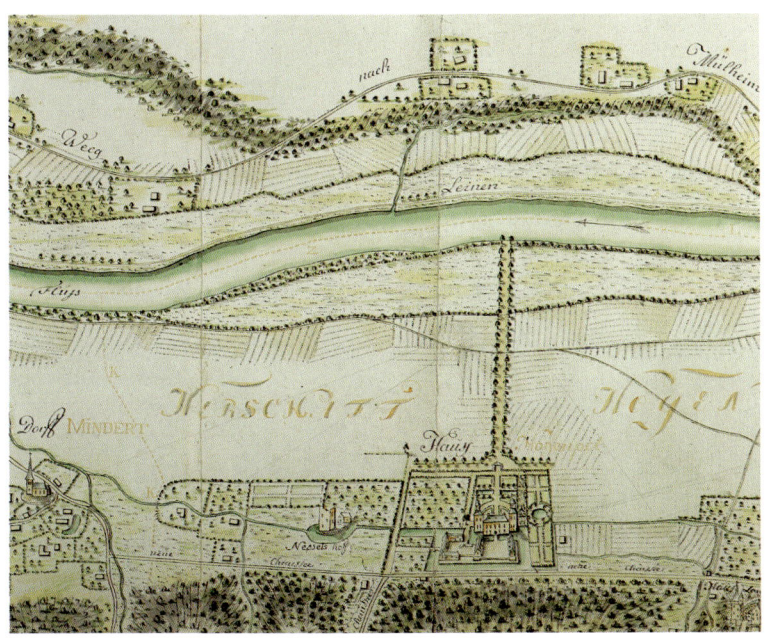

wurf des Gärtners Peter Tack aus dem Jahre 1872 markiert wohl den Beginn der Umgestaltung der vermutlich stark verfallenen Gartenanlagen. Ausgeführt wurde ein Entwurf im Stil des englischen Landschaftsgartens. Eine nördlich der Schloßgräfte liegende Rasenfläche bildete die Hauptsichtachse, eingerahmt von Baum- und Strauchgruppen sowie Solitärgehölzen. Der Nordteil des Parks, zunächst als regelmäßige, an der Mittelachse des Schlosses ausgerichtete Anlage konzipiert, wurde 1876 wie der restliche Park mit geschwungener Wegeführung, Gehölzgruppen und Rasenflächen gestaltet. Die verwendeten Pflanzen stammten zum Teil aus dem Park von Schloß Borbeck.

Schloß und Umgebung 1926

Weitere Maßnahmen in den Folgejahren waren eine Umgestaltung der nördlichen Schloßgräfte, der Bau eines heute nicht mehr vorhandenen Gewächshauses und die Aufstellung eines „Muttergotteskapellchens" im Jahre 1882 – ebenfalls aus dem Park von Schloß Borbeck stammend – sowie der Bau einer Gartenmauer im Jahre 1892. Im nordwestlichen Teil des Parks existierte bis in die dreißiger Jahre unseres Jahrhunderts ein in rechteckige Beetkompartimente unterteilter Nutzgarten. Schloß Hugenpoet und sein Park sind noch immer im Besitz der Fami-

lie von Fürstenberg; das Hauptgebäude wird als Schloßhotel genutzt. Eine Rasenfläche mit begrenzender Baumkulisse bildet die Hauptsichtachse des Parkes, jedoch versperrt der Hügel eines Bunkers von 1943 den Blick zum nördlichen Parkende. Am Ostrand des Parkgeländes befinden sich der „Lindendom", ein Lindenrondell *(Tilia)*, ein Teich und – auf einem etwa einen Meter hohen Hügel – das 1892 errichtete „Muttergotteskapellchen".

Das frühere Wegesystem im Ostteil des Parks läßt sich infolge von Gehölzbewuchs nicht mehr erkennen. Der ehemalige Baumgarten im westlichen Teil des Parks ist verpachtet und wird nun teilweise als Obstwiese und Weide genutzt. Auf den ehemaligen kleineren Garten- und Baumgartenflächen im Bereich der Schloßzufahrt liegen heute Parkplätze, ebenso wie im Schloßhof.

Die den Park nach Westen abschließende, etwa zweieinhalb Meter hohe Mauer aus Backstein ist noch vorhanden. An der Nordseite des Parks kann man den Rest einer vermutlich nach 1900 entstandenen Reitbahn erkennen. Nördlich des Parks schließen sich die unter Friedrich-Leopold von Fürstenberg aufgeforsteten Laubholzflächen an; der Verlauf der ehemaligen Allee ist lediglich am Zuschnitt der aufgeforsteten Flächen erkennbar.

Das Gräftensystem des Schlosses mit Vor- und Hauptinsel entspricht im Prinzip der Darstellung von 1771/79. Der Uferverlauf der nördlichen und die Breite der südlichen Gräfte veränderten sich infolge des Baus der Eisenbahnlinie Kettwig-Mülheim im Jahre 1876.

☛ **Adresse:**
August-Thyssen-Straße;
45219 Essen

☛ **Bemerkungen:**
Der Park ist nicht öffentlich zugänglich; er steht nur den Hotelgästen zur Verfügung.

S ein heutiges Aussehen erhielt Haus Oefte in Essen-Kettwig durch Umbaumaßnahmen im Stile der Neugotik im Jahre 1850. Haus Oefte enthält aber auch noch Teile einer romanischen Burg aus dem 12. oder 13. Jahrhundert. Von den letzten Besitzern, den Grafen von der Schulenburg, ging es in den Besitz der VEBA AG über, die es an den Golfclub „Haus Oefte" verpachtete. Die älteste Darstellung eines Gartens bei Haus Oefte findet sich auf der mit 1771/1779 datierten „Carte von der Ruhr Fluß" und zeigt eine heckengesäumte, rechteckige Fläche mit kreuzförmigem Wegegrundriß südöstlich des Gebäudekomplexes am Ufer der Ruhr. Südlich schließt sich eine größere, ebenfalls mit Hecken gesäumte Fläche an, die eine Nutzung als Baumgarten vermuten läßt. Zur dieser Zeit war Haus Oefte von einem Wassergraben umgeben. Das „Urkataster von 1816/1817" und die „Karte des Ruhrstromes, Sect. VII von 1850" zeigen übereinstimmend eine östlich vom Gebäude liegende Fläche. Ihr axialsymmetrischer, sich in die Tiefe verjüngender Grundriß läßt auf einen Garten in französischem Stil schließen.

Die Anlage eines Landschaftsgartens östlich des Schlosses steht vermutlich in zeitlichem Zusammenhang mit den starken baulichen Veränderungen am Schloß, die um die Mitte des 19. Jahrhunderts unter dem Reichsgrafen von der Schulenburg in die Wege geleitet wurden. Der Einfahrtbereich wurde zudem mit einer Vielzahl exotischer Gehölze bepflanzt, die heute noch vorhanden sind. Dazu kam die Errichtung einer Grabstätte im neugotischen Stil.

Vergleicht man das Luftbild von 1926 mit dem heutigen Zustand der Anlagen, so ist erkennbar, daß vor allem im östlichen Parkteil die Hauptsichtachse verengt ist, seitliche Ausbuchtungen wurden offensichtlich zugepflanzt. Die Tiefenwirkung der Hauptachse ist zudem durch eine weitere, erst in den letzten 30 Jahren angelegte Gehölzpflanzung und eine quer zur Sichtachse verlaufende Hainbuchenhecke (Carpinus betulus) gemindert.

Die ehemalige, direkt an der Ruhr liegende Gartenfläche mit rechteckigem Grundriß trägt heute einen verwilderten Bestand mit exotischen Gehölzen. Außerdem existiert noch

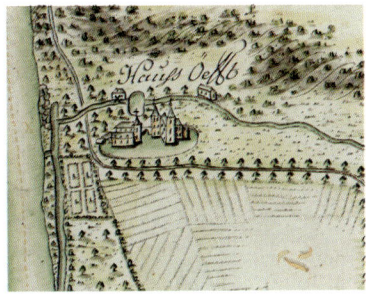

Haus Oefte in der „Carte von der Ruhr Fluß" von 1771/79

eine südlich des Hauses liegende, im „Urkataster" als Garten bezeichnete Fläche, die heute als Obstwiese genutzt wird. 1959 wurde der Park in den neu angelegten Golfplatz des Golfclubs „Haus Oefte" integriert. 1961 wurde das Haus umgebaut und der Wassergraben verfüllt.

🖝 **Adresse:**
Werdener Straße;
45219 Essen-Kettwig
🖝 **Bemerkungen:**
Die Gebäude von Haus Oefte werden vom Golfclub „Haus Oefte" als Clubhaus genutzt. Die Parkanlage ist Teil des Golfplatzes und nicht öffentlich zugänglich.

Der Park von Schloß Schellenberg

Das im Jahre 1313 erstmals urkundlich erwähnte Schloß in Essen-Rellinghausen kam im 15. Jahrhundert in den Besitz der Familie von Vittinghof-Schell, der es heute noch gehört. Die ältesten Gebäude der Schloßanlage stammen aus dem 14. Jahrhundert, die jüngsten aus dem Jahre 1875.

In den Jahren 1672 bis 1674 ließen die Eigentümer große Umbauten am Schloß vornehmen. Zeitgleich fanden vermutlich Gestaltungsmaßnahmen in den Gärten statt, und ein achtseitiger Gartenpavillon wurde gebaut. Ein zweiter, vierseitiger Pavillon kam im 18. Jahrhundert dazu. Es ist davon auszugehen, daß bis 1820 am Schloß Schellenberg eine barocke Gartenanlage vorhanden war. Karten aus dem Jahre 1821 belegen diese Annahme. Im nordöstlichen Teil des Parks ist ein Baumgarten dargestellt. Daran schloß sich im südwestlichen Parkteil die Fläche mit den Pavillons und einem rechteckigen Wasserbecken an. Das Becken stand in axialem Bezug zum vierseitigen Pavillon.

In einer anderen Kartendarstellung von 1820 sind bereits die Bezeichnungen „Gärten" und „englischer Garten" unterschieden. 1842/43 ist dann ein geschwungenes Wegesystem im nordöstlichen Parkbereich dargestellt, das vermutlich eine östlich außerhalb des Geländes gelegene, gehölzbestandene Fläche, die „Viereichenhöhe", mit dem Park verband. Ende des 19. Jahrhunderts wurde die Gartenanlage von reich geschwungenen Wegen durchzogen. Im Süden schloß sich eine in zwölf regelmäßige Beetkompartimente unterteilte Nutzgartenfläche an. Heute sind die ehemaligen Schellenberger Garten- und Parkanlagen durch Nutzungsänderungen sehr beeinträchtigt. Im südlichen Parkteil finden sich mehrere Parkplätze, ein Sportplatz und Gewächshäuser; der ehemalige Nutzgarten wird als Ackerfläche genutzt. Das heutige Wegenetz dagegen entspricht weitgehend den Darstellungen des ausgehenden 19. Jahrhunderts. Das früher rechteckige Wasserbecken ist heute ein Folienteich, und die Sichtbezüge und -achsen vom Becken zum Schloß sind durch Gruppen von

Schloß Schellenberg und Umgebung im Jahre 1925

Nadelgehölzen versperrt. Die vorhandene Bebauung unterbricht zudem die Wegeverbindung zur Viereichenhöhe, wobei die Viereichenhöhe auf eine kleine Baumgruppe schrumpfte. Auch die Blickachse von den Viereichen auf die nach Nordosten abfallenden Wiesen- und Ackerflächen ist verbaut.

☞ **Adresse:**
Schellenbergstraße;
45134 Essen-Rellinghausen
☞ **Bemerkung:**
Der Park ist nicht öffentlich zugänglich. Das Schloß wird vom Land Nordrhein-Westfalen als Höhere Landespolizeischule genutzt.

In der früher selbständigen Stadt Steele (heute ein Essener Stadtteil) erwarb der Verschönerungsverein bereits im Jahre 1880 ein etwa vier Hektar großes Gelände, auf dem 1897 nach einem Entwurf des Düsseldorfer Gartenarchitekten Reinhold Hoemann der Stadtgarten Steele angelegt wurde. In der Steeler Zeitung vom 24. September 1910 wird der für Steele wichtige Park beschrieben und gelobt:

Menschheit atmen läßt. 'Lungen der Großstadt' nennt man sie mit Recht. In unserem Industriegebiet haben fast alle Städte dieser Forderung der Zeit Rechnung getragen. Wir erinnern nur an die herrlichen Anlagen, die Köln, Düsseldorf, Bochum, Hagen, Gelsenkirchen und Essen ge-

Im Steeler Stadtgarten um die Jahrhundertwende

Partie aus dem Steeler Stadtgarten.

„.... Zu einer Notwendigkeit sind da die Anlegungen von Parks und Gartenanlagen geworden, die man früher nur aus Luxus oder künstlerischen Motiven in der Nähe von Schlössern und herrschaftlichen Wohnungen anlegte. Die Großstadt mit ihren so wenig Luft und Licht zulassenden Steinbauten und die Industriestädte mit ihren luftverderbenden Schloten bedürfen heutzutage unbedingt der Erholungsstätten, wo durch größere Anpflanzungen eine reine, ozonhaltige Luft die

schaffen haben. Wenn nun auch an Größe die Anlage, von der hier die Rede ist, zurückstehen muß, so kann sie sich in Bezug auf ihre Lage und Darbietung eines abwechslungsreichen Geländes mit jeder anderen Gartenanlage messen. Die ersten Anregungen zur Anlage eines Stadtparks in Steele wurden schon vor Jahren von einer Reihe von Männern gegeben, die sowohl die Notwendigkeit für Steele erkannten als auch das so sehr geeignete Terrain zu schätzen wußten. Unter ihnen war es vor allem der jetzt in Wiesbaden lebende Herr Sanitätsrat Dr. Kronstein, den man auch in Anerkennung seiner Verdienste auf einem der lauschigen Plätzchen des Parks einen Gedenkstein errichtete, der die Inschrift trägt: 'Dem Förderer dieser Anlagen, Herrn Dr. Kronstein, gewidmet vom Verschönerungsverein'. Doch fehlte es dem damaligen Verschönerungsverein zunächst an den Mitteln, um eine größere Anlage zu schaffen, dann aber war die Kirchengemeinde, der der größere Teil des heutigen Gebietes gehörte, doch nicht geneigt, ihr Terrain dort zu veräußern. Erst Herrn Bürgermeister Schulz blieb es vorbehalten, das schöne Fleckchen Erde, das die Stadt heute besitzt, zu erwerben und seiner Bestimmung gemäß auszugestalten (...)

Was die Herren der Stadt Steele hier geschenkt haben, wird ihr Gedenken für alle Zeiten bei den Bürgern von Steele sichern. Natur und Kunst sind innig vereint, schattige Alleen und buntfarbige Teppichbeete wechseln mit saftig grünen Rasenflächen. Von der Bredeneyer Straße aus steigt man auf einer schönen Freitreppe zur Höhe empor, auf der die Anlage sich ausbreitet. Mit einem Kostenaufwand von 80.000 Mark hat die Stadt hier ein Restaurationsgebäude errichten lassen, das wohl zum 1. Mai n. J. seiner Bestimmung übergeben werden wird. Neben einigen Nebenlokalen liegt als Hauptraum in demselben ein 240 Quadratmeter großer Saal, an den sich eine 30 m lange, offene Halle anschließt. Vor dem Gebäude ist eine Terrasse angelegt, und auf dieser stehend erkennen wir die ganze packende Schönheit unserer Anlage.

Vor unserem Blick liegt das Ruhrtal, wie ein silbernes Band schlängelt sich der Fluß durch das Gelände, bis er hinter den bewaldeten Höhen von Kupferdreh und Rellinghausen verschwindet. Neben den Restaurationsgebäuden dehnt sich die Spielwiese aus, an deren Ende sich ein schönes Gärtnerhäuschen erhebt, in dem der Stadtgärtner seine Wohnung genommen hat. Auf der entgegengesetzten Seite führen Wege durch die gärtnerischen Anlagen, die nach einem Plan des Gartenarchitekten Herrn Pötz, Düsseldorf, ausgeführt sind. Neuerdings ist die Anlage durch die Güte des Herrn Deimerberg noch erweitert worden, in dem die anschließende Waldparzelle, zu der eine Treppe empor führt, durch den Verschönerungsverein gärtnerisch ausgeschmückt worden ist, so daß von hier aus größere Spaziergänge bis nach Rellinghausen hin am Bergabhang entlang gemacht werden können. Möge der Steeler Stadtgarten den Bewohnern der Stadt jederzeit eine Stätte der Erholung sein, und mögen auch die Bewohner unserer Nachbarstädte oft gern ihre Schritte zu unserem Stadtpark lenken, sie sollen uns willkommen sein."

Die beiden Weltkriege am Anfang unseres Jahrhunderts überstand der Stadtgarten in Steele größtenteils unbeschadet. Bis in unsere Zeit lassen sich Strukturen erkennen, die bereits zu Beginn des 20. Jahrhundert vorhanden waren. Die großen Baum- und Strauchgruppen und die Spiel- und Liegewiesen des Stadtgartens werden durch ein geschwungenes Wegenetz erschlossen. Das Restaurationsgebäude mit den Terrassen und die im Eingangsbereich angelegten Blumenbeete sind ebenso noch vorhanden wie der alte Gedenkstein, der an den Gönner des Stadtgartens erinnert. Lediglich der Gehölzbestand, der sich im Laufe der Jahre gut entwickelte, schränkt die Ausblicke ins Ruhrtal zum Teil ein.

☛ **Adresse:**
Westfalenstraße,
45136 Essen
☛ **Bemerkungen:**
Die Parkanlage ist öffentlich zugänglich.

Der Bau des Bulmker Parkes ging – wie verschiedene andere Volksgärten im damaligen Landkreis Gelsenkirchen auch – auf die Initiative des Gelsenkirchener Landrats Dr. Hammerschmidt zurück, der den Bau dieser Volkserholungsstätten anregte und durch den Kreis finanziell unterstützen ließ. Der Bulmker Park, früher auch „Hohenzollern-Park" genannt, wurde im Jahre 1902 mit einem Kostenauf-

monumentalen Eingangstor an der Westseite (heute nicht mehr vorhanden) wurde 1905 ein Gärtnerhaus im östlichen Parkteil erbaut.

Von 1930 bis 1944 wurde in den Park ein Tiergehege mit überwiegend heimischen Tierarten integriert. Der letzte Bewohner des Tiergeheges, ein Hirsch, wurde im Herbst 1944 „zunftmäßig" erschossen, nachdem er eine Frau angefallen hatte. Er landete vier Wochen vor Weihnachten im West-

Frühling im Park

wand von 25.000 Mark angelegt. Er war damals rund 5,5 Hektar groß.

Die Gestaltung des Parkes fußt auf einem Entwurf des Gartenbauinspektors Stefen aus dem Jahre 1900. Er realisierte auch die gesamte Anlage 1902 unter Leitung des damaligen Stadtgartendirektors Simon. Der Bulmker Park lehnte sich gestalterisch an den Stil englischer Landschaftsgärten an, mit einem großen Teich, einem geschwungenen Wegenetz, verschiedenen Freiflächen, Solitärbäumen und Baumgruppen. Die große Teichanlage entstand, um das vorwiegend sumpfige Gelände „vermittels des Teichaushubs auf eine gesunde Höhe zu bringen" – so alte Aktenaufzeichnungen. Außer einem

fälischen Kaufhaus (WEKA) und wurde dort gegen Fleischmarken in Einzelportionen abgegeben. Nach dem 2. Weltkrieg verwandelte sich der Bulmker Park in Feldgärten und war bis 1949 Zentrum des größten Schwarzmarktes des Ruhrgebiets.

Heute dient der Park mit dem Teich und einem neu angelegten Kinderspielplatz seinen Besuchern als innerstädtische Erholungsanlage, deren Parkstrukturen und Gestaltungsmerkmale aus der Zeit der „Volksgartenbewegung" noch überwiegend erhalten geblieben sind.

☞ **Adresse:**
Elisenstraße, 45888 Gelsenkirchen
☞ **Bemerkungen:**
Die Parkanlage ist öffentlich zugänglich.

Der Park von Schloß Horst

Schloß Horst in Gelsenkirchen gehört zu den frühesten und bedeutendsten Renaissanceschlössern Nordwestdeutschlands. Früher malerisch in der Niederung des Emschertales gelegen, teilt die Anlage das Schicksal vieler dieser landschaftstypischen Niederungsburgen in der Emscherzone: Sie sind heute durch Straßen, Wohn- und Industriebauten zugebaut.

Die Wiege des Adelsgeschlechtes derer von Horst liegt an der Ruhr. Von dort kam Gerhardt von Horst, der sich um 1200 im Emscherbruch niederließ. Er errichtete die erste Burganlage. Zwischen 1556 und 1578 ließ der Kurkölnische Marschall Rütger von Horst die für die Renaissance typische quadratische Vierflügelanlage mit gut 50 Meter Kantenlänge und einem Gräftensystem erbauen.

Das architektonische Konzept erschloß die einzelnen Innenräume der beiden Hauptflügel nach dem Vorbild der italienischen Palazzo-Architektur durch hofseitig vorgelagerte Galerien, eine für den Raum zwischen Ruhr und Lippe neuartige Konzeption. Ob Schloß Horst aufwendig gestaltete Gartenparterres besaß, ist nicht bekannt.

Südlich der Schloßanlage lag der sogenannte Schloßpark mit altem Baumbestand; Teile dieses Geländes wurden 1920 für die Anlage der Galopprennbahn Horst genutzt. 1925 wurden die Restflächen mit umfangreichen Maßnahmen zu einer Volkserholungsanlage umgestaltet. Ein vorhandener Gondelteich war danach für Kahnpartien freigegeben, eine Terrassenanlage und ein Musikpavillon wurden neu gebaut. Die städtische Gartenverwaltung gestal-

tete dann 1954 diese Grünanlage wiederum neu und legte Rasenflächen, Rosen- und Staudenbeete sowie einen Sandspielplatz an. Bis heute sind diese Elemente des Schloßparkes erhalten geblieben.

Vom ehemals prachtvollen Schloß sind heute nur noch Reste vorhanden. Die historische Gebäudesubstanz und ihr unmittelbares Umfeld werden gegenwärtig durch umfangreiche Sanierungsarbeiten konserviert. Wo es erforderlich ist, wird auch durch eine „kritische Rekonstruktion" ergänzt. Dabei wird das Bruchstückhafte der vorhandenen Substanz betont. Die bauliche Wiederherstellung steht in Verbindung mit einer neuen, illusionären Gartenlandschaft nach Plänen des Projektbüros Stadtlandschaft aus Kassel.

Da es schwierig wäre, die Gräfte wieder mit Wasser zu füllen, soll der Wassergraben nur symbolisch dar-

Luftbild von 1926

gestellt werden. Das Prinzip Wasserschloß bedeutet, daß zwischen Innen- und Außenraum eine große Distanz besteht. Deshalb werden die vom Gartenparterre auf der Gräfteinsel kommenden Verbindungswege in den Park unterbrochen.

Das Wasserschloß liegt als Solitär in den ruhigen horizontalen Rasenflächen der früheren Gräfte. Ein hoher Anteil an blaublühendem Ehrenpreis *(Veronica)* in der Rasenvegetation soll die Wasserfläche symbolisieren. Am Wassergraben entlang der nordwestlichen Schloßfassade werden vereinzelt Bambus- und Schilfstauden gepflanzt. Auf der dem Schloßensemble gegenüberliegenden Seite wird die Böschung durch einen Klinkersockel gefaßt.

Das untere Gartenparterre ist für eine extensive Nutzung vorgesehen. Ziel ist, den Anblick eines verwildernden Gartens zu erzeugen. Dieser Eindruck wird mit sehr dunklen Ligusterhecken *(Ligustrum)*, Eiben *(Taxus baccata)*, dem Baumschatten der Platanen *(Platanus acerifolia)* und verwildernden Wiesenflächen erzielt. Die obere Gartenterrasse soll hell, südlich und gepflegt wirken. Heckengärten finden sich in zwei Ebenen. Hainbuchenhecken *(Carpinus betulus)* symbolisieren die ehemaligen Schloßtürme. Auf Stämme gezogene Lindenspaliere und Pflanzkübel mit Oleander oder Palmen prägen diesen Gartenbereich. Die Öffnungen in den Heckengärten sind immer so angeordnet, daß keine Einsicht möglich ist. Nach Abschluß der Arbeiten ist vorgesehen im Schloß das städtische Standesamt, ein Museum, ein Restaurant und Räume für kulturelle Veranstaltungen unterzubringen.

☛ **Adresse:**
An der Rennbahn/Torfstr.;
45899 Gelsenkirchen-Horst
☛ **Bemerkungen:**
Nach Abschluß der Umbauarbeiten sind die Außenanlagen öffentlich zugänglich.

Im Jahre 1308 wurde Haus Lüttinghof in Gelsenkirchen erstmals urkundlich erwähnt. Es erhielt seine heutige Gestalt durch Baumaßnahmen der Familie von Nesselrode im 17. und 18. Jahrhundert. Ein Garten lag südwestlich der Vorburg und war von einer eigenen Gräfte umgeben. Er ist aber heute nicht mehr erkennbar und hatte damals keinen axialen Bezug zum Hauptgebäude. Ab 1680 wurde dann auf einer von Gräften umgebenen Fläche nordöstlich der Hausinsel ein barocker Garten angelegt.

Vogelschau von Haus Lüttinghoff aus dem Jahr 1995

Mitte des 19. Jahrhunderts war nur noch die Hälfte der Garteninsel als regelmäßige, zentrierte Anlage vorhanden. Eine quadratische Fläche teilte sich durch ein kreuzförmiges Wegesystem in vier gleich große Beetkompartimente. Im Zentrum der Anlage befand sich ein Beetrondell. Die Fläche nordöstlich der Garteninsel – der heutige Laubwaldbestand – wurde als Weide genutzt. Gegen Ende des 19. Jahrhunderts existierte kein Ziergarten mehr; die Garten-

insel diente als Nutzgarten und als Wiesen- und Weidefläche.

Die ursprüngliche Gliederung der Anlage in Vorburg-, Hauptburg- und Garteninsel ist heute noch sichtbar. Die südwestlich gelegene alte Garteninsel existiert jedoch nicht mehr. Das Hauptgebäude wurde restauriert und neben Büroräumen des Landschaftsverbandes gibt es dort auch ein Restaurant. Das früher auf der Vorburginsel liegende Wirtschaftsgebäude wurde durch einen Neubau (Restaurierungswerkstatt des Landschaftsverbandes Westfalen-Lippe) ersetzt. Die ehemalige Garteninsel, deren Längsachse vom Hof des L-förmigen Haupthauses ausgeht, ist heute ein von Gräften umgebenes Wiesen- und Weiderechteck. Die an der südlichen Längsseite der Garteninsel verlaufenden Gräfte wird von einer Eichenallee *(Quercus)*, der Lüttinghofallee, gesäumt. Nordöstlich der Garteninsel schließt sich ein Laubwaldbestand an, der durch die Verlängerung der Längsachse vom Hauptgebäude über die Mittelachse der Garteninsel geteilt wird.

An der ehemaligen Gartenanlage von Haus Lüttinghof ist besonders bemerkenswert, daß offenbar kein Stilwandel zum Landschaftsgarten stattfand wie bei vergleichbaren Ensembles. Die Gartenfläche ging über die Zwischenform einer Anlage mit vereinfachtem, aber ebenfalls regelmäßigem Grundriß direkt in eine landwirtschaftliche Nutzung über.

☛ **Adresse:**
Lüttinghofallee;
45896 Gelsenkirchen
☛ **Bemerkungen:**
Die Fläche des ehemaligen Barockgartens, die Gräfteninsel, ist nicht öffentlich zugänglich, aber von außen einsehbar.

Die städtebauliche Entwicklung der Gemeinden des Ruhrgebiets gegen Ende des 19. Jahrhunderts machte den öffentlichen Park zu einer verbreiteten Erscheinung – und zur wichtigsten Entwurfsaufgabe deutscher Gartenarchitekten. So beschloß 1898 auch der zwei Jahre zuvor gegründete Landkreis Gelsenkirchen eine Anleihe in Höhe von 400.000 Mark aufzunehmen, um seinen kreisangehörigen Gemeinden die Anlage von Volksparks oder -gärten zu ermöglichen. Jede Gemeinde, die einen Volksgarten anlegen wollte, konnte aus diesem Fond gefördert werden. Die erste Gemeinde, die diesen Volksgartenfond in Anspruch nahm, war Ückendorf, ein ehemaliges Bauerndorf, das innerhalb von 25 Jahren bis 1875 zu einer Gemeinde mit 5.000 Einwohnern heranwuchs.

1898 wurde auf Veranlassung des Amtmannes von Wedelstaedt Land für den Gemeindepark gekauft. Es handelte sich um ein fünf Hektar großes, von Süden nach Norden leicht ansteigendes Grundstück, das an zwei Seiten von Bahnlinien begrenzt war. In den Bedingungen des 1898/99 ausgeschriebenen Entwurfswettbewerbes sollte die künftige Anlage den „Charakter eines Wäldchens mit schattigen Wegen, einzelnen Lichtungen und schönen Ausblicken" haben. Die 1899/1900 errichtete Anlage vereinte die Grundzüge der beiden prämierten Entwürfe von Stadtgärtner Adolf Jensen, Oberhausen, und Gartenarchitekt Reinhold Hoemann, Düsseldorf.

Das Hauptwegesystem und das Teppichbeet auf der wichtigsten Wegekreuzung wurden so angelegt, wie Jensen es vorschlug. Das runde, erhöht gelegene, von Platanen überschirmte Plateau (ursprünglich als Standort für ein Lokal, das jedoch nie gebaut wurde) und die Halbinsel mit Schutzhütte entsprachen dem Entwurf Hoemanns. Innerhalb des Parks errichtete man 1900 ein Gärtnerhaus im Stil eines Schweizer Fachwerkhauses.

Im Jahre 1903 wurde Ückendorf von Gelsenkirchen eingemeindet. Gelsenkirchen entwickelte sich zur zweitgrößten Stadt Westfalens. Die Bezeichnung „Gemeindepark" traf nun nicht mehr zu. Der Ückendorfer Park wurde nach seiner Lage im neuen Stadtgebiet von Gelsenkirchen in

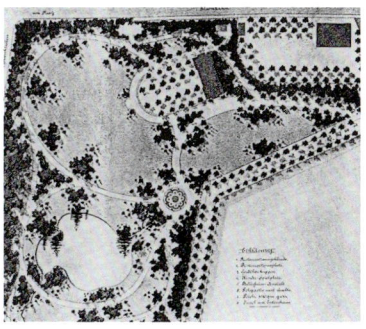

Gestaltungsplan von Adolf Jensen, Oberhausen

„Südpark" umbenannt. Später wurde der Amtmann geehrt, der in seiner Gemeinde den Grundstein für eine kommunale Freiflächenpolitik legte: Der Südpark erhielt den Namen seines Wegbereiters und wurde „Von-Wedelstaedt-Park" genannt. Heute ist dieser kleine Waldpark im Süden Gelsenkirchens mit einem Teich, geschwungenem Wegenetz, Wiesen- und Rasenflächen und einem Kinderspielplatz ausgestattet.

☛ **Adresse:**
Parkstraße, 45886 Gelsenkirchen
☛ **Bemerkung:**
Die Anlage ist öffentlich zugänglich.

Vom 14. Jahrhundert bis zum Jahre 1827 war Haus Busch in Hagen-Helfe im Besitz der Familie von Syberg. Mehrere prägende Stilepochen gingen über diese Anlage hinweg. Adrian Diederich von Syberg erweiterte im Jahre 1700 das heutige Herrenhaus. Sein Sohn Johann Giesbert von Syberg zum Busch errichtete 1720 einen Querflügel an der Vorburg und ließ einen Garten anlegen. Von 1788 bis 1831 wurde dann der Barockgarten schrittweise in einen Landschaftsgarten verwandelt.

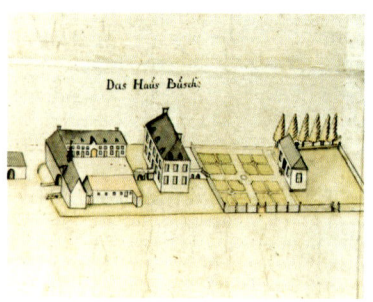

Haus Busch – Ausschnitt aus der „Carte von denen Flüeren Berge in der Bäuler Marck" aus dem Jahre 1772

Im Jahre 1827 gingen Haus und Gut Busch durch Erbschaft an die Familie von Vincke über, die die Ländereien teils selbst bewirtschaftete, teils verpachtete. 1928 erwarb die Stadt Hagen Haus Busch. Nach unterschiedlichen Nutzungen, unter anderem als Arbeitsdienstlager und als Altenheim, ist Haus Busch seit 1974 Sitz eines Bildungsinstitutes.

Der ehemalige Barockgarten am Haus Busch wurde zusammen mit den Erweiterungsbauten am Wohnhaus zwischen 1700 und 1720 angelegt; es handelte sich um einen zentrierten, quadratisch geformten Parterregarten. Obwohl die Bildquellen aus dem 18. Jahrhundert keine Binnenornamentik des Gartens zeigen, ist davon auszugehen, daß es sich um einen Ziergarten handelte, zumal sich ein gesonderter Gemüsegarten in unmittelbarer Nachbarschaft westlich der Anlage befand. Es ist aber auch möglich, daß das Parterre ein Nutzgarten war, der nur, aufgrund seiner barocken Form, als Ziergarten erschien, was damals durchaus üblich war.

Der 1788 angelegte Landschaftsgarten verband das Angenehme mit dem Nützlichen. Es wurden neue Spazierwege und „Umsichten" angelegt, damit der Besucher sich bewegen konnte und je nach Standort im Garten, Feldspazierweg oder Wäldchen verschiedene Aus- und Einblicke in die reizvolle Landschaft des Ruhr- und Lennetales bekam. Ein Lusthaus (Gartenhaus) wurde anstelle der Orangerie errichtet. Obstspaliere an der rückwärtigen Gartenmauer und das Bienenhaus waren der nützliche Aspekt der Gartenanlage. Auf für einen Landschaftsgarten relativ kleinem Raum entwickelte sich somit ein ausgewogenes Verhältnis zwischen Naturerlebnis und Nutzbarkeit.

Bis in die sechziger Jahre unseres Jahrhunderts waren die Strukturen des Landschaftsgartens noch gut ablesbar. Die anschließenden Nutzungsänderungen und Neugestaltungen (ökologischer Lehrpfad) verwischten sie jedoch. Heute lassen sich die Formen des Landschaftsgartens in der Anlage am Haus Busch nicht mehr wiederfinden.

🌿 **Adresse:**
Haus Busch;
58099 Hagen-Helfe
🌿 **Bemerkungen:**
Die Anlage ist öffentlich zugänglich.

In der Nähe des Stadtzentrums von Hagen liegt der Funckepark, eine Anlage, die sich gegen Ende des 19. Jahrhunderts aus dem ehemaligen Privatgarten des Industriellen Funcke entwickelte. Die Erschließung des Parks stellte jedoch bis Ende der zwanziger Jahre unseres Jahrhunderts die Besucher nicht zufrieden. „Lärmende Kinder", die im halkreisförmigen Mittelfeld des Parks spielten, störten ruhesuchende Parkbesucher. Außerdem verhinderten allzu dichte Bepflanzungen die Ausblicke auf Stadt und Landschaft, hieß es. Diese Mängel sollten behoben und der Park umgestaltet und erweitert werden.

Aus diesem Grunde beauftragte man den Gartenarchitekten Heinrich-Friedrich Wiepking-Jürgensmann, Köln/Berlin, einen neuen Gestaltungsplan zu erarbeiten. Seine Vorschläge wurden dann im Jahre 1929 unter Aufwendung erheblicher Geldsummen ausgeführt. Ein Zeitungsausschnitt aus der Hagener Zeitung vom 7. August 1929 beschreibt den neuen Funckepark recht anschaulich: „... Nun senkt sich eine glatte Fläche in sanfter Wölbung nach dem mit hohen Bäumen bestandenen Ende der Wittekindstraße zu. Von dieser Straße steigt man zunächst auf ein Wegeband, das sich um die ganze neugestaltete Fläche herumzieht. Etwa drei Meter breit, bietet dieses Band hinreichend Raum für viele Spaziergänger. Am Rand grüßen ihn Blumen aller Art, die so ausgewählt sind, daß zu jeder Jahreszeit welche in Blüte stehen. Im übrigen sieht der Spaziergänger nach oben hin zunächst nichts als eine einzige große Rasenfläche, die hier und da einen mächtigen Baum trägt, der den Blick beherrscht. Gelangt er bis zur Höhe, dorthin, wo früher der „alte"

Funckepark stand, so nimmt ihn ein neuer breiter Weg auf, der sich nun in gerader Linie bis zur Kaiserstraße hinzieht, um sich dort in das erwähnte Wegeband zurückzubiegen. Der obere Weg ist mit einer Steinterrasse abgegrenzt, die ihrerseits einen zweiten Parallelweg trägt. Auch hier finden sich Blumenanpflanzungen in reicher Menge. In der Mitte der durch diese beiden Wege bezeichneten oberen horizontalen Fläche ist ein Kinderspielplatz angelegt, nach der Art des Spielplatzes im Stadtgarten. Ein Waagebalken und eine Bankschaukel

Der Funckepark heute

sind bereits aufmontiert. Weiter rückwärts befindet sich ein Spielplatz für ganz kleine Kinder, der mit zwei geräumigen Sandkästen versehen ist. Die gesamte Anlage macht einen vorzüglichen Eindruck..."

Soweit die zeitgenössische Beschreibung des Parks, dessen Gundstrukturen erhalten blieben. Stützmauern, Staudenrabatten, ein mit Rosen bepflanztes Halbrondell und alter Baumbestand im ansonsten weitläufigen Park bestimmen sein Erscheinungsbild.

☞ **Adresse:**
Funckestraße, 58097 Hagen
☞ **Bemerkungen:**
Die Parkanlage ist öffentlich zugänglich.

Die Freibauernfamilie Harkort war schon seit dem 15. Jahrhundert auf dem Freigut Harkorten ansässig. Neben der Landwirtschaft betrieben die Harkorts schon vor dem dreißigjährigen Krieg erfolgreich Handel mit geschmiedeten Sensen und Schneidemessern. Im Jahre 1681 wurde das Stammhaus, 1705 das sogenannte Jungfernhaus und schließlich im Jahr 1756 das Herrenhaus erbaut.

Neben Obst- und Gemüsegärten, Teichen, Quellen und Brunnen in der Umgebung des Gutshauses gab es bereits im 18. Jahrhundert ein Boskett (Lustwäldchen) im Bremker Bachtal und einen Blumengarten hinter dem Herrenhaus. Gegen Ende des 19. Jahrhunderts wurde dann ein Landschaftsgarten westlich des Haupthauses angelegt. In der „Gartenlaube", einer Zeitschrift aus dem Jahre 1870, ist Haus Harkorten beschrieben:

„Das Haus ist merkwürdig durch sein Altertum und durch seine gesunde herrliche Lage mit überraschender Aussicht. Harkorten, seit etwa drei Jahrhunderten die Wiege und der Sitz der Familie Harkort, liegt prächtig da oben; der Blick beherrscht die Höhen diesseits und jenseits des Ennepetals und ruht auf den abwechselnden Bildern von Tannenwald, Buchen und Eichen, Feldern und Wiesengrün. Quellwässer rieseln von verschiedenen Seiten durch Wiesen und Gärten und bilden Fischteiche in mehreren Etagen das waldige Tal hinunter bis zur Ennepe. Dort rechts vom Stammhause, an einem Fischteiche und Obstgärten staunt der Wanderer über die ehrwürdige Eiche, deren Stamm sechsundzwanzig Fuß im Umfange hat und die, knorrig, fest und zäh, wohl

über 500 Jahre den Stürmen der Zeit getrotzt hat. Es ist ein ausgedehnter Besitz, den die Meisterhand der Natur so mannigfaltig gestaltet hat. Alles erscheint hier so ursprünglich, so naturwüchsig. Das Haus liegt in der Nähe verschiedener industrieller Anlagen Harkorts isoliert, umgeben von Wiesen, Obstgärten und schattigen Baumgruppen."

Diese Beschreibung des Gutes aus dem letzten Jahrhundert bestätigt die Vermutung, daß bereits am Ende des 19. Jahrhunderts im Bremker Bachtal eine bewußt gestaltete Landschaft vorhanden war, die durch künstliche und natürliche Elemente, wie Häuser, Baumgruppen, Gärten, Wiesen, Weiden, Felder, Teiche und Bachläufe sowie den günstigen landschaftlichen Gegebenheiten als Landschaftsgarten zu bezeichnen ist. Der Park westlich des Blumengartens mit seinem Rundweg und seinem Ulmenrondell *(Ulmus)* entstand erst in den letzten Jahrzehnten des 19. Jahrhunderts. Er war ein kleiner und chronologisch gesehen der letzte Beitrag zur Gestaltung des Umfeldes von Haus Harkorten ab etwa 1760.

Gewisse Parallelen zu der, in der englischen Gartenkunst weit verbreiteten „ornamental farm" sind bei der Landschaft um Haus Harkorten unverkennbar. Diese „geschmückte Farm" war eine weiträumige Parklandschaft mit Wiesen, Viehweiden und Gehölzen, mit Feldern und Wirtschaftsgebäuden.

Heute sind die Garten- und Landschaftsparkanlagen von Haus Harkorten sehr verändert, weil Nutzungen aufgegeben wurden oder sich wandelten. Eine typische Parksituation ist fast nicht mehr erkennbar. Der Blumengarten ist heute nicht mehr vorhanden. Die Gartenfläche

*Haus Harkorten –
Ansicht von 1905*

nördlich des Hauses wurde seit den fünfziger Jahren dieses Jahrhunderts mehrfach umgestaltet. Das Ulmenrondell und die Kieswege im Park sind verschwunden. Auf den Wiesenflächen des Landschaftsgartens entstand ein Reitplatz. Einige Nutzgärten begannen bereits in den siebziger Jahren zu verwildern. Sie wurden dann, samt ihren Einfassungsmauern abgerissen. Lediglich der alte Baumbestand am Parkrand sowie Reste der Umfassungsmauer existieren noch.

☞ **Adresse:**
Harkortstraße;
58135 Hagen-Westerbauer
☞ **Bemerkungen:**
Die Gartenanlage ist privat und nicht öffentlich zugänglich.

Im 13. Jahrhundert wird das Doppelrittergut Ober- und Unterherbeck (heute Hagen-Herbeck) zum ersten Mal urkundlich erwähnt. Oberherbeck gelangte durch Erbschaft im 17. Jahrhundert an die Familie von Hövel, die noch heute Eigentümer von Haus Herbeck ist. Nicht bekannt ist, ob es vor dem 18. Jahrhundert Gartenanlagen am Haus Herbeck gab. Lediglich ein kleiner, vom Freiherrn von Hövel selbst geschaffener Park hinter seinem Wohnhaus war vorhanden. Anfang des 19. Jahrhunderts ließ Friedrich Freiherr Alexander von Hövel die 1794 errichteten Gebäude um- oder ausbauen und legte hinter seinem Wohnhaus einen Landschaftsgarten an.

Dieser Garten wurde 1810 geplant und ausgebaut. Der Düsseldorfer Hofgärtner Maximilian Friedrich Weyhe machte den Entwurf. Der vom naturwissenschaftlich interessierten Freiherrn geschaffene Park diente Weyhe als Grundlage für seine Neugestaltung. Der neue Landschaftsgarten lag nördlich des Wohnhauses und erstreckte sich bis zu einer steil abfallenden Böschung. Zahlreiche geschwungene Wege durchzogen ihn. Die Wege führten zu einem Aussichtshügel am höchsten Punkt des Geländes und machten weitere Bereiche zugänglich, beispielsweise einen Teich und kleinere Rasenflächen. Zum Hövelschen Landschaftsgarten, den Weyhe vorfand, gehörte auch eine, heute noch existierende Ahornallee (über 100 Berg- und Spitzahorne, *Acer pseudoplatanus/Acer platanoides*).

Weyhes Gestaltungsabsichten zeigen sich in seinen Plänen: Der Situationsplan (Arbeitsplan) dokumentiert die Geländeaufnahme des umzugestaltenden Gartens, die Sichtachsen und Sichtverbindungen sowie verschiedene Entwurfsdetails. Der Entwurfs- und Schauplan ist eine kombinierte Grundriß-Vogelschau-Darstellung und zeigt deutlich, wie Weyhe gestalterische Elemente des Gartens, beispielsweise Solitärgehölze, Gehölzgruppen, Rasenflächen, Felsen und Teiche einsetzt und zuordnet, um die wichtigsten Konstruktionslinien der landschaftlichen Raumbildung, Sichtachsen und Sichtverbindungen, herauszustellen. In dem relativ kleinen Gutsgarten – er war nur einen Hektar groß – war es besonders wichtig, daß die Landschaft außerhalb des Gartens über die Zielpunkte von Sichtachsen in die Gestaltung einbezogen war, um den Park größer erscheinen zu lassen. Weyhe vergrößerte aber auch die Grundfläche des bestehenden Parkes um etwa das Doppelte und wandelte die vielen kleinteiligen, von etlichen Wegen durchzogenen Boskettflächen zu einigen größer bemessenen Teilflächen.

Der Herbecker Park dokumentiert als kleine Anlage eines Landadligen das Bemühen, auf kleinstem Raum hochherrschaftliche Parkanlagen „nachzubauen". In Weyhe fand von Hövel einen Landschaftsarchitekten, der wegweisende Entwürfe für derartige Anlagen schuf. Heute ist das Areal verwildert; durchwachsende Gehölze haben ehemals freie Rasenflächen in Besitz genommen und die Sichtachsen sind zugewachsen; nur die Weyhe'sche Wegeführung ist noch gut im Gelände zu erkennen.

☞ **Adresse:**
Herbecker Weg;
58093 Hagen-Herbeck
☞ **Bemerkungen:**
Die Gartenanlage ist privat und nicht öffentlich zugänglich.

Schloß Hohenlimburg in Hagen wurde um 1320 vom Grafen Dietrich von Isenburg gegründet, als Stützpunkt gegen die Grafschaft Mark. Ende des 16. Jahrhunderts kam es dann durch Erbschaft in den Besitz des Fürsten von Bentheim-Tecklenburg. Im Besitz dieser Familie ist das Schloß noch heute.

Bis zum 17. Jahrhundert waren am Schloß keinerlei Gartenanlagen vorhanden. Erst Moritz Casimir I., ein weitgereister und sehr gebildeter Gartenliebhaber, legte im Rahmen größerer Umbauarbeiten am Schloß 1729 auch die Gärten im spätbarocken Stil an. Moritz wandte das in Frankreich entwickelte Idealschema des klassischen Barockgartens (Parterre-Boskett-Grand Parc) an. Seine Grenzen fand die Anwendung des Schemas in den schwierigen topografischen Verhältnissen am Schloß. So wurde beispielsweise auf die Anlage eines Grand Parc im Anschluß an die Boskettbereiche verzichtet.

In den einzelnen Gartenelementen der Anlage ist jedoch auch niederländisch-niederdeutscher Einfluß spürbar. Dazu gehört die Tendenz, den Garten durch eine Mauer oder Hecke einzurahmen oder die „nutzlosen" Boskette, wie in Westfalen damals üblich, durch nutzbare Obstplantagen zu ersetzen.

Die Gärten behielten, trotz der Verlegung der Residenz von Hohenlimburg zurück nach Rheda im Jahre 1756, bis weit in das 20. Jahrhundert hinein ihre ursprüngliche Struktur und Funktion. Dies gilt besonders für die Gärten mit Nutzcharakter, wie Obstgärten, Küchengärten und Gemüsegärten. Die barocke Ausstattung des Parterregartens jedoch wurde im Laufe der Zeit reduziert. (Die Residenzverlegung bedeutete in der Regel, daß die Schloßherren nicht mehr im Schloß wohnten und so keine weiteren Investitionen in Gebäude oder Gartenanlage vornahmen, – sehr oft eine Situation, die die Vernachlässigung von Gartenanlagen im Gefolge hatte.)

Etwa ab Mitte der fünfziger Jahre dieses Jahrhunderts führten dann Nutzungsänderungen sowie finanzielle Engpässe dazu, daß die Pflege der Gärten immer weiter eingeschränkt wurde. Ein langsamer Verfall der Anlage war die Folge.

Die früheren Gartenbereiche innerhalb der Gesamtanlage des Schlosses Hohenlimburg treten heute nur noch durch unterschiedliche Nutzungen in Erscheinung. Der Terrassen- und Parterregarten wurde in den sechziger Jahren aufgeforstet, nur Spuren seiner historischen Strukturen sind noch erkennbar, beispielsweise am Verlauf der Wege. Die Stützmauern sind teilweise abgebrochen, Ausstattungsgegenstände wie Steintische und Statuen verschwunden. Der Garten der ehemaligen Weinterrassen sowie weitere Gärten des Schlosses verwilderten wegen fehlender Nutzung und Pflege, so auch die Obstgärten an der Ostseite des Schlosses. Weitere Gartenbereiche und die Fläche des Teiches im Süden des Schlosses wurden zu Autostellplätzen.

🖝 **Adresse:**
Alter/Neuer Schloßweg;
58119 Hagen
🖝 **Bemerkungen:**
Im Schloß Hohenlimburg ist das kulturhistorische Museum untergebracht. Die ehemaligen Gartenanlagen sind für die Öffentlichkeit nicht zugänglich.

Die Gründungszeit des heute zu Hamm gehörenden Rittergutes Ermelinghof liegt im frühen Mittelalter; die frühesten Besitzer waren „die von Ermel", die dem Anwesen auch seinen Namen gaben. Im Jahre 1788 erwarb der kurkölnische Kammerherr Joseph Anton von Wintgen aus Münster das Gut. Rund 60 Jahre später kam es durch Heirat an die Familie von Twickel aus Havixbeck, in deren Besitz sich Haus Ermelinghof noch heute befindet.

Auf der Flurkarte von 1792, der „Hofesath des Hauses Ermelinghof", ist die räumliche Gesamtsicht der Anlage dargestellt. Im Osten befand sich auf einer von einer Gräfte

Flurkarte der „Hofesath des Hauses Ermelingshof" aus dem Jahre 1792

umgebenen Insel das Herrenhaus mit den Wirtschaftsgebäuden. Im Westen lag eine quadratische, formal gestaltete Gartenanlage, die ebenfalls von einer Gräfte umgeben war. Gleichmäßig breite Wege liefen auf ihre als Rondell geformte Mitte zu. Ein weiterer Weg bildete ein zweites Rund mit einem größeren Radius. Eine Brücke über die Gräfte öffnete den Zugang zu dieser Gartenanlage, die von einem Baum- und Strauchgürtel umgeben war. Die anderen Flächen im Umkreis des Gartens sind

auf dem Plan als Ackerland, Wiesen- und Nutzgärtenflächen dargestellt. Es ist jedoch nicht mit Sicherheit zu sagen, ob diese im 18. Jahrhundert abgebildete Gartenanlage auch wirklich in der dargestellten Form realisiert wurde, denn die Flurkarte aus dem Jahre 1792 wurde angefertigt, um die Besitzverhältnisse bei der Übernahme von Haus Ermelinghof durch die Familie von Wintgen im Jahre 1788 zu dokumentieren.

Heute wird der Bereich des geometrischen Gartens als Rasenfläche genutzt. Ein Rasenweg führt im Bogen in den angrenzenden Waldbereich. Im südlichen Viertel befindet sich ein nicht mehr genutzter Tennisplatz. Der Garteneingang wird im Osten von zwei rotblühenden Kastanien (*Aesculus hippocastanum*) betont, dahinter stehen zwei Säulen, die von Haus Telgte, dem ehemaligen Wohnsitz der Familie Wintgen, stammen und hier wieder aufgestellt wurden. Der nördliche Bereich ist durch eine Obstbaumreihe und ein Gewächshaus mit angrenzendem Nutzgarten charakterisiert. Der Rest des Gartens besteht aus einer mit großen Bäumen bestandenen Wiesenfläche. Hier fallen besonders die Blutbuche (*Fagus sylvatica 'Atropunicea'*) und die Platane (*Platanus acerifolia*) vor dem Herrenhaus auf; die Eibengruppe (*Taxus baccata*) im Bereich der Schloßkapelle ist ebenfalls eine botanische Besonderheit dieses Parkes.

☛ **Adresse:**
Ermelinghofstraße;
59075 Hamm-Bockum-Hövel
☛ **Bemerkungen:**
Die Gartenanlage ist privat und nicht öffentlich zugänglich. Es ist aber möglich, eine Führung mit dem Heimatverein telefonisch zu vereinbaren.

Schloß Heessen in Hamm ist schon im Jahr 975 in einer Urkunde des Kaisers Otto II. erwähnt. Bis Grund und Boden des Schlosses im Jahr 1775 persönliches Eigentum des Nutzers wurden, war das Anwesen Limburger und Tecklenburger Lehen, deren Bewohner im 13. Jahrhundert die von Rinkerode waren. Anfang des 14. Jahrhunderts kam das Haus an Dietrich von Volmarstein, dessen Erben nach 1350 eine durch die Lippe besser geschützte Wasserburg am heutigen Standort errichteten. Mitte des 15. Jahrhunderts baute Dietrich von der Recke dann ein neues Herrenhaus im gotischen Stil. Durch Erbschaft kam der Besitz 1778 an die Familie von Boeselager, der es auch heute noch gehört. 1782 wurde das Herrenhaus, orientiert an klassizistischen Vorbildern, zu einem Landhaus umgebaut. Haus Heessen erhielt in den Jahren 1905 bis 1908 nach einer Planung von Alfred Hensen seine heutige Form. In einem Plan aus dem Jahre 1773 (Plan des Lippestroms von Haus Heessen bis Hamm) ist das Gebäude als Vierflügelbau erkennbar, von einer Gräfte umgeben und an zwei Seiten durch je eine Brücke zu erreichen. Der nach diesem Plan an das Gebäude angrenzende Garten hatte keinen axialen Bezug zum Hauptgebäude, sondern zum im Süden des Gartens liegenden Pavillon. Die vom Pavillon ausgehende Längsachse endete in der nördlichen Ecke der Insel. Diese Ecke war durch eine geschwungene Mauer begrenzt. Den Schnittpunkt mit der Querachse betonte ein Rondell. Diese Längs- und Querachsen bildeten im südlichen Bereich des Gartens das Wegekreuz eines rechteckigen Gartenviertels. Kugel- und säulenförmige Gehölze markierten Wege und Wegekreuzungen. Die Beete waren rechteckig an die unregelmäßige Form des Geländes angepaßt und mit einer Einfassung umgeben. Trotz der Ausstattung mit Formgehölzen liegt die Vermutung nahe, daß es sich nicht um einen reinen Ziergarten handelte, sondern um einen Nutzgarten.

Auf der nördlichen Insel zwischen den beiden Wasserläufen befand sich ein Bereich aus zwölf kleinen, geviertelten Quadraten, wahrscheinlich Kräuterbeeten. Ohne axiale Beziehung zum Hauptgebäude schloß sich im Norden ein großer, geometrisch gestalteter Gartenbereich an. Er war auf der Ostseite von einer doppelreihigen Allee gesäumt, die den Hauptzugang zum Schloß bildete. Der große Bereich bestand aus drei rechteckigen Flächen, die ihrerseits unterschiedlich gestaltet waren. Die Schraffur in der Darstellung der mittleren und südlichen Bereiche deutet auf Nutzgärten hin. Während der südliche Teil eine Gestaltung in zentrierter Form, mit Aufweitung der Wege im Kreuzungspunkt, besaß, hatte der mittlere eine einfache Gestaltung in additiver Form mit sechs gleich großen Quadraten. Den Abschluß im Norden bildete ein mit Schneisen und axialen Wegen durchzogener Waldbereich, ein Boskett.

Fontänen und Schlingpflanzen

In den Jahren 1905 bis 1908 wurde das Schloß in neugotischem Stil umgebaut. Vorher wurde jedoch schon die Neugestaltung des Gartens in Erwägung gezogen, wie der aus dem Jahr 1901 datierte Plan des englischen Landschaftsarchitekten T. H. Mawson zeigt. Hierzu gibt es eine Beschreibung aus dem Jahre 1901, die wahrscheinlich von Dietrich von Boeselager verfaßt wurde:

„Beschreibung des Planes für den Heessener Garten, 1901: An der Südseite des Hauses der Rosengarten. In Buchsbaum eingefaßte Beete, mit niedrigen Rosen bepflanzt. 4 Irische Gold-Taxus. Vor dem Haus Terrasse mit Treppe. Gegenüber kleine Fontaine mit Einfassung aus Stein. Dahinter halbkreisförmige Mauer mit Flügeln aus Backsteinen, einfach gemauert mit Deckplatten. An der Ostseite des Kanals Hecke aus Taxus. Die Hecken an der Nordseite des Hauses sind auch aus Taxus. Der Laubengang zum Wasser besteht aus rohgezimmertem Gerüst, mit Schlingpflanzen bewachsen. Die Sonnenuhr kommt auf den Schneidpunkt der beiden Wege, umgeben von 4 Bänken und Beeten, mit garnierenden Blumen, im Sommer durch Sommerblumen ergänzt. Die beiden langen Beete zum Gartenhaus ebenso. Dahinter, wie ersichtlich, Hecken aus schottischen Zaunrosen etwa 3 Fuß hoch. Das Thor neben dem Brauhaus wird mit Backsteinen zugemauert und die kleine Wandfontaine eingemauert. Der Hof wird durch Versetzung der Mauern rechteckig. Dieselben sind aus Backsteinen, unterbrochen von Pfeilern mit Deckplatten. Schmiedeeiserne Geländer auf der Mauer und 2 kleine und ein großes Thor. 8 große Orangenbäume in viereckigen Kübeln."

Dieser Plan von Mawson enthält architektonische Stilelemente, wie sie

Plan des Lippestroms von
Haus Heessen bis Hamm von 1773

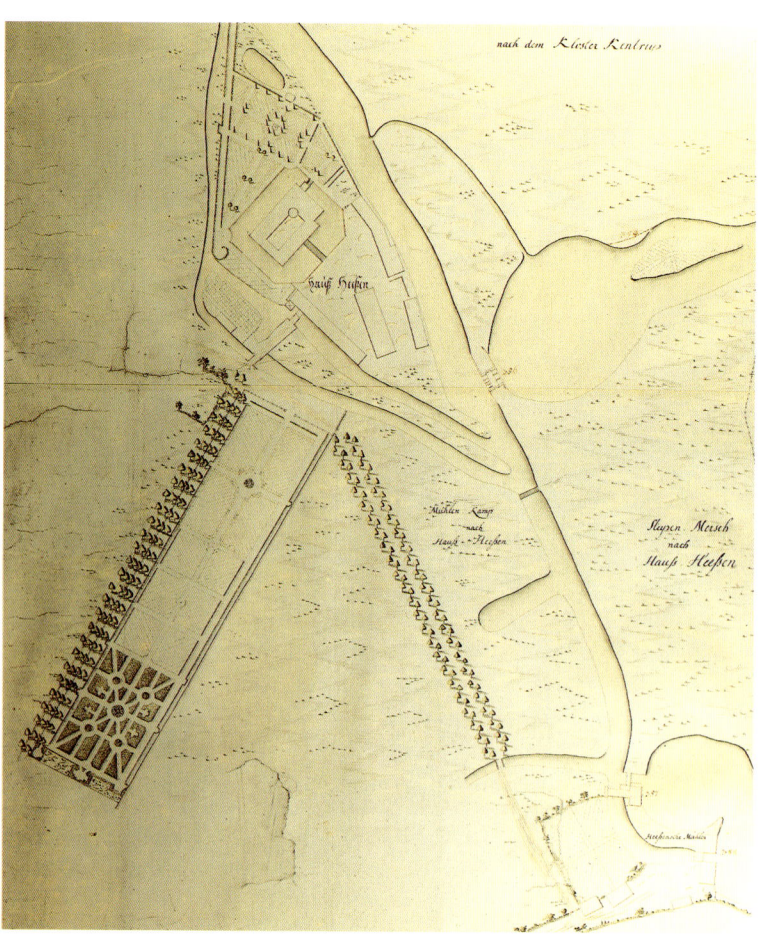

246

im 19. Jahrhundert in England verwendet wurden. Der Garten wurde nun mit parallel zum Haus verlaufenden Achsen gegliedert, deren Schnittpunkt durch ein Rondell mit Sonnenuhr betont wurde. Im Süden des Hauses waren symmetrisch zum Eingang zwei Parterrepaare angelegt, eine Fontäne betonte das Ende der Achse. Das Gartenhaus aus dem 18. Jahrhundert wurde in diese Planung einbezogen, obwohl seine Fassade sich nach der alten Achsenführung richtete und nicht rechtwinklig zur Achse stand. Ein Teil der Wege war mit Formgehölzen gerahmt. Eine dichte Bepflanzung sorgte für die Abgrenzung zur Lippe und nach Osten hin. Südlich des Pavillons wurde der schon 1773 dargestellte Teich in die Planung integriert. Diese Planung konnte jedoch nur in Teilbereichen realisiert werden, so daß die Gärten von Schloß Heessen sich damals in drei Bereiche mit unterschiedlichen Funktionen und Gestaltungsmerkmalen unterteilten:

1. Die Gartengestaltung unmittelbar in der Nähe des Hauses wurde nach einem Plan des englischen Gartenarchitekten T. H. Mawson aus dem Jahre 1901 im südlichen und östlichen Bereich der Insel realisiert. Davor war die Fläche, wie Karten aus dem Jahr 1773 zeigen, bereits ein geometrischer Garten.

2. Es ist nicht bekannt, unter welchen Umständen der nördliche Gartenbereich entstand. Er ist in den Karten des Lippestroms aus dem Jahr 1773 dargestellt.

3. Die landschaftliche Gestaltung der Lippeinsel im Süden der Gebäude fand um 1830 statt.

Die Nutzungsansprüche veränderten sich, so daß sich der Park heute gewandelt präsentiert. Der große, nördlich gelegene Nutzgartenbereich wurde in Ackerland umgewandelt. Das ehemalige Rondell, bestehend aus Hainbuchen (Carpinus betulus), läßt sich aber vor Ort noch erkennen. Eine Hainbuchenallee führt, leicht versetzt, auf den Haupteingang des Schlosses zu. Parallel dazu verläuft eine Straße. Das ehemalige Boskett ist nur noch als Pflanzung ohne erkennbare Strukturen vorhanden.

Das Schloß mit seinen Nebengebäuden befindet sich noch heute auf einer von Wasser umgebenen Insel. Links neben dem Torhaus wurde jedoch ein neues Schulgelände errichtet. Den südlichen Gartenbereich kann man nur durch ein Tor erreichen. Ihn kennzeichnet ein Bestand von ausgewachsenen Eiben (Taxus baccata). Auf der Südseite befinden sich die vier, in der zitierten Erläuterung beschriebenen Goldeiben. Die Flächen des ehemaligen Parterres und des Wasserbeckens sind heute mit Rasen eingesät. Die Fontäne ist als Wasserbecken mit der geschwungenen Mauer an der Südseite des Gartens, wie in der Planung vorgesehen, ausgebildet. Die Ostgrenze des Gartens ist mit Eiben markiert. Parallel davor steht eine Fichtenreihe. Vor der Eibenreihe östlich des Hauses befindet sich ein Rosenbeet. Der Gartenpavillon liegt etwas versteckt hinter einer dichten Pflanzung. Die Reste der ehemals durchgehenden Mauer sind aber noch gut sichtbar.

Der Teich mit dem „Schneckenhaus" befindet sich im rückwärtigen Bereich des Pavillons. Über eine Wehranlage gelangt man auf die Lippeinsel, die sich heute durch ihren bemerkenswerten Bestand an Blutbuchen (Fagus sylvatica 'Atropunicea') auszeichnet, eine geschlitztblättrige Buche kann der botanisch interessierte Besucher ebenfalls bewundern. Reste von Wegen sind noch gut zu erkennen.

☛ **Adresse:**
Schloßstraße; 59073 Hamm
☛ **Bemerkungen:**
Die Gebäude werden als Privatschule genutzt. Die Parkanlage ist nicht öffentlich zugänglich. Es ist aber möglich, eine Führung telefonisch zu vereinbaren.

Haus Kentrop in Hamm-Mark wurde auf den Grundmauern des ehemaligen Klosters Kentrop errichtet. Das Kloster wurde 1808 aufgelöst; die Klostergüter wurden, mit Ausnahme der Gebäude, verpachtet. 1824 kaufte Major Vorster, der 1819 auch Burg Mark erworben hatte, das Grundstück mit den Gebäuden, riß die baufällig gewordenen Klostergebäude ab und errichtete an gleicher Stelle das neue Haus Kentrop.

Die Außenanlagen entwarf 1874 der Landschaftsgärtner Bünten aus Essen. 1885 ging der Besitz dann an Richard Loeb, den damaligen Besitzer von Haus Caldenhof. Anfang diesen Jahrhunderts wurde Haus Kentrop an die Westfälische Handbuchgesellschaft vermietet, die es ab 1937 als Schulungsort für landwirtschaftliche Lehrgänge nutzte. Heute dient Haus Kentrop als Wohngebäude, ein Teil ist gewerblich vermietet.

Einen Gesamtüberblick vermittelt die „Geometrische Karte von einigen zu Kloster Kentrop gehörenden Grundstücken" aus dem Jahre 1811, in dem der Gebäudekomplex mit den dazugehörigen Gärten dargestellt ist. Die in diesem Plan mit den Nummern 2 und 4 versehenen Flächen sind als gestaltete Gartenanlagen mit einem Wegekreuz abgebildet. Als die Gartenanlage im Jahre 1874 nach Büntens Plänen neugestaltet wurde, teilte man den Garten durch geschwungene Wege, die im Bereich des Hauses symmetrisch auf eine Achse ausgerichtet waren.

Der Garteneingang befindet sich im Norden des Grundstückes. Es handelt sich um eine gerade auf das Haus zulaufende Achse, die sich etwa auf der Hälfte teilt und eine ellipsenartige Umfahrt vor dem Haupteingang des Hauses bildet. In der Rasenfläche

Gartenplan aus dem Jahre 1874

vor dem Haus war eine über geschwungene Wege erreichbare Brunnenanlage geplant.

Der schon zur Zeit des Klosters bestehende nördliche Gartenbereich blieb in diesem Entwurf als Nutzgarten erhalten. Die Betonung der Wegekreuze des geometrisch angelegten Gartens erfolgte durch Formgehölze. Im Westen befand sich eine Baumschule mit Gewächshäusern, in denen die benötigten Pflanzen und Kräuter für Küche und Garten gezogen wurden.

Eine Allee bildete die westliche Gartengrenze. In der südlichen Ecke des Gartens war ein Teich vorgesehen, der durch einen Bach mit der Brunnenanlage in der Achse des Hauses verbunden war. Die Bepflanzung des Gartens bestand aus Gehölzgruppen und aus Solitärgehölzen unterschiedlichster Art.

Heute entspricht die Gartenanlage in ihrer Grundkonzeption nicht mehr genau den Vorstellungen Büntens. Sie wurde den geänderten Nutzungsansprüchen angepaßt. Einzelne Gestaltungsstrukturen und -elemente aus der Zeit der Jahrhundertwende sind aber noch erkennbar.

☛ **Adresse:**
Marker Allee; 59063 Hamm-Mark
☛ **Bemerkungen:**
Der Garten ist privat und nicht öffentlich zugänglich.

Erwähnt wird die Burg Mark in Hamm erstmals in den Jahren 1155 bis 1159 als Sitz des Rabodo von der Mark. Graf Adolf von der Mark, sein Nachfolger, gründete nach der Zerstörung der isenbergischen Stadt und Feste Nienbrügge 1226 die Stadt Hamm. Im späteren Mittelalter verlor die Burg Mark ihre Bedeutung als Landsburg. Ihr baulicher Zustand war bereits seit dem 16. Jahrhundert sehr schlecht, sie verfiel immer mehr und wurde schließlich als Steinbruch genutzt. 1819 kaufte Major Vorster den Burghügel, der 1885 in den Besitz von Richard Loeb auf Caldenhof überging. Seit 1938 gehört die ehemalige Burg der Stadt Hamm.

Das Entstehungsjahr des Gartens läßt sich nicht genau benennen. In der ältesten zur Verfügung stehenden Karte von 1688 ist das Gelände der Burg Mark als ovale Anlage, auch „Motte" genannt, abgebildet. Der Burghügel ist fast kreisrund und befindet sich von der Vorburg getrennt auf einer von einer Gräfte umgebenen Insel. Auf diesem Plan ist zudem ein aus dem Mittelalter stammender Kräutergarten dargestellt.

In einer Karte von 1751 sind die Flächen auf dem nördlichen Vorburggelände als „Der große Garten" gekennzeichnet. Eine Karte aus dem Jahr 1838 zeigt eine gestaltete Gartenanlage mit Wegekreuzen und einem Rondell. Die rechteckige Fläche war von einer regelmäßigen Baumpflanzung umgeben. 1975 wurden die Gräften der Burganlage nach historischen Vorbild rekonstruiert.

Heute ist das Gelände an der ehemaligen Burg als Parkanlage öffentlich zugänglich. Das Vorburggelände besteht aus einer Rasenfläche, die durch einen Rundweg erschlossen wird. Der Bereich der ehemaligen Hauptburg liegt etwas erhöht, die Böschungen sind mit Bäumen und Sträuchern bepflanzt. Der frühere Standort des Burggebäudes ist durch eine Pflasterfläche gekennzeichnet.

☛ **Adresse:**
Soester Straße; 59071 Hamm-Mark
☛ **Bemerkungen:**
Die Außenanlagen sind als Parkfläche öffentlich zugänglich.

Karte aus dem Jahre 1751

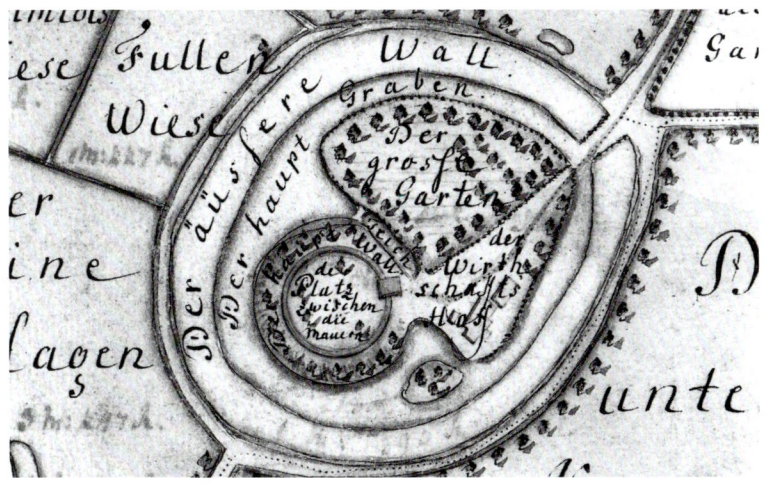

Die Geschichte des Hauses Oberwerries geht auf das Jahr 1284 zurück; in diesem Jahr überträgt Graf Dietrich von Limburg Ritter Engelbert von Herbern das Lehnsgut Werries mit Mühle und Bauernhof. 1464 wird die Anlage von der Witwe Jutta an Gert von Beverförde verkauft. Ende des 17. Jahrhunderts entstand anstelle des mittelalterlichen Gebäudes das noch heute existierende Herrenhaus aus massivem Backstein. Von 1790 an war das Schloß unbewohnt.

Erst 1942 wurde es dann an die Zeche Sachsen verkauft, die es im selben Jahr an die Stadt Hamm weiterverkaufte. Zehn Jahre später wurden umfangreiche Instandsetzungsarbeiten an den Gebäuden vorgenommen, die erst in den siebziger Jahren abgeschlossen waren. Heute werden die Gebäude von der Stadt Hamm als Begegnungsstätte und vom Westfälischen Turnerbund als Turnschule genutzt.

Das genaue Entstehungsjahr des Gartens ist unbekannt, man vermutet aber, daß er im Zusammenhang mit dem Bau des Herrenhauses im 17. Jahrhundert entstand. Auf dem „Plan des Lippestroms von Haus Werries bis Haus Uentrop" und dem „Plan des Lippestroms von Dolberg bis Haus Heessen", beide aus dem Jahre 1773, ist Schloß Oberwerries als Wasserschloß dargestellt.

Der Hauptzugang von Norden war von einer Allee begleitet. Die als geometrischer Garten dargestellte Fläche findet sich übereinstimmend auf beiden Plänen im Norden der Burganlage, durch die Lippe getrennt. Vergleicht man beide Pläne, fällt auf, daß die Lage der Gartenbereiche, die Einfassung und die Zugänge zum Garten übereinstimmen, die innere Gestaltung der Gartenfläche jedoch voneinander abweicht. Einmal ist der Garten diagonal- und kreuzförmig geteilt abgebildet, auf dem anderen Plan ist eine differenzierte Teilung mit der Betonung der Mitte und viertelkreisförmigen Aussparungen der Beete zu sehen. Diese unterschiedlichen Darstellungen deuten darauf hin, daß es sich um Idealvorstellungen der Gartengestaltung handelt, die so nie realisiert wurden.

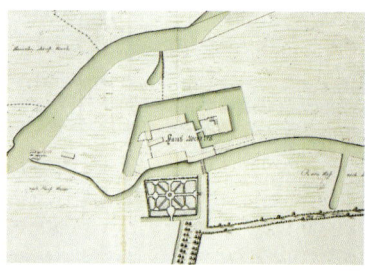

Plan des Lippestroms von 1773

In einer weiteren Karte von 1793 ist der formal gestaltete Bereich als „Lustgarten" bezeichnet. Dies war eine in Westfalen häufig vorkommende Bezeichnung für einen Nutzgarten und verdeutlicht die Einstellung der Westfalen gegenüber ihren Nutzpflanzen: Sie gehörten neben ausgesprochenen Zierpflanzen in das Ausstattungsrepertoire der Ziergärten.

Heute ist der Bereich des Gartens eine mit Wildkräutern bewachsene Ruderalfläche. Der am westlichen Eingang erkennbare Torpfeiler kann als Beweis für das tatsächliche Vorhandensein eines Gartens gelten. Der Hof von Haus Oberwerries wird als Parkplatz genutzt.

☛ **Adresse:**
Heessener Straße;
59065 Hamm-Heessen
☛ **Bemerkungen:**
Der Garten ist öffentlich zugänglich.

Eine kartographische Darstellung von 1691 zeigt Haus Uentrop in Hamm auf einer Insel von der Lippe und ihren Seitenarmen umgeben. Diese Lage bot beste Voraussetzungen für eine als Grenzschutz errichtete Wehranlage. Im Jahre 1679 brannte das alte Herrenhaus ab und wurde in den Jahren 1713 bis 1720 neu gebaut; Baumeister waren die Brüder Lubbert und Johann Hagen aus Gildehaus in der Grafschaft Bentheim. Die Familie von der Recke war bis zum Verkauf des Anwesens Anfang der neunziger Jahre unseres Jahrhunderts auf Haus Uentrop ansässig.

Die ehemaligen Gartenanlagen sind vermutlich in der Zeit des Neubaus entstanden. Im „Plan des Lippestroms von Haus Werries bis Haus Uentrop" und im „Plan des Lippestroms von der Schmehäuser Mersch bis in die Gegend von Dolberg", beide aus dem Jahre 1773, ist der Garten als geometrische Anlage nahe am Haus, aber ohne axiale Beziehung zu ihm dargestellt. Auffallend ist, daß in beiden Plänen die Gärten lagegleich sind, ihre Ausgestaltung – wie bei Haus Oberwerries beispiels-

Plan des Lippestroms von der Schmehäuser Marsch bis in die Gegend von Dolberg von 1773

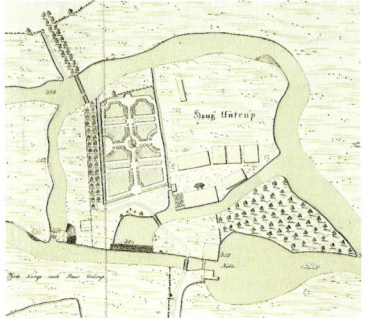

weise – aber voneinander abweicht. Um 1870/80 wurde die Gartenanlage möglicherweise im Stil englischer Landschaftsgärten umgestaltet. 1880 schreibt J.B. Nordhoff in „Die Kunst- und Geschichtsdenkmäler des Kreises Hamm":

„Das Haus Uentrop liegt nördlich vom Orte innerhalb der Inseln, welche die Lippe und ihre Umfluten bilden, niedrig zwar, indess mit den neuen Gärten und Parkanlagen sehr angenehm".

Auf einem Luftbild von 1954 ist deutlich die symmetrische Gestaltung der Rasenfläche mit Pflanzbeeten im Süden des Hauses zu erkennen. Vor dem Haus befindet sich eine Brunnenanlage. Der in der Karte von 1773 dargestellte, in barocker Form gestaltete Gartenbereich ist hier als eine in sechs Quadrate aufgeteilte Fläche zu erkennen. Seine Funktion als Nutzgarten zeigt sich durch eine Reihenpflanzung. Die Wegekreuzung der oberen Quadrate wird mit einem kleinen Baum betont. Die Allee an der Ostseite ist deutlich sichtbar.

Auch heute noch ist die besondere Lage des Anwesens als Insel – im Süden von der Lippe, im Norden und Osten von der Gräfte umgeben – erkennbar. Das Anwesen wird heute landwirtschaftlich genutzt. Von der in den Karten dargestellten und beschriebenen Gartenanlage sind keine authentischen Strukturen mehr vorhanden, nur durch flächenbezogen unterschiedliche Nutzungen und Bepflanzungen lassen sich die ehemaligen Gartenflächen noch erahnen.

☞ **Adresse:**
Zollstraße; 59071 Hamm-Uentrop
☞ **Bemerkungen:**
Die Gartenanlage ist privat und nicht öffentlich zugänglich.

In den achtziger Jahren des 19. Jahrhunderts beantragte der damalige Amtmann Schaefer bei der Herner Gemeindevertretung, das Gelände östlich der Stamm- und Mont-Cenis-Straße „zur Verwendung zu einem Volksgarten" anzukaufen. Der Antrag wurde jedoch zunächst abgelehnt. Erst im Oktober 1895 beschloß die Gemeinde, dieses etwa neun Hektar große Gelände für die spätere Nutzung als Stadtgarten zu erwerben.

Im Verwaltungsbericht der Stadt Herne für die Zeit vom 1. April 1897 bis zum 31. März 1900 ist über den Stadtgarten zu lesen: „Hoffentlich ist die Zeit nicht mehr fern, wo unsere Bürgerschaft, Alt und Jung, Arm und Reich, sich im Stadtgarten ergehen und dort Erholung und Erquickung finden kann."

1906 wurde dann mit dem Bau der Parkanlage nach Plänen des Düsseldorfer Gartenarchitekten Döhmann begonnen. 1908 war der Park fertiggestellt.

Als besonders galt damals der etwa 1.800 Quadratmeter große botanische Schulgarten nördlich des Haupteingangs; er diente „allgemeinen Unterrichtszwecken" wie der „Lieferung von Pflanzen für Naturkunde und Kennenlernen der angebauten Nutzpflanzen". Weitere Ausstattungselemente des Stadtgartens: Ein erst 1913 errichteter Musikpavillon, ein gestiftetes Tempelchen, mehrere Lawn-Tennisplätze, Laubengänge und ein künstlich angelegter Teich, der jedoch bereits 1911 infolge bergbaubedingter Bodensenkungen leerlief. Nachdem das wiederholt geschehen war, wurde der Stadtgartenteich 1950 in eine Rasenfläche umgewandelt. 1912 beschreibt ein Zeitgenosse den Stadtgarten: „1906 entstand der jetzige, etwa 9 Hektar große Stadtpark.

Es gereicht ihm zur besonderen Zierde, daß er ein Stückchen vorhanden gewesenen Hochwaldes einschließt. (...) Der künstlich hergestellte Teich mit seinem großen Springbrunnen belebt das hübsche Landschaftsbild. Die Bevölkerung hat den Park liebgewonnen. Ein von freigebiger Hand gestiftetes Tempelchen spiegelt sich im Wasser. (...) Das 1909 fertiggestellte Restaurationsgebäude bietet,

Stadtgartenrestaurant um 1915

zumal bei ungünstigem Wetter, einen angenehmen Aufenthalt."

Eine weitere Umgestaltungsphase stand im Herner Stadtgarten Mitte der sechziger Jahre auf dem Plan. Für Kinder entstanden Spielbereiche, Spiel- und Lesetische kamen hinzu sowie ein Minigolfplatz. Durch diese Maßnahmen vergrößerte sich der Stadtgarten auf etwa 10,5 Hektar.

Die Strukturen der Parkanlage vom Beginn dieses Jahrhunderts sind heute noch erkennbar, jedoch konnten nicht mehr alle Elemente aus den Anfängen des Stadtgartens, wie beispielsweise der Schulgarten oder das Tempelchen, erhalten und gepflegt werden.

☛ **Adresse:**
Am Stadtgarten; 44623 Herne
☛ **Bemerkungen:**
Der Park ist öffentlich zugänglich.

Schloß Broich in Mülheim entstand als Sperrburg 883 bis 884 an der Ruhrfurt, um den Hellweg zu sichern. Die im Kern spätkarolingische Burganlage mit Hochschloß, Niederschloß und Schloßhof wurde im Jahre 1095 erstmals in Zusammenhang mit den Herren von Broich urkundlich erwähnt. Um 1188 erwarb der Kölner Erzbischof Philipp von Heinsberg die Anlage. Danach gelangte das Schloß in den Besitz der Herren von Limburg, die es bis 1508 behielten. Nach mehrfachen Zerstörungen und Wiederaufbauten im 15. und 16. Jahrhundert erhielt die Anlage ihr schloßartiges Aussehen gegen Ende des dreißigjährigen Krieges. Wesentliche Erweiterungen folgten im 17. und 18. Jahrhundert. Seit 1938 ist die Stadt Mülheim Eigentümerin des Schlosses.

Erste Überlieferungen, die die Gartenanlage betreffen, stammen bereits aus dem Jahre 1578. Danach sollten den Garten „fürstliche Gärtner aus Düsseldorf" bepflanzen. Von 1644 bis 1648 ließ Graf Wilhelm Wirich südlich des Schlosses einen französischen Garten anlegen.

Auf dem „Übersichtsplan von Mülheim und Schloß Broich um 1750" ist zu sehen, daß ein Teil des Rundhofes bepflanzt war. Links vom Palas (Hauptgebäude) erstreckte sich ein regelmäßig angelegter Garten und vor dessen Mauer eine Allee. Am Hang zum Ruhrufer befand sich ein Ziergarten mit rechteckigen Beeten, deren Eckpunkte durch kleine Bäume markiert waren. Am tiefsten Punkt stand der achteckige, hohe Gartenturm mit geschweifter Haube, der im Jahre 1954 abgerissen wurde. Der Ziergarten erstreckte sich vom Niederschloß über eine Senke bis zur Höhe des gegenüberliegenden Abhanges. Seine Ummauerung (1891

abgebrochen) verlief bis zum Torhaus (1958 abgebrochen), von dort weiter nach Süden zu einem Eckturm und zurück zum westlichen Rundturm der Vorburg.

Bei Eisenbahn- und Straßenbaumaßnahmen gegen Ende des 19. und am Anfang des 20. Jahrhunderts büßten die Außenanlagen am Schloß Broich den größten Teil ihrer Substanz ein. Von den ursprünglichen Schloßgär-

Kartenausschnitt von Schloß Broich aus dem Jahre 1771

ten blieb nichts erhalten. Im Rahmen der Landesgartenschau Mülheim 1992 wurde das Gelände neu modelliert und mit weitläufigen Wiesenflächen und einzelnen Baumgruppen versucht, die Wehrhaftigkeit der Schloßanlage neu zu akzentuieren.

☛ **Adresse:**
Am Schloß Broich; 45479 Mülheim
☛ **Bemerkungen:**
Das Gelände ist öffentlich zugänglich. Die Volkshochschule (VHS) nutzt das Schloßgebäude für die Erwachsenenbildung und für Ausstellungen; die Stadt Mülheim nutzt die Räumlichkeiten zu Repräsentationszwecken.

Die Grafen von Styrum besaßen bis Mitte des 13. Jahrhunderts ein als „Hofgut" oder „Curtis" bezeichnetes Anwesen auf heutigem Mülheimer Stadtgebiet. In den folgenden Jahrhunderten wurde es mehrfach erweitert und umgebaut, bis Graf Hermann Georg zu Limburg im 17. Jahrhundert ein barockes Repräsentationsschloß schuf. Nach dem Tod des letzten Grafen

Blick auf Schloß Styrum

von Limburg-Styrum wechselte das Schloß mehrmals den Besitzer. 1890 erwarb es der Industrielle August Thyssen. Er ließ die Schloßanlage in den zwanziger und dreißiger Jahren grundlegend erweitern und umgestalten, das heutige Bild des Baudenkmals stammt aus dieser Zeit.
Im Jahre 1959 schenkte der Baron von Thyssen-Bornemisza Schloß Styrum der Stadt Mülheim in Form einer Stiftung. Auch dann wurden die historischen Räume wieder umgebaut. Aus dem ehemaligen Herrensitz entstand in den folgenden Jahren ein Begegnungszentrum, in dem seit 1992 eine Altentagesstätte, ein Restaurant und mehrere Künstlerateliers untergebracht sind.
Auch den Schloßgarten prägte keine Epoche, kein einheitlicher Stil. Der ehemalige Schloßpark war formal gestaltet, sein Wegesystem war auf die Schloßgebäude bezogen: Eine ba-

rocke Gartenanlage. Heute zeigt sich das Umfeld des Schlosses – nach den Umgestaltungen im Zuge der Landesgartenschau 1992 – als großzügige landschaftliche Anlage mit formalen Gartenteilen. Vor allem das Wegesystem wurde überarbeitet und es wurden zahlreiche Neupflanzungen vorgenommen. Sitzmöbel und Rosenbögen ergänzen den Heckengarten aus Hainbuchen *(Carpinus betulus)* im westlichen Gartenteil.
An der Südseite des Schlosses befindet sich eine Gebäudefreiterrasse mit Treppenpodest und beidseitig anschließenden Treppen mit Jugendstilgeländer und einem Wasserspeier. Von hier blickt der Besucher auf einen formalen Garten, dessen Gestaltung sich auf Reste der früheren barocken Gartenanlage bezieht. Zentrales Element der axialen Gestaltung ist das neue Wasserbecken. Zu beiden Seiten liegen Rasenflächen und Staudenrabatten mit Rosen. Ein Durchbruch in der alten Schloßmauer verlängert als Sichtfenster die Sichtachse vom Schloß in die Ruhrauenlandschaft. Weiter westlich schmückt eine illusionistische Landschaftsmalerei die Mauer. Beide „Ausblicke" sind auf die Achsen des neuen formalen Gartens bezogen. Die Schloßmauer erhielt eine Vorpflanzung aus Blütensträuchern, Rhododendren, Azaleen und Stauden. Im östlichen Parkbereich sind Themengärten entstanden. Ein Laubengang, der dem historischen Verlauf der Fundamente der Gartenmauer folgt, trennt sie von der ehemaligen Obstwiese ab.

☞ **Adresse:**
Moritzstraße, 45476 Mülheim
☞ **Bemerkung:**
Das Schloß wird als Altentagesstätte und Restaurant genutzt. Die Außenanlagen sind öffentlich zugänglich.

Die Villa Thyssen wurde in den Jahren 1898 bis 1900 für Joseph und Klara Thyssen von den Architekten Kayser und Großheim aus Berlin im Stil des Historismus erbaut. Bis in die achtziger Jahre unseres Jahrhunderts bewohnte die Familie Thyssen sie selbst. Heute ist sie Geschäftssitz des Zentrums für Innovation und Technik in Nordrhein-Westfalen.

dem der Ruhrschleusen-Kanal beginnt. Der Teich am Hangfuß wird von der Ruhr gespeist und liegt inmitten weiter Rasenflächen, altem Baumbestand und Rhododendren. Als zentrales Gestaltungselement beherrscht er die Gesamtanlage. Auf ihn beziehen sich die Sichtachsen, so-

Blick auf die Villa Thyssen

Die Villa war Teil eines großen Parkgeländes mit einem Teich, der früher zur Troostschen Baumwollspinnerei und Textilfabrik gehörte. Ein Rest des Fabrikgebäudes steht noch heute, ebenso die Remise mit der ehemaligen Chauffeurswohnung. Gewächshäuser, die einst ebenfalls zur Anlage gehörten, sind nicht erhalten. Pläne oder sonstige Hinweise, die auf den Landschaftsarchitekten deuten könnten, der die um 1900 entstandene Anlage geschaffen hat, existieren nicht mehr. Es ist jedoch anzunehmen, daß die Architekten des Hauses auch die Planung und Gestaltung des Gartens übernommen hatten.
Der Garten neigt sich nach Westen bis zum Ufer eines Teiches, hinter

wohl vom Haus als auch von der Ruhr aus. Eine geschwungene Wegeführung erschließt den Villengarten. Im Rahmen der Landesgartenschau Mülheim 1992 wurde die gesamte Anlage überarbeitet und der Öffentlichkeit zugänglich gemacht. Es existieren zwei Zugänge mit modernen, schmiedeeisernen Toren von der Ruhr aus. Entlang der Straße Dohne begrenzt ein in Pfeiler gefaßtes, schmiedeeisernes Ziergitter mit zwei Toranlagen das Gelände.

☛ **Adresse:**
Dohne; 45468 Mülheim
☛ **Bemerkungen:**
Die Gartenanlage ist öffentlich zugänglich.

Den Anstoß zur intensiven Gestaltung des Witthausbusches gab zunächst der in den siebziger Jahren des 19. Jahrhunderts gegründete „Mülheimer Verschönerungsverein". Der Verein kaufte um die Jahrhundertwende das aus vielen kleinen Parzellen bestehende Grundstück und begann 1902 mit den Ausbaumaßnahmen. Eine der Parzellen war der Bauernhof Witthaus, von dem der Park seinen Namen hat. Nach Auflösung des Vereins im Jahr 1913 wurde die An-

Er ist wesentlicher Bestandteil eines Mülheimer Grünzuges, der vom steilen, etwa zehn Hektar großen Kahlenberghang bis zu den Grünanlagen „Opspringanlage" und „Höltertal" reicht. Den Kahlenberghang zeichnet eine reizvolle, ebenfalls durch den Verschönerungsverein initiierte Gestaltung aus. Bastionen und Sitzplätze hoch über der Ruhr zeugen von einer im wörtlichen

---

Partie im Witthausbusch um 1930

lage von der städtischen Gartenverwaltung betreut und entwickelt.
In den fast hundert Jahren seiner Existenz wurde der gut besuchte Park, orientiert an Wünschen und Bedürfnissen der Bürger, immer wieder umgestaltet und verändert. Außer Tiergehegen und Volieren kamen auch Spieleinrichtungen für Kinder dazu. Die ersten Tiergehege wurden bereits 1954 für Damwild und Mufflons errichtet und 1963 vergrößert.
Der Witthausbusch zeigt, trotz dieser Einrichtungen, weitgehend den Charakter eines Landschaftsparkes, der durch offene Wiesenflächen und eingestreute Baumgruppen geprägt ist.

Sinne landschaftlich herausragenden Gestaltung.
Der Witthausbusch entwickelte sich – nach der Initialzündung durch den Verschönerungsverein – über einen längeren Zeitraum allmählich aus einem Waldbereich mit vorhandenem Bachlauf und Teichen zu einer stark genutzten, landschaftsparkähnlichen Erholungsanlage für die Mülheimer Bevölkerung.

☞ **Adresse:**
Untere Saarlandstraße;
45470 Mülheim
☞ **Bemerkungen:**
Der Park ist öffentlich zugänglich.

Die Rhein-Ruhr-Zeitung schrieb am 21. November 1887: „In der großen Sand- und Kiesgrube in der Nähe des Rathauses, der Wohnung des Herrn W. Grillo gegenüber, werden parkähnliche Anlagen gemacht, breite Fußwege angelegt und Bäume und Sträucher angepflanzt. Auch soll ein großer Spielplatz für die Jugend angelegt und mit schattenbringenden Bäumen eingefaßt werden. Es ist für unsere Stadt, die bisher jeder derartigen Anlagen entbehrte, eine nicht hochgenug zu schätzende Annehmlichkeit, für welche wir Herrn Grillo stets dankbar sein werden."

Der Fabrikant W. Grillo beabsichtigte, diesen Park für sich anlegen zu lassen und plante, auch sein Wohnhaus dort zu bauen. Es kam jedoch anders. Der Park wurde Ende des 19. Jahrhunderts an den Fabrikanten Terlinden verkauft. Jedoch auch Terlinden kam nicht dazu, die Anlage für sich zu nutzen. 1904 verkaufte er das Gelände zum Preis von 114.000 Mark an die Stadt Oberhausen. Sie ließ den Park vorerst in dem Zustand, wie sie ihn beim Ankauf vorfand: Eine Parkanlage mit verschlungenen Wegen, kleinen Brücken und Stegen sowie einem Goldfischteich, auf dem im Sommer die Seerosen blühten. Was den Park so reizvoll machte, war nach zeitgenössischen Aufzeichnungen:

„....seine Anlage im natürlichen Stil, die mit Glück das Langweilige und Gekünstelte vermeidet, das die meisten öffentlichen Gartenplätze kleineren Umfanges mitten zwischen den Häusern als Muster pedantischer Reißbrettarbeit abstempelte. Seine schönen Baumgruppen und in die Rasenflächen verstreute Beete, seine lauschigen Ecken und Winkel bieten einen idyllischen Ruheplatz abseits des Staubes und Lärmes, der in der guten Jahreszeit von Alt und Jung gerne aufgesucht wird".

In diesem Zustand blieb der Grillopark bis Ende der zwanziger Jahre dieses Jahrhunderts. Zusammen mit dem Oberhausener Rathausneubau wurde er dann neu gestaltet. Auf der „Großen Ruhrländischen Gartenbauausstellung" (Gruga) in Essen im Jahre 1929 war Oberhausen mit einer eigenen Ausstellung vertreten. Sie zeigte die Oberhausener Grünanlagen, die vorhandenen und geplanten.

Historische Postkarte

Auch das Projekt des neuen Grilloparks wurde vorgestellt.

Der Generalanzeiger schreibt dazu am 19. Mai 1929:

„... gehörte auch das Projekt des neuen Grilloparks dazu, der als Vorplatz zur Terrasse des Rathauses ein Schmuckstück werden wird; haben doch Bau- und Gartenkünstler gemeinsam gewetteifert, aus diesem Rest einer Parkanlage im Herzen der Industriestadt ein kleines Idyll zu schaffen, das dem Monumentalbau zu Füßen an Wirkung nichts zu wünschen übrig läßt. Ein 15 m breiter Weg wird sich parallel der Hermannstraße hinziehen und rings um den Park bis zur Schwartzstraße führen. An der Ecke Hermann-/Grillostraße wird das Milchhäuschen seinen Platz finden. Der kleine Teich im Park wird verschwinden, statt seiner wird ein Rasenrondell den Platz einnehmen, von dem aus Wege zur Rathausterrasse emporgehen".

Ein weiteres Mal, 1944, befaßte sich ein Zeitungsartikel mit dem Grillopark. Die ehemals landschaftliche Anlage verwandelte sich danach in eine

„....anders geartete öffentliche Anlage, als die Stadt vor einigen Jahren das Unebene ebnete, das Dickicht lichtete, den kleinen Teich austrocknete, die Miniaturbrücke entfernte, Bäume fällte und Licht- und Durchblicke schuf. Das Bohème-Artige

Der Grillopark verlor dann durch laxen Umgang mit der historischen Substanz in den fünfziger und vor allem in den siebziger Jahren viel von seinem ehemaligen Glanz. Trotzdem ist er noch immer die repräsentative, formal gestaltete Anlage, die durch geschnittene Hecken und eine regelmäßige Wegeführung gegliedert ist. Ein rechteckiges Wasserbecken betont den Bereich vor der Rathaus-Terrasse. Der vorhandene alte Baumbestand stammt aus den Anfängen der Parkgestaltung um die Jahrhun-

Historische Postkarte

und Wildromantische machte einer modernen Sachlichkeit Platz, deren Hauptaufgabe darin bestand, daß die neue Anlage nun dem mächtigsten und wirkungsvollsten Bauwerk der Stadt zu einer Geltung verhalf, die in dem neuen Rahmen auf jeden Besucher der Stadt Oberhausen nachhaltigen Eindruck machte. Jetzt erst wurde dieser jedem Oberhausener vertraute Ruhewinkel städtisch und Teil der Stadt; Durchgang und Ruhepunkt in einem."

dertwende. Die Absicht aber, das stattliche Gebäude des Rathauses durch eine schlichte und formale Grünanlage zu betonen, wird durch die freie Gehölzentwicklung unterlaufen.

☛ **Adresse:**
Grillo-/Schwartzstraße;
46045 Oberhausen
☛ **Bemerkungen:**
Die Parkanlage ist öffentlich zugänglich.

Die erste Erwähnung Holtens als Burgort stammt aus dem Jahre 1188, als Erzbischof Philipp von Köln einen Teil der Burg kaufte. Seine heutige Gestalt erhielt das Kastell Holten in Oberhausen durch Umbauten, die im 16. Jahrhundert durchgeführt wurden. Das Kastell bestand aus einer Unter- und einer Oberburg und war an drei Seiten von Wasser umgeben. Seinen Namen verdankt Holten den Edelsen Funktion oder die Gestaltung. Da es sich bei Burg Holten um einen militärischen Stützpunkt handelte, ist ein Ziergarten unwahrscheinlich, ein Nutzgarten für die Versorgung der Burgbewohner dagegen ist plausibel. Die heutige Parkanlage unterhalb des Kastells entstand erst in den fünfziger Jahren dieses Jahrhunderts. Noch

Luftbild aus dem Jahre 1988

herren von Holten. 1818 ging das Kastell dann in bürgerlichen Besitz über; 1842 wurde in seinen Räumen eine Schule eingerichtet.

Wann an der Burg Holten ein Garten angelegt wurde, ist unbekannt. Ein Hinweis auf einen Garten findet sich auf einer Karte aus dem Jahre 1838. Diese Karte zeigt die Stadt Holten, von einem Wassergraben umgeben, nur durch zwei Zugänge im Süden und Westen erreichbar. Das Burggelände liegt im Nordwesten und ist von der Stadt durch einen weiteren Graben getrennt. Eine Fläche südlich des Kastells ist in diesem Plan als Garten ausgewiesen, die Karte enthält jedoch keinerlei Hinweis auf des-

heute erkennbar sind aber die abfallende Böschung und der umlaufende Graben an der Nord- und Westseite der Burg aus der wehrhaften Zeit. Vom Kastell führt heute, vorbei an einem Kriegerdenkmal, eine Treppenanlage hinunter zum neu angelegten Park, der sich durch eine landschaftliche Gestaltung mit Rasenflächen und Einzelbäumen auszeichnet.

☛ **Adresse:**
Wasserstraße;
46147 Oberhausen-Holten
☛ **Bemerkungen:**
Die Parkanlage ist öffentlich zugänglich. Das Gebäude wird von der Bürgerschützengilde genutzt.

Die Geschichte von Haus Ripshorst in Oberhausen geht bis auf das Jahr 1360 zurück. Seinen Namen erhielt es durch Bewohner mit dem Namen „Reep" oder „Reyp". Ripshorst war ein Lehnsgut der Fürstäbtissin von Essen. Die Besitzer wechselten mehrmals, bis das Gut im Jahre 1617 an Johann von Vittinghoff-Schell gelangte. Als Preußen im Jahre 1815 das Essener Stift auflöste, verzichtete die Familie von Vittinghoff-Schell auf Haus Ripshorst zugunsten der Familie Eschenbrock.

Heute deutet im Umfeld von Haus Ripshorst nichts mehr auf einen Rittersitz mit einer Gartenanlage hin, es ist jedoch wahrscheinlich, daß früher dort ein Nutz- oder Bauerngarten vorhanden war. Aussagekräftige Unterlagen existieren dazu jedoch nicht. Nach dem Urkataster aus dem Jahre 1823 war Haus Ripshorst im Süden von einer Gräfte umgeben. Eine Gartenanlage, angedeutet durch eine Rasterfläche, ist in der Urkataster-Nachzeichnung erkennbar. Auch auf dem Luftbild von 1926 ist die Lage des Gartens deutlich sichtbar. Die rechteckige Einteilung der Beete läßt auf einen Nutzgarten schließen.

Das Gelände um Haus Ripshorst ist bis heute weder von industrieller noch von gewerblicher Nutzung beansprucht worden – als einziges Areal im weiten Umkreis. Es liegt zwischen der „Neuen Mitte Oberhausen", dem Rhein-Herne-Kanal, städtischer Bebauung sowie dem ehemaligen Sammelbahnhof Frintrop. Seine Fläche bildet die Mitte eines regionalen Grünzuges, der in Nord-Süd-Richtung verläuft und gleichzeitig die Schnittstelle zum neuen Ost-West-Grünzug. Der neue Grünzug verbindet von Duisburg bis nach Kamen die sieben regionalen Grünzüge des Ruhrgebietes zum Emscher Landschaftspark.

Im Rahmen der Internationalen Bauausstellung wird nun im Bereich des Hauses Ripshorst und auf den angrenzenden Flächen das Modellprojekt eines neuen Parks besonderer Art, der „Ökologische Gehölzgarten Haus Ripshorst" verwirklicht. Mit Bäumen und Sträuchern, die in unserer Region vor Millionen von Jahren heimisch waren und solchen, die heute hier heimisch sind, soll das Gelände in den nächsten Jahren neu gegliedert und zu einem attraktiven Erholungsraum umgewandelt werden. Nach den Entwürfen der Landschaftsarchitekten Martin Diekmann und Irene Lohaus sollen die Besucher die Gelegenheit erhalten, sich mit unseren Gehölzen und ihren Formen, Farben und Früchten, ihrer Herkunft und ihrer Bedeutung für den Menschen auseinanderzusetzen. Elemente des zukünftigen Parks sind ein 60 Meter breites und zwei Kilometer langes Gehölzband am Rande des Parks, ein Wanderwegesystem, offene Wiesenflächen und das „Haus des Gartens" im historischen Gebäude Haus Ripshorst. Um die Besucher über den Standort zu informieren, wird die Geschichte von Haus Ripshorst auf einer Tafel dokumentiert. Die neuen Gehölze werden auf das randliche Gehölzband konzentriert. Es folgt dem Verlauf des Siedlungsrandes und bildet im Westen, Süden und Osten den Rahmen der neuen Parkanlage. Der Rhein-Herne-Kanal mit seiner Ufervegetation markiert den nördlichen Rand. Das Band wird durch einen Pfad erschlossen. Folgt man ihm von Westen nach Osten, so passiert man nacheinander fünf Bereiche, die die Entwicklungsgeschichte unserer heutigen Bäume und Sträucher spiegeln. Die einzel-

*Plan des
Ökologischen Gehölzgartens
Haus Ripshorst*

nen Abschnitte gliedern sich von
Westen nach Osten vom sogenann-
ten Tertiärwald über die Bruchland-
schaft, die Wiederbewaldung und die
Kultivierung von Gehölzen bis zum
Rosen- und Ginkgogarten.

☛ **Adresse:**
Ripshorster Straße;
46117 Oberhausen
☛ **Bemerkungen:**
Haus Ripshorst wird im Rahmen
der Internationalen Bauausstellung
Emscherpark zu einem „Haus des
Gartens" umgestaltet und ist
nach Fertigstellung öffentlich zu-
gänglich.

Burg Vondern in Oberhausen ist eine Wasserburganlage, aus Backsteinen gebaut, mit Vorburg und Wirtschaftsgebäuden und Hauptburg mit Herrenhaus. Die Vorburg ziert eine eindrucksvolle Fassade, die durch zwei runde Türme betont ist. Dieser Gebäudekomplex wurde um 1520 durch Wessel von Loe errichtet. Die Wirtschaftsgebäude im Süden stammen aus dem 19. Jahrhundert. Von der Vorburg gelangt man über eine steinerne Brücke zum barocken Herrenhaus, das im 17. Jahrhundert entstand.

Im Jahre 1925 sollte die Burganlage einer Erweiterung des 1891 gebauten Verschiebebahnhofes Osterfeld weichen, wurde aber durch das Eingreifen des Siedlungsverbandes Ruhrkohlenbezirk (heute: Kommunalverband Ruhrgebiet), des Provinzialkonservators von Westfalen und der Interessengemeinschaft für Heimatschutz gerettet. Sie setzten sich alle zusammen für den Erhalt von Burg Vondern ein.

Die renovierungsbedürftige Burganlage kam 1946 in den Besitz der Stadt Oberhausen. Nach den unterschiedlichen Nutzungen als Flüchtlingslager, Arbeiterhochschule und landwirtschaftlicher Betrieb dient die Burganlage heute dem 1982 gegründeten Förderkreis Burg Vondern als Ort für kulturelle Veranstaltungen. Auf Initiative des Förderkreises wurden Sanierungsmaßnahmen an den Gebäuden und im Umfeld der Burg durchgeführt.

Im Zusammenhang mit dem Neubau des Herrenhauses im 17. Jahrhundert entstand ein großes Gartenparterre an der Südseite der Burganlage. Das erste Mal ist die Gartenanlage im Urkataster aus dem Jahre 1823 dargestellt. Man erkennt eine Gartenanlage südlich der Burg auf einer mit einem Wassergraben umgebenen, rechteckigen Fläche mit bastionsartigen Erweiterungen an beiden südlichen Ecken. Gestaltungsdetails sind auf der Karte nicht ablesbar. Vermutlich läßt sich der Garten mit ähnlichen Anlagen aus dem Barock vergleichen und war mit Laubengängen, Blumenboskets, Springbrunnen und Wasserkünsten ausgestattet.

Blick auf die Burg Vondern

Ende des 19. Jahrhundert wurde die Trasse der heutigen Arminstraße – als Erschließungsstraße für die Zeche Vondern – über den Garten geführt. Das endgültige Aus der Gartenanlage kam mit dem Bau der Zeche Vondern, die zwischen den Jahren 1903 und 1932 Kohle förderte. Die Flächen des früheren Burggartens liegen heute unter dem Fahrbahndamm der Autobahn A 42 oder als Zechengelände brach. Sie sind so für eine Wiederherstellung verloren.

☛ **Adresse:**
Arminstraße;
46117 Oberhausen
☛ **Bemerkungen:**
Nur die Außenanlagen von Burg Vondern sind öffentlich zugänglich. Die Gebäude werden vom Förderkreis Burg Vondern genutzt.

Haus Heilenbeck in Ennepetal wurde 1784/85 im Auftrag des Steuereinnehmers, Hammerwerks- und Bleichereibesitzers Johann Peter Heilenbeck vom Baumeister Eberhard Haarmann und seinem Bruder erbaut. Die südlich des Haupthauses liegende regelmäßige Gartenanlage entstand vermutlich gleichzeitig. Pläne mit Hinweisen auf den Architekten des Gartens sind nicht vorhanden. Es ist jedoch anzunehmen, daß die Gebrüder Haarmann auch bei der Anlage des Gartens beratend tätig waren. Dieser Garten verdient besonderes Augenmerk, weil in ihm typische Elemente des klassischen französischen Gartens zu sehen sind.

Eine fast 300 Meter lange Zufahrtsstraße läuft von Norden linear auf eine rechteckige Eingangszone zu, an deren östlichem Rand das bürgerliche Herrenhaus steht, mit der Vorderfront zum Hofraum gerichtet. Gegenüber, am westlichen Rand des Hofes befand sich der Standort des Wohnhauses, das zu Anfang des 20. Jahrhunderts abgebrochen wurde.

In der Mitte der Eingangszone liegt eine rechteckige, baumumstandene Rasenfläche, die ganz von einem breiten Kiesweg umgeben ist. Auf der Rasenfläche befinden sich drei Rundbeete unterschiedlicher Größe, die mit Buchs eingefaßt sind.

Der Hofraum wird im Westen und Süden von einer Natursteinmauer begrenzt, im Norden schließt sich eine ehemalige Bleichwiese an. Vor dem Herrenhaus wurde eine Lindenreihe (Tilia) gepflanzt. Etwas versetzt zur Zufahrt setzt sich die von Norden nach Süden verlaufende Symmetrieachse als Mittelachse im Garten fort. Man betritt den Garten über eine kleine Treppe durch ein schmiedeeisernes Gartentor, das von zwei Sandsteinpfeilern begrenzt wird und in der Mitte der Gartenmauer liegt. Es folgte das quadratische Parterre, heute eine Rasenfläche. Früher war es durch eine kreuzförmige Wegestruktur in vier gleich große Beetkompartimente unterteilt. Die vier mit Buchsbaum eingefaßten Beete dienten gleichzeitig als Nutz- und Ziergarten. Ein kleines Rundbeet betonte die Mitte des Wegekreuzes.

An das ehemalige Nutz- und Ziergartenparterre schließt sich eine rechteckige Garteninsel an, die von einem ummauerten Kanal umgeben ist. Von der Mittelachse des Gartens aus betritt man die Insel über eine Brücke unter einem schmiedeeisernen und mit Rosen berankten Rundbogen. Der Blick fällt auf ein Rasenparterre, das am Rand durch eine niedrige, erst in diesem Jahrhundert errichtete Mauer zum Kanal hin abgegrenzt wird. Auf der der Brücke gegenüberliegenden Seite steht in der Mittelachse des Gartens ein quadratischer Pavillon. Er überspannt das Wasser des Kanals, ist also gleichzeitig Gartenhaus und Brücke. Das Rasenparterre ist von der Brücke aus über ein in Form einer Lyra (griechisches Saiteninstrument) verlaufendes Wegesystem begehbar, das auf der anderen Seite der Garteninsel unmittelbar vor dem Pavillon endet.

Aussichtspunkt

An den Längsseiten der Garteninsel standen früher Obstbäume, die in einer Reihe parallel zur Mittelachse angeordnet waren. Dadurch wurde die Garteninsel gerahmt, die Mittelachse betont und auf den „point de vue" der Gartenanlage, das Gartenhaus, hingewiesen. Heute stehen nur noch wenige Obstbäume im äußeren Bereich des Rasenparterres.

Gartenpavillon mit Wetterfahne von 1738

Im Süden kann man die Insel über den Gartenpavillon wieder verlassen. Dann erblickt der Betrachter den Endpunkt der Mittelachse und damit den des Gartens. Als „point de vue" fungiert hier eine große Linde *(Tilia)*; sie steht in einem trapezförmigen Gartenbereich, der als Heckenboskett gestaltet wurde. Im Osten, Süden und Westen ist das Boskett von einer Hecke umgeben. Ein Nutzgarten ohne Bezug zur beschriebenen Gartenanlage schließt sich an.

Die Gesamtanlage richtet sich an der dominierenden, nicht immer begehbaren Sichtmittelachse aus. Die Gartenbereiche sind durch Querachsen gegliedert. Das am Gartentor noch weite Blickfeld wird in der Tiefe des Gartens mehr und mehr durch Pflanzen und Bauwerke auf einen „point de vue" verengt. Das Idealschema eines klassischen französischen Gartens, bestehend aus der Abfolge der einzelnen Gartenelemente – Zufahrtsallee, Ehrenhof, Gebäude, Parterre, Boskett, Übergangszone, Grand parc, Ausstrahlungszone – ist in Haus Heilenbeck nicht umfassend angewendet. Diese Anlage weicht insofern vom gartenkünstlerischen Ideal dieses Typs ab, als eine Ausstrahlungszone, ein Grand parc und die Übergangszone fehlen.

Das wichtigste Element des Heilenbecker Gartens ist die von einem Kanal umgebene Garteninsel mit ihrem Brückenpavillon. Dieses Gartenelement ist möglicherweise auf norddeutsch-niederländische Einflüsse zurückzuführen. Ein Kanal wurde gerne als Mittel zur Trennung oder Abgrenzung von Gartenbereichen angelegt. Bei der Gestaltung von Gärten findet sich daher oft ein „Rahmenkanal", vor allem in Gärten Frankreichs, Norddeutschlands und der Niederlande. Ähnlich wie der Terrassengarten Gethmann in Hattingen ist auch der Heilenbecker Garten eine Anlage, deren heutige Gestaltung und Ausstattung noch weitgehend der ursprünglichen Form entspricht.

☛ **Adresse:**
Heilenbecker Straße;
58256 Ennepetal
☛ **Bemerkungen:**
Der Garten ist privat und nicht öffentlich zugänglich.

Haus Rocholz in Gevelsberg wird bereits Mitte des 14. Jahrhunderts als Besitz der Familie von Berchem erwähnt. 1696 erbaute der Obrist von Berchem das Herrenhaus. Von 1740 bis 1788 gehörte Haus Rocholz dem Landrat von Maltitz. Nach 1788 bis 1924 war es Eigentum der Kaufmannsfamilie Wuppermann, die den Besitz dann an den Landkreis Hagen veräußerte. Seit 1937 befindet es sich wieder in Privatbesitz.

Die genaue Entstehungszeit der Gartenanlage an Haus Rocholz ist unbekannt. Es ist jedoch wahrscheinlich, daß erst mit dem Neubau des Herrenhauses im Jahre 1696 auch der Garten entstand. Die ersten Darstellungen zur Freiraumgestaltung finden sich in den Urkataster- und Gemeindekarten von 1823/24, die deutlich das Bild eines regelmäßigen Gartens zeigen.

Haus Rocholz um 1869

Die rechteckige Nutz- und Ziergartenanlage (Parterregarten) befand sich in der Nähe des Hausteiches westlich des Herrenhauses. Zwei Hauptachsen, die sich im Zentrum der Anlage orthogonal schnitten, gliederten ihn in vier gleich große Beetkompartimente. Die umlaufenden Wege an den Außenseiten ordneten sich dem dominanten Wegekreuz unter. Zier- und Nutzpflanzen mischten sich in der Bepflanzung dieses Gartens. Im Norden schloß sich ein Baumhof an, den die Hauptzufahrtsallee in zwei gleich große Bereiche teilte. Baumhof und Parterregarten waren durch eine Mauer voneinander getrennt.

Im nördlichen Grundstücksbereich lag ein Nutzgarten. Die Kombination von Nutz- und Zierpflanzen war typisch für den Stil in der Provinz Westfalen. Nach v. Schopf, „Barock in Westfalen",

„ ... nehmen die Nutzbeete nicht nur großen, sondern oft auch den prominentesten Raum ein, indem sie an die Stelle der Broderieparterres treten. Bei ansonsten barocker Disposition und entsprechenden Struktursystemen kann sich damit auch ein auf Agrareinkünfte angewiesener Landedelmann einen Ziergarten leisten. Auch ausgedehnte 'nutzlose Boskettanlagen' entfallen deshalb vielfach oder wurden durch Obstplantagen ersetzt."

Vor diesem Hintergrund sind Planung und Ausführung des Parterregartens am Haus Rocholz zu verstehen. Die Baumhöfe (Obstplantagen) sind so als einfacher Boskettersatz anzusehen.

Der Bau der Eichholzstraße mit einer Brücke veränderte die gesamte Gartenanlage tiefgreifend. Um Schutz vor Einblicken zu haben, pflanzten die Eigentümer zwischen Gräfte und Hausgarten eine Hecke aus Omorikafichten *(Picea omorika)*. Die Baumhöfe (Obstgärten) blieben erhalten, obgleich heute nur noch wenige Obstbäume vorhanden sind.

☛ **Adresse:**
Rocholz-Allee; 58285 Gevelsberg
☛ **Bemerkungen:**
Der Garten ist privat und nicht öffentlich zugänglich.

Carl-Friedrich Gethmann, ein Tuchhändler, Bergwerksbesitzer und Schiffsreeder errichtete im Jahre 1821 eine Hausanlage, die aus zwei Wohnhäusern und einem Terrassengarten bestand. Es handelt sich um den einzigen Terrassengarten im Raum Hattingen, der sich in einem guten Pflegezustand befindet und bis heute unverändert blieb. Er entstand im Zusammenhang mit dem Bau der beiden klassizistischen Häuser, die 1821 auf den Grundmauern des alten Blankensteiner Adelsgutes „Propstey" errichtet wurden.

Die Symmetrie von Grundriß und Aufbau der Bürgerhäuser setzt sich im Terrassengarten fort, Gebäude und Garten bilden eine Einheit. Man betritt den Garten von der Hauptstraße her über eine Treppe und kommt in einen Ehrenhof, der durch ein zweigeschossiges Wohnhaus im Westen und durch ein eingeschossiges Wohnhaus im Osten gerahmt ist. Die kurze, aber breite Querachse verbindet die beiden Hauseingänge an den repräsentativen Vorderfronten miteinander. Je zwei kegelförmig geschnittene Kastanien *(Aesculus hippocastanum)* flankieren die Eingänge und betonen so die Achse. Die geschnittenen Bäume steigern zudem die Wirkung der klassizistischen Architektur.

Der Hofraum ist mit Sandsteinplatten belegt, wobei – symmetrisch angeordnet – vier Rasenflächen ausgespart blieben. Neben der Querachse gibt es eine weitere, schmale Längsachse, die von der Hauptstraße ausgehend die erste Achse in der Mitte rechtwinklig schneidet und dann linear in nördlicher Richtung über die Terrassen und den Pavillon hinaus in den Gethmann'schen Landschaftsgarten führt.

Der Pavillon, der auf einem Rasenkegel steht, ist nicht auf direktem Wege erreichbar. Vielmehr führen Pfade zu beiden Seiten um den Hügel herum. So ist der Pavillon nur von der Rückseite zu betreten. Dieser gestalterische Kunstgriff öffnet dem Betrachter einen überwältigenden Ausblick nach Osten, Süden und Westen ins Ruhrtal, ins Ruhrhügelland und ins Bergische Land.

Westlich des Gartens schließt sich eine ehemalige Obstwiese an, die heute zum größten Teil mit Bungalows bebaut ist. Die ungegliederte

Heutiger Blick in Richtung Pavillon

Restfläche am Hang ist eine Rasenfläche, in die Koniferen, Obstbäume und Ziersträucher eingestreut sind.

Der Bereich östlich der Terrassenanlage blieb bis heute unverändert. Der obere ist landschaftlich gestaltet und von vielen, sich quer zum Hang schlängelnden schmalen Wegen durchzogen. Dort befinden sich zwei Aussichtsplätze, von denen Sichtbeziehungen zur Burg Blankenstein, ins Ruhrtal, ins Ruhrhügelland und ins Bergische Land bestehen, die heute jedoch zum Teil zugewachsen sind. Im unteren Teil folgt zunächst eine rechteckige, ebene Nutzgartenterrasse und dann eine mit Hecken umgebene Wäsche- und Bleichwiese.

Die Binnenstruktur der Terrassenflächen folgt nicht dem strengen

Aufbau des Gesamtkonzeptes der Anlage. Die lineare, sichtbare Mittelachse der Verbindung Ehrenhof-Pavillon-Zugang Landschaftsgarten ist nicht begehbar. Die buchsbaumgefaßten, runden, ovalen oder halbmondförmigen Beetkompartimente sind zwar zentriert angeordnet, aber der Betrachter ist gezwungen, den schlangenförmig verlaufenden Wegen zu folgen, um von einer, – jeweils in der Mitte der Gartenterrasse liegenden – Treppenanlage zur nächsten zu kommen. Im Zentrum der Terrassenflächen befindet sich jeweils ein rundes Beet, dessen Mitte durch eine große Pflanze oder durch eine Sonnenuhr auf einen Sockel betont wird. So wird die Mittelachse sichtbar.

Die Beete sind heute überwiegend mit Beetrosen bepflanzt; am Rand befinden sich einige Gartengehölze und Beetstauden. An den Stützmauern der Terrassen sind fast über ihre gesamte Länge Obstspaliere angebracht.

☛ **Adresse:**
Hauptstraße;
45527 Hattingen-Blankenstein
☛ **Bemerkungen:**
Die Gartenanlage ist privat und nicht öffentlich zugänglich.

Historische Postkarte mit Blick vom Hofraum über die Terrassen in Richtung Pavillon um das Jahr 1880

Der Garten an Haus Ende

Die Architekten Pinno und Bachmann aus Dortmund errichteten Haus Ende in Herdecke 1912/13 für den Geheimen Kommerzienrat Müser. Mit dem Bau des Hauses und seiner Nebengebäude entstand zudem ein etwa acht Hektar großer Park. Ein Nutzgarten mit Gewächshäusern, ein Waldbereich und in der Nähe des Hauses ein regelmäßig geformter Gartenteil gehörten dazu. Heute ist, nach weiteren Besitzerwechseln, die Arbeiterwohlfahrt Eigentümerin der Anlage und und nutzt sie seit 1982 als Schule für Zivildienstleistende.

Will man die Gartenanlage an Haus Ende verstehen, ist ein kurzer Exkurs in die Geschichte der deutschen Gartenkunst hilfreich: Seit der Wende zum 20. Jahrhundert forderten Architekten wie Lichtwark und Avenarius eine Abkehr von den in ihren Augen nicht mehr zeitgerechten und zur Schablone erstarrten Landschaftsgärten. Sie suchten nach einer neuen Ordnung im Freiraum. Reine Architektengärten mit geometrischen Grundrissen und architektonischen Raumbildungen, bei denen sich die Bepflanzung der Architektur unterzuordnen hatte, waren das Ergebnis.

Vor diesem Hintergrund ist Haus Ende eine „höchst eigenwillige Synthese aus amerikanischem Landsitz und französischem Schloßbau des Barocks mit mannigfachen Jugendstilelementen" (Denkmalliste Stadt Herdecke).

Himmelsrichtungen

Vier, gegeneinander jeweils leicht versetzten Symmetrieachsen durchziehen das Grundstück, sie laufen auf eine Terrasse und die zweigeschossige Wohnhalle als Mittelpunkt des Hauses zu. Die erste Achse beginnt auf der Terrasse und führt in südlicher Richtung weiter. Der Blick geht über eine Freitreppe auf den Garten hangabwärts. Steinmauern terrassieren den Hang. Die Südachse wird durch beidseitig gepflanzte, kegelförmige Koniferen betont. Die etwa 90 Jahre alten Rhododendren im Terrassenbereich überwuchern die Achse jedoch inzwischen, so daß sie heute weder begehbar ist noch als Sichtachse fungiert. Der Weg verläuft von der Freitreppe aus seitlich den Hang hinunter. Am Ende befindet sich ein steinerner Brunnen. Von dort sieht man über ein Tal hinweg auf einen Höhenzug des Ardeygebirges.

Eine rechteckige Rasenfläche in Höhe des Hauses im nördlich gelegenen Gartenbereich bezieht sich axial auf die Wohnhalle. Diese Fläche (Nordachse) ist durch eine Natursteinmauer mit Treppe im Westen, eine Hainbuchenhecke (Carpinus betulus) im Osten und eine Bodenmodellierung im Norden gefaßt. Über eine Treppe geht es vom Rasenrechteck aus auf einen etwa zwei bis drei Meter über dem Hausniveau liegenden Waldsitzplatz. Von hier führen Wege in den Waldpark. Der Sitzplatz ist heute von wuchernden Rhododendren umgeben. Früher waren dort „kanalisierte" Ausblicke in die Landschaft möglich.

Eine weitere, inzwischen ebenfalls fast zugewachsene Achse führte von der Terrasse des Hauses nach Westen in den Waldpark. Einige Treppenläufe bringen den Besucher zu einem mit niedrigen Mauern eingefaßten, halbkreisförmigen Platz am westlichen Ende des Parkes. Reste der Treppenläufe des Weges und der niedrigen Mauern sowie eine von Ost nach West mehr und mehr zuwachsende Waldschneise sind im Gelände noch gut zu erkennen. Wenn auch der Waldpark als selbständiger Gartenbereich von Haus Ende gelten kann, war er doch über die Westachse angebunden.

Die vierte Achse zielte, ausgehend vom östlichen Gartensegment, auf den Haupteingang des Haupthauses an der Ostfassade. In diesem Bereich lagen die Nutz- und Gemüsegärten, ein Gärtnerhaus und einige Gewächshäuser. 1930 kamen ein Schwimmbad und ein Teehaus hinzu.

Die Gartenanlage wurde vermutlich bis 1945 betreut. Nach 1945 wechselte sie den Besitzer und wurde, wie ihr Aussehen belegt, nur noch oberflächlich gepflegt. Inzwischen sind Süd- und Westachse fast zugewachsen. Zwischen Haupthaus und Nutzgartenbereich wurden Wohngebäude gebaut, um Gäste und Zivildienstleistende unterbringen zu können. Diese Bebauung zerstörte den zum Terrassengarten gehörenden Weg östlich der Achse. Die Terrassenmauern und der Brunnen der Südachse wurden dagegen instandgesetzt.

☛ **Adresse:**
Ostender Weg;
58313 Herdecke-Ende
☛ **Bemerkungen:**
Die Anlage ist öffentlich zugänglich.

Blick in den Terrassengarten

Haus Mallinckrodt in Herdecke wird erstmals 1324 als Wehrgut und Lehen der Herren von Volmarstein erwähnt. Nach einer wechselvollen Geschichte und nachdem es rund 150 Jahre lang Pfandbesitz verschiedener Adliger war, wurden 1778 die Gebrüder von der Recke-Stockhausen Eigentümer des Gutes. Ab 1881 bis heute wechselten die nun bürgerlichen Besitzer wieder mehrmals.

Erste Darstellungen zur Freiraumgestaltung am Haus Mallinckrodt finden sich erst Mitte des 18. Jahrhunderts. Da Haus Mallinckrodt rund 150 Jahre nicht der Wohnsitz eines reichen Landadligen war, der auf eine repräsentative Gartenanlage Wert gelegt hätte, handelte es sich bei dem Garten wahrscheinlich um einen Nutzgarten. In dem Haus nahe gelegenen Baumhöfen wuchsen Eichen (Quercus), Buchen (Fagus) und Obstbäume. Westlich des Gutes befand sich eine kleine, fast rechteckige Gartenanlage im freien Stil, mit kleinräumigen Gehölzgruppen bewachsen und von Wegen durchzogen. Der Bau der neuen Landstraße zwischen Witten und Wetter 1828 zerstörte einen Teil des Landschaftsgartens.

Die Umgebung von Haus Mallinckrodt beschreibt A. Dunker in „Die ländlichen Wohnsitze, Schlösser und Residenzen der ritterschaftlichen Grundbesitzer in der preußischen Monarchie" (Bd. XII, 1869):

„Die Gegend umher gehört zu den schönsten und romantischsten des Ruhrthals und durch seine gegen Norden und Osten geschützte Lage zu einer der wärmsten Deutschlands, da nicht nur Feigen, Maronen und Mandeln gedeihen, sondern Lorbeeren, immergrüne Magnolien, Granaten und Cypressen ohne jegliche Deckung den Winter ausdauern."

In der Zeit zwischen 1883 und 1896 begann ein neuer Eigentümer, Dr. Hamel, mit der Anlage eines Waldparkes auf der Fläche des im Zitat beschriebenen ehemaligen Obstgartens. Auch sein Nachfolger, Dr. Jordan, entwickelte eine rege Bautätigkeit. Pläne belegen den Bau einer Umfassungsmauer am Parkrand und eines Palm- und Gewächshauses; ebenso wurden die bereits begonnenen Arbeiten im Waldpark fortgesetzt.

Der etwa 15 Hektar große Park aus der Zeit um 1900 spiegelt den Anspruch eines Vertreters des Großbürgertums an eine standesgemäße Umgebung wider. Ein unbekannter Gartenarchitekt gestaltete einen mit zahlreichen Elementen ausgestatteten, abwechslungs- und erlebnisreichen Waldpark, dessen Wirkung auf den Betrachter durch das natürlicherweise vielfältige und bewegte Gelände (Siepen, Bachläufe, Felsvorsprünge, kleine Schluchten) noch gesteigert wurde.

An einigen – beispielsweise durch Pavillons besonders betonten – Stellen konnte man weit ins Ruhrtal und ins Ruhrhügelland sehen. Zusätzlich waren im weitläufigen Parkgelände eine Kegelbahn und eine Schießanlage untergebracht, die dazu dienten, die Gartennutzer zu zerstreuen.

Die Parkanlagen am Haus Mallinckrodt sind heute durch Nutzungsänderungen so überformt und verändert, daß sich die frühere Gestaltungsabsicht im Gelände nur noch schwer nachvollziehen läßt.

☛ **Adresse:**
Gederner Straße;
58313 Herdecke-Ende
☛ **Bemerkungen:**
Die Gartenanlage ist privat und nicht öffentlich zugänglich.

Schon im Jahre 1650 entdeckten die Besitzer des nahegelegenen Hauses Martfeld die eisenhaltige Thermalquelle am späteren Haus Friedrichsbad. Im 18. Jahrhundert war der Schwelmer Brunnen so berühmt, daß die Quelle gefaßt werden mußte. Der Andrang von Badegästen und Ausflüglern war enorm. Gleichzeitig kam es zu ersten Alleepflanzungen. Ende des 18. Jahrhunderts ließ der Brunnenwirt Neuhaus ein neues Bade- und Pensionshaus errichten und nannte es nach dem Preußenkönig Friedrich II., – daher der Name Friedrichsbad.

Um 1810 wurde mit den Arbeiten für einen Landschaftspark nach Plänen von W. Tappe begonnen, die etwa zehn Jahre später der neue Besitzer, M. Bölling, beendete. Der neue Brunnenwirt und Handelsgärtner Freidel gestaltete und pflegte den Park in den Folgejahren. Nachdem die Quelle um 1900 versiegte, wurde Haus Friedrichsbad ein Parkrestaurant mit Gartenwirtschaft. Seit 1953 gehören Haus und Park dem Bildungswerk der nordrhein-westfälischen Wirtschaft e. V. und das Brunnenhäuschen mit seiner unmittelbaren Umgebung der Stadt Schwelm.

Die Anlage eines Landschaftsgartens am Haus Friedrichsbad Anfang des 19. Jahrhunderts hängt mit der Entwicklung des Schwelmer Brunnens als Heilquelle zusammen. Durch die Berichte der Ärzte Dr. Maul und Dr. Hölterhoff im Jahre 1706, die den Schwelmer Sauerbrunnen und den Medizinalbrunnen als Wunderquelle bezeichneten, kamen 1707 etwa 70.000 Besucher und Badegäste.

1732 ließ der neue Brunnenarzt, Dr. Schütte, die Umgebung des Brunnens gestalten. Sein Situationsplan von 1732 zeigt eine von Osten linear auf den Brunnen zulaufende vierreihige Allee, die dort rechtwinklig auf eine von Süden nach Norden führende zweireihige Allee traf. Der Brunnen diente in der zweiten Hälfte des 18. Jahrhunderts zunehmend als Ausflugsziel für die Bewohner der bergisch-märkischen Region. Es gab Musik und Tanz, sogar Opern und Schauspiele wurden aufgeführt.

Geschmackvolle Pläne

Ein Englischer Garten, eine Anlage im freien Stil entstand in dem zum Gut Neuhaus gehörenden Waldstück nördlich des Hauses Friedrichsbad in den Jahren 1810/11. Ob auch das Gelände in unmittelbarer Nähe des Brunnenhäuschens gestaltet wurde, ist nicht bekannt. Der „Plan von den Verschönerungen, welche in den Umgebungen des Gesundbrunnens bei Schwelm in Arbeit sind" von W. Tappe aus den Jahren 1810/11 zeigt seine Gestaltungsabsichten. Einige davon sind nicht verwirklicht, die Arbeiten in unmittelbarer Umgebung des Brunnens dagegen größtenteils ausgeführt worden.

Die vom Brunnen linear in nördlicher Richtung verlaufende Allee wurde im Park als Weg bis zum geplanten Standort des nicht realisierten Turmes an der höchsten Stelle des Geländes geführt. Von diesem Punkt schlängelten sich die Wege zunächst nach Osten und nach Westen, um dann zu Haus Friedrichsbad zurückzuführen. Von der vom Brunnen ausgehenden Allee, dem mittleren Parkweg und den Rundwegen am Rand des Parks zweigten schmalere Wege ab. Auf den Flächen zwischen den Wegen waren Sträucher und Bäume in geschlossenen Beständen angeordnet. Rasenflächen gab es vermutlich schon deshalb weniger, weil sich dort vorher ein Wald befand.

1818 ging Haus Friedrichsbad in den Besitz des aus Schwelm stammenden Kölner General-Prokurator M. Bölling über, der um 1820 weitere Veränderungen an den Badeeinrichtungen vornahm. In der Literatur zum Haus Friedrichsbad finden sich wiederholt Hinweise, die nahelegen, daß der bekannte Düsseldorfer Hofgärtner Maximilian Friedrich Weyhe die Freianlagen mitgestaltet hat. Die einzige Quelle, nach der die Mitwirkung Weyhes tatsächlich belegbar ist, ist eine Bekanntmachung vom 25. Juni 1822 im Amtsblatt der Arnsberger Bezirksregierung. Dort heißt es: „Der Oberappellationsrat Bölling hat seit 1819 einen Teil des von ihm angekauften ehemaligen Neuhausschen Gutes nach dem schönen und geschmackvollen Plane des Hofgärtners Weyhe in Düsseldorf in ein Lustwäldchen umschaffen lassen, das von den Badegästen fleißig besucht wird und sowohl die schönsten und angenehmsten Spaziergänge als auch die anmuthigsten und herrlichsten Aussichten in das fruchtbare Schwelmer und gewerbefleißige schöne Wuppertal gewährt."

Mit der Gestaltung der Gartenanlage am Schwelmer Brunnen durch Tappe und den Veränderungen durch Weyhe war die Entwicklung dieses Freiraumes im 19. Jahrhundert keineswegs abgeschlossen. Nachdem der Kunstgärtner und Gastwirt Friedel 1839 Haus Friedrichsbad übernommen hatte, kam es zu weiteren Korrekturen. Die Gestaltung von Blumenbeeten und Bosketts in Brunnennähe wurde, möglicherweise unter der Anleitung Friedels, ab 1841 realisiert. Ende des 19. Jahrhunderts versiegte dann die Quelle, blieb aber „Ausflugsziel und Vergnügungsort der Gesunden".

Einschneidende Veränderungen fanden zwischen 1928 und 1954 statt. Die Allee und beidseitige Gehölzbestände und Wege wurden in eine Rasenfläche umgewandelt. Damit war die landschaftliche Form der Gartenanlage sehr gestört. Zwei Kinderspielplätze kamen dazu.

Auch der neue Besitzer erkannte den gartenhistorischen Wert des Parks offensichtlich nicht. Das Gelände wird nur nach wirtschaftlichen und forstlichen Gesichtspunkten gepflegt. Vor kurzem erst zerstörten bauliche Erweiterungen im Garten die historischen Sicht- und Wegeachsen zwischen Brunnenhäuschen und Park.

🌿 **Adresse:**
Brunnenstraße;
58332 Schwelm
🌿 **Bemerkungen:**
Die Anlage ist nur teilweise (am Brunnenhäuschen) öffentlich zugänglich.

Plan des Brunnens von 1751

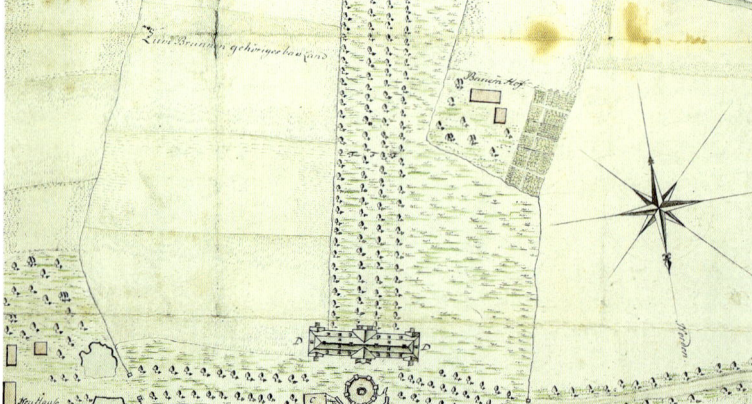

Bereits im 14. Jahrhundert wird Haus Martfeld in Schwelm als befestigtes, wasserumwehrtes Haus erwähnt. Es war jahrhundertelang im Besitz verschiedener adliger Familien und wurde dann schließlich im Jahr 1741 Eigentum des bergischen Unternehmers Johann Peter Hochstein, der das Anwesen zu einem Landsitz im Stil barocker Schloßbauten umgestaltete. Dem Gebäude war ein Parterregarten vorgelagert, außerhalb der Gräfte befanden sich beidseitig der Zufahrtsallee Obst- und Gemüsegärten mit jeweils rechteckigem Grundriß.

Im Jahre 1839 kam das Anwesen in den Besitz der Freifrau Fredericke von Elverfeldt, die zwischen den Jahren 1860 und 1880 umfangreiche Baumaßnahmen durchführte und einen Landschaftsgarten anlegen ließ. 1954 wurde die Stadt Schwelm Eigentümerin von Haus Martfeld und richtete hier das Heimatmuseum und das Stadtarchiv ein. In den siebziger Jahren wurde der verwilderte Park dann in eine historisierende, barocke Gartenanlage und die Freizeitanlage Martfeld umgestaltet.

Ein Situationsplan von 1880 zeigt den Zustand des vermutlich um 1860 entstandenen Landschaftsgartens. Den repräsentativen Garten des Eingangsbereiches ziert neben verschiedenen, schablonenartig geführten Wegen, Rasenflächen, Baumgruppen auch ein Beetoval, das der Mitte des Herrenhauses vorgelagert ist. Außerdem sind einzeln stehende Koniferen auf dem Rasen dargestellt. Im Süden des vorderen Gartenteils befindet sich eine größere Baumgruppe, die - wohl irrtümlich - als Koniferen beschrieben ist, der heutige Bestand in diesem Bereich setzt sich jedoch aus über 100 Jahre alten Laubbäumen zusammen.

Der vor dem Herrensitz gelegene Landschaftsgarten vermittelt wegen seiner schablonenartigen Aufteilung eine gewisse Regelmäßigkeit, die sich im Garten hinter den Gebäuden fortsetzte. Mittelpunkt des östlichen Gartenteils war ein großes ovales Beet, das am Rand von Gehölzen gesäumt und dessen Mittelpunkt durch einen Solitärbaum betont wurde. Am Rand der Anlage, über einen breiten Zufahrtsweg erreichbar, lag die neugotische Gruftkapelle in einem waldartigen Bereich, der von mehreren Wegen durchzogen wurde.

Seit den zwanziger Jahren unseres Jahrhunderts bis in die siebziger Jahre hinein verlor der Garten mehr und mehr sein ursprüngliches Aussehen. Das Beetoval, die Wege und der Gehölzbestand wurden nicht mehr gepflegt und verwilderten daher. Aus diesem Grund beschloß die Stadt Schwelm, den Herrensitz in eine weitläufige Sport-, Spiel- und Freizeitanlage nach Entwürfen des Landschaftsarchitekten Prof. Hermann Birkigt, Aachen, einzubeziehen.

Der Landschaftsgarten mit seinem Baumbestand blieb vor der Kapelle und südlich von Haus Martfeld erhalten. Ein neues Wegesystem erschließt die Spiel- und Sportanlage im Norden, Osten und Westen des Herrensitzes. Das wichtigste Element der Neugestaltung ist ein moderner Barockgarten, er liegt im Westen vor Haus Martfeld und ist von einer Gräfte umgeben.

☛ **Adresse:**
Haus Martfeld;
58332 Schwelm
☛ **Bemerkungen:**
Die Anlage ist öffentlich zugänglich.

Mitte des 14. Jahrhunderts wird Gut Obergedern in Witten – damals Gut Middeldorp zu Gedern – als Lehen der Familie Moylich erwähnt. Gegen Ende des 15. Jahrhunderts gelangt es in den Besitz Dietrich von Mallinckrodts. Die Besitzer wechselten in den folgenden 150 Jahren häufiger, bis es 1766 Eigentum des Freiherrn von der Recke zu Stockhausen wurde, der es an die Familie von Rüping verpachtete. Heute befindet sich Gut Obergedern in Privatbesitz und wird als landwirtschaftlicher Betrieb genutzt. Ein Landschaftsgarten wurde vermutlich frühestens zwischen 1847 und 1871 angelegt. Daß Familie Rüping im Jahre 1847 das Gut kaufen konnte, war ein Zeichen dafür, daß die wirtschaftliche Existenz des Landwirtes gesichert war. Rüping war in den folgenden Jahrzehnten offensichtlich in der Lage, die Umgebung seines Hauses zu verschönern. Bis dahin waren nur die unmittelbar am Haus liegenden Gartenanlagen gestaltet worden.

In der Mitte des Innenhofes des U-förmigen Gutshauses befand sich ein ovales Wasserbecken mit einer Engelgruppe und einer Fontäne. An den rechteckigen Innenhof schloß sich eine halbrunde Fläche an, die eine bis zu zwei Meter hohe Mauer hangseitig begrenzte. Eine halbkreisförmige Rasenfläche rahmte eine Rabatte mit einer niedrigen Wechselbepflanzung ein, in die rhythmisch wiederkehrend Hochstammrosen eingestreut waren. Ein mit großem Aufwand bepflanztes Teppichbeet betonte das Zentrum der Rasenfläche. In der Flucht stand eine schirmförmig geschnittene Hängeesche *(Fraxinus excelsior 'Pendula'),* um deren Stamm ein runder Tisch mit Sitzgelegenheiten angebracht

war. Dieser Aussichts- und Ruheplatz war über einen an der Innenkante der Stützmauer verlaufenden Kiesweg erreichbar.

Von diesem hausnahen, regelmäßig geformten Garten führte ein Weg südlich des Hauses an einem rechteckigen Wasserbecken vorbei in den Landschaftsgarten hinter dem Haus. Er vereinigte sich mit dem vom Hauseingang ausgehenden Stichweg zu einem Rundweg. Dieser führte an einem Lindendom und einem dahinter liegenden Tennisplatz vorbei und mündete in einem Bogen in die Allee des 1905 angelegten Parkes und führte zum Hauseingang zurück.

Östlich des Wasserbeckens befand sich eine Grotte aus Schlackesteinen, die heute noch in Resten erkennbar ist. Kleinere Gehölze waren innerhalb des Rundweges in die Rasenfläche gesetzt. Ein rundes, mit einer eisernen Einfassung versehenes Wasserbecken und ein Postament mit Vase gehörten zur Ausstattung des hausnahen Gartens. Zum Gehölzbestand zählten die Sommerlinden *(Tilia platyphyllos)* des Lindendoms, einige ältere Blutbuchen *(Fagus sylvatica 'Atropunicea'),* zwei große Trauerweiden *(Salix alba 'Tristis')* und dem Zeitgeschmack entsprechend ein Sortiment kegelförmig wachsender Koniferen, wie Lebensbäume *(Thuja)* und Scheinzypressen *(Chamaecyparis).*

Grotten und Miniaturen

Der von Max und Otto Rüping im Jahre 1905/1906 angelegte Landschaftspark schloß sich nördlich der Gutsgebäude und des bestehenden Gartens an. Er erstreckte sich auf einem zur Ruhr hin sanft abfallenden Hang des Ardeygebirges. Hauptelemente des Parks waren große Wiesenflächen, Gehölzgruppen, kleine Wäldchen, Alleen und geschwungene Wege. Im Norden und Osten ging die Anlage in einen Wald über, im Westen grenzten Äcker und Wiesen an. Zwei Teiche, eine Brücke, eine Grotte und ein Rundtempel ergänzten das Ausstattungsrepertoire.

Vom formalen Garten vor dem Gut führte eine Kastanienallee *(Aesculus hippocastanum)* durch ein Eingangstor in einem Gitterzaun linear auf eine Grotte mit einem vorgelagerten Teich zu. Vor dem Teich teilte sich der Weg und führte über eine Brücke zu einer weiteren Grotte aus Schlackesteinen. Auf der westlichen Seite der Kastanienallee lag ein quadratischer Nutzgarten und auf der östlichen Seite eine große, rechteckige, eingezäunte Weide. Ein wichtiges Element des Landschaftsgartens ist der achteckige Rundtempel in der Nähe des Gartentores zum Gutshaus, der noch immer existiert. Von ihm aus konnte man weit ins Ruhrtal und ins Ruhrhügelland sehen.

Zeit und veränderte Nutzungen haben auf diesem Gelände deutliche Spuren hinterlassen: Die ehemaligen Gestaltungselemente des Landschaftsparks und des formal gestalteten Gartenbereiches vor dem Gutshaus sind heute nicht mehr sichtbar. Der Garten von 1870 und die Landschaftspark vom Anfang des 20. Jahrhunderts bildeten eine typische gestalterische Einheit. Ein formal gestalteter Bereich in Hausnähe ging in einen landschaftlich gestalteten Bereich über. Die Ausstattung mit Grotten oder Rundtempeln hat Vorbilder in Barockgärten, aber auch in den klassischen Landschaftsgärten des 18. Jahrhunderts. Auffällig war die Vielzahl der kleinen Bauten, Wege, kleineren und größeren Gehölzgruppen und Wiesen auf einer Fläche von nur etwa drei Hektar.

Diese Anzeichen für eine Miniaturisierung des Landschaftsgartens waren sowohl im Rheinland als auch in Westfalen in den ersten Jahrzehnten des 19. Jahrhunderts in Parkanlagen wohlhabender Landadliger und gehobener Bürger erkennbar. Für Gut Obergedern existieren weder Hinweise auf den Gartenarchitekten noch Planunterlagen zur Parkgestaltung. Die benachbarten Gartenanlagen am Haus Mallinckrodt und am Haus Schede zeigen jedoch ähnliche Strukturen. So ist wahrscheinlich, daß die Gutsbesitzer bei den Besuchen benachbarter Herrensitze Anregungen und Ideen für die Gestaltung ihrer eigenen Gartenanlage mitnahmen.

☛ **Adresse:**
Gederfeldweg; 58453 Witten-Gedern
☛ **Bemerkungen:**
Die Parkanlage ist privat und nicht öffentlich zugänglich.

Blick in Richtung Grotte um 1905

Der Park von Schloß Steinhausen

Um die wichtige Handelsstraße von Dortmund über Schwelm nach Köln zu sichern, errichteten die Herren von Witten am Südufer der Ruhr eine wehrhafte Anlage. Im 13. Jahrhundert wird so Schloß Steinhausen in diesem Zusammenhang das erste Mal erwähnt. 1464 kam das Schloß dann durch Heirat in den Besitz der Familie Stael von Holstein und 1732 durch Schenkung an die Familie von Elverfeldt, die es bis 1851 bewohnte. Bis zum Anfang des 19. Jahrhunderts war nicht bekannt, ob in Steinhausen Gartenanlagen vorhanden waren. Aus dem Jahre 1818 stammen die Unterlagen, die mehrere Gemüsegärten und einen Baumhof erwähnen. Eine formal gestaltete Gartenanlage, etwa einen Barock- oder Rokokogarten, hat es aber dort wohl nie gegeben.

Zwischen 1851 und 1893 befand sich die Anlage im Besitz verschiedener holländischer Kaufleute, die sie anschließend an die Familie Dünkelberg verkauften. Während dieser „holländischen Phase" wurden ein kleiner Park angelegt und Gewächshäuser errichtet. Der neue Besitzer Dünkelberg baute dann ab 1893 um, verschönerte den Park und errichtete weitere Gewächs- und Weinhäuser. Die von den Holländern begonnene und von Dünkelberg fortgesetzte Gewächshaustradition auf Schloß Steinhausen hatte keine kommerziellen Beweggründe. Die Gewächshäuser waren repräsentative Bauten, keine reinen Zweckgebäude für die Pflanzenproduktion. Damals war es durchaus üblich, daß ein Industrieller seine Wohnung standesgemäß durch Schauhäuser mit exotischen Pflanzen zierte. Auf die „parkähnliche Umgebung" am Schloß Steinhausen wurde da

Luftbild von Schloß Steinhausen aus dem Jahr 1980

mals in zeitgenössischen Veröffentlichungen hingewiesen. Fotos zeigten Hügel- und Gemüsebeete sowie Teppich-, Flor- und Blattpflanzenbeete und ein Rundbeet im Eingangsbereich der Schloßanlage. Ob es auch einen Landschaftsgarten im nördlich vom Herrenhaus gelegenen Wald gegeben hat, ist unklar.

Nach dem Tode Dünkelbergs lösten sich die Gartenstrukturen infolge mangelnder Pflege immer mehr auf. Die in den fünfziger Jahren unseres Jahrhunderts noch gut erkennbaren Beete und Wegeverläufe existieren heute nicht mehr. Der Gehölzbestand ist dagegen noch intakt. Die für die Gartengestaltung vor 1900 verwendeten Koniferen sind allerdings nicht mehr vorhanden. Auch die Gewächshäuser gibt es nicht mehr. Das Rundbeet im Eingangsbereich ist seinem ursprünglichen Zustand entwachsen und verdeckt heute die Sicht auf das Erdgeschoß des Herrenhauses. Die in der Nähe liegenden Gemüsegärten wurden aufgegeben oder in ihrem Nutzungsumfang reduziert.

☛ **Adresse:**
Auf Steinhausen;
58452 Witten-Bommern
☛ **Bemerkungen:**
Die Parkanlage ist privat und nicht öffentlich zugänglich.

Schloß Bladenhorst war das künstlerisch bedeutungsvollste und größte adlige Haus im alten Gericht Castrop. Zwischen den Jahren 1530 und 1580 wurde es erbaut. Seine Ursprünge gehen jedoch auf eine mittelalterliche Burg aus dem 13. Jahrhundert zurück. Sie hat vermutlich an der gleichen Stelle wie das heute auf Castrop-Rauxeler Stadtgebiet liegende Schloß gestanden. Über ihr Aussehen ist jedoch nichts überliefert. Die erste Anlage aus der Mitte des 13. Jahrhunderts kann sowohl ein Gräftenhof als auch eine Erdhügelburg, eine sogenannte Motte, gewesen sein, deren Kern ein von Wällen und Wassergräben umgebener aufgeworfener Erdhügel war.

Als 1496 der Besitz an die Familie von Viermundt wechselte, löste das offenbar den Neubau aus. Er wurde in den folgenden Jahren in Angriff genommen. Es entstand eine Vierflügelanlage mit einem doppelten Wassergraben, der das Herrenhaus mit Binnenhof umschloß. Um 1734 ließen die Herren von Romberg die Schloßanlagen erneut umbauen. Die

Luftbild von Schloß Bladenhorst aus dem Jahr 1992

Ausbauten zeigten das Bestreben, den vorherigen Wehrcharakter zu mildern. Schloß Bladenhorst sollte nun eine repräsentative Anlage werden.

Wichtiger als die Veränderungen an den Gebäuden war der Abbau der Festungswälle, die Anlage der beiden Brückenbögen auf der Süd- und Ostecke des Schlosses und der Bau eines Gartenhauses an der Stelle des Wehrturms auf der Ostecke der Außengräfte. (Dieses Gartenhaus wurde später zum Taubenhaus umgebaut.) Die früheren Wallflächen wandelten sich zu Nutz- und Ziergärten. Die neuen Brückenbögen bildeten den Zugang zu diesen Gärten. Beide Brücken sind heute fast zerfallen, die Brücke an der Südecke zeigt aber auch heute noch etwas vom ursprünglichen Bild.

Gartenreste

Umfangreichere Gartenanlagen, die der Architekt von Pich gestaltete, lagen auf der Nordostseite des Schlosses zwischen innerer und äußerer und auf der Südostseite außerhalb der Gräfte. Zu diesen Anlagen gehörte auch das Gartenhaus auf der Ostecke der Außengräfte, heute eine Ruine, sowie eine Teichanlage. Der Wehrturm auf der Südecke der Schloßanlage, der bis heute erhalten blieb, wurde Anfang der sechziger Jahre des 19. Jahrhunderts nach den Vorstellungen der Freifrau Franziska von Romberg in einen Gartenpavillon umgebaut.

Die Gartenstrukturen südöstlich jenseits des Schloßgrabens bis zur Bahnlinie sind nur noch rudimentär erkennbar. Eine alte Kastanienallee *(Aesculus hippocastanum)* säumt den Zufahrtsweg zur Brücke des Torhauses. Wiesenflächen mit zwei

277

alten Remisen, davon eine ruinenhaft, liegen in einem Mischwald. Die Teichanlage existiert heute auch nicht mehr, nur der morastige Wiesengrund läßt vermuten, daß an dieser Stelle einmal Wasser gestanden haben könnte. Auch der Apfelhof, eine früher südwestlich der Teichanlage liegende Obstwiese, ist nicht mehr vorhanden.

Auf den historischen Wallanlagen befindet sich auf der Nordostseite der Schloßanlage entlang der Außengräfte eine Reihe von alten Kastanien. Die Flächen des südlichen Walls am Gartenpavillon – vormals Wehrturm – wird von den gegenwärtigen

Bewohnern des Schlosses als Hausgartenfläche genutzt. Der Innenhof der Schloßanlage dient ihnen teilweise als Parkplatz. Die dort wachsenden Gehölze sind jüngeren Datums: Blauzeder *(Cedrus atlantica „Glauca")*, Urweltmammutbaum *(Metasequoia glyptostroboides)*, Hirschkolbensumach *(Rhus typhina)*, Blutbuche *(Fagus sylvatica 'Atropunicea')*, Sternmagnolie *(Magnolia stellata)*, Eberesche *(Sorbus aucuparia)* und Eiben *(Taxus baccata)*.

☛ **Adresse:**
Westring,
44579 Castrop-Rauxel Bladenhorst
☛ **Bemerkungen:**
Die Parkanlage ist privat und nicht öffentlich zugänglich.

Blick auf den
Schloßturm mit Gräfte

Im Jahre 1905 erwarb die Gemeinde Herten vom Grafen Droste von Nesselrode das Katzenbuschgelände, einen etwa 150 Jahre alten Eichen- und Buchenwald, und legte den Volkspark „Katzenbusch" an. 1908 wurde das am Eingang gelegene Gemeinderestaurant fertiggestellt, in dem Versammlungs- und Festräume untergebracht waren. Im Restaurant wurde jedoch kein Alkohol ausgeschenkt, sondern lediglich Limonade, Milch und ähnliche alkoholfreie Getränke.

Der Katzenbusch ist keine Anlage, die den Zielsetzungen der Volksgar-

1919 wurden die bereits vorhandenen Rasenflächen um fünf Morgen (1,25 Hektar) erweitert. Außerdem kam ein Fußballplatz hinzu. Im Jahre 1924 wurde das Gelände völlig umgestaltet und auf 72 Morgen (18 Hektar) erweitert. Der Katzenbusch erhielt eine moderne Sportplatzanlage, geeignet für die Disziplinen Leichtathletik und Turnen. Ein Tribünengebäude für 1.200 Zuschauer und weitere Zuschauerrampen umgaben die Spielfelder. Zusätzlich wurde ein großer Kinderspielplatz angelegt. Die Arbeiten wurden im Rahmen von Notstandsprogrammen durch-

Gemeinderestaurant um 1909

tengestaltung Anfang des 20. Jahrhunderts folgt. Die echten Volksparks dienten nicht dem landschaftlichen Genuß oder gar der Repräsentation, sondern der spielerischen oder sportlichen Betätigung im Freien. Sandbuddelplätze, Planschbecken und -teiche, Spiel- und Liegewiesen gehörten daher zum Inventar eines Volksparkes. Der Katzenbusch war lediglich ein (kläglicher) Versuch, in ein vorhandenes Waldstück ein Wegesystem aus „kreisenden Formen" sowie kleinflächige Gehölz- und Wiesenpartien einzufügen.

geführt, so daß die Anlage am 21. Mai 1925 ihrer Bestimmung übergeben werden konnte. So hofften die Verantwortlichen, den Ansprüchen an einen Volkspark zu genügen.

Heute ist der Volkspark eine städtische Grünanlage, mit schablonenhaft anmutenden Gestaltungslelementen historischer und moderner Landschaftsgärten wie Spiel- und Liegewiesen oder Bolzplätzen.

☛ **Adresse:**
Katzenbuschstraße; 45699 Herten
☛ **Bemerkungen:**
Die Parkanlage ist öffentlich zugänglich.

Schloß Westerholt in Herten – heute ein Golfhotel – wurde im Jahre 1833 nach den Plänen des Architekten Freyse auf den Grundmauern des 1830 niedergebrannten Vorgängerbaues errichtet. Bereits im Jahre 1193 ist das Geschlecht derer von Westerholt urkundlich erwähnt, und noch heute ist Schloß Westerholt der Stammsitz der Grafen von Westerholt-Gysenberg.

Die historische Gartenanlage des Schlosses ist geometrisch als Barockgarten angelegt und hat sich in ihren prägenden Gestaltungsmerkmalen bis heute nur unwesentlich verändert. Eine Mittelachse teilt die mittlere und westliche Insel und führt über die „Baut", eine historische Allee, in den Westerholter Wald. Von der westlichen Insel gelangt man durch ein schmiedeeisernes Tor auf den Zufahrtsweg des Schlosses. Dieser Weg ist durch alte Kastanien *(Aesculus hippocastanum)* und Buchen *(Fagus sylvatica)* gesäumt. Zwischen den Kastanien stehen in unregelmäßigen Abständen bis zu 15 Meter hohe Stechpalmen *(Ilex aquifolium)* als Überbleibsel einer früheren Allee.

Die gesamte Schloßanlage mit ihren Inseln ist von einem verzweigten Gräftensystem und mehreren Teichen umgeben.

Vor dem Schloßgebäude auf der östlichen Insel befand sich im Jahre 1833 ein Rasenrondell mit geschnittenen, nicht winterharten Kübelpflanzen. Anfang des 20. Jahrhunderts wurde es in ein Rasenrondell mit einer wechselnden Sommerblumenpflanzung umgewandelt. Östlich davon enstand eine ellipsenförmige Strauchpflanzung aus Blütengehölzen. Von diesen Pflanzbeeten ist heute nur noch die Strauchpflanzung vorhanden, die jedoch zwischenzeitlich durchgewachsen ist.

Südlich des ehemaligen Rasenrondells schließt sich ein Gartenbereich mit landschaftlicher Gestaltung an. Es handelt sich um eine größere Rasenfläche mit einem hufeisenförmigen Rundweg, auf der einige alte Laubgehölze wie Eichen *(Quercus)*, Buchen *(Fagus)* und Kastanien *(Aesculus hippocastanum)* stehen.

Der barocke Garten erstreckt sich von der mittleren Insel über eine Hauptachse in südwestlicher Richtung; der Übergang zwischen östlicher und mittlerer Insel ist durch zwei mit Steinvasen gekrönte Torpfeiler gekennzeichnet. Auf der mittleren Insel befindet sich am südlichen Rand das sogenannte Vogelhaus, ein zweigeschossiger klassizistischer Bau von 1833, heute Herrenhaus, direkt gegenüber lagen die Orangerie und Gewächshäuser.

Der am intensivsten gestaltete Gartenteil befand sich auf der mittleren Insel zwischen Vogelhaus und Orangerie. Ein Wegekreuz, dessen Mitte ein Hügelbeet betonte, war an den äußeren Eckpunkten sowie entlang des umlaufenden Weges mit großen Eiben *(Taxus baccata)* bestanden, die im Laufe der Jahre jedoch stark zurückgeschnitten wurden. Rundkronige, mediterrane Kübelpflanzen flankierten früher das Wegekreuz auf beiden Seiten.

☛ **Adresse:**
Schloßstraße;
45701 Herten-Westerholt
☛ **Bemerkungen:**
Teile des Parks sind als Golfplatz genutzt und nur für die Mitglieder des Vereins zugänglich.
Die Gartenanlage ist privat und nicht öffentlich zugänglich.

Für Recklinghausen ist der Erlbruchpark von 1908 die zweite innerstädtische Parkanlage neben dem Stadtgarten. Der Park wurde von Stadtbaurat Gronarz in Anlehnung an den Park des Rathauses von Hannover geplant. Das sumpfige Gelände war vorher eine Deponie für Bauschutt.

Abwechslungsreiche Bodenmodellierungen waren durch den Einbau von Bauschutt möglich. So neigte sich das Areal danach zur Mitte hin und das Oberflächenwasser der Deponie konnte sich in einer Senke sammeln. So war es möglich, einen Bachlauf und eine Teichanlage zu gestalten.

Der Lageplan von 1908 zeigt, daß der Erlbruchpark im Stil eines englischen Landschaftsgartens angelegt wurde. Eine geschwungene Wegeführung und die Nachbildung eines natürlichen Bachlaufes, der aus einer Quelle in einem Steinfeld zu entspringen schien, waren die wichtigsten Elemente der Gestaltung. Die Gehölze wurden locker gruppiert und betonten Wegekreuzungen und Eingangsbereiche. Südöstlich des Rathauses erfolgte eine dichte Abpflanzung – wohl als Lärm- und Sichtschutz gegenüber der Eisenbahntrasse.

Auffallend war ein am Bachlauf liegender kreisförmiger Platz. Hier stand ein reetgedeckter Pavillon, der als Aussichtspunkt diente. Der erdnußförmige Rathausvorplatz bestand aus einer großen Rasenfläche mit lockeren Gehölzpflanzungen an den Rändern. Den am Rathaus vorbeiführenden Fußgängerweg am Kaiserwall säumte eine zweireihige Platanenallee *(Platanus acerifolia)*. Die erste Ausbauphase des Erlbruchparkes endete 1912. Das Gelände war modelliert, die Wege und der Bachlauf mit den zwei Brücken gebaut, die

Bäume gepflanzt und die Freiflächen eingesät. 1913 plante man weitere Maßnahmen, die sich jedoch auf Pflanzungen und das Aufstellen von Parkbänken beschränkten. 1957 wurde der Bachlauf zu einer großen Teichanlage mit Insel erweitert. Zwei Aussichtsplattformen wurden ebenfalls errichtet.

Ein Vergleich des Lageplanes von 1908 mit der aktuellen Situation zeigt, daß die Wegeführung im Prinzip beibehalten wurde. Der südöstlich des Rathauses gelegene Weg wurde jedoch durch den Bau der Parkplätze zerstört.

Die 1957 angelegte Teichanlage bestimmt deutlich die heutige Wegeführung. Alle Zugangswege enden in einem Rundweg um den Teich, so daß sich immer wieder neue Sichtbezüge ergeben. In dem abwechslungsreich modellierten Gelände bewirken die schwungvoll geführten Wege eine optische Erweiterung: Neigungen und Kurvenverläufe erschweren es, Entfernungen abzuschätzen.

Die Gehölze des Parks sind locker gruppiert und betonen Wegekreuzungen und Eingangsbereiche. Die Sicht- und Lärmschutzpflanzungen an Straße und Bahntrasse an der Süd- und Ostgrenze des Erlbruchparks sind auch noch vorhanden. Das ehemalige Rasenparterre mit vier Säulenpappeln hinter dem Rathaus existiert nicht mehr; an seiner Stelle befindet sich heute eine Pflanzfläche aus Koniferen, Heidekraut und Stauden. Anstelle des reetgedeckten Gartenpavillons wurde 1957 eine der Aussichtsplattformen errichtet.

☛ **Adresse:**
Rathausplatz; 45657 Recklinghausen
☛ **Bemerkungen:**
Der Park ist öffentlich zugänglich.

In der Nachfolge des im Jahre 1642 gegründeten und 1835 aufgehobenen Franziskanerklosters in Recklinghausen errichtete der Orden im Jahre 1900 erneut eine Niederlassung im Stadtbereich. 1905/06 wurde das neue Klostergebäude erbaut und ein Wirtschaftsgarten angelegt. Nach dem Bezug des Klostergebäudes im Jahre 1909 wurde unter der Leitung von Gärtner-Bruder Ägidius damit begonnen, den Garten zu bewirtschaften. Obstbäume, Beerensträucher, Gemüsebeete, Blumen- und Gewürzpflanzenrabatten sowie an Rankgittern gezogene Rosen und ein Bienenstand waren die Elemente dieses klösterlichen Nutzgartens.

Nördlich der Kirche befand sich entlang der Klostermauer ein rechteckiger Bereich, der in zwölf regelmäßige, annähernd quadratische Beetkompartimente unterteilt war und vermutlich ebenfalls als Nutzgarten diente. Eine Allee bildete die Mittelachse. Auch das südlich an den Nutzgarten angrenzende, etwa 6000 Quadratmeter große Eichenwäldchen bezogen die Ordensbrüder in die Gestaltung des Klostergartens ein. Im „Klosterwäldchen" wurden „stille, verschlungene Pfade" angelegt und ein „von Rosmarin umsäumtes Kreuzbild" errichtet.

Nach Auflösung des Konvents im Jahre 1969 verfielen Gebäude und Garten. 1979 übernahm die Katholische Kirchengemeinde die Anlage; sie ließ die Gebäude restaurieren und den Garten umgestalten. Anfang 1980 war nur noch die rechteckige Grundstruktur des Gartens ablesbar. Die ehemals formale Gartenanlage wurde vollkommen verändert: Heute ist das Wegenetz geschwungen ausgebildet, mit verschiedenen angegliederten Sitzbereichen. Ein Grill-

platz, ein kleiner eingezäunter Gemüsegarten und ein etwa 600 Quadratmeter großer, naturnaher Teich ergänzen die Ausstattung.

Als Relikte des ehemaligen Klostergartens sind die Einfassungsmauer und einige alte Obstbäume erhalten. Zwei der im Garten aufgestellten Bildstöcke weisen auf die Geschichte der Klosteranlage hin. Es handelt sich um eine Kreuzwegstation aus der Zeit der Klostergründung und um ein Marienbildnis, das bis 1978 in der Kirche gestanden hatte. Das Eichenwäldchen ist nur noch als Restwaldparzelle erhalten; der Heilpädagogische Kindergarten nimmt einen großen Teil der früheren Waldfläche ein.

☞ **Adresse:**
Friedrich-Ebert-Straße;
45659 Recklinghausen
☞ **Bemerkungen:**
Die Gartenanlage ist öffentlich zugänglich.

Vogelschau des Franziskanerklosters um 1956

Für das Bergwerk Waltrop entstand von 1900 bis 1920 eine Beamten- und Arbeitersiedlung sowie eine Direktorenvilla. Die Parkanlage der Direktorenvilla wurde 1912 mit einer Teichanlage, einem Badehaus, einem Gartenpavillon und einer Felsengrotte ausgestattet. 1976 ging die Villa in Privatbesitz über. Die Stadt Waltrop erwarb die Parkanlage und machte daraus eine öffentliche Grünanlage.

Der Gestaltungsplan „Lageplan des Stallgebäudes zugehörig zur Direktorenvilla" von 1904 zeugt von einem gartenarchitektonischen Stil im Ausklang der landschaftlichen Parkform in Deutschland. In diesem Plan spiegeln sich die Theorien und Formvorstellungen Gustav Meyers wider. Meyer war Ende der siebziger Jahre des 19. Jahrhunderts Vorreiter einer deutschen Gartenkunst besonderer Prägung. Er duldete regelmäßige und landschaftliche Formen nebeneinander, regelmäßige Formen aber nur in Verbindung mit Gebäuden.

Dieser Gestaltungsgrundsatz schlug sich auch in der Gartenanlage an der Direktorenvilla nieder: Der rechteckig geformte Gemüsegarten war das architektonische Pendant zur Villa in dem von geschwungenen Wegen durchzogenen Gesamtparkgelände. Die Mittelachse des Gemüsegartens, der Gartenweg, bezog sich orthogonal auf die Mitte der Villenfront. Der Gemüsegarten erinnerte stilistisch an einen Bauerngarten mit Wegekreuz und umlaufenden Wegen; er war mit Ligusterhecken (*Ligustrum*) eingefaßt, die heute noch vorhanden sind.

Die Teiche von 1912 liegen hinter der Direktorenvilla in einem Eichen-Hainbuchen-Wald. In diesem Bereich wurden im Zuge des Baus neuer Wege Silberahorn (*Acer sac-charinum*), Bergahorn (*Acer pseudoplatanus*), Eschen (*Fraxinus*), Buchen (*Fagus sylvatica*), Linden (*Tilia*), Kastanien (*Aesculus hippocastanum*) und verschiedene Koniferen gepflanzt.

Auf Wunsch des damaligen Bergwerkdirektors wurde eine Felsengrotte angelegt, die die Bauten des klassischen Landschaftsgartens zum Vorbild hatte. Die unbearbeiteten Bruchsteine sollten wie eine Ruine wirken. Dieser Effekt wurde noch dadurch verstärkt, daß aus der Mauer drei Platanen (*Platanus acerifolia*) herauswuchsen. Zwei Eschen (*Fraxinus*) flankieren die Eingangstreppe und schließen den Kreis der Platanen.

Heute hat die Direktorenvilla einen ellipsenförmigen Vorplatz mit Kopfsteinpflasterung, auf dem zwei mächtige alte Platanen stehen. Diesem Platz gegenüber liegt der Bereich des ehemaligen Gemüsegartens, der heute als Obstwiese genutzt und durch einen Rasenweg erschlossen wird.

Heute ist von den Gestaltungsprinzipen aus dem Jahre 1904 nur noch wenig erkennbar. Die frühere Lage des Nutzgartens ist noch sichtbar, und einige der ehemaligen Alleen sind auch noch zu erkennen. Die historische Wegeführung wurde größtenteils beibehalten, als man das Wegesystem überarbeitete. Der Weg, der über die Wehranlage im nördlichen Bereich des Parks führte, ist allerdings nicht mehr vorhanden. Die ehemaligen Rasen- und Beetflächen sind fast zugewachsen und für den Besucher nicht mehr erkennbar.

☞ **Adresse:**
Dortmunder Straße; 45731 Waltrop
☞ **Bemerkungen:**
Die Parkanlage ist öffentlich zugänglich.

Die Schloßanlage Haus Heeren in Kamen entstand im 17. Jahrhundert aus einem von Gräften umgebenen, ehemaligen Lehensgut der Grafen von der Mark. Ausgangspunkt für die ersten Gartenanlagen am Schloß waren größere Nutzgartenbereiche wie eine Obstwiese und Gemüse- und Kräutergärten. Im Rahmen der Umgestaltungs- und Erweiterungsmaßnahmen im Jahre 1857 bis 1859 entstand nördlich von Haus Heeren ein Park im Stil des englischen Landschaftsgartens.

Die vorhandenen Ausstattungselemente, beispielsweise Teichanlagen, bezog man in die Neuplanung ein. Westlich der Schloßanlage blieben bis heute die strengen, formalen Wegestrukturen erhalten. Weiter westlich waren Reste des ehemaligen Nutzgartens noch lange vorhanden, erst in jüngster Zeit wurden diese Flächen aufgeforstet. Nur die um 1850 in frühem Rundbogenstil errichtete Orangerie mit den um 1909 angebauten Seitenteilen läßt heute auf einen ehemals großzügigen Gartenbereich schließen.

Im Jahre 1969 wurde das steinerne Tor von Haus Bögge in Bönen (Kreis Unna) in die Begrenzungsmauer des Gartens an Haus Heeren versetzt. (Die Verlagerung von historischer Bausubstanz an einen anderen Ort bezeichnet man mit dem Fachbegriff Translokation/translozieren.) Aufforstungen trennen das dahinterliegende Gartenstück vom übrigen Park, es wurde dem Kirchplatz zugeordnet.

Weite Teile des Umfeldes von Haus Heeren blieben in ihrer historischen Struktur erhalten. Die nördlich des Schlosses entlang einer Sichtachse angeordneten Bereiche des ehemaligen Landschaftsparkes sind gut ablesbar. Der Baumbestand östlich dieser Sichtachse hat allerdings aufgrund der Vegetationsentwicklung einen eher waldartigen Charakter angenommen, die ursprüngliche Gestaltung ist dort nur noch schwer erkennbar. Der Gartenteil mit dem Orangeriegebäude westlich des Schlosses wird heute vom Schloßherrn als Ziergarten privat genutzt.

Luftbild von Haus Heeren aus dem Jahr 1982

Nördlich der evangelischen Kirche befindet sich das im 18. Jahrhundert angelegte Erbbegräbnis. Es ist ein ruhiger Ort mit einfachen Wegestrukturen und zurückhaltender Grabbepflanzung. Er liegt den Schloßgebäuden und der Zufahrtsallee gegenüber auf einer leicht erhöhten Geländestufe und ist nicht öffentlich zugänglich.

☞ **Adresse:**
Heerener Straße;
59174 Kamen
☞ **Bemerkungen:**
Die Parkanlage ist privat und nicht öffentlich zugänglich.

Obwohl die Salzgewinnung in Königsborn (heute Unna) bis ins 14. Jahrhundert zurückzuverfolgen ist, wurde erst sehr spät erkannt, daß die Sole auch medizinisch verwendbar ist. Der Unnaer Arzt Dr. Schulz erhielt daher erst im Jahre 1818 die Erlaubnis, ein privates Badehaus im „Kaffeewald" zu errichten. Ein Jahr zuvor, 1817, hatte die Regierung schon an der Salzsiederei ein eigenes Sol- und Dampfbad erbaut. Dieses Bad stand allerdings nur den Salinenarbeitern und deren Angehörigen zur Verfügung.

Bis zur Mitte des vorigen Jahrhunderts entwickelte sich Königsborn nach zeitgenössischen Berichten zu einem „Sammelplatz für die feinere Welt Westfalens". Der Betrieb des Privatbades mußte trotzdem aufgrund wirtschaftlicher Schwierigkeiten gegen Ende der fünfziger Jahre des 19. Jahrhunderts eingestellt werden.

Das staatliche Bad entging jedoch der Stillegung: Im Jahre 1873 erwarb der Großindustrielle Friedrich Grillo die Saline vom preußischen Staat. Auch das mit der Saline verbundene Bad kam so in seinen Besitz.

Grillo baute das Bad weiter aus und ließ das Kurhaus errichten. Im Jahre 1882 konnte schließlich das Bad Königsborn eröffnet werden. Bad Königsborn erhielt zu dieser Zeit bereits seine Sole durch eine etwa 24 Kilometer lange Röhrenstrecke aus der Thermalquelle Werries bei Hamm.

„Der 60 Morgen große Kurgarten des Bades Königsborn", so schrieb der Badearzt Dr. Carl Wegele schon zu Ende des 19. Jahrhunderts in einem Prospekt, „bietet zunächst genügend Raum, sich in den schattigen Anlagen (mit den malerischen Baumgruppen, saftigen Rasenplätzen und kleinen Teichen) zu ergehen, wo für Ruhebedürftige überall Bänke in großer Anzahl angebracht sind".

Kurgäste, aber auch Einheimische suchten in den Sommermonaten Erholung in den gepflegten Parkanlagen des Königsborner Kurgartens. Erfrischungsgetränke, Kaffee und Kuchen und Schinkenschnittchen servierte man im großen Gartenrestaurant vor dem Kurhaus und dem Kurtheater.

Mit dem Verkauf der Quelle bei Werries an das Bad Hamm im Jahre 1941 endete in Königsborn der Badebetrieb. Der Park blieb der Öffentlichkeit zugänglich.

In den sechziger Jahren unseres Jahrhunderts wurde der südliche Teil, der eigentliche Kurpark, weitgehend neu strukturiert. Bestehende Gewässer, eine Feuchtwiese und Teile des Gehölzbestandes wurden zu Rasenflächen und Spielbereichen umgewandelt. Der Brunnen vor dem Kurhaus und eine Grotte an der Grenze zur Parkstraße fielen ebenfalls den Veränderungen zum Opfer. Brände zerstörten 1962 den Kursaal und 1978 das Kurhaus.

Auch der bis dahin weitgehend unveränderte Bereich der „Eiswiese" im „Kaffeewald" wurde Anfang der achtziger Jahre zu einem Spiel- und Freizeitbereich ausgebaut. Der Kurpark ist heute mit Kaffeewald und dem Kinderspielplatz auf der Eiswiese Teil der Freizeitanlage Unna-Königsborn.

☛ **Adresse:**
Friedrich-Ebert-Straße;
59425 Unna-Königsborn
☛ **Bemerkungen:**
Der Kurpark ist öffentlich zugänglich.

Die erste Burganlage, Vorgängerin von Schloß Ringenberg in Hamminkeln, wurde in den sumpfigen Niederungen der Issel vom Freigrafen von Sueder Anfang des 13. Jahrhunderts erbaut. In der zweiten Hälfte des 13. Jahrhunderts gelangte Schloß Ringenberg durch Heirat in den Besitz des Grafen von Kleve. In der Folgezeit war die Burg eng mit dem Aufstieg des Herzogtums Kleve verbunden und ein Machtfaktor Kleves an der Grenze zu Münster. Sie war sowohl Wehr- als auch Verwaltungsburg der klevischen Grafen.

Im dreißigjährigen Krieg wurde die Burg von den Holländern zerstört. Jakob von Spaen errichtete an gleicher Stelle 1661 die neue Burg Ringenberg. Im Jahr 1732 verlor sie durch Streitigkeiten ihren Rang und die Herren von Spaen verloren ihre Herrschaftsrechte. Sie blieben jedoch Besitzer der Burg bis zur Mitte des 19. Jahrhunderts.

Die ehemaligen Gartenanlagen am Schloß Ringenberg sind erstmals 1733 im klevischen Kataster kartographisch dargestellt. Im Süden befand sich an der das Schloß umgebenden Gräfte ein Lustgarten, der durch ein Wegekreuz mit betonter Mitte in vier Beetkompartimente unterteilt und ornamental bepflanzt war. Vor dem Schloß lagen im westlichen und östlichen Teil vermutlich die Nutzgärten. Der Garten nördlich außerhalb der Gräfte war wahrscheinlich ein Baumgarten. Das weitere Umfeld von Schloß Ringenberg gliederte sich durch doppelreihige Alleen und wurde, das legen die Bezeichnungen „Weide" und „Schlagholz" nahe, landwirtschaftlich und forstlich genutzt.

Heute existieren die verschiedenen Gärten nicht mehr, die Flächen jedoch, auf denen sie sich befanden, sind noch gut erkennbar. Im ehemaligen Lustgarten finden sich Relikte von im 20. Jahrhundert veränderter Nutzung, wie beispielsweise alte Obstbäume und Reste von Frühbeeten. Der frühere Nutz- und Obstgarten vor dem Schloß dient heute als Besucherparkplatz. Der Baumgarten wird landwirtschaftlich genutzt, und die vormals doppelreihigen Alleen sind heute aus dem Umfeld von Schloß Ringenberg verschwunden.

Ausschnitt aus dem Klevischen Kataster von 1733

Das Schloß gehört der Stadt Hamminkeln, die es restaurierte und eine Kultur- und Kunststätte einrichtete. Der Schloßinnenhof ist durch ein Rasenrondell mit sechs kegelförmig geschnittenen Eiben *(Taxus baccata)* und durch zwei, geometrisch geformte und mit Buchsbaum *(Buxus)* gefaßte Rasenbeete charakterisiert.

☛ **Adresse:**
Schloßstraße; 46499 Hamminkeln
☛ **Bemerkungen:**
Die Außenanlagen sind öffentlich zugänglich.

Das Wasserschloß Gartrop in Hünxe stammt aus dem 17. Jahrhundert. Albert Giesbert von Hüchtenbruck plante und baute es als Vierflügelanlage nach niederländischen Vorbildern. Zum Gesamtkomplex des Schlosses gehören zudem zwei Gartenhäuser, eine Wassermühle und eine Kirche aus dem Jahre 1698. Diese Kirche wurde rund 140 Jahre später mit neugotischen und maurischen Stilelementen umgestaltet.

mieren über die Gestaltung der Anlage, die gepflanzten Bäume und die eingesetzten Gemüse- und Blumensamen.

Innerhalb der von Wasser umgebenen Mauern befanden sich am Schloß Gartrop Barockparterres, deren Einfassungen durch Vasen oder Kübel und Pflanzen unterbrochen waren. Zwei Gartenhäuser flankierten die Einfahrt, die von einem mit Figuren (Minerva und Concordia) gekrönten Torbogen überspannt war. Die Nutz-

Luftbild von Schloß Gartrop aus dem Jahre 1926

Wie bei vergleichbaren Anlagen am Niederrhein ist die Existenz eines Gartens auch in Schloß Gartrop erst zu Anfang des 18. Jahrhunderts belegt. Nach Abschluß der Bauarbeiten am Schloß im Jahre 1675 war vermutlich an einen Schloßpark zunächst nicht zu denken. Die andauernde französische Belagerung am Niederrhein zwang die Schloßherren, ihren Grundbesitz zu sichern. Überlieferte Rechnungen aus dem Jahre 1733 machen dann aber detaillierte Angaben über eine vorhandenen Gartenanlage. Diese Belege infor-

bereiche wie Obstgärten, Gemüsebeete und sogar eine Baumschule befanden sich außerhalb des unmittelbaren Schloßbereiches.

In der eigenen Baumschule wurden unter anderem Obstbäume herangezogen, in dem die aus Kernen gezogenen Wildlinge veredelt wurden. Anschließend erhielten sie in den Obstgärten ihren endgültigen Standort. So baute man in Gartrop die gängigen Obstsorten wie Äpfel, Birnen, Pflaumen, Mispeln und Quitten, aber auch empfindliche Sorten wie Pfirsiche und Aprikosen an. Als Sommerblumen zog die Schloßgärtnerei die auch heute noch üblichen Arten heran: Weiße und gelbe

Chrysanthemen, weißer und blauer Rittersporn, verschiedene Phloxsorten, weißer Mohn, Veilchen und Rhizinus wurden dann in den Blumenrabatten des Schlosses verwendet.

Erdbeer- und Spargelrabatten

Rund 100 Jahre später befaßte sich der bekannte Gartenarchitekt Maximilian Friedrich Weyhe aus Düsseldorf mit einer Neugestaltung des Schloßumfeldes. Dies geschah nach Umbaumaßnahmen am Schloß, die auch mit dem Ziel durchgeführt wurden, die Gartenfläche zu vergrößern. Von der neuen Gartenanlage gibt es heute keine Gesamtpläne mehr. Aber der detaillierte Erläuterungsbericht von Weyhe aus dem Jahre 1838 steht zur Verfügung:

„Erklärung des Entwurfes zur Anlage der nächsten Umgebung des Hauses Gartrop sowie des anstoßenden kleinen Gemüsegartens daselbst:

1. das Herrschaftliche Schloß
2. die Kirche
3. Stallung, Remisen und andere Ökonomie-Gebäude
4. Hofraum, hinter den Ökonomie-Gebäuden
5. Wachthäuser
6. Gewächshäus
7. Vorfindliche Brücke
8. Neu anzuschüttender Damm, welcher von der durch den sogenannten Karlsbusch angelegten Fahrstraße zur Anfahrt auf das Schloß dienen soll. Um die zur beiden Seiten des Dammes gelegenen Wassergräben in Verbindung zu setzen und das Wasser selbst mehr zu beleben, wurde durch den Damm ein Durchlaß angelegt. Die Absperrung des großen Hofraumes 11 kann aber durch ein Staketenzaun bewirkt werden, wie dieses in dem Plan angedeutet worden ist. Dieses Absperrungs-Geländer wird durch die zu beiden Seiten von niedrigem Strauchwerk anzu-

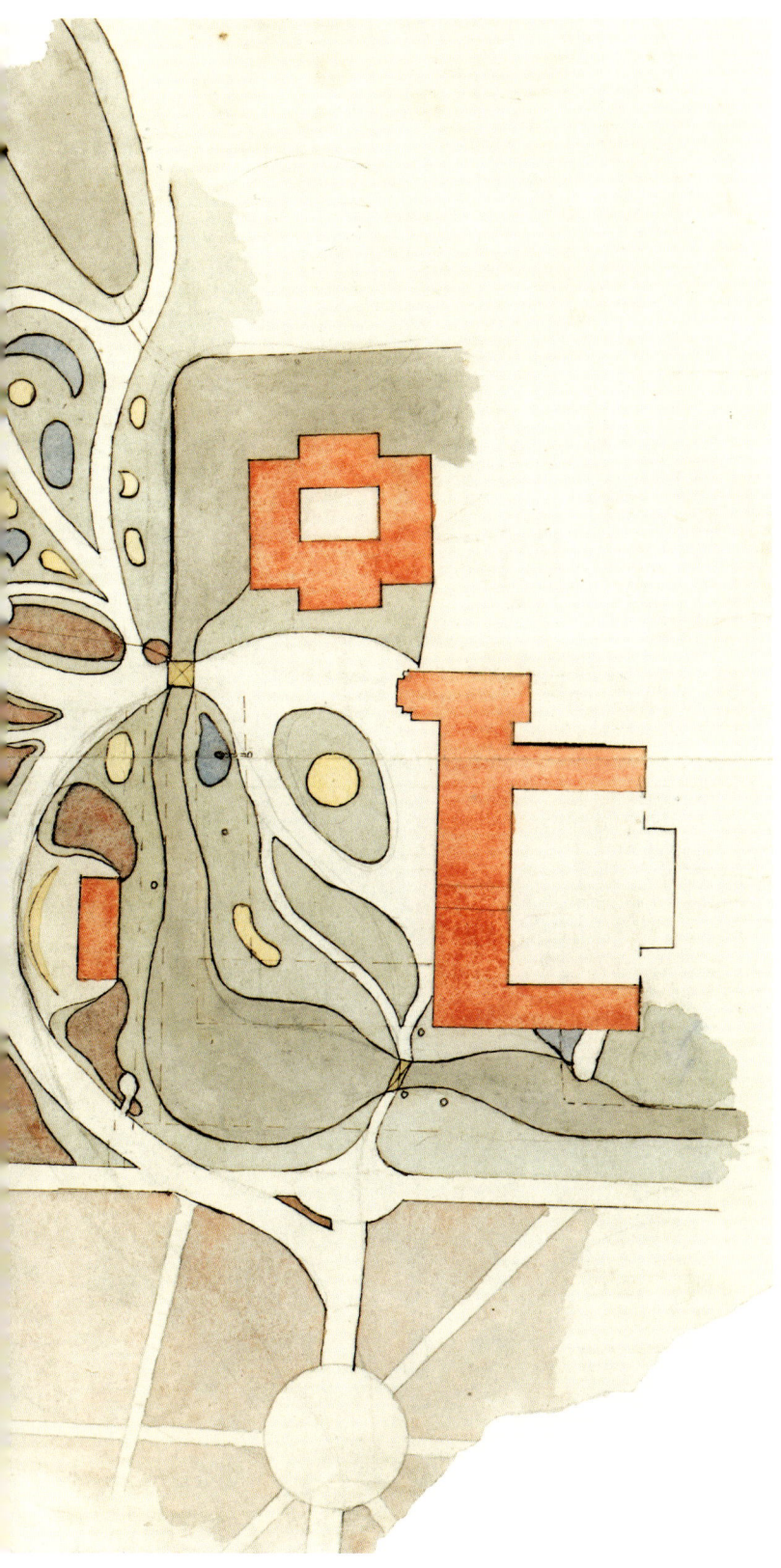

legenden Gruppen maskiert. Außerdem ist der Damm zu beiden Seiten mit einem Schutzgeländer zu versehen, was ebenfalls in der Zeichnung angegeben worden ist.

9. Hinter den Ökonomie-Gebäuden gelegener freier Platz. Derselbe wird von den angrenzenden flach anzulegenden Uferböschungen durch eine Weißdornhecke getrennt, damit das Vieh den Rasen nicht abtreten noch verderben kann.

10. Stelle der zu den Ökonomie-Gebäuden und dazu gehörigen Hofräumen und Düngergräben führenden Fahrbrücke.

11. Großer Vorplatz vor dem Schlosse, der Kirche und den Ökonomie-Gebäuden. Dieser Platz ist von den ganz flach und in dem Auge gefälligen Formen anzulegenden Uferböschungen durch eine drei Fuß hohe Einfriedungshecke von den verschiedenen, niedrig bleibenden Weißdornarten als: Mespilus oxycantha und Mespilus crus galli „Lucida" zu trennen, um die auf den Ufern zu pflanzenden Gruppen von schönblühenden Holzarten sowie den Trauerweiden zu sichern.

12. Zwei Rasenplätze auf eben zu 11 genannten Vorplätzen, der erste oder größte in der Form eines Ovals, der andere in der eines Kreises. Dieselben würden schicklich mit einer 2/2 Fuß hohen Hecke von verschiedenen, gefüllt blühenden Rosen umpflanzt werden können, wodurch das Abtreten der Ränder und das Laufen über diese Rasenplätze verhindert wird.

13. Halbrunder Ruheplatz, welcher die Aussicht auf den in der Nähe anzulegenden Wasserspiegel auf die Fassaden des Schlosses und der Kirche gewährt. Zur Bepflanzung desselben werden drei Trauereschen genommen.

14. Vorhandene Einfahrten zu den Gemüsegärten.

15. Eingangstüren neben dem Gewächshaus, welche zum kleinen Gemüsegarten führen. Die vordere Partie des eben genannten, in der Nähe des Schlosses gelegenen Gemüsegartens kann ebenfalls als Lustanlage betrachtet werden. Derselbe ist teils mit Blumenbeeten und im Rasen liegenden, mit feinem wohlriechenden oder schön blühenden Holzarten zu bepflanzenden Grüppchen geziert, teils aber mit in gefälligen Formen angelegten Erdbeer- und Spargel-Rabatten versehen worden, worüber aus nachfolgender Erklärung das Nähere erhellet.

16. Freier Platz vor dem Gewächshause, zum Aufstellen von Orangenbäumen oder andere in Kübeln oder Kästen stehenden Orangerie-Gewächsen, z. B. Lorbeeren, Granaten, Oleander, Myrthe u. a. während der Sommermonate. Ebenso finden auch in Töpfen oder Kübeln stehende Gewächshauspflanzen hier eine Stelle.

17. Leichtes Geländer, woran die in Töpfen stehenden, höheren Pflanzen des Gewächshauses befestigt werden.

18. Ein etwas erhöht anzulegender Ruheplatz, auf welchen Ruhebänke gestellt werden und der zur Aufnahme einer größeren Gesellschaft Raum darbietet. Zur Bepflanzung können 5 Linden oder auch andere, bald schattengebende, hochstämmige Bäume angebracht werden.

19. Blumenbeete, die im Rasen gelegen, und mit 1 bis 1 1/2 Fuß hohen Rosenhecken korbartig einzufassen sind.

20. Für einjährige und perennierende krautartige und schönblühende Gewächse bestimmte

Beete. Nach näherer Angabe im Plan sind solche auf den Ecken mit halbstämmigen veredelten Rosenbäumchen oder auch mit großfrüchtigen englischen Stachelbeeren von verschiedenen Sorten zu besetzen.

21. Erdbeerrabatte. Außer den in hiesiger Gegend schon eingeführten Sorten würde auch die Anpflanzung der vorzüglichen englischen Erdbeeren empfohlen werden müssen.

22. Beete, die entweder zur Erziehung von Spargel oder von feinen, niedrig bleibenden Gemüse- und Küchenkräutern am geeignetsten sind.

23. Ebenfalls zum Anbauen mit feinen und niedrig wachsenden Küchengewächsen bestimmte schmale Rabatte. Die im Plan angedeuteten Bäume sind niederstämmige auf Quitten veredelte Birnen oder auf Johannesapfelstrauch veredelte Äpfel.

24. Breite Rabatte längs der Einfriedungshecken, zur Ansaat oder zum Anbau von Schatten ertragenden Gemüsearten und Küchengewächsen bestimmt.

25. Größere Abteilungen oder Quartiere, zur Anzucht von etwas mehr hochwachsenden Gemüsearten.

26. Gruppen, welche mit feinen und niedrig bleibenden, schön blühenden oder wohlriechenden Holzsträuchern direkt besetzt werden.

27. Holzpartien, welche zur Maskierung der Grenzmauern und Staketenzäune sowie zur Gewinnung von Schatten in diesen Promenaden-Anlagen dienen sollen. Sie werden mit mehr und weniger hochwachsenden, schönblühenden Strucharten oder auch mit verschiedenen Obststräuchern wie Quitten, Gartenmispeln, Büschelrosen, genießbaren Kornelkirschen, Stachel- und Johannisbeeren dicht bepflanzt.

28. Spalierartig zu ziehende Hecken von Johannisbeeren, 2/2 bis 3 Fuß hoch.

29. Spalierartig zu ziehende Hecken von Stachelbeeren.

30. Spalierartig zu ziehende Hecken von Rosen nach näherer Angabe.

31. Holzgruppen auf den Dossierungen der Ufer. Sie sind ebenfalls mit mehr oder weniger hochwachsenden, schönblühenden Holzarten dicht zu besetzen.

Düsseldorf, d. 29. Nov. 1838
F. Weyhe Garten-Direktor"
(Ende des Zitates)

Weyhes Plan kam jedoch nicht vollständig zur Ausführung, es wurden nur die vorhandenen Rabatten aufgelockert, Baumgruppen angepflanzt und Rasenflächen und Blumenbeete angelegt. Die so entstandenen Gartenanlagen waren zwar ein „Schloßpark", entsprachen jedoch nicht den Vorstellungen, die mit einem Landschaftsgarten englischen Vorbildes zu verbinden wären.

Aber auch von diesen Anlagen ist nicht viel übergeblieben, allenfalls Fragmente sind erkennbar. Die am Schloß unmittelbar angrenzenden Freiflächen sind nach aktuellen Nutzungskonzepten neu angelegt. Sie entsprechen – abgesehen von Resten des historischen Gehölzbestandes – nicht den früheren Strukturen. Lediglich in dem im Osten der Anlage liegenden ehemaligen Boskett (heute waldartiger Aufwuchs) lassen sich noch Sichtachsen und Rundplätze erkennen, die jedoch infolge der natürlichen Vegetationsentwicklung optisch zunehmend verschwimmen.

☞ **Adresse:**
Schloßallee: 46569 Hünxe
☞ **Bemerkungen:**
Die Parkanlage ist privat und nicht öffentlich zugänglich

Schloß Lauersfort auf Moerser Stadtgebiet ist eine ehemalige Wasserburg aus dem 14. Jahrhundert, Lehensburg der Abtei Werden. Der Rittersitz mit Vorburg, Türmen, Gräben und Wällen galt damals als stark befestigt. So etwas war ein „Offenhaus", ein offenes Haus, in diesem Fall eines der Grafen von Kleve. Dies bedeutete, daß die jeweiligen Besitzer dem Landesherren bewaffnete Gefolgsleute zu stellen hatten und daß der Landesherr in Kriegszeiten Besatzungen in das Haus legen konnte.

Der erste Besitzer von Schloß Lauersfort war die angesehene Familie von Friemersheim. Danach wechselten die Eigentümer häufig. Um 1600 kam die Wasserburg in den Besitz der Familie Peldern, genannt Cloudt, deren verarmte Nachfahren sie 1811 an die Familie von Rath verkauften. Nach weiteren Eigentümerwechseln befindet sich Schloß Lauersfort heute noch immer in Privatbesitz.

Der etwa 130 Jahre alte Park an Schloß Lauersfort ist im Stil des englischen Landschaftsgartens gestaltet. Vorher befand sich an seiner Stelle möglicherweise ein Barockgarten oder ein Garten mit formalen barocken Grundstrukturen. Dies läßt sich aus den Darstellungen der Tranchot-Karte des beginnenden 19. Jahrhunderts schließen. Die heute nördlich des Parkes gelegene Streuobstwiese und die daran angrenzende Pferdekoppel gehörten einst zum Parkgelände, das geht aus dem preußischen Urkataster hervor. Diese Bereiche waren ohne direkte Stilbindung frei gestaltet und durch geschwungen geführte Wege an den südlich angrenzenden Parkbereich angebunden.

Vermutlich in der ersten Hälfte des 20. Jahrhunderts wurde der Park auf seine heutigen Maße verkleinert, abgängige Gehölze wurden bei den notwendigen Umgestaltungen jedoch immer wieder ergänzt. Die zahlreich im Park vorhandenen und damals modernen exotischen Baumarten, wie beispielsweise Amberbaum (Liquidambar) und Ginkgo (Ginkgo biloba), lassen den Schluß zu, daß der angesehene Düsseldorfer Gartenarchitekt Maximilian Friedrich Weyhe an der Gestaltung des Außenraumes von Schloß Lauersfort beteiligt war.

☛ **Adresse:**
Lauersforter Straße; 47447 Moers
☛ **Bemerkungen:**
Die Parkanlage ist privat und öffentlich nicht zugänglich.

Vogelschau aus dem Jahre 1953

Schloß Bloemersheim in Neukirchen-Vluyn ist erstmals 1406 als „Bloemers Hof" urkundlich als Grenzburg erwähnt. Im Mittelalter gehörte ein Teil der Burganlage zum Herzogtum Geldern und der andere Teil zur Grafschaft Moers, dabei verlief die Grenze mitten durch die Burgküche. Anfang des 19. Jahrhunderts kam Schloß Bloemersheim in den Besitz der Familie von der Leyen, der es auch heute noch gehört. Durch umfangreiche Umbauten im 17. und 18. Jahrhundert entstand die dreiflügelige Backsteinanlage mit zwei quadratischen Ecktürmen. Im 19. Jahrhundert wurde die Anlage im neugotischen Stil renoviert.

Das Gelände der heutigen Parkanlage von Schloß Bloemersheim findet sich bereits in den Karten von 1724 und 1727 als „Garten". Ein zweiter außerhalb der Grabenanlage verzeichneter Garten existiert dagegen heute nicht mehr.

Nach den Darstellungen aus dem Jahre 1724 war der erste noch vorhandene Garten durch ein axiales Wegekreuz in vier Teilbereiche gegliedert. Der sich an die Gräfte im Norden unmittelbar anschließende Gartenbereich war dagegen durch ein Doppelwegekreuz in sechs Segmente geteilt. Umlaufende Heckenpflanzungen rahmten beide Gärten ein. Die Darstellungsweise läßt darauf schließen, daß es sich in beiden Fällen um Nutzgärten handelte. Die anderen Freiräume um Schloß Bloemersheim waren vermutlich als Baumgärten (Obstanlagen) ausgebildet.

Im 19. Jahrhundert wurden die Gärten im Stil des englischen Landschaftsgartens neu gestaltet. Vermutlich war wieder der Düsseldorfer Landschaftsarchitekt Maximilian Friedrich Weyhe an der Planung

beteiligt. Heute ist die Parkanlage mit Ausnahme des östlich gelegenen Zuganges von einem umlaufenden Wassergraben umgeben, der sich im Süden zu einem Schloßweiher weitet. Geschwungene Wege erschließen das Gelände. An den Wegen ziehen sich weite Rasenflächen mit geschwungenen Gehölzpflanzungen entlang.

Historische Darstellung von 1727

Neben den gängigen, handelsüblichen Gehölzarten gibt es im Park auch eine Anzahl dendrologisch wertvoller Pflanzen, die weiter gepflegt und ergänzt werden. Hierzu zählen unter anderem: Nordamerikanische Sumpfzypresse *(Taxodium distichum)*, Mammutbaum *(Sequoiadendron giganteum)*, eine Hängeform der Rotbuche *(Fagus sylvatica „Pendula")* und der Maiglöckchenstrauch *(Halesia carolina)*. Seit Beginn des 19. Jahrhundert blieb die Gesamtkonzeption des Parkes von Schloß Bloemersheim weitgehend unverändert. Es gab keine wesentlich störenden Änderungen im Bestand.

☛ **Adresse:**
Bloemersheimer Weg;
47506 Neukirchen-Vluyn
☛ **Bemerkungen:**
Die Parkanlage ist privat und nicht öffentlich zugänglich.

Vor 1200 gehörte Haus Voerde zum Kloster Werden. Seine Lage an einer Furt des Rheins sowie am Kreuzungsbereich zweier bedeutender Handelsstraßen weisen darauf hin, daß der Hof in der Frühzeit strategisch wichtig war. Erstmals urkundlich erwähnt ist er 1344. Im Laufe der Jahrhunderte entstand dann aus einer ehemaligen, befestigten Hofanlage eine Burganlage mit Wehrtürmen.

Das klevische Kataster zeigt die Anlage im 18. Jahrhundert mit Gebäuden und größeren Gartenanlagen. Die Gärten waren von einem wassergefüllten Gräftensystem umgeben. Im Westen, dem Haus vorgelagert, befand sich ein Barockgarten französischer Prägung. Eine diagonale Wegeführung mit betontem Mittelpunkt teilte ihn in vier als Dreiecke gestaltete Beete. Ein umlaufender Weg und vermutlich eine Mauer rahmte diesen Gartenbereich ein.

Südlich dieses Ziergartens schloß sich ein weiterer Gartenteil an, vermutlich ein reiner Nutzgarten, der durch ein Wegekreuz axial in vier Beete aufgeteilt war. Im Osten von Haus Voerde lag ein Baumgarten, der, wie es damals üblich war, als Obstgarten genutzt wurde. Eine Lindenallee *(Tilia)* – heute noch vorhanden – führte von Osten nach Westen auf Haus Voerde zu.

In den Jahren 1764 und 1810 bis 1820 wurde Haus Voerde mehrmals umgebaut. 1938 schließlich erwarb es der Kreis Dinslaken, heutiger Eigentümer ist die Stadt Voerde. Vom ehemaligen umfangreichen Gebäudekomplex ist heute nur noch das Stammhaus, die Wasserburg, vorhanden. Auch die Gartenanlagen gingen infolge veränderter Nutzungen verloren. Die Flächen der früheren Gärten allerdings lassen sich bei einem Rundgang um Haus Voerde auch heute noch gut erkennen.

Der ehemalige Ziergartenbereich im Westen ragt als eine etwa 1,50 Meter hohe Erhebung aus den umgebenden Weiden heraus. Die rechteckige Form zeigt sich deutlich in den ursprünglichen Abmessungen. Das gleiche gilt auch für die sich südlich anschließende ehemalige Nutzgartenfläche, deren historische Umrisse ebenfalls heute als rechteckige Wiesenfläche erkennbar sind.

Ausschnitt aus dem klevischen Kataster von 1733

Der Bereich des früheren Baumgartens wird durch eine große Rasenfläche dominiert, in der Großbäume eingestreut sind und die durch ein geschwungen gestaltetes Wegenetz erschlossen ist. Im Haus Voerde mit seinen repräsentativen Räumen befinden sich heute das Standesamt der Stadt Voerde und ein Restaurant.

☛ **Adresse:**
Voerder Allee; 46562 Voerde
☛ **Bemerkungen:**
Die Parkanlage ist öffentlich zugänglich.

Haus Wohnung in Voerde-Eppinghofen wird zum ersten Mal im 14. Jahrhundert urkundlich erwähnt. Seinen Namen erhielt es vom mittelhochdeutschen Namen des damaligen Besitzer Arndt von der Wonyngen. Das Wort 'Wonyngen' bedeutet „Umgebung, Aufenthalt, Gewohnheit". Johann von der Capellen erwarb das Anwesen 1410 als klevisches Lehen. Es war für ihn ein wichtiger Stützpunkt auf dem Weg zur Stadt Duisburg. Nach mehreren Besitzerwechseln erbte 1693 Johann Carselis von Ulft, genannt Doornik, die Burg und baute sie zu einem barocken Schloß um.

Nach weiteren Eigentümerwechseln wurde Haus Wohnung 1937 Besitz der Firma Thyssen. Weil das Schloß im 2. Weltkrieg schwer beschädigt wurde, ließ Thyssen einen Teil des Herrenhauses abreißen. Das Restgebäude wurde 1962 restauriert. Zu dieser Zeit gehörte das Anwesen schon der Bergwerksgesellschaft Walsum. Heute ist Haus Wohnung im Besitz der Firma STEAG, die es für Tagungen und zur Repräsentation nutzt.

Bereits im 17. Jahrhundert entstand im Zuge von Umbauten im westlichen Bereich von Haus Wohnung ein großzügiger, formal gestalteter Garten. Die übrigen Haus Wohnung umgebenden Freiflächen waren vermutlich Baumgärten oder Baumhöfe, in denen teilweise Obst angebaut wurde. Das klevische Kataster aus dem Jahre 1733 zeigt Haus Wohnung mit seinen Gartenanlagen. Sie waren formal gestaltet und sowohl Zier- wie Nutzgarten. Drei Wegekreuze teilten die Gartenfläche axialsymmetrisch in gleichmäßige, rechteckige Beetkompartimente. Es war damals üblich, daß Nutzpflanzen in ornamentalen Pflanzungen Bestandteil eines Ziergartens waren.

Haus Wohnung ist noch heute von einem Wassergraben umgeben, der im Osten teichartig geweitet ist. Das Hauptgebäude liegt inselartig im Gräftensystem und ist durch eine Brücke mit dem angrenzenden Freiraum verbunden. Heute prägen pflegearme Pflanzflächen mit Bodendeckern und Decksträuchern weite Teile der Schloßanlagen.

Der Bereich des ehemaligen Nutz- und Ziergartens wurde postbarock gestaltet. Der Garten wird nach Westen von einer geschnittenen Weißdornhecke *(Crataegus)* und nach Süden von einer geschnittenen Koniferenhecke eingefaßt. Im Norden begrenzt eine Ziegelmauer, im Osten der Wassergraben von Haus Wohnung diesen Bereich. Ein kreuzförmiges und rechtwinkeliges Wegesystem gliedert diesen Teil der Gartenanlagen. Im Kreuzungsbereich ist das Wegesystem sechseckig geweitet. Pflasterstreifen fassen die mit wassergebundener Decke befestigten Wege ein. Schmale Pflanzstreifen mit Ziergehölzen unterschiedlicher Arten und Sorten begleiten sie. Durch das geometrisch geordnete Wegesystem ergeben sich vier Rasenflächen, in denen Obstbäume und Ziergehölze gepflanzt sind. Vor der Ziegelsteinmauer befindet sich ein Staudenbeet mit gliedernden Solitärgehölzen. Die ehemaligen Baumgärten oder -höfe werden heute entweder als Streuobstwiese oder als Mähwiese und Weide genutzt.

☛ **Adresse:**
Frankfurter Straße;
46562 Voerde-Eppinghofen
☛ **Bemerkungen:**
Die Parkanlage ist privat und nicht öffentlich zugänglich.

TEIL C

Tabellen
Anhang

Objekt	Park- bzw. Gartentyp	Erhaltungs- zustand	Zugänglich- keit
Stadt Bochum			
1. Grünanlage am Ehrenmal Bußmannweg	C	II	ö.
2. Haus Dahlhausen Berthastraße	A	III	p.
3. Haus Heven Gerlach-von-Heven-Weg	A	III	p.
4. Haus Schulte-Kemna Kemnastraße	A	III	p.
5. Haus Laer Höfestraße	A	III	p.
6. Haus Langendreer Leithestraße	A	III	p.
7. Haus Severinghausen Vienhovenweg	A	III	p.
8. Park Werne Kreyenfeldstraße/ Heckenrosenweg	(C)	II	ö.
9. Volkspark Bochum Parkallee	C	II	ö.
10. Volkspark Hamme Surweg	C	II	ö.
Stadt Dortmund			
11. Haus Kurl Kurler Straße	A	II	p.
12. Haus Niederhofen Brücherhofstraße	A	II	p.
13. Haus Schulte-Witten Dorstfelder Hellweg	A	I	ö.
14. Haus Sölde Ruthgerusstraße	A	II	p.

Erläuterungen und Abkürzungen siehe Seite 306

Objekt	Park- bzw. Gartentyp	Erhaltungs- zustand	Zugänglich- keit
15. Hoeschpark Brackeler Straße	(C)	II	ö. gegen Entgelt
16. Parkanlage Kommende Brackeler Hellweg	B	II	ö.
17. Volksgarten Lütgendortmund Dellwiger Straße	C	I	ö.
Stadt Duisburg			
18. Garten am Oberhof Friedrich-Ebert-Straße	F	II	ö.
19. Haus Böckum Böckumer Weg	A	II/III	p.
20. Haus Hartenfels Mülheimer Straße	A	II	p.
21. Haus Kaldenhausen Düsseldorfer Straße	A	II	p.
22. Hanielscher Garten Hafenstraße/Dammstraße	F	I	ö.
23. Rheinpreußenvilla Moerser Straße	F	II	ö.
24. Schwelgernpark Neue Schwelgernstraße	C	I	ö.
25. Stadtwald Hamborn Dieselstraße/Hambornerstraße	C	I	ö.
Stadt Essen			
26. Bernewäldchen Am Bernewäldchen	(C)	III	ö.
27. Fürstin-Franziska-Christine Stiftung Steeler Straße	A	I	p.
28. Grünanlage Pausmühlenbachtal Pausmühlenstraße	(C)	III	ö.

Objekt	Park- bzw. Gartentyp	Erhaltungs- zustand	Zugänglich- keit
29. Haus Vogelsang Antonienallee	A	I/II	p.
30. Lunapark Moosstraße	(C)	III	ö.
31. Nordpark Grillostraße	C	II	ö.
32. Ostpark Steeler Straße	(C)	III	ö.
33. Park am Moltkeplatz Moltkestraße	(C)	I	ö.
34. Waldhausenpark Hindenburgstraße	F	III	ö.
35. Westpark Hildesheimer Straße	(C)	I	ö.
Stadt Gelsenkirchen			
36. Bismark-Hain, heute Ruhrzoo Bleckstraße	C	III	p. gegen Entgelt
37. Burgers Park Florastraße	C	II	ö.
38. Haus Leithe II Am Graffweg	A	III	p.
39. Haus Leythe Bruchwiesenring	A	III	p.
40. Rhein-Elbe-Park Leithestraße	C	I	ö.
41. Schloß Grimberg Grimberger Allee	A	III	p.
42. Wasserburg Darl Darler Heide/Karlstraße	A	III	p.

Objekt	Park- bzw. Gartentyp	Erhaltungs- zustand	Zugänglich- keit
Stadt Hagen			
43. Gut Kuhweide Gut Kuhweide	A	II	p.
44. Gut Niederste Hülsberg Wertstraße	A	II	p.
Stadt Hamm			
45. Haus Braam Westenfelder Straße	A	II	p.
46. Haus Caldenhof Caldenhof	A	II/III	p.
47. Haus Gröneberg Gröneberger Straße	A	II	p.
48. Haus Haaren Haarener Weg	A	II	p.
49. Haus Heithof Heithofer Allee	A	II/III	p.
50. Haus Hohenover Rhynernstraße	A	II	p.
51. Haus Reck Huckenhollweg	A	II/III	p.
52. Haus Schulze-Steinen Gobel-von-Drechen-Straße	A	III	p.
Stadt Herne			
53. Anlage am Solbad „Wilhelmsquelle" Am Solbad	D	III	ö.
54. Bahnhofspark Wibbeltstraße	C	III	ö.
55. Behrenspark Kirchhofstraße/Behrensstraße	C	III	ö.
56. Flora-Marzina-Park Florastraße	C	II	p.

Objekt	Park- bzw. Gartentyp	Erhaltungs-zustand	Zugänglich-keit
57. Grünanlage an der ehem. Zechenverwaltung Albert-Klein-Straße	F	I	p.
58. Haus Crange Alt Crange I	A	III	p.
59. Haus Dorneburg Dornburger Straße/ Auf der Dorneburg	A	III	nicht mehr vorhanden
60. Königsgruber Park Hofstraße	C	III	ö.

Stadt Mülheim an der Ruhr

Objekt	Park- bzw. Gartentyp	Erhaltungs-zustand	Zugänglich-keit
61. Gartenanlage der Villa Feldmann Augustastraße	F	III	ö.
62. Haus Rott Großenbaumerstraße	A	II	p.
63. Haus Urge Bismarkstraße	A	II	p.
64. Haus Wolfsburg Monningstraße/Falkenweg	D	III	p.
65. Villa Anita Großenbaumerstraße	A -	III	p.
66. Villa Küchen Uhlenhorstweg	A	II/III	p.

Stadt Oberhausen

Objekt	Park- bzw. Gartentyp	Erhaltungs-zustand	Zugänglich-keit
67. Bahnhofspark Tannenbergstr./Danziger Str.	C	III	ö.
68. Gartenanlage am Werksgasthaus Mülheimer Str./Essener Str.	F	III	ö.
69. Königshütter Park Grillöstraße/Ebertstraße	F	III	ö.

Objekt	Park- bzw. Gartentyp	Erhaltungs- zustand	Zugänglich- keit
70. Ruhrpark Solbadstraße	C	II	ö.
71. Uhlandpark Uhlandstraße/Brüchterstraße	(C)	II	ö.
72. Volkspark Osterfeld Kapellenstraße	C	I	ö.
73. Volkspark Sterkrade Parkstraße	C	I	ö.
Ennepe-Ruhr-Kreis · Stadt Herdecke			
74. Gut Schede Schede 2	A	II	p.
Kreis Recklinghausen · Stadt Castrop-Rauxel			
75. Haus Dorloh Dorlohstraße	A	II	p.
76. Volkspark Ickern In der Wanne	C	I	ö.
Kreis Recklinghausen · Stadt Datteln			
77. Haus Löringhof Im Löhringhof	A	II/III	p.
78. Haus Vogelsang Vogelsangweg	A	I	p.
79. Schloß Horneburg Horneburger Straße	A	II	p.
Kreis Recklinghausen · Stadt Gladbeck			
80. Nordpark Konrad-Adenauer-Allee	C	II	ö.
81. Haus Beck Am Dornbusch	A	II/III	p. gegen Entgelt
Kreis Recklinghausen · Stadt Recklinghausen			
82. Engelsburg Augustinessenstraße	F	III	p.

Objekt	Park- bzw. Gartentyp	Erhaltungs- zustand	Zugänglich- keit
83. Haus Niering Burgstraße	A	II/III	p.
84. Schimmelsheider Park Schimmelsheider Weg	(C)	II/III	ö.
85. Südpark Prestonstraße	(C)	II/III	ö.

Kreis Recklinghausen · Stadt Waltrop

86. Pfarrgarten St. Peter Bissenkamp	B	II	p.

Kreis Unna · Stadt Bergkamen

87. Haus Rünhte Schachstraße/Ostenhellweg	A	III	p.
88. Haus Töddinghausen Töddinghauser Str./Turmstraße	A	III	p.
89. Haus Velmede Velmede	A	II	p.

Kreis Unna · Gemeinde Bönen

90. Haus Bögge Schmerhöveler Weg	A	II/III	p.
91. Haus Brüggen Kamener Straße	A	II	p.

Kreis Unna · Stadt Kamen

92. Grünanlage am Koppelteich	C	II	ö.
93. Grüngürtel auf den Wallanlagen Hammerstraße	C	II/III	ö.
94. Gut Böing Südl. der Donnerstraße	A	II	p.
95. Park am Edelkirchhof Edelkirchhof	C	I	ö.

Objekt	Park- bzw. Gartentyp	Erhaltungs- zustand	Zugänglich- keit
96. Postpark Poststraße	C	II	ö.

Kreis Unna · Stadt Lünen

Objekt	Park- bzw. Gartentyp	Erhaltungs- zustand	Zugänglich- keit
97. Haus Buddenberg Schloßallee	A	III	ö.
98. Haus Oberfelde An der Gräfte	A	II	tlw. ö.
99. Nordpark Am Freibad	C	I	ö.
100. Südpark Am Schottweg	C	I	ö.
101. Volkspark Am Westpark	C	I	ö.

Kreis Unna · Stadt Schwerte

Objekt	Park- bzw. Gartentyp	Erhaltungs- zustand	Zugänglich- keit
102. Haus Ruhr Hagener Straße	A	II	p.
103. Haus Villigst Iserlohner Straße	A	II	p.

Kreis Unna · Stadt Unna

Objekt	Park- bzw. Gartentyp	Erhaltungs- zustand	Zugänglich- keit
104. Haus Heide	A	II	p.

Kreis Unna · Stadt Werne

Objekt	Park- bzw. Gartentyp	Erhaltungs- zustand	Zugänglich- keit
105. Solbad Werne Am Solbad/Am Hagen	D	II/III	Park: ö. Solbad: gegen Entgelt

Kreis Wesel · Stadt Dinslaken

Objekt	Park- bzw. Gartentyp	Erhaltungs- zustand	Zugänglich- keit
106. Burg Dinslaken Parkstraße	A	I	ö.

Kreis Wesel · Stadt Hamminkeln

Objekt	Park- bzw. Gartentyp	Erhaltungs- zustand	Zugänglich- keit
107. Haus Venninghausen Venninghauser Straße	A	I/II	p.

Objekt	Park- bzw. Gartentyp	Erhaltungs- zustand	Zugänglich- keit
108. Kloster Marienthal An der Klosterkirche	B	I	p.

Kreis Wesel · Gemeinde Hünxe

109. Haus Esselt Otto-Pankok-Weg	A	I/II	p. Museum: ö.
110. Haus Krudenburg Dorfstraße	A	II	p.
111. Haus Schwarzenstein Schwarzensteiner Weg	A	II	p.

Kreis Wesel · Stadt Rheinberg

112. Haus Wolfskuhlen Wolfskuhlenallee	A	II/III	p.

Kreis Wesel · Stadt Wesel

113. Schloß Diersfordt Am Schloß	A	II/III	p.

Kreis Wesel · Stadt Xanten

114. Haus Balken Kalkarer Straße	A	II	p.
115. Haus Erprath Trajanstraße	A	II/II	p.
116. Schloß Winnenthal Winnenthal	A	II/III	p.

Erläuterungen der Abkürzungen

Park- oder Gartentyp:
A = zu ehemaligen Adels- und Herrensitzen gehörende Anlage
B = ehemaliger Klostergarten
C = Stadtpark, Volkspark, Revierpark
D = Kuranlagen
F = als privater Garten entstandene und später in die öffentliche Hand
übergegangene Anlage
( ) = genaue Zuordnung kann nicht erfolgen

Erhaltungszustand:
I = Historische Strukturen teilweise erhalten
II = Historische Strukturen teilweise überformt
III = Historische Strukturen nicht mehr erkennbar und/oder Neunutzung der Fläche

Zugänglichkeit:
ö. = öffentlich zugänglich
p. = privat, nicht öffentlich zugänglich

Quellen- und Literaturverzeichnis

Goecke, Michael; Stadtparkanlagen im Industriezeitalter – Das Beispiel Hamburg, Hannover-Berlin, 1981

Gothein, Marie-Luise; Geschichte der Gartenkunst, Band I und II, Jena, 1926

Gröning, Gert, Wolschke-Bulmahn, Joachim; Grüne Biographien, Biographisches Handbuch zur Landschaftsarchitektur des 20. Jahrhunderts in Deutschland, Hannover-Berlin, 1997

Hannwacker, Volker; Friedrich Ludwig von Sckell – Der Begründer des Landschaftsgartens in Deutschland, Stuttgart, 1992

Hansmann, Winfried; Gartenkust der Renaissance und des Barocks, Köln, 1983

Hennebo, Dieter; Gartendenkmalpflege, Stuttgart, 1985

Hennebo, Dieter; Entwicklung des Stadtgrüns von der Antike bis in die Zeit des Absolutismus, Hannover-Berlin, 1979

Hennebo, Dieter; Schmidt, Erika; Entwicklung des Stadtgrüns in England, Hannover-Berlin, 1977

Kosok, Elisabeth; Historische Freizeit- und Parkanlagen im Gebiet des Emscher Landschaftsparkes, Dortmund, 1991

Meyer, Franz Sales; Ries, Friedrich; Die Gartenkunst in Wort und Bild, Leipzig 1904

Müller, A.; Otten, H.; Historische Garten- und Parkanlagen Emscher Landschaftspark, Kommunalverband Ruhrgebiet, Essen, 1995

Nehring, Dorothee; Stadtparkanlagen in der ersten Hälfte des 19. Jahrhunderts, Hannover-Berlin, 1979

Wiegand, Heinz; Entwicklung des Stadtgrüns in Deutschland zwischen 1890 und 1925 am Beispiel der Arbeiten Fritz Enkes, Hannover-Berlin, o. J.

Wimmer, Clemens Alexander; Geschichte der Gartentheorie, Darmstadt, 1989

Teil A

**Botanischer Garten
an der Ruhr-Universität Bochum**
Ruhr-Universität-Bochum; Botanischer Garten der Ruhr-Universität
Esser, K., Höggemeier, A., Rathke, H. J.; Gartenführer für den Botanischen Garten an der Ruhr-Universität Bochum, Bochum, 1988

Stadtpark Bochum
Rathauspost; Nachrichten des Presseamtes der Stadt Bochum;1961
Schmidt, Erika; Stadtparks im Ruhrgebiet als „Denkmäler"; in: Fachtagung: Historische Freiräume und Denkmalpflege; Kommunalverband Ruhrgebiet und Deutsche Gesellschaft für Gartenkunst u. Landschaftspflege, Essen, 1981
Schmidt, Erika; Stadtparks in Deutschland, Varianten aus der Zeit von 1860-1910; o. J.

**Stadtgarten in
Wattenscheid**
Verwaltungsberichte der Stadt Wattenscheid; 1887-1892
Umwelt hat Geschichte, Bedeutung und Funktion d. Wattenscheider Stadtgartens i. Wandel der Zeit; o. J.

Stadtgarten Bottrop
Westfälisches Amt für Denkmalpflege, Münster; Beurteilung des Stadtparkes in Bottrop unter denkmalpflegerischen Gesichtspunkten, 1986
Verwaltungsberichte der Stadt Bottrop von 1919-1960

Fredenbaumpark

Schmidt, Erika; Stadtparks im Ruhrgebiet als „Denkmäler", in: Fachtagung:Historische Freiräume und Denkmalpflege; Kommunalverband Ruhrgebiet und Deutsche Gesellschaft für Gartenkunst und Landschaftspflege, Essen, 1981
Bartmann, W.-D.; Grün in Dortmund, 1983

Volksgarten Mengede

Hoch, Svenja Kristina; Volksgarten Mengede, Diplomarbeit an der Universität GHS Essen, 1996

Haus Brünninghausen und der Rombergpark

Bünemann, Otto; Botanischer Garten Rombergpark; Dortmund, 1993
Jopp, Eva; Erfassung historischer Garten- und Parkanlagen im Stadtgebiet von Dortmund, Diplomarbeit an der Universität-GHS Essen; 1991

Westfalenpark Dortmund

Stadt Dortmund; Westfalenpark Dortmund, 1982
Stadt Dortmund; Broschüre Westfalenpark Dortmund, o. J.
Ullmann, H., Schepoks, G.; Grün in Dortmund

Revierpark Wischlingen

Revierpark Wischlingen, Pressemitteilung der Revierpark Wischlingen GmbH Freizeit im Ruhrgebiet, Siedlungsverband Ruhrkohlenbezirk, Essen; o. J.
Prospekt Revierpark Wischlingen: Hier können Sie richtig aufatmen; o. J.

Botanischer Garten in Hamborn

Verwaltungsberichte der Stadt Duisburg über den Botanischen Garten; 1989 u. a.

Botanischer Garten an der Schweizer Straße

Verwaltungsberichte der Stadt Duisburg; 1894
Niederrheinische Nachrichten Nr. 192; Das Ende des botanischen Gartens; 1926
Der Neue Tag: Blütenpracht im Botanischen Garten; 1941

Verwaltungsbericht der Stadt Duisburg; Im Botanischen Garten; o. J.

Böninger Park

Verwaltungsbericht der Stadt Duisburg; Der Böninger Park und seine Entstehung, Gestaltung und Lage; o. J.
Verwaltungsbericht der Stadt Duisburg; Böninger Park u. Böninger Mühle; o. J.
Prehn, Erika; Erfassung historischer Garten- und Parkanlagen in den Städten Duisburg, Oberhausen, Herne, Bochum und Hamm; Hattingen, 1995

Jubiläumshain in Hamborn

Reinhardt, M.; vormals Gude, Fritz; Erläuterungsbericht zum Jubiläumshain Hamborn; Düsseldorf; Juli 1907

Revierpark Mattlerbusch

Kongreß für das Badewesen 1990; Die Niederrhein-Therme im Revierpark-Mattlerbusch; Sonderdruck Heft 4, 1991

Stadtpark Meiderich

Millinghaus, H.; 75 Jahre Meidericher Stadtpark; o. J.
Bericht der Baukommission für Duisburg-Meiderich vom 30.11.1920
Verwaltungsbericht der Stadt Duisburg; Urschrift dem Oberbürgermeister Lehr in Duisburg; 1908
Verwaltungsbericht der Stadt Duisburg; Sitzung der Stadtparkkommission am 08. Juli 1910

Schloßpark Borbeck

Finkeldey, Jörg; Erfassung historischer Garten- und Parkanlagen in den Städten Essen, Gelsenkirchen und Bottrop, Diplomarbeit; Fachhochschule Weihenstephan, 1993

Gruga-Park

Schroer, Astrid; „..... und sonntags in die Gruga." Die Geschichte des Essener Volksparks; 1996

Kaiser-Wilhelm-Park

Siebrecht, Fritz; Altenessen, Monographien deutscher Landgemeinden, Band II; 1915

Nordanzeiger, Artikel vom 27.12.1985
Verwaltungsberichte der Stadt Essen

Volksgarten Kray
Steeler Tagesblatt; Wo heute der Kray-
er Volkspark sich ausbreitet; 13.08.1941
Essener Volkszeitung Der Volksgarten in
Kray auf alter Siedestätte; 17.09.1925
Verwaltungsbericht der Stadt Essen vom
15.01.1911
Volksgartenanfrage in Kray-Leithe;
Essen 1911

Stadtgarten Essen
Oehmen, Bernd; Stadtgarten Essen – kritische Betrachtung zur Entwicklung einer Essener Grünanlage Hannover; 1976
Schmidt, Erika; Stadtparks im Ruhrgebiet als „Denkmäler"; in: Fachtagung:
Historische Freiräume und Denkmalpflege; Kommunalverband Ruhrgebiet
und Deutsche Gesellschaft für Gartenkunst und Landschaftspflege, Essen, 1981

Der Park der Villa Hügel
Findeldey, Jörg; Erfassung historischer
Garten- und Parkanlagen in den Städten
Essen, Gelsenkirchen und Bottrop,
Diplomarbeit, Fachhochschule Weihen-
stephan; 1993
Nehring, Dorothee; Der Park der Villa
Hügel und seine Bauten - Anlage und
Funktion; in: Villa Hügel, Siedler Verlag,
Berlin; 1994

Der Park von Schloß Berge
Verwaltungsberichte der Stadt Gelsen-
kirchen; o. J.
Finkeldey, Jörg; Erfassung historischer
Garten- und Parkanlagen in den Städten
Essen, Gelsenkirchen u. Bottrop, Diplom-
arbeit a. d. Universität-GHS Essen; 1993

BUGA '97
Presseinformation Bundesgartenschau '97
Gelsenkirchen, Blumenschau und mehr,
BUGA '97 GmbH

Buer'scher Grüngürtel
Spelberg, Almuth; Der Buer'sche Grüngürtel in Gelsenkirchen, ein Gartendenkmal der 20er Jahre im Ruhrgebiet,

Diplomarbeit, Universität Hannover,
1984

Stadtgarten Gelsenkirchen
Verwaltungsberichte der Stadt Gelsen-
kirchen; Öffentliche Anlagen, 1903-1919
Ruhr Nachrichten, Gelsenkirchener An-
zeiger Nr. 106; Vor 50 Jahren „Unser
Stadtgarten – eine Oase", 1959
Gelsenkirchener Allgemeine Zeitung;
40 Jahre Stadtgarten Gelsenkirchen –
Überblick über die Entwicklung der Gel-
senkirchener Grünflächenpolitik; 1940

Revierpark Nienhausen
Revierpark Nienhausen; Broschüre
Revierpark Nienhausen Gelsenkirchen/
Essen; o. J.
Siedlungsverband Ruhrkohlenbezirk;
Freizeit im Ruhrgebiet, Essen, 1979

Stadtgarten Hagen
Bartels, Kurt; Der Hagener Stadtgarten
– einst und heute; o. J.
Hagener Zeitung; Hagens Großstadt-
lunge, 50 Jahre Hagener Stadtgarten /
Einiges aus seiner Geschichte; o. J.

Der Garten der Villa Hohenhof
Eickhoff, Kirsten; Die Villa Hohenhof in
der Gartenvorstadt Hohenhagen, Di-
plomarbeit, Hannover 1987
Muschiol, Ulrich; Erfassung historischer
Garten- und Parkanlagen in der Stadt
Hagen und im Ennepe-Ruhr-Kreis,
Diplomarbeit, Fachhochschule Weihen-
stephan; 1994

Kurpark Hamm
Hamm Magazin; Wie in alten Zeiten, ein
Gutteil der Hammer Ortsgeschichte;
08/1987
Eickhoff; Führer durch Hamm und Um-
gegend mit einer geschichtlichen Ein-
führung, Verlag Otto F. Dabelow, Hamm
(Westf.), 1908 und 1924
Scheven, Ilsemarie von; Schriftliche Auf-
zeichnungen vom 02.11.1996

Maximilianpark
Maximilianpark GmbH; Maximilianpark Hamm; Hamm o. J.

Revierpark Gysenberg

Meyhöfer, Dirk; Der Gysenberg: vom Rittersitz zum Revierpark; Die Geschichte einer Herner Gemarkung; Revierpark Gysenberg GmbH; Herne, 1984
Revierpark Gysenberg Herne GmbH; 10 Jahre Revierpark Gysenberg in Herne 1970-1980; Herne, o. J.

Der Park von Schloß Strünkede

Prehn, Erika; Erfassung historischer Garten- und Parkanlagen in den Städten Duisburg, Oberhausen, Herne, Bochum und Hamm; Hattingen, 1995

Volksgarten Eickel

Verwaltungsbericht der Stadt Herne; Zur Entstehung des Eickeler Volksgarten; 15.12.1981
Wanne-Eickeler-Zeitung Nr. 278; Der Eickeler Park im neuen Gewande; 27.11.1926:
Nachrichten aus Wanne-Eickel-Röhlinghausen; Eine neue Gartenanlage in Wanne; 05.01.1926
Wanner Zeitung; Vom Eickeler Volksgarten; 11.09.1922
Wanner Zeitung; Größere Volksgärten; 02/1925
Herner Anzeiger Nr. 151; Der Volksgarten im Stadtteil Eickel; 02.06.1926

Stadtgarten Wanne

Verwaltungsbericht der Stadt Herne Stadtgarten Wanne; o. J.
Wanner-Eickeler-Volkszeitung Nr. 172; Der Wanner Stadtgarten, 24.07.1926
Verwaltungsbericht der Stadt Herne; Volksgärten-Grünflächen; o. J.
Wanner Zeitung Nr. 125; 10 Jahre Stadtgarten; 30.05.1911

Grünanlage an der Dimbeck

Grünflächenamt der Stadt Mülheim; Freilichtbühne u. Dimbeckanlagen; o. J.

MüGa '92

MüGa '92; Landesgartenschau, Mülheim a. d. Ruhr: Mülheim a. d. Ruhr; 1992
MüGa '92; Abschlußbericht; Mülheim a. d. Ruhr, o. J.
MüGa '92; Ausstellungsführer; Mülheim a. d. Ruhr, 1992

Kloster Saarn

Fischer, Hans; Das Zisterzienserinnenkloster in Saarn; Edition Werry; Mülheim a. d. Ruhr, 1981
Kraft, Antje; Erfassung historischer Garten- und Parkanlagen im Stadtgebiet von Mülheim, Diplomarbeit, Universität-GHS Essen; 1992
Verwaltungsbericht der Stadt Mülheim a. d. Ruhr; Baubeschreibung Projekt: Außenanlagen und Umfeld Kloster Saarn, 1988

Kurpark am Solbad Raffelberg

Wörner, Gustav; Wörner, Rose; Raffelbergpark Mülheim, Parkpflege Bd. 1 und Bd. 2, Stadt Mülheim, 1996
Kraft, Antje; Erfassung historischer Garten- und Parkanlagen im Stadtgebiet von Mülheim, Universität-GHS Essen, 1992

Schloß Oberhausen
und der Kaisergarten

Oberhausener Heimatbuch, 1964,
Oberhausener Heimatkalender, 1940,
General Anzeiger Nr. 135; Kaisergartenbericht vom 17.05.1938
General-Anzeiger vom 05.03.1937; Kaisergarten, früher „Schützenpark"
Verwaltungsbericht Oberhausen; Kaisergarten, 1896-1906
Städtisches Parkhaus, Neueröffnung in; General Anzeiger Nr. 97 und Nr. 98:
Städtisches Parkhaus, 1924
Ruhrwacht Nr. 40; Kaisergarten wird prächtige Erholungsstätte; 1950
General Anzeiger Nr. 279; Einrichtung des Wildparks; 1938
Prehn, Erika; Erfassung historischer Garten- und Parkanlagen in den Städten Duisburg, Oberhausen, Herne, Bochum und Hamm; Hattingen, 1995

Revierpark Vonderort

Milchert, Jürgen; Der Park – Tradition und Moderne, Bauwelt 1991, Heft 34
Siedlungsverband Ruhrkohlenbezirk, Wettbewerb zur Erlangung von Entwürfen für einen Freizeitpark im Grenzbereich der Städte Bottrop und Oberhausen (Revierpark Vonderort),

Essen, 1969
Heimatbuch „75 Jahre Oberhausen";
1939

Gethmann's Garten
Muschiol, Ulrich; Erfassung historischer
Garten- und Parkanlagen in der Stadt
Hagen und im Ennepe-Ruhr-Kreis,
Diplomarbeit, Fachhochschule Weihen-
stephan, 1994

Schwesterngarten
Stadt Witten; Der Schwesternpark, Wit-
ten 1992
Muschiol, Ulrich; Erfassung historischer
Garten- und Parkanlagen in der Stadt
Hagen und im Ennepe-Ruhr-Kreis,
Diplomarbeit, Fachhochschule Weihen-
stephan; 1994

Stadtpark Witten
Muschiol, Ulrich; Erfassung historischer
Garten- und Parkanlagen in der Stadt
Hagen und im Ennepe-Ruhr-Kreis,
Diplomarbeit, Fachhochschule Weihen-
stephan; 1994

Der Park von Haus Goldschmieding
Oppermann, Stefan; Erfassung historischer Garten- und Parkanlagen im Kreis
Recklinghausen, Universität-GHS Essen; 1989

Stadtgarten Castrop-Rauxel
Liese, Joachim; Stadtgarten Castrop-
Rauxel, Diplomarbeit, Universität-GHS
Essen, 1995

Der Park von Schloß Lembeck
Stadt Dorsten; Der Park von Schloß
Lembeck; o. J.
Oppermann, Stefan; Erfassung histori-
scher Garten- und Parkanlagen im Kreis
Recklinghausen, Diplomarbeit Univer-
sität GHS-Essen; 1989

Freizeitstätte Haus Wittringen
Oppermann, Stefan; Erfassung historischer Garten- und Parkanlagen im Kreis
Recklinghausen, Diplomarbeit Universität GHS-Essen; 1989

Der Park von Schloß Herten
Oppermann, Stefan; Erfassung historischer Garten- und Parkanlagen im Kreis
Recklinghausen, Diplomarbeit, Universität-GHS Essen; 1989

Stadtgarten Recklinghausen
Recklinghäuser Zeitung; Gesellschaft
der Stadtgartenfreunde, 1931
Recklinghäuser Zeitung; Versammlung
der Stadtgartengemeinde,1931
Recklinghäuser Zeitung; Die Gesell-
schaft der Gartenfreunde, 1931
Burghardt, W.; Zur Geschichte des Reck-
linghäuser Stadtgartens in: Vestischer
Heimatkalender 1968
Verwaltungsbericht d.Stadt Recklinghau-
sen; Im Recklinghäuser Stadtgarten (o. J.)

Der Park von Haus Opherdicke
Ammermann, Martin; Erfassung historischer Garten- und Parkanlagen im
Kreis Unna, Diplomarbeit, Fachhochschule Weihenstephan; 1989
Institut für Landschaftsentwicklung und
Stadtplanung; Haus Opherdicke – gar-
tenhistorisches und landschaftsökologi-
sches Gutachten, Essen; 1995

**Park der
Landesgartenschau Lünen '96**
Heidemann, W.; Lünen, Stadt der Landesgartenschau 1996, Blühende Aussichten für die Region, 1996
Landesgartenschau Lünen; Landesgartenschau Lünen 1996, Ihr Begleiter; 1996

Schloßpark Schwansbell
Ammermann, Martin; Erfassung historischer Garten- und Parkanlagen im
Kreis Unna, Diplomarbeit, Fachhochschule Weihenstephan; 1989

Der Park von Schloß Cappenberg
Ammermann, Martin; Erfassung historischer Garten- und Parkanlagen im
Kreis Unna, Diplomarbeit, Fachhochschule Weihenstephan; 1989
Wörner, Gustav und Wörner, Rose;
„Gutachten über die garten- und land-
schaftshistorische Situation des Schloßparkes Cappenberg"; Selm, 1987

Terrassengarten Kloster Kamp
Landschaftsverband Rheinland, Landeskonservator Rheinland: Der Terrassengarten von Kloster Kamp, Köln; 1993
Schumacher, Ulf; Erfassung historischer Garten- und Parkanlagen im Kreis Wesel -linksrheinisch, Diplomarbeit, Universität-GHS Essen; 1994

Schloßpark Moers
Schumacher, Ulf; Erfassung historischer Garten- und Parkanlagen im Kreis Wesel -linksrheinisch, Diplomarbeit, Universität-GHS Essen; 1994

Teil B

Der Garten der Villa Baare
Prehn, Erika; Erfassung der historischen Garten- und Parkanlagen in den Städten Duisburg, Oberhausen, Herne, Bochum und Hamm; Hattingen 1995

Volkspark Hiltrop
Westdeutsche Allgemeine Zeitung; Ausgabe Bochum, Nr. 187 vom 15.08.1974
Westfälische Landeszeitung v. 04.06.1938

Der Garten an Haus Schulte-Steinberg
Prehn, Erika; Erfassung der historischen Garten- und Parkanlagen in den Städten Duisburg, Oberhausen, Herne, Bochum und Hamm; Hattingen 1995

Der Garten an Haus Weitmar
Prehn, Erika; Erfassung der historischen Garten- und Parkanlagen in den Städten Duisburg, Oberhausen, Herne, Bochum und Hamm; Hattingen, 1995

Der Park an Haus Bodelschwingh
Jopp, Eva; Erfassung der historischen Garten- und Parkanlagen im Stadtgebiet von Dortmund, Diplomarbeit, Universität-GHS Essen; 1991

Der Garten an Haus Dellwig
Jopp, Eva; Erfassung der historischen Garten- und Parkanlagen im Stadtgebiet

von Dortmund, Diplomarbeit, Universität-GHS Essen; 1991

Der Garten an Haus Husen
Jopp, Eva; Erfassung historischer Garten- und Parkanlagen im Stadtgebiet von Dortmund, Diplomarbeit, Universität-GHS Essen, 1991

Der Garten an Haus Rodenberg
Jopp, Eva; Erfassung historischer Garten- und Parkanlagen im Stadtgebiet von Dortmund, Diplomarbeit, Universität-GHS Essen; 1991
Ebbinghaus, Friedhelm; Rüthers, Martin; Haus Rodenberg in Dortmund-Aplerbeck, Diplomarbeit, Universität-GHS Essen; 1985

Der Garten an Haus Wenge
Jopp, Eva; Erfassung historischer Garten- und Parkanlagen im Stadtgebiet von Dortmund, Diplomarbeit, Universität-GHS Essen; 1991

Der Garten an Haus Westhusen
Jopp, Eva; Erfassung historischer Garten- und Parkanlagen im Stadtgebiet von Dortmund, Diplomarbeit, Universität-GHS Essen; 1991

Immanuel-Kant-Park
Stadtarchiv Duisburg; Die Grünflächen der Stadt Duisburg, Entstehung – Gestaltung – Nutzung; 1978

Kaiserberganlagen Duisburg
Tietz, Manfred; Mons Dusseren – Kaiserberg Viertel: Duisburg; o. J.

Volkspark Rheinhausen
Mootz, H.; Rheinhausens grünes Herz schlägt im Volkspark; o. J.

Die Gartenanlagen am Wert'schen Hof
Prehn, Erika; Erfassung historischer Garten- und Parkanlagen in den Städten Duisburg, Oberhausen, Herne, Bochum und Hamm; Hattingen, 1995

Der Park von Schloß Hugenpoet
Finkeldey, Jörg; Erfassung historischer

Garten- und Parkanlagen in den Städten Essen, Gelsenkirchen und Bottrop, Diplomarbeit, Fachhochschule Weihenstephan; 1993

Der Park von Haus Oefte
Finkeldey, Jörg; Erfassung historischer Garten- und Parkanlagen in den Städten Essen, Gelsenkirchen und Bottrop, Diplomarbeit, Fachhochschule Weihenstephan; 1993

Der Park von Schloß Schellenberg
Finkeldey, Jörg; Erfassung historischer Garten- und Parkanlagen in den Städten Essen, Gelsenkirchen und Bottrop, Diplomarbeit, Fachhochschule Weihenstephan; 1993

Stadtgarten Steele
Steeler Zeitung; Der Steeler Stadtgarten; 1910
Verwaltungsbericht der Stadt Essen vom 17.10.1910

Bulmker Park
Verwaltungsbericht der Stadt Gelsenkirchen; Bulmker Park; o. J.
Verwaltungsbericht der Stadt Gelsenkirchen; Volksgarten; 1887-1892

Der Park von Schloß Horst
Gutachten Schloß Horst, Gelsenkirchen 1992,
Finkeldey, Jörg; Erfassung historischer Garten- und Parkanlagen in den Städten Essen, Gelsenkirchen und Bottrop, Diplomarbeit, Fachhochschule Weihenstephan; 1993

Der Garten an Haus Lüttinghoff
Finkeldey, Jörg; Erfassung historischer Garten- und Parkanlagen in den Städten Essen, Gelsenkirchen und Bottrop, Diplomarbeit, Fachhochschule Weihenstephan; 1993

von-Wedelstaedt-Park
Die Gartenwelt; Landschaftsgärtnerei; Berlin 1898-1899
Verwaltungsbericht der Stadt Gelsenkirchen

Der Garten an Haus Busch
Muschiol, Ulrich; Erfassung historischer Garten- und Parkanlagen in der Stadt Hagen und im Ennepe-Ruhr-Kreis, Diplomarbeit, Fachhochschule Weihenstephan; 1994

Funckepark
Hagener Zeitung; Funckepark, die schönen neuen Anlagen; 1929
Hagener Zeitung; Der „neue" Funcke-Park; nun sieht es dort eben anders aus; 1929
Amtliches Kreisblatt der Stadt Hagen; Umgestaltung des Funckeparks; 1926

Der Garten an Haus Harkorten
Muschiol, Ulrich; Erfassung historischer Garten- und Parkanlagen in der Stadt Hagen und im Ennepe-Ruhr-Kreis, Diplomarbeit, Fachhochschule Weihenstephan; 1994

Der Garten an Haus Herbeck
Muschiol, Ulrich; Erfassung historischer Garten- und Parkanlagen in der Stadt Hagen und im Ennepe-Ruhr-Kreis, Diplomarbeit, Fachhochschule Weihenstephan; 1994

Die Gärten an Schloß Hohenlimburg
Muschiol, Ulrich; Erfassung historischer Garten- und Parkanlagen in der Stadt Hagen und im Ennepe-Ruhr-Kreis, Diplomarbeit, Fachhochschule Weihenstephan; 1994

Der Garten an Haus Ermelinghof
Prehn, Erika; Erfassung historischer Garten- und Parkanlagen in den Städten Duisburg, Oberhausen, Herne, Bochum und Hamm; Hattingen, 1995

Der Park von Schloß Heessen
Prehn, Erika; Erfassung historischer Garten- und Parkanlagen in den Städten Duisburg, Oberhausen, Herne, Bochum und Hamm; Hattingen, 1995

Der Garten an Haus Kentrop
Prehn, Erika; Erfassung historischer Garten- und Parkanlagen in den Städten

Duisburg, Oberhausen, Herne, Bochum
und Hamm; Hattingen, 1995

Der Garten an der Burg Mark
Prehn, Erika; Erfassung historischer
Garten- und Parkanlagen in den Städten
Duisburg, Oberhausen, Herne, Bochum
und Hamm; Hattingen, 1995

Der Garten an Haus Oberwerries
Prehn, Erika; Erfassung historischer
Garten- und Parkanlagen in den Städten
Duisburg, Oberhausen, Herne, Bochum
und Hamm; Hattingen, 1995

Der Garten an Haus Uentrop
Prehn, Erika; Erfassung historischer
Garten- und Parkanlagen in den Städten
Duisburg, Oberhausen, Herne, Bochum
und Hamm; Hattingen, 1995

Stadtgarten Herne
Westfälische Rundschau, Ausgabe Her-
ne; Für 94.000 Goldmark entstand der
Stadtgarten; 1957
Verwaltungsberichte der Stadt Herne;
Stadtgarten

Der Park von Schloß Broich
Kraft, Antje; Erfassung historischer
Garten- und Parkanlagen im Stadtgebiet
von Mülheim, Diplomarbeit, Universität-GHS Essen; 1992

Der Park von Schloß Styrum
Kraft, Antje; Erfassung historischer
Garten- und Parkanlagen im Stadtgebiet
von Mülheim, Diplomarbeit, Universität-GHS Essen; 1992

Der Garten an der Villa Thyssen
Kraft, Antje; Erfassung historischer
Garten- und Parkanlagen im Stadtgebiet
von Mülheim, Diplomarbeit, Universität-GHS Essen; 1992

Witthausbusch
Grünflächenamt der Stadt Mülheim;
Der Witthausbusch; o. J.

Grillopark Oberhausen
Seipp, W.; Oberhausener Heimatbuch,
1964
Ruhrwacht Nr. 140; Grillopark – Hände
weg vom Grillopark – (Umgestaltung);
1929
Ruhrwacht Nr. 46; Grillopark – andere
Verwendung - soll Rathausvorplatz wer-
den; 1929
Ruhrwacht: Grillopark – Umbau des
Grillopark; 1929
General-Anzeiger Nr. 188; Grillopark –
Bericht über den schlechten Zustand; 1912
General-Anzeiger Nr. 136; Grillopark –
der Plan des neuen Grilloparks; 1929
General-Anzeiger Nr. 29; Grillopark –
seit 40 Jahren Städtischer Park; 1944
Ruhrwacht Nr. 249; Grillopark – als Rat-
haus-Terrasse; 1929

Der Park am Kastell Holten
Prehn, Erika; Erfassung historischer
Garten- und Parkanlagen in den Städten
Duisburg, Oberhausen, Herne, Bochum
und Hamm; Hattingen; 1995

Der Garten an Haus Ripshorst
Prehn, Erika; Erfassung historischer
Garten- und Parkanlagen in den Städten
Duisburg, Oberhausen, Herne, Bochum
und Hamm; Hattingen; 1995
Kommunalverband Ruhrgebiet; Der
ökologische Gehölzgarten am Haus
Ripshorst; Essen 1995

Der Garten an der Burg Vondern
Prehn, Erika; Erfassung historischer
Garten- und Parkanlagen in den Städten
Duisburg, Oberhausen, Herne, Bochum
und Hamm; Hattingen; 1995

Der Garten an Haus Heilenbeck
Muschiol, Ulrich; Erfassung historischer
Garten- und Parkanlagen in der Stadt
Hagen und im Ennepe-Ruhr-Kreis,
Diplomarbeit, Fachhochschule Weihen-
stephan; 1994

Terrassengarten Gethmann
Muschiol, Ulrich; Erfassung historischer
Garten- und Parkanlagen in der Stadt

Hagen und im Ennepe-Ruhr-Kreis, Diplomarbeit, Fachhochschule Weihenstephan; 1994

Der Garten an Haus Rocholz
Muschiol, Ulrich; Erfassung historischer Garten- und Parkanlagen in der Stadt Hagen und im Ennepe-Ruhr-Kreis, Diplomarbeit, Fachhochschule Weihenstephan; 1994

Der Garten an Haus Ende
Muschiol, Ulrich; Erfassung historischer Garten- und Parkanlagen in der Stadt Hagen und im Ennepe-Ruhr-Kreis, Diplomarbeit, Fachhochschule Weihenstephan; 1994

Der Garten an Haus Mallinckrodt
Muschiol, Ulrich; Erfassung historischer Garten- und Parkanlagen in der Stadt Hagen und im Ennepe-Ruhr-Kreis, Diplomarbeit, Fachhochschule Weihenstephan; 1994

Der Park an Haus Friedrichsbad
Muschiol, Ulrich; Erfassung historischer Garten- und Parkanlagen in der Stadt Hagen und im Ennepe-Ruhr-Kreis, Diplomarbeit, Fachhochschule Weihenstephan; 1994

Der Garten an Haus Martfeld
Muschiol, Ulrich; Erfassung historischer Garten- und Parkanlagen in der Stadt Hagen und im Ennepe-Ruhr-Kreis, Diplomarbeit, Fachhochschule Weihenstephan; 1994

Park Gut Obergedern
Muschiol, Ulrich; Erfassung historischer Garten- und Parkanlagen in der Stadt Hagen und im Ennepe-Ruhr-Kreis, Diplomarbeit, Fachhochschule Weihenstephan; 1994

Der Park von Schloß Steinhausen
Muschiol, Ulrich; Erfassung historischer Garten- und Parkanlagen in der Stadt Hagen und im Ennepe-Ruhr-Kreis, Diplomarbeit, Fachhochschule Weihenstephan; 1994

Der Park von Schloß Bladenhorst
Oppermann, Stefan; Erfassung historischer Garten- und Parkanlagen im Kreis Recklinghausen, Diplomarbeit, Universität-GHS Essen; 1989

Volkspark Katzenbusch
Verwaltungsberichte der Stadt Herten Sportplatz Katzenbusch; Festschrift zur Eröffnung, Herten, 1925

Der Park von Schloß Westerholt
Oppermann, Stefan; Erfassung historischer Garten- und Parkanlagen im Kreis Recklinghausen, Diplomarbeit, Universität-GHS Essen; 1989

Erlbruchpark
Oppermann, Stefan; Erfassung historischer Garten- und Parkanlagen im Kreis Recklinghausen, Diplomarbeit, Universität-GHS Essen; 1989

Ein ehemaliger Klostergarten
Müller, A., Otten, H.; Historischer Garten- und Parkanlagen Emscher-Landschaftspark, Kommunalverband Ruhrgebiet; Essen, 1995

Der Park einer Direktorenvilla
Oppermann, Stefan; Erfassung historischer Garten- und Parkanlagen im Kreis Recklinghausen, Diplomarbeit, Universität-GHS Essen; 1989

Der Park von Haus Heeren
Ammermann, Martin; Erfassung historischer Garten- und Parkanlagen im Kreis Unna; Diplomarbeit, Fachhochschule Weihenstephan; 1989

Ehemaliger Kurpark Königsborn
Verwaltungsberichte der Stadt Unna; o. J. Henkelmann, H; Aus der Königsborner „Bade"-Geschichte, Heimatgeschichtliche Anmerkungen für die Heimatbund-Besucher; o. J.

Die Gärten von Schloß Ringenberg
Soldanski, Andreas; Erfassung historischer Garten- und Parkanlagen im Kreis

Wesel -rechtsrheinisch, Diplomarbeit, Universität-GHS Essen, 1994

Der Park von Schloß Gartrop
Soldanski, Andreas; Erfassung historischer Garten- und Parkanlagen im Kreis Wesel -rechtsrheinisch, Diplomarbeit, Universität-GHS Essen, 1994
Benninghoff-Lühl, Isabella; Barockgärten am unteren Niederrhein, in: Karten und Gärten am Niederrhein – Beiträge zur klevischen Landesgeschichte

Der Park von Schloß Lauersfort
Schumacher, Ulf; Erfassung historischer Garten- und Parkanlagen im Kreis Wesel -linksrheinisch, Diplomarbeit, Universität-GHS Essen; 1994

Der Park von Schloß Bloemersheim
Schumacher, Ulf; Erfassung historischer Garten- und Parkanlagen im Kreis Wesel -linksrheinisch, Diplomarbeit, Universität-GHS Essen; 1994

Der Park von Haus Voerde
Soldanski, Andreas; Erfassung historischer Garten- und Parkanlagen im Kreis Wesel -rechtsrheinisch, Diplomarbeit, Universität-GHS Essen; 1994

Der Park von Haus Wohnung
Soldanski, Andreas; Erfassung historischer Garten- und Parkanlagen im Kreis Wesel -rechtsrheinisch, Diplomarbeit, Universität-GHS Essen; 1994

Teil C

Ammermann, Martin; Erfassung historischer Garten- und Parkanlagen im Kreis Unna, Diplomarbeit, Fachhochschule Weihenstephan; 1989

Finkeldey, Jörg; Erfassung historischer Garten- und Parkanlagen in den Städten Essen, Gelsenkirchen und Bottrop, Diplomarbeit, Fachhochschule Weihenstephan; 1993

Jopp, Eva; Erfassung historischer Garten- und Parkanlagen im Stadtgebiet von Dortmund, Diplomarbeit, Universität-GHS Essen; 1991

Kosok, Elisabeth; Historische Freizeit- und Parkanlagen im Gebiet des Emscher-Landschaftsparks, Dortmund; 1991

Kraft, Antje; Erfassung historischer Garten- und Parkanlagen im Stadtgebiet von Mülheim, Diplomarbeit, Universität-GHS Essen; 1992

Muschiol; Ulrich; Erfassung historischer Garten- und Parkanlagen in der Stadt Hagen und im Ennepe-Ruhr-Kreis, Diplomarbeit, Fachhochschule Weihenstephan; 1994

Müller, A.; Otten, H.; Historische Garten- und Parkanlagen Emscher-Landschaftspark, Kommunalverband Ruhrgebiet, 1995

Oppermann, Stefan; Erfassung historischer Garten- und Parkanlagen im Kreis Recklinghausen, Diplomarbeit, Universität-GHS Essen; 1989

Prehn, Erika; Erfassung historischer Garten- und Parkanlagen in den Städten Duisburg, Oberhausen, Herne, Bochum und Hamm; Hattingen, 1995

Schumacher, Ulf; Erfassung historischer Garten- und Parkanlagen im Kreis Wesel -linksrheinisch, Diplomarbeit, Universität-GHS Essen; 1994

Soldanski, Andreas; Erfassung historischer Garten- und Parkanlagen im Kreis Wesel -rechtsrheinisch, Diplomarbeit, Universität-GHS Essen; 1994

Abbildungsverzeichnis

Aktivarium: Teil eines Revierparks mit Bädern, Saunen und Solarien

Allmende: Gemeinsam genutztes Gemeindegut/gemeinsam genutzte Fläche

Allodifikation: Umwandlung eines Lehnguts in Privatbesitz

Alpinum: Sammlung von Gebirgspflanzen auf meist künstlich angelegten steinigem Gelände, das aufgrund seiner Gestaltung dem Gebirge nachempfunden ist; besonders um die Jahrhundertwende in Parkanlagen weit verbreitet.

Appartment Double: Symmetrisch angeordnete Gebäude bzw. Gebäudeteile.

Arboretum: Wissenschaftliche Gehölzsammlung, die entweder nach pflanzensoziologischen (Pflanzenfamilien, -gattungen und -arten) oder nach pflanzengeografischen (Verbreitungsgebiete) Gesichtspunkten geordnet ist. In englischen Landschaftsgärten dient das Arboretum auch der Verschönerung der landschaftlichen Partien.

axial: in Achsenrichtung

Balustraden: Einfriedungen von Brüstungen, die sowohl eine Schutzfunktion aber auch architektonischen Zierwert haben.

Belvedere: Vorwiegend auf einer Anhöhe freistehendes Gebäude oder Anbau an eine Villa, von dem man "schöne Ausblicke" in die Landschaft hat. Oft mit "Schöne Aussicht" übersetzt.

Boskett: Der Hecken- oder Niederwaldbereich einer Gartenanlage. Durch geometrisch geschnittene Bäume und Hecken entstehen hier „grüne Wände", die sich zu „Räumen" zusammenfügen.

Boulingrin/Bowlinggreen: Vertieft gelegene Rasenfläche, vor allem im französischem Garten des 17. und 18. Jahrhunderts.

Brezelwege: Verschlungen bzw. geschwungen geführte Wege.

Broderie: Beete mit teppichartigen Blumenbepflanzungen.

Dendrologie: Wissenschaftliche Baum- bzw. Gehölzkunde

Dossierung: flache Böschung

Englischer Gartenstil: Garten- oder Parkgestaltung im natürlichen, landschaftlichen Stil; sie steht im Gegensatz zum regelmäßigen, geometrischen, dem sog. architektonischen Garten- oder französischen Gartenstil.

Etoile: In einem Waldgebiet von einem zentralen Punkt stern- oder strahlenförmig ausgehende Schneisen, die der herrschaftlichen Jagd dienten.

Graft/Gräfte: Wassergraben

Hauptburg: Hauptwohngebäude einer Burg - bzw. Schloßanlage; bei Wasserburgen auf einer Insel (Hauptburginsel) im sog. „Hausteich" gelegen.

Hellweg: Historische Verkehrs- und Handelsverbindung in Westfalen.

Hermenfigur: Figur (Büste), die auf einem Pfeiler oder einer Säule steht.

Hippodrom: Pferderennbahn, Reitbahn

Hutung: minderwertige Weide

Kompartiment: abgeteiltes Feld bzw. Beet.

Lawn-Tennis: Tennisplatz von 30 x 15 m Größe mit Rasendecke oder wassergebundener Decke

Lindendom: kreisförmig angepflanzte Linden, deren Kronen eine Kuppel bilden.

Monopterus: Gartentempel

Morphologie: Formen der Erdoberfläche.

Nymphaearium: Ein mit Wasserpflanzen besetztes Wasserbecken. Man unterscheidet unbeheizte und beheizte (für tropische Wasserpflanzen)

offizinelle Pflanzen: Arzneikräuter

oktogonal: achteckig

Orangerie: beheizbares Gebäude zum Überwintern nicht frostharter Pflanzen, oftmals aber auch ein prunkvolles Sommerpalais mit Festsälen an zentraler Stelle des Gartens.

orthogonal: rechtwinklig

Palas: Hauptgebäude einer Burganlage.

Parterre: Gartenbereich mit flachen Beeten unmittelbar vor der Gartenfront eines Gebäudes.

Parterre à l'angloise: Englisches oder Rasenparterre; Zierbeet, bestehend aus einfachen oder ornamental gestalteten Rasenflächen, das von einer Blumenrabatte oder einem Rasenstreifen eingefaßt wird.

Parterre de broderie: Zierbeet mit ornamentalen Mustern. Die Muster werden durch farbige Stein- oder Grünflächen gebildet und sind oft mit niedrigem Buchs und anderen geometrisch geschnittenen Formgehölzen eingefaßt.

Parterre de compartiment: Zierbeet aus Blumen- und Rasenflächen und/oder Broderien, das sowohl in der Längs- als auch in der Querachse symmetrisch angeordnet ist.

Parterre d'eau: flache Wasserbecken

Parterre d'Orangerie: Freie Fläche, Broderie- oder Rasenparterres vor oder neben einer Orangerie mit überwinterten Kübelpflanzen.

Patte d'oie: Dreistrahliges Alleesystem – ausgehend von einem runden Platz im Wald oder Park – das sich im 17. Jahrhundert außerhalb des Garten- bzw. Schloßbereiches befand. Erst im 18. Jahrhundert wurde es in Frankreich auch in den Parterre- und Boskettbereich des Gartens eingeführt.

Pavillon: kleines Gartenhaus; im Barockgarten an wichtigen Punkten des Achsensystems gelegen, im Landschaftsgarten meist Staffagebau.

Point de vue: Markanter Blickpunkt, meist in der Hauptachse des Gartens gelegen.

Respiratoren: Atemfilter, sinnbildlich für Gärten und Parks als „grüne Lunge"

Ruderalfläche: Schutt- bzw. Trümmerfläche mit Pionierpflanzen besiedelt

Rosarium: Gartenteil, in dem Rosen in unterschiedlichen Arten und Sorten gepflanzt sind. Ein Rosarium kann als Schmuckanlage, als botanische Sammlung oder als Sichtungsgarten konzipiert sein.

Rosenhag: Rosenhecke

Säkularisierung: Lösung aus den Bindungen an die Kirche (Verweltlichung)

Shrubs bzw. Shruberries: Pflanzfläche aus blühenden Sträuchern, Stauden und Blumen

Stipadium: Eine im Halbkreis angeordnete Steinbank am Ende eines Weges oder Laubenganges.

Tapis vert: Blumenlose Rasenfläche im Parterre

Teppichbeete: Gemustertes, ornamentales Blumenbeet, das mit zahlreichen verschiedenfarbigen Pflanzen bepflanzt war. Erinnert mit seinen kleinteiligen Formen an einen Teppich.

Tranchot-Karte: Im Maßstab 1 : 25.000 verkleinerte, mehrfarbige Reproduktion des im Maßstab 1 : 20.000 aufgenommenen ersten topografischen Kartenwerkes der Rheinlande und der im Originalmaßstab 1 : 25.000 aufgenommenen Ergänzungsmessung des nördlichen Bergischen Landes. Die Originalaufnahmen begannen unter Leitung des Frz. Obersten Trachot

(1801-1814) und wurden fortgesetzt und abgeschlossen unter dem preußischen Generalmajor von Müffling (1814-1828)

umgerteter Wiesenplan: eine mit Pflanzen oder Zäunen eingefaßte bzw. abgerundete Wiesenfläche

Urkataster: historisches, amtliches Grundstücksverzeichnis

Weinhaus: Glas- bzw. Treibhaus zur Anzucht empfindlicher Obstsorten

Werkbund, Deutscher: 1907 gegründete Vereinigung zur Stärkung der gewerblichen Arbeit durch enges Zusammenwirken von schöpferischer Tätigkeit und Industrie.

Danksagung

Unser Dank gilt den vielen Grünflächenämtern und Archiven, die bereitwillig Auskünfte gegeben und ihre Unterlagen, ihr Wissen und ihre Zeit zur Verfügung gestellt haben. Dank auch jenen, die uns mit Anregungen und Kritik eine große Hilfe waren. Ausdrücklich danken möchten wir den nachstehenden Damen und Herren, die im Rahmen ihrer Diplomarbeiten an der Universität/ Gesamthochschule Essen und Fachhochschule Weihenstephan die Erfassung der historischen Gärten und Parks an Schlössern und Herrensitzen durchgeführt und die Ergebnisse dem Kommunalverband Ruhrgebiet zur Verfügung gestellt haben:

Frau Eva Jopp
für den Bereich der Stadt Dortmund

Frau Antje Kraft
für den Bereich der Stadt Mülheim

Frau Erika Prehn
für die Bereiche der Städte Bochum, Duisburg, Hamm, Herne und Oberhausen

Herrn Martin Ammermann
für den Bereich des Kreises Unna

Herrn Jörg Finkeldey
für die Bereiche der Städte Bottrop, Essen und Gelsenkirchen

Herrn Ulrich Muschiol
für die Bereiche des Ennepe-Ruhr-Kreises und der Stadt Hagen

Herrn Stefan Oppermann
für den Bereich des Kreises Recklinghausen

Herrn Ulf Schumacher
für den linksrheinischen Teil des Kreises Wesel

Herrn Andreas Soldanski
für den rechtsrheinischen Teil des Kreises Wesel.

Außerdem schulden wir den Mitarbeiter/-innen des Verkehrsverbunds Rhein-Ruhr Dank, die uns bei der Auswahl der Verbindungen des öffentlichen Nahverkehrs behilflich waren.

Die Autoren

Wolfgang Gaida:

Dipl. Ing. der Landespflege, Garten- und Landschaftsarchitekt AK NW, tätig beim Kommunalverband Ruhrgebiet in Essen, Abteilung Landschaftsplanung, in den Bereichen Landschaftspflege, historische Freiräume und Grünflächen und Förderwesen.

Helmut Grothe:

Dipl. Ing. der Landespflege, tätig beim Kommunalverband Ruhrgebiet in Essen, Abteilung Landschaftsplanung, in den Bereichen Landschaftspflege, historische Freiräume und Grünflächen und Förderwesen.

Thomas A. Winter:

Dipl.-Ing. der Landespflege, freier Landschaftsarchitekt, seit dem Jahr 1973 Inhaber des Instituts für Landschaftsentwicklung und Stadtplanung in Essen.